### 도(道)

도를 두고 시비(是非)할 것 없다. 그저 그냥 길이려니 생각하면 마음 편하다. 길이 아니면 가지 말라는 속담이 학자들의 어느 풀이보다 노자(老子)와 더 잘 통한다.

노자가 걷자는 길은 오고 가는 길. 그 길에는 걸림이 없다. 그래서 그 길을 무위(無爲)니 대일(大一)이니 불러 보는 것이다.

노자가 걷자는 길은 사람만의 길이 아니다. 짐승도 벌레도 돌멩이도 쓰레기도 다 같이 오고 가는 길이다. 그러니 가는 길 오는 길이 따로 있다 말하지 말라.

오고 가는 길이므로 그 길을 반자(反者)라 한다. 오면 가고 가면 온다 하니 반자(反者)요 왕래(往來)요 생사(生死)요 성쇠(盛衰)요 변화(變化)요 조화(造化)가 아닌가.

삼라만상이 모조리 다 길을 걷고 있는 중이다. 그래서 길손 아닌 것이 없다. 천지란 도가 마련해 준 여인숙이요 만물은 거기서 얼마쯤 머물다 가는 나그네일 뿐이다. 그래서 노자가 걷자는 길에는 이정표가 없다.

### 허(虛)

달리는 수레를 보라. 말의 힘으로 수레가 달리는 것인가? 바퀴가 움직여 수레가 달리는 것인가? 이도 저도 아닌 것을 알고 있는가. 바퀴 한가운데의 빈 구멍이 없다면 말이 있다 한들 수레는 굴러갈 수 없음을 알고 있는가.

말이 끄는 수레를 굴러가게 하는 것은 다름 아닌 바퀴 가운데의 빈 구멍이 아닌가. 그 빈 구멍이 없다면 바퀴는 굴러갈 수 없는 일. 수레를 굴러가게 하는 바퀴의 빈 구멍이여, 그 빈 구멍이 수레바퀴의 추(樞)가 아닌가.

빈 구멍이 공(空)이요 공이 허(虛)요 그 허를 노자는 도추(道樞)라고 했다. 도(道)가 활동하게 하는 장치[道樞]가 곧 허인 셈이다. 도가 그 빈 구멍으로 힘[氣]을 불어넣으니 암컷[玄牝]이 만물을 낳아 빈 고을[谷神]을 채운다. 이를 일러 노자는 도가 탁약(橐籥)으로 만물을 왕래하게 한다며 황홀해했다.

도가 풀무[橐籥]질을 해 만물을 낳으려면 빈 구멍이 있어야 한다. 빈 구멍의 자궁을 지닌 현빈(玄牝)이여. 그 암컷으로 하여금 곡신(谷神)에다 만물을 낳게 하니 만물이 쉴새 없이 왕래하는구나. 이를 노자는 불사(不死)라 했다. 이는 다 빈 구멍의 덕이 아닌가.

탁약도 빈 구멍 덕이요 현빈도 빈 구멍 덕이요 곡신도 빈 구멍 덕이다. 나 또한 빈 목구멍 덕으로 숨질하며 길을 걷고 있는 것이 아닌가.

2023년 11월 27일 조선일보

# 무식해 알아든!

## 반세기 걸쳐 3300쪽으로 '주역' 풀어낸 90세 학자

### '주역'과 '십익' 해설서 펴낸 문재곤 한양대 명예교수

사둔 살이 될 무렵 부친이 그에게 말했다. "너도 이제 '주역(周易)'과 가까이 하거라. 어디서 살든 날마다 주역을 보면 인생의 왕래(往來)에서 순조로운 길이 닦여질을 스스로 깨닫게 된다."

60년의 세월이 흘렀다. 구순(九旬)이 다 되어 접어든 한양대 국문과 명예교수가 새 책 세 권을 냈다. '주역' 상·하 경과 공자가 지었다는 주역 해설서인 '십익(十翼)'(이상 동학사)이다. 모두 3300쪽, 원고지 2만2000장 분량이다. 주역과 부유하듯, 따로 지켈을 찾아내지 않아도 될 정도로 한 글자 한 글자를 풀어냈다. 서문 광고구 운 교수 저택에 있는 12권째인 '중문대자전'엔 포

새 권 3300여 쪽 분량이 '주역'과 '십익' 해설서를 낸 문재곤 교수는 "주역은 절술서가 아니라 현대인에게도 살이 길잡이가 되는 책"이라고 했다.

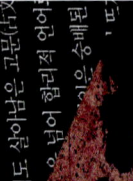

# 윤재근 교수
## 주역 上經, 下經 2권
## 십익(十翼) 출간!

동양학 궁극의 지점 이제 주역(周易)이다.

지금까지의 주역은 개론서였다.
주역의 속뜻을 모르고 주역을 논하지 마라.
3권 3,368페이지에 담긴 주역 사용 설명서!
중국 현지에도 없는 우리 시대 최후의
주역 지남(指南)!

가죽끈이 세 번 끊어지도록
주역을 읽었다는 중국 고사)
끝에 썼다는 십익(十翼).
공자는 하늘과 땅의 고문(古文)
주역을 인간이 열어볼 수 있게
십익(十翼)이란 열쇠로 만들어냈다.
윤재근 교수의 필생의 주해(註解) 끝에 나온 역작!

원문 풀이, 괘상 풀이, 계사 풀이, 자전(글자 풀이),
어휘 풀이, 상세 주해, 음상 풀이, 괘의 지남(指南) 등
주역 해석을 위한 저자의 심도 있는 해설!

- 주역 하드커버 | 상경(上經) 992쪽, 33,000원 | 하경(下經) 1,240쪽, 42,000원
- 십익 하드커버 | 1,136쪽 | 42,000원

**전국 유명서점 판매중!** 동학사 대표전화 02-324-6130 | 팩스 02-324-6135  04083 서울시 마포구 토정로 53 (합정동)
www.donghaksa.co.kr  www.green-home.co.kr  www.facebook.com / greenhomecook

문 교수는 1991년 '정자왈(程子曰)'로 시작되는 책 '힘이 나타나 길러지는 책'을 썼다. 맹자인생이란가 됐다고 하는 이 등의 인기 작가다. '사람들이 5공국들을 겪으며 은 지민 돼지만 일던 때였어요. 건년 간의 다다 자존심이 떨어져 있었고 그 때문에 너무 힘든 부분가지 놀리에 대한 반응에 책을 많이 봤던 것 같습니다." 하지만 질문에 콤비 반세기가 지났다는 이번 책도 아이런 대중성의 자체가 느껴지지 않는다.

어떤 시장은 교수는 신을 소년이다.
'경전 중은 백문산 자택에서 인조를 캐에 재인(宰人)의 이름도 지켰다. 6·25 전쟁이 나자 가족은 빨치산이 점령하는 신에서 내려왔어 했고 부친은 동산이 있을 때 돌아갔 없어진 문제점은 출거리한다고 집을 찾아다녔다.
그리다 만난 고얀(1899~1988) 스님이 그에게 난지시 말했다. "나는 중이 돼지 말고 대학에 가서 학자가 되거라, 네가

원고지 22,000장, 공자가 위한 3권 끝에 집필한 심의 나落가지 3,300쪽의 대자.
중국에도 일본에도 이런 주역 상해본은 없었다. 주역가 輝의 정경, 주역가 이래에 불경과 말면
주역의 주의는 나도 돼지 있다. 반세기 등안 공부하고 구상하고 집필하며
기브도를 지난다 손볼은 멀고, 12권자리 〈중문대사전〉엔 포스트잇 수백 장이 빼곡했다.

큰 학자가 된다는 스님 말씀에
서는 실버 시울대 주역 연구와 역
부진 못 밝힘 주역의 연구 시작

"6·25 전까지 시사중의 필독서
그제·어제·오늘·내일, 모레에 정성
집주서 아닌 삶의 길잡이 되는 책"

책 수만 권을 세운 사람들이 있게 될 것
이다. "늘은 공부를 시작에 서울에 없는
과제 1이었다 때 서시 얻이 있다. 모렐 한
옹을 연구하는 한번 부진의 돌음 받
제에인(宰人)의 이름도 지켰다. 6·25
전쟁이 나자 가족은 빨치산이 점령하
는 신에서 내려왔어 했고 부진은 동신이
있을 때 돌아갔 없어진 문제점은 출
거리한다고 집을 찾아다녔다.
왜 주역일까? "많은 사람들이 주역을
점술서로 오해하고 있습니다." 문 교수
는 정말이다. "주역 안 아니라, 내 잎
'그에 어제도 잊 오늘도, 내일, 모레를
말도록 깨어놓고 부친의 돌음 받
것이 아니라 우산하지 않는 남매에 새
동을 만들는 것이 공부를 주역을 판
신성덕(日新盛德) 홍종의 덕을 닦을
수 있는 것 까지 주역이라는 애기다."

"주역은 6·25 전쟁까지 해도 사자중이
필독시상였어요. 주역은 정(海)의 사상이
미래세의 법용구신을 듣고 주역으
래를 나스스로 남의 체를라고 한 정기 정
잊이 먼 것은 정치가 아니라, 내 잎
의(義)에 있는 책입니다." 하지만 정치
정의 무부하는 채입니다. "주역의 정치
를 역수(易數)라고 하는데 이것이 나

[逆] 해야란다보었다는 것이다.
그렇게 내려세이할 일본이반 결국 어
미래가 이나니라고 문 교수는 말했다. "예
언이는 없이. 무진간 주역을 펼이 드니
는 과거가 나고 그들 신도(心到)가 일
어 이나라 그냥 자체가 성어 있어
다고 한더니, "경 자체가 이미 정서 있
오늘부 스러는 그제· 어제를 받주시고도 단
지 내일, 모레만 스러을 결합에서 비
단지 과괘를 한해 '날 검심에서 수요을 생각
하지 않고 첫째 받의 일과에서 살 다
에게 뿐이 되는건 이야기다. 주역은
새롭게 참여인대 희망투호 미래에 배출는
것이 이미 늦은 이름의 '는 문장이 나오는,
경의 오래를 개척하거나는 봇이 아니다.

하지만 재판에 기반을 두고 있다는 이름을 만
과 외에만 운이 있어 어떤 어떤 운을
임을 해 개에서 탐욕을 부리지 말고 순전
리에 맞춰 살 저영을 알아에서 가는 길이
도 상과를 먹을 안다는 것이다.

"돌 코수는 자택에 연구실에서 또 다른
점을 준비하고 있다. 과외에서 물면
불 저에 불투하고 있다는, 과이 그를
사로잡는 것은 독종한 집(職)인 섬이
다. 독특성의 반명만 독부의 짬을 한
래만 보고 독부이만 기능인지로 제를
게만 처어옳다고 전부하는 채입니다.
'는 보 한 책일니다. '늘이' '방자' 안
래는 것이 아니라, 내 잎
의 것 나에요. '경자' 홍촌 노풍 처럼 쓰
있어요. '경자' 홍촌 노풍 처럼 쓰
생각합니다."

유석재 기자

몰신(沒身)하라
몰신하라. 몰신은 도를 따라 본받는 마음가짐이다. 이런 마음가짐이라면 불태(不殆)하게 마련이다. 불태는 흉하고 험한 일이란 결단코 없다는 말이다. 도에 따라 살면 그렇게 편안할 터이지만 인간은 한사코 도를 마다하고 유물(有物)에 사로잡혀 어찌할 바를 모른다.

천망(天網)을 알라
하늘의 도는 다투지 않고서도 잘 이기고 말하지 않고서도 저절로 응하며 불러 내지 않아도 저절로 오고 가만히 있어도 일을 잘 해낸다. 하늘의 그물은 그물코가 크고 넓지만 하나도 놓치는 것이 없다.

### 지도(知道)

문밖을 나서지 않아도 세상을 안다[不出戶 知天下]. 어째서 그러하단 말인가? 도를 터득하면 그렇게 된다 함이다. 방 안에 앉아서도 세상 돌아가는 형편을 안다는 것이다. 그러나 소인배들은 이리저리 마당발 노릇을 하며 이 사람 저 사람 붙들고, 마음에 없는 소리를 하면서 패거리를 짓고 수작을 부린다. 그러면서 이들은 무위(無爲)의 도를 냉소하고 팽개치기 때문에 세상이 어떻게 움직이는지 모른다.

세상은 어떻게 움직이는가? 세상은 결코 한 개인의 뜻에 따라 움직이지 않는다. 그래서 인심(人心)은 천심(天心)을 따라야 하는 것이다. 천심은 무엇일까? 무위(無爲)의 마음이 곧 천심이다. 그러니 천심(天心)은 무위의 도를 말한다. 그 도를 터득했다 함은 곧 무욕(無欲)의 세계를 깨달았다는 뜻이다. 욕심으로 천하를 대하면 천하가 사나워지고 무욕으로 천하를 대하면 천하는 순리를 따르게 된다. 그러니 방 안에서도 천하를 알 수 있다.

편하게 만나는 도덕경
# 노자

# 편하게 만나는 도덕경 노자

윤재근 編

동학사

# 머 리 말

『노자(老子)』는 무위자연(無爲自然)을 말하는 경전(經典)이다. 도덕경(道德經)이라고도 하는, 5천자로 이루어진 짧은 경(經)이지만 시비(是非)를 떠나 있기 때문에 읽을수록 편하다. 신앙을 요구하지 않아 더욱 편안한 경전으로, 밝고 맑게 살다 가는 길을 가리키고 있을 뿐이다. 살면서 부끄럽거나 괴로울 때면 아무런 부담 없이 찾는 곳 중의 하나가 바로 이『노자』이다. 나는『노자』를 쉬는 곳으로 여기며 40년 넘게 들락거렸다. 그렇다고 이것을 연구해 전문가가 뇌셌다고 생각해 본 적은 없다. 그냥 하염없이 성인의 말씀을 듣고 인생을 맛보는 즐거움을 누렸을 뿐이다.

불가(佛家)에서는 여시아문(如是我聞)을 매우 소중히 여긴다. 여래(如來)의 말씀을 직접 들었다는 증거로 여기기 때문이다. 그와 같은 심정으로 노자의 말씀을 듣고, 그 말씀이 가리키는 길을 비록 그대로 걷지는 못할지라도 멀리서나마 바라보기 위해

道德經

지금까지 그 길을 오갔던 것이다. 그 길을 일러 무위자연이라고 함은 다 아는 일이다.

　그 자연이란 길은 무식(無識)할수록 찾아가기 쉬워서 참으로 신비롭게 생각된다. 탐욕이 꿈틀대거나 시비가 일 때면, 묘하게도 『노자』는 나를 타일러 구해 주곤 했다. 그래서 더욱 그것이 발산하는 기운이 묘하다 하는 것이다. 『노자』는 나를 묶고 있는 온갖 밧줄을 내 스스로 잘라 버릴 수 있는 힘을 주려고 한다. 내가 부족하여 그 힘을 물려받지 못하고 사는 것이 부끄럽다. 다만 『노자』 속으로 들어가 노자의 말씀을 여시아문의 심정으로 들으면서, 더러워진 나를 조금씩 씻어 낼 수 있는 것을 즐거움으로 생각할 뿐이다. 그럴수록 나는 가벼워지고 숨쉬기가 편해져서 놀라게 된다. 이런 묘한 체험을 더불어 사는 사람들과 담소하는 심정으로 나누었으면 하고 바란다. 이는 젊어서 『노자』를 만났을 때에는 미처 몰랐던 소망이다.

　젊어서 『노자』를 들락거렸던 체험을 에세이로 엮어 『노자』 3권을 펴냈었다. 그 때는 혈기로 노자의 말씀을 들었다는 생각이 들어 부끄러운 면이 없지 않다. 하지만 그 때나 지금이나, 노장(老莊)과 공맹(孔孟)의 말씀은 반드시 대중화되어야 한다는 생각에는 변함이 없다.

　나이가 들어가면서 노자의 말씀이 더욱 절절하게 다가와 홀가분한 기분으로 담소하게 한다. 물론 이러한 담소 역시 노자의 말씀을 내 나름대로 체험한 것일 뿐이다. 성인(聖人)은 삶을 체험하게 하지 어렵게 사유(思惟)하라 요구하지 않는다. 나는 노자를 성인으로 받들지 철인(哲人)으로 생각해 본 적이 없다. 철인은 사람을 유식(有識)하게 하지만 성인은 할아버지처럼 그저 편안하게 다가올 뿐이다. 특히 노자가 그러한데, 할아버지 품에 안겨 이야기를 듣는 아이의 심정으로 노자의 말씀을 듣다 보면 어렵게 들리던 말씀들이 마음 속으로 다가오는 묘한 체험을 누구나 경험할 수 있을 것이다.

『노자』가 누리게 하는 체험은 묘하다. 왜냐하면 노자의 말씀들은 우리를 아주 작게 하면서도 또 한편 아주 크게 느끼도록 만들기 때문이다. 그렇게 하여『노자』는 우리가 우리들 자신을 감금해 놓은 생존의 감옥에서 나름대로 탈출할 수 있는 열쇠를 갖게 한다. 그 열쇠가 도덕(道德)인 셈이니 그 열쇠로 열면 삶이 무위요 자연인 것이다. 무위자연은 해탈이요 해방이요 자유가 아닌가. 이러한『노자』의 즐거운 체험을 책으로 펴낼 수 있도록 한 시인(詩人) 유재영 사장과 동학사 가족 모두에게 감사하다는 말을 남기고 싶다.

2001. 4.

於白雲山房 尹 在 根

# 차례

머리말 ································································· 9

## 편하게 만나는 노자
노자(老子)에 대하여 ············································· 19
자연(自然)은 무위(無爲) ········································ 22
불거(不居)와 불거(不去) ········································ 24
일(一)·무(無) 그리고 사기(舍己) ···························· 27

## 도덕경(道德經)
道德經 1　관묘(觀妙)하라 ······································ 33
道德經 2　불거(不去)하라 ······································ 37
道德經 3　무위(無爲)하라 ······································ 44
道德經 4　불영(不盈)하라 ······································ 50
道德經 5　수중(守中)하라 ······································ 55
道德經 6　불근(不勤)하라 ······································ 60
道德經 7　무사(無私)하라 ······································ 64
道德經 8　약수(若水)하라 ······································ 68
道德經 9　신퇴(身退)하라 ······································ 74
道德經 10　포일(抱一)하라 ····································· 78
道德經 11　무지(無之)를 알라 ································ 84

| | | |
|---|---|---|
| 道德經 12 | 위복(爲腹)하라 | 88 |
| 道德經 13 | 약경(若驚)하라 | 93 |
| 道德經 14 | 무물(無物)하라 | 98 |
| 道德經 15 | 현통(玄通)하라 | 104 |
| 道德經 16 | 몰신(沒身)하라 | 109 |
| 道德經 17 | 귀언(貴言)하라 | 116 |
| 道德經 18 | 사유(四有)를 알라 | 121 |
| 道德經 19 | 포박(抱樸)하라 | 125 |
| 道德經 20 | 사모(食母)를 알라 | 130 |
| 道德經 21 | 종도(從道)하라 | 139 |
| 道德經 22 | 성전(誠全)하라 | 144 |
| 道德經 23 | 동도(同道)하라 | 149 |
| 道德經 24 | 불처(不處)하라 | 154 |
| 道德經 25 | 사대(四大)를 알라 | 158 |
| 道德經 26 | 치중(輜重)하라 | 163 |
| 道德經 27 | 습명(襲明)하라 | 167 |
| 道德經 28 | 대제(大制)하라 | 174 |
| 道德經 29 | 신기(神器)를 알라 | 180 |
| 道德經 30 | 부도(不道)를 알라 | 185 |
| 道德經 31 | 귀좌(貴左)하라 | 190 |
| 道德經 32 | 지지(知止)하라 | 196 |
| 道德經 33 | 자진(自盡)하라 | 201 |
| 道德經 34 | 성대(成大)하라 | 207 |
| 道德經 35 | 대상(大象)을 따르라 | 212 |
| 道德經 36 | 미명(微明)하라 | 216 |
| 道德經 37 | 자정(自正)하라 | 221 |
| 道德經 38 | 처실(處實)하라 | 226 |
| 道德經 39 | 득일(得一)하라 | 233 |
| 道德經 40 | 반자(反者)를 알라 | 240 |

| | | |
|---|---|---|
| 道德經 41 | 문도(聞道)하라 | 244 |
| 道德經 42 | 충화(沖和)를 알라 | 252 |
| 道德經 43 | 지유(至柔)하라 | 257 |
| 道德經 44 | 지족(知足)하라 | 261 |
| 道德經 45 | 청정(淸靜)하라 | 266 |
| 道德經 46 | 상족(常足)하라 | 272 |
| 道德經 47 | 지도(知道)하라 | 278 |
| 道德經 48 | 일손(日損)하라 | 282 |
| 道德經 49 | 덕선(德善)하라 | 286 |
| 道德經 50 | 섭생(攝生)하라 | 292 |
| 道德經 51 | 존귀(尊貴)하라 | 297 |
| 道德經 52 | 수모(守母)하라 | 305 |
| 道德經 53 | 대도(大道)를 알라 | 311 |
| 道德經 54 | 수덕(修德)하라 | 315 |
| 道德經 55 | 함덕(含德)하라 | 321 |
| 道德經 56 | 현동(玄同)하라 | 327 |
| 道德經 57 | 자청(自淸)하라 | 333 |
| 道德經 58 | 불요(不耀)하라 | 339 |
| 道德經 59 | 적덕(積德)하라 | 345 |
| 道德經 60 | 불상(不傷)하라 | 350 |
| 道德經 61 | 위하(爲下)하라 | 355 |
| 道德經 62 | 도오(道奧)를 알라 | 359 |
| 道德經 63 | 무난(無難)하라 | 364 |
| 道德經 64 | 보물(輔物)하라 | 370 |
| 道德經 65 | 대순(大順)하라 | 377 |
| 道德經 66 | 왕자(王者)가 되라 | 383 |
| 道德經 67 | 삼보(三寶)를 알라 | 388 |
| 道德經 68 | 배천(配天)을 알라 | 397 |
| 道德經 69 | 경적(輕敵) 말라 | 402 |

道德經 70　회옥(懷玉)하라 ································ 407
道德經 71　불병(不病)하라 ································ 412
道德經 72　외위(畏威)하라 ································ 415
道德經 73　천망(天網)을 알라 ··························· 419
道德經 74　사살(司殺)을 알라 ··························· 424
道德經 75　귀생(貴生)하라 ································ 428
道德經 76　유약(柔弱)하라 ································ 432
道德經 77　현현(見賢) 말라 ······························· 436
道德經 78　정언(正言)을 알라 ··························· 441
道德經 79　무친(無親)하라 ································ 446
道德經 80　불사(不徙)하라 ································ 452
道德經 81　부적(不積)하라 ································ 457

# 편하게 만나는 노자

# 노자(老子)에 대하여

노자(老子)가 언제 어디서 태어났는지는 정확하지 않다. 그 시절은 지금처럼 출생신고를 하거나 주민등록번호 같은 것을 받아야 했던 세상은 아니었기 때문이다. 그러므로 노자의 출생과 그 배경을 모른다고 해서 문제 될 것은 없지만, 이제껏 많은 사람들이 노자가 누구였던가를 밝히려고 노력해 왔다. 그러나 다 설(說)로 그치게 마련이다.

그 중에서 사마천(司馬遷)의 설이 그럴 듯하다. 사마천의『사기(史記)』「노장신한열전(老莊申韓列傳)」에 실린 내용의 요점은 대강 이러하다.

노자는 초(楚)나라 사람이다. 고향은 고현(苦縣)의 여향(厲鄕)에 있는 곡인리(曲仁里)이고, 성(姓)은 이씨(李氏), 명(名)은 이(耳), 자(字)는 백양(伯陽), 시호(諡號)는 담(聃)이다. 그는 주(周)나라 종묘의 사고(史庫)에서 일하던 관리였다.

공자(孔子)가 일찍이 노자를 찾아가 가르침을 청했다. 그러자 노자는 공자의 학문과 그 태도를 놓고 인위(人爲)를 엄히 꾸짖었는데, 돌아와서 공자는 노자를 용에 비유하며 찬양했다. 또 노자는 재능을 숨기고 이름이 세상에 알려지는 것을 싫어했다고 공자는 술회했다.

노자는 오랫동안 주나라에서 살다가 나라의 덕(德)이 시드는 것을 보고 함곡관(函谷關)이란 변경에 이르게 되었다. 그 변경을 다스렸던 윤희(尹喜)의 청에 따라 도덕에 관한 5천 글자의 책을 남기고 떠났다. 그 뒤로 노자의 최후를 아는 사람은 아무도 없었다.

노자가 160세를 살았다는 말도 있고, 200세까지 살았다는 말도 있다. 또 노자에게 아들이 있었는데 이름은 종(宗)이며 위나라의 장군이 되었고, 종의 아들은 주(注), 주의 아들은 궁(宮), 궁의 현손은 가(假)로 한나라 효문제(孝文帝)를 섬겼다고 한다.

노자는 15권의 책을 썼다. 이에 대해, 도가(道家)의 쓰임새를 밝힌 노래자(老萊子)란 사람이 있었는데 그 노래자가 공자와 같은 시대의 인물이어서 그가 곧 노자일지 모른다는 설도 있다. 그리고 공자가 죽은 다음 229년에 한 사관(史官)이 '주나라 태사(太史)의 관직에 있던 담(膽)이란 자가 진나라의 헌공(獻公)을 뵙고 진나라가 장차 패자(霸者)가 되리라고 예언했다'라는 기록을 남겼는데, 사람에 따라서는 이 기록에 나오는 담이란 사람이 곧 노자일 것이라고 말하기도 한다. 그러나 어느 말이 사실인지는 아무도 모른다.

이처럼 한(漢)나라 때까지도 노자가 누구인지를 몰랐다. 이러하니 이미 수천 년이 지난 지금 노자가 누구라고 딱 잘라 말할 수 있는 사람은 아무도 없다. 사마천 이후로 호적(胡適) 같은 이는 노자를 공자보다 나이가 20세 더 많은 실제의 인물이라고 말하기도 했지만, 노자가 실제 인물이냐 아니냐를 놓고 시비할 것은 하나도 없다. 5천자로 이루어진 『노자』를 노자라는 성인이 남겼다고 믿으면 그만이고, 성인의 말씀을 듣고 자신을 돌이켜보는 일로 충분하다는 생각이다.

# 자연(自然)은 무위(無爲)

 천지에서 인간은 귀한 존재인가? 이에 노자는 추구(芻狗)일 뿐이라고 서슴없이 답한다. 즉 인간도 풀줄기로 만든 풀강아지[芻狗]와 같다는 말이다. 소중하다면 인간이나 벌레나 다 소중하고, 하찮다면 인간이나 벌레나 다 하찮다는 속뜻을 비유하는 말이 바로 노자의 추구이다. 천지는 만물을 차별하지 않는다 함이다. 그러니 귀사모(貴食母)하라. 이는 곧 무위(無爲)하라 함이다.
 젖먹이의 어머니를 사모(食母)라고 한다. 노자는 천지를 만물의 사모(食母)라 부른다. 낳고 젖 먹여 길러 주는 어머니를 받들어 모시며 살라[貴食母]. 이를 일러 노자는 무위라 한 셈이다. 무위하라. 이는 노자가 밝힌 살 길을 걷는 일이다.
 무위하라. 그러자면 먼저 무욕(無欲)하라. 욕심이 없다[無欲]. 인간에게 이 말보다 더 어려운 말이 없고, 이 말보다 더한 거짓말도 없다. 욕심이 없다고 하는 인간이 한결 더 탐욕스러운 짓을 범하는 꼴이 허다하다. 인간은 저마다 욕심이 많아 그 삶의 숨결이

고르지 못하고 힘이 들 때가 많다. 그렇듯 숨결이 고르지 못하거나 옹색할 때 한번 용기를 내 노자의 숨결을 따라 하면 얼마나 편해지는지 모른다. 무위를 어렵고 거창하게 들을 것 없다는 생각이다. 욕심부리지 말라. 그러면 곧 무위이다.

  욕(欲)을 낼수록 강(剛)해지고 욕을 덜수록 유(柔)해진다. 욕심 많은 사람의 마음은 굳은 돌과 같고, 욕심 적은 사람은 부드러운 물과 같다. 근육을 풀어야 몸이 편하듯이 욕심을 덜어내야 마음이 편해진다. 욕을 덜어내 편해지고 싶은가? 그렇다면 소사(少私)하고 과욕(寡欲)하라. 사(私)와 욕(欲)은 다 같은 말이다. 바라는 것이 사이고 욕이다. 저마다 바라는 바를 줄이고 적게 하라. 이것이 노자가 밝히는 인생의 숨결이다. 그래서 노자의 숨결을 따라 하면 곧장 숨고르기가 걸림 없이 편해진다.

  인생을 고해(苦海)라며 원망하지 말라. 인생의 태풍은 본래 인간의 욕심에서 부는 것이지 적도의 바다에서 불어오는 게 아니다. 무사(無私)해 보라. 그러면 마음에 일었던 태풍도 순식간에 소멸하고 만다. 노자의 숨결은 욕을 이렇게 잠재운다.

  유약승강강(柔弱勝剛强). 부드럽고 약한 것[柔弱]이 굳고 센 것[剛强]을 이긴다. 이는 곧 겸허하라 함이요 두려워하라 함이다. 천지도 겸허하거늘 어찌 인간이 만물의 영장이라며 우쭐대는가. 그래서 두보(杜甫)도 노자의 숨결을 따라 읊은 것 같다. '일월(日月)은 조롱 속에 든 새요 천지는 물 위에 뜬 풀잎일러라.' 니나 나니 허나의 조롱 안에서 생사의 그네를 타고 있음을 알라는 말이다. 그러면 노자의 숨결을 따라 하는 숨고르기가 대일(大一)임을 서서히 깨우치게 된다.

# 불거(不居)와 불거(不去)

　불거(不居)하라. 이는 하나에만 매달리지 말라 함이요 얽매이지 말라 함이다. 매달려 연연할 것이 없다면 애걸복걸할 것도 없다. 그러면 마음 속에 무엇 하나 걸릴 것이 없다. 더할 바 없는 마음의 자유(自遊)가 곧 불거하기이다.
　시비(是非)하는가. 그러면 곧장 시(是)와 비(非)가 둘로 쪼개져 힘을 다투고 겨루어 끝장내기를 마다하지 않는다. 이는 하나에만 매달리는 마음가짐이다. 이는 불거하기를 버리고 하나를 고집하는 짓이다. 옹고집이나 벽창호, 외곬으로 불리는 인간은 불거하기를 한사코 마다한다.
　이를테면 유무(有無)가 둘로 나누어져 있고, 선악(善惡)이 둘로 나누어져 있고, 난이(難易)가 둘로 나누어져 있고, 장단(長短)·고하(高下)·전후(前後) 등이 둘로 나누어져 있다는 생각에 머물러 있지 말라 함이 곧 불거하기이다. 하나에 하나를 더하면 둘이라는 것을 안다고 해서 다 되는 것이 아니다. 아는 것보다 모르는 것이 얼마나 많은가. 모르는 것이 있는데 어찌 시비를 가리겠는가? 이렇게 반문만 해 보아도 불거하기를 시작할 수 있다.

상대(相對)하는 생각을 버려라. 그러면 곧 불거한다. 상통(相通)하기를 생각하라. 그러면 곧 불거한다. 서로 통하면[相通] 서로 왕래한다. 그러나 상대하면 서로 겨루고 다투어 불통(不通)한다. 꽉 막혀 버리면 궁(窮)할 수밖에 없다. 그런 궁을 버리면 그 또한 불거이다. 그러니 노자의 불거란 『주역(周易)』의 '궁즉변(窮則變)'에서 변(變)을 의미하는 셈이다. 변해야 통한다[變則通].

불거(不居)하라. 변하라. 그리하여 통하라. 이는 다 마음가짐을 두고 한 말이다. 마음가짐이 불거해야 생각하기가 변하고, 생각하기가 변해야 마음이 뒤도 보고 앞도 내다볼 수 있다. 그래야 마음의 돌아보기와 내다보기가 여러 생각들을 통하게 하는 것이다. 그러니 변즉통(變則通)의 통(通)은 노자의 불거하라 함과 같은 말이다. 결국 상대하기를 버리고 상통하라 함이다.

어떻게 상통하는가? 이에 대하여 노자는 이렇게 밝히고 있다.

- 유무가 서로 낳는다[有無相生].
- 어려움과 쉬움이 서로 이룬다[難易相成].
- 길고 짧음이 서로 모양을 이룬다[長短相形].
- 높음과 낮음이 서로 기댄다[高下相傾].
- 자음과 모음이 서로 어울린다[音聲相和].
- 앞뒤가 서로 따른다[前後相隨].

상생(相生)·상성(相成)·상형(相形)·상경(相傾)·상화(相和)·상수(相隨)를 한 마디로 한다면 상통이요 또한 불거하는 사고(思考)이다. 노자는 불거란 무위로 하는 일이라며 그렇게 머물라 한다[處無爲之事]. 여기서 처(處)란 불거(不居)하는 마음가짐이니 그런 마음가짐을 버리지 말라 함이 곧 불거(不去)인 셈이다. 인위에 머물지 말라 함이 불거(不居)요, 그 불거를 버리지 말라 함이 불거(不去)이니 결국 시비와 분별에서 벗어나 사는 것이 곧 불거(不居)와 불거(不去)인 셈이다.

# 일(一) · 무(無) 그리고 사기(舍己)

'대일(大一) · 위일(爲一) · 득일(得一)' 등에서 볼 수 있듯 노자는 일(一)을 빌어 깊은 뜻을 새겨 둔다. 또 '무위(無爲) · 무신(無身) · 무사(無私) · 무친(無親) · 무정(無情) · 무사(無事)'에서 보듯 무(無)를 빌어 역시 깊은 뜻을 말한다. 노자의 일(一)과 무(無)는 노자적 사고(思考)에서 씨앗의 핵(核)과 같은 구실을 한다. 이 핵이 나(己)에게서 발아(發芽)하면 나를 욕(欲)으로부터 벗어나 걸림 없이 살게 한다. 편안하고 평화롭고 근심 없는 삶을 누리자면 사기(舍己)하라.

대일(大一). 대(大)와 일(一). 내는 어떤 뜻일까? 우주보다 먼저 있는 것(先天地生)을 부득이 이름하여 대라 부르고, 그 대를 글자로는 도(道)로 쓴다고 노자는 말한다. 그러니 대는 '도'요, 곧 우주보다 '먼저 있는 것(先生)'을 말하는데, 노자는 선생(先生)을 천하의 어머니(天下母)로 부른다. 곧 선생은 도를 부르는 호칭인 셈이다. 그러니 함부로 선생이란 칭호를 쓸 수 없는 일이지만, 지금은 걸핏하면 선생이란 호칭을 쓰니 얼마나 인간이 오만하고 불손한가.

위일(爲一)하라. 하나가 되라[爲一]. 이는 도를 따라 하라 함이다. 다시 말하면 자연을 따라 하라 함이다. 그러니 위일·대순(大順)·종도(從道)는 다 같은 말씀이다. 순종(順從)하라 함을 알리라. 이는 하늘을 두려워하라 함이요 사천(事天)하라 함이다.

득일(得一)하라. 하나를 얻어라[得一]. 이는 하나[一]를 잃거나 버리지 말라 함이다. 물론 그 하나는 도이리라. 공자 역시 잠시라도 도를 떠날 수 없다 했다. 득일하라, 위일하라 함은 다 같은 말씀이다. 도를 따라 함[爲一]도 덕이요 도를 깨우침[得一]도 덕인 까닭이다. 왜 득(得)을 덕(德)이라 하고 왜 덕을 크다 하는지 알리라. 대덕(大德)·상덕(常德) 등이 다 득일을 말함이 아닌가. 위일하고 득일하는 사람을 일러 노자는 성인(聖人)이라 부른다. 성인·지인(至人)·진인(眞人)·신인(神人)·군자(君子)·대장부(大丈夫)·대인(大人) 등은 도를 따라 살고, 중인(衆人)·소인(小人)은 도를 등지고 산다.

도를 따라 한다 또는 도를 깨우친다 하는 경지를 '무위(無爲)·무신(無身)·무사(無私)·무친(無親)·무정(無情)·무사(無事)' 등이라 한다. 무위는 위(爲)가 없다는 말이다. 그러면 위란 무엇인가? 인위(人爲)를 말한다. 그러니 무위는 사람이 하는 짓[人爲]이 없다는 말이다.

무신(無身)의 신(身), 무사(無私)의 사(私), 무친(無親)의 친(親), 무정(無情)의 정(情), 무사(無事)의 사(事) 등이 곧 사람의 짓을 말한다. 이러한 신(身)·사(私)·친(親)·정(情)·사(事) 등을 한 마디로 묶어 욕(欲)이라 할 것이며, 그런 욕을 내는 짓을 일러 바로 나[己]라고 하는 것이 아닌가. 그래서 노자는 사기(舍己)하라 하고 장자는 무기(無己)하라 한다.

나를 버려라〔舍己〕. 나를 없애라〔無己〕. 그러면 절로 무욕(無欲)해진다. 무욕하라. 그러면 절로 무위가 되지 않는가. 무위는 곧 도요 덕이다. 덕은 도가 하는 일이다. 덕을 노자는 대상(大象)이라 한다. 그래서 노자는 집대상(執大象)하라는 게다. 대상을 놓치지 말라〔執大象〕. 이는 부덕(不德)하지 말라 함이요 후덕(厚德)하라 함이다.
　기(己)를 챙기다 보면 부덕해지기 마련이다. 그러나 기를 줄이고 덜어내면 저절로 욕이 줄어 과욕(過欲)은 과욕(寡欲)으로 옮겨간다. 넘치는 욕〔過欲〕을 덜고 줄여라〔寡欲〕. 그러면 절로 소사(少私)한다. 이것이 곧 노자의 사기(舍己)이다. 내 것을 줄이는 짓〔少私〕을 할수록 내 욕은 그만큼 줄어들 것이고 그럴수록 나를 버리는 짓〔舍己〕을 잊지 않을 것이다. 그러면 곧 집대상(執大象)이다.
　대상(大象)의 대(大)는 물론 도이다. 대상의 상(象)은 짓이다. 그러니 대상은 도가 하는 짓이다. 도가 행하는 짓이 덕이다. 그러므로 무위란 곧 덕을 실천하는 일이다. 후덕하면 무위요 부덕하면 인위인 셈이다. 대상을 놓치지 않으면〔執大象〕 천하가 왕래한다〔天下往〕고 노자는 난언한다. 덕불고(德不孤)를 떠올리면 되리라. 후덕하면 따돌림을 당하지 않는다〔德不孤〕.
　천하왕(天下往)은 만물이 두루 다 통한다는 말이다. 결국 천하왕 역시 덕을 말함이요 무위를 말함이요. 불가의 말로 한다면 무애(無碍)를 말함이다. 걸림이 없다는 것이나. 걸리는 것은 무엇인가? 기(己)요 욕(欲)이다. 그러므로 사기(舍己)하라 한다. 나〔己〕를 버려라. 그러면 해롭지 않다〔不害〕. 사기하면 불해(不害)하다는 것이 노자가 말하는 낙(樂)인 셈이다.
　대일의 일(一)과 무위의 무(無)는 만물을 불해하는 것으로서, 인간이 실천할 수 있는 경지임을 알 수 있다. 불해하면 누구나 삶의 낙을 누리게 된다. 노자는 불해의 낙을 '안(安)·평(平)·태(泰)'라고 간명하게 밝힌다. 도를 따라 살라. 그러면 삶이 편안하고〔安〕, 평화롭고〔平〕, 걱정할 것이 없다〔泰〕. 그러려면 사기(舍己)해야 한다. 나를 버려라 함〔舍己〕이 무위의 시작이며 동시에 득일(得一)이고 위일(爲一)이라는 것이 『노자』를 관류하는 성인의 가르침이다.

도덕경 道德經

道德經 1

# 관묘(觀妙)하라

**요지** 관묘(觀妙)하라. 그러면 내 안에 도(道)가 있음을 안다.

**내용** 도(道)를 도라고 할 수 있다면 변함없는 도가 아니며, 명(名)을 명이라고 할 수 있다면 변함없는 명이 아니다. 무명(無名)이란 천지(天地)의 시초이고 유명(有名)은 만물의 어머니이다. 그러므로 변함이 없는 무(無)로써 그 묘(妙)를 살피고 변함없는 유(有)로써 그 요(徼)를 살핀다. 이 둘은 같은 것에서 비롯되었지만 이름이 서로 달라 아무리 알려 해도 알 수 없어 현(玄)이라 한다. 참으로 현(玄)한지라 우주 삼라만상이 왕래하는 문이다.

【원문(原文)】

　道可道 非常道 名可名 非常名 無名 天地之始 有名 萬物之母 故常無 欲以觀其妙 常有 欲以觀其徼 此兩者同出而異名 同謂之玄 玄之又玄 衆妙之門

【해독(解讀)】

　도(道)를 가(可)히 도(道)라 한다면 상도(常道)가 아니고, 명(名)을 가(可)히 명(名)이라 한다면 상명(常名)이 아니다. 무명(無名)은 천지(天地)의 시(始)이고, 유명(有名)은 만물(萬物)의 모(母)이다. 고(故)로 상무(常無)로써 그 묘(妙)를 관(觀)하고자 하고 상유(常有)로써 그 요(徼)를 관(觀)하고자 한다. 양자(兩者)는 동출(同出)이나 이명(異名)인지라 다 같이 현(玄)이라 한다. 현(玄)하고 현(玄)한지라 중묘(衆妙)의 문(門)이다.

【담소(談笑)】

도가도비상도(道可道非常道) 명가명비상명(名可名非常名) 무명천지지시(無名天地之始) 유명만물지모(有名萬物之母)

　도(道)를 도라고 할 수 있다면 변함없는 도가 아니며〔道可道非常道〕, 명(名)을 명이라고 할 수 있다면 변함없는 명이 아니다〔名可名非常名〕. 무명(無名)이란 천지의 시초이고〔無名天地之始〕, 유명(有名)은 만물의 어머니이다〔有名萬物之母〕.

　도(道)는 길이다. 길은 오고 가게 한다. 도는 곧은 길도 아니며 굽은 길도 아니다. 샛길도 아니고 지름길도 아니다. 만물이 오고 가는 길이다. 그래서 도는 둥근 길이다. 시발(始發)과 종착(終着)이 따로 없고 시(始)와 종(終)이 따로 결정되어 있는 길이 아니다. 우주 삼라만상이 오고 가는 길이다. 그 길을 무명(無名)의 길이라 부른들 유명(有名)의 길로 여긴들 생사(生死)의 길이라 한들 어떠랴.

명(名)은 이름이다. 이름은 이것저것을 가름한다. 사람 토끼 나비 지렁이 민들레 미꾸라지 등등 삼라만상이 다 이름이다. 만물은 저마다 이름이 있으니 유명(有名)이다. 그러나 이름하지 못할 것이 있다. 드러나지 않는 것이 있는 까닭이다. 그것이 무명(無名)이다. 이름할 수 없으니 도(道)를 무명이라 하고 도에서 비롯된 만물을 유명이라 하자고 노자는 제안했다. 이처럼 노자에 의해서 존재의 물음이 움텄다.

고(故) 상무욕이관기묘(常無欲以觀其妙) 상유욕이관기요(常有欲以觀其徼) 차양자동출이이명(此兩者同出而異名) 동위지현(同謂之玄) 현지우현(玄之又玄) 중묘지문(衆妙之門)

그러므로〔故〕 변함이 없는 무(無)로써 그 묘(妙)를 살피고자 하고〔常無欲以觀其妙〕 변함없는 유(有)로써 그 요(徼)를 살피고자 한다〔常有欲以觀其徼〕. 이 둘은〔此兩者〕 같은 것에서 비롯되었지만 이름이 서로 달라〔同出而異名〕 다 같이 아무리 알려 해도 알 수 없어 현(玄)이라 한다〔同謂之玄〕. 참으로 깊고 아득한지라〔玄之又玄〕 우주 삼라만상이 왕래하는 문이다〔衆妙之門〕.

도(道)를 유무(有無)라고 불러도 된다. 노자는 무(無)를 묘(妙)라 하고 유(有)를 요(徼)라 하였다. 묘라니? 그것은 드러내지 않으면서 작용하는 셈이다. 그러나 요는 드러내고서 작용하는 것이다. 내가 지금 숨쉬고 살아 있는 것은 요이겠고, 내가 숨을 멈춰 죽는 것은 묘이겠다. 내 생사가 내 뜻이 아닌 천명(天命)에 있다는 것은 바로 도의 뜻임을 말한다. 생(生)이 밖으로 드러난 요라면 사라지는 사(死)야말로 묘가 아닌가. 사야말로 항상 없는 모습〔常無〕이요 생이야말로 항상 있는 모습〔常有〕이다. 그러니 유무(有無)도 도의 작용을 일러 말함이요 묘요(妙徼)도 도의 작용을 일러 말함이다. 이처럼 노자에 의해서 인식(認識)의 물음이 싹텄다.

 유무가 따로 나왔다고 생각하지 말라. 묘요가 서로 다른 작용이라고 생각하지 말라. 유무도 도요 묘요도 도이다. 같이 비롯되니 동출(同出)이고, 유다 무다 하고 묘다 요다 하니 이명(異名)이다. 노자는 유무와 묘요를 한데 묶어서 그저 현(玄)이라 감탄한 것뿐이다. 왜 현(玄)하단 말인가. 그것은 중묘(衆妙)의 문(門)인 까닭이다. 중묘는 만물이요 삼라만상이요 우주를 말한다. 도가 삼라만상의 이치〔衆妙〕를 왕래하는 문(門)인 셈이다. 그 문을 두고 도가 만물을 낳는 부드러운 암컷의 자궁 같다고 비유해도 되리라.

 유무(有無)·무명(無名)·유명(有名)·상무(常無)의 묘(妙)·상유(常有)의 요(徼)는 모두 말로 하고 싶어도 할 수 없는 도를 노자가 말로 해 놓은 것이다. 이렇게 말하고 싶은 뜻을 일러 현(玄)이라 말해 놓고 노자는 우주의 시원(始原) 앞에서 감탄하고 황홀해하는 것이다. 그저 그냥 하염없이, 아득히 보일 듯〔有〕 말 듯〔無〕 가물거리는 천지의 시작이요 만물의 어머니를 도라고 불러 본다. 이렇게 우리네 사유(思惟)의 폭은 한없이 넓어지게 된 셈이다.

道德經 2

# 불거(不去)하라

**요지** 불거(不去)하라. 이는 무위(無爲)를 떠나 살지 말라 함이다.

**내용** 천하 사람들이 모두 아름다움은 항상 아름다움이라고 알고 있다면 그런 아름다움이란 추한 것이다. 세상 사람들이 모두 선(善)은 항상 선이라고 알고 있다면 그런 선은 불선(不善)이다. 그러므로 유(有)와 무(無)가 서로 낳고, 어려움과 쉬움이 서로 이루어지며, 길고 짧음이 서로 드러나고, 위와 아래가 서로 향해 기울며, 모음과 자음이 서로 어울리고, 앞과 뒤가 서로 따라간다. 이러하므로 성인은 무위(無爲)의 일에만 종사하고, 말하지 않고서 가르치는 일을 행하며, 만물이 뻗어나게 하면서도 말로 드러내지 않고, 길러 주되 소유하지 않으며, 돕고 위해 주되 대가를 바라지 않고, 업적을 이루되 연연하지 않는다. 오로지 얽매이지 않고 무위를 떠나지 않는다.

## 【원문(原文)】

　天下皆知美之爲美 斯惡已 皆知善之爲善 斯不善已 故 有無相生 難易相成 長短相形 高下相傾 音聲相和 前後相隨 是以 聖人處無爲之事 行不言之敎 萬物作焉而不辭 生而不有 爲而不恃 功成而不居 夫惟不居 是以不去

## 【해독(解讀)】

　천하(天下)가 미(美)가 미(美)인 줄로만 개지(皆知)한다면 사악이(斯惡已)이요, 선(善)이 선(善)인 줄로만 개지(皆知)한다면 사불선이(斯不善已)이다. 고(故)로 유무(有無)가 상생(相生)하고, 난이(難易)가 상성(相成)하며, 장단(長短)이 상형(相形)하고, 고하(高下)가 상경(相傾)하며, 음성(音聲)이 상화(相和)하고, 전후(前後)가 상수(相隨)한다. 시이(是以)로 성인(聖人)은 무위(無爲)의 사(事)에 처(處)하고, 불언(不言)의 교(敎)를 행(行)하며, 만물(萬物)이 작(作)하되 불사(不辭)하고, 생(生)하되 불유(不有)하며, 위(爲)하되 불시(不恃)하고, 공성(功成)하되 불거(不居)한다. 부유(夫惟) 불거(不居)한다. 시이(是以)로 불거(不去)한다.

【담소(談笑)】

천하개지미지위미(天下皆知美之爲美) 사악이(斯惡已) 개지선지위선(皆知善之爲善) 사불선이(斯不善已)

천하 사람들이 모두 아름다움은 항상 아름다움이라고 알고 있다면[天下皆知美之爲美] 그런 아름다움이란 추한 것일 뿐이다[斯惡已]. 세상 사람들이 모두 선(善)은 항상 선이라고 알고 있다면[皆知善之爲善] 그런 선은 불선(不善)일 뿐이다[斯不善已].

선(善)은 선이고 악(惡)은 악이라고 단언하지 말라. 자연은 선과 악을 갈라 놓지 않으며 미(美)와 추(醜)도 갈라 놓지 않는다. 왜냐하면 자연에는 선악(善惡)이 없고 미추(美醜)가 없으며 진위(眞僞)가 없기 때문이다. 선이냐 악이냐, 아름다움이냐 추함이냐, 진짜냐 가짜냐 등등 이렇게 분별하고 차별하며 시비하는 짓은 인간에게만 있을 뿐이다.

미가 추로 되기도 하고 추가 미로 되기도 한다는 이치를 알면, 선이 악이 되는가 하면 악이 선이 되는 이치를 알면, 자연을 왜 무위(無爲)라 하는가를 알리라. 사람이 독사를 미워할 뿐 자연은 미워하지 않는다. 사람이 밥을 깨끗하다 여기고 똥을 더럽다 할 뿐 자연은 밥이든 똥이든 다를 게 없다. 그래서 노자는 도를 대일(大一)이라고도 부른다.


유무상통(有無相通)

유(有)와 무(無)가 서로 낳는다[有無相生]. 유와 무를 따로 갈라서 생각하지 말라. 유와 무는 서로[相] 왕래한다. 왕래는 통(通)이다. 그러니 유는 유이고 무는 무라고 단언해 분별하지 말라. 있다[有] 없다[無]를 내세워 따지려고 덤비지 말라. 그런 유무(有無)는 물질(物質)을 두고 하는 말이다. 항상 있는 것이 하나도 없듯, 항상 없는 것 역시 하나도 없다. 유무란 조화(造化)요 변화(變化)요 변통(變通)이리라. 없다가 있고 있다가 없어지는 유무의 상통(相通)을 일러 생사(生死)라 한들 어떠랴.

### 난이상성(難易相成)

어려움과 쉬움이 서로 이루어진다〔難易相成〕. 어려운 것〔難〕과 쉬운 것〔易〕이 따로 정해져 있다고 생각하지 말라. 어려운 것도 쉽게 될 수 있고 쉬운 것도 어렵게 될 수 있다. 깨뜨리지 않고 이루어 내자면 쉽다고 가볍게 여겨도 안 될 것이고 어렵다고 피해서도 안 될 일이다. 오히려 난이(難易)가 서로 이루는 것은 변화를 의미한다. 쉽다고 쉽게 대하면 일이 안 되고, 어려움을 어렵게 대해도 또한 일이 안 된다. 그래서 성인(聖人)은 쉬운 일을 어렵게 대하고 어려운 일을 쉽게 대한다 한다.

### 장단상형(長短相形)

길고 짧음이 서로 드러난다〔長短相形〕. 장(長)과 단(短)을 따로 떨어져 있다고 생각하지 말라. 긴 것〔長〕만 있어도 형(形)을 이룰 수 없고, 짧은 것〔短〕만 있어도 형을 만들 수 없다. 형(形)은 모습이요 생김새요 몸이요 틀이요 꼴로 드러남이다. 길고 짧은 것이 서로 형(形)을 이룬다. 나무를 보라. 하나의 나무야말로 장단(長短)의 형이다. 장단이 서로 모습을 이루는 것도 하나의 변화요 조화요 변통이다.

### 고하상경(高下相傾)

위와 아래가 서로 향해 기운다〔高下相傾〕. 높은 것〔高〕과 낮은 것〔下〕이 따로 떨어져 있다고 생각하지 말라. 그러면 귀천(貴賤) 따위는 별것 아니게 된다. 귀천을 벗어나면 서로 등돌릴 까닭이 없다. 서로 어우러짐이 상경(相傾)이다. 높다가 낮아지고 낮다가 높아지고 이렇게 고하(高下)가 서로 어우러짐〔相隨〕도 변화요 조화요 변통이다.

### 음성상화(音聲相和) 전후상수(前後相隨)

자음과 모음이 서로 어울리고〔音聲相和〕, 앞과 뒤가 서로 따라간다〔前後相隨〕. 홀소리〔音〕와 닿소리〔聲〕를 갈라서 생각하지 말라. 말이 되자면 음(音)과 성(聲)이 서로 어울려야 한다. 음은 여러 가지로 나오고 성은 한 가지로만 나온다고 해서 그것이 따로 있는 것은 아니다. 음성이 서로 어울려야 말이 된다. 목소리는 음성의 어울림이다. 자음〔聲〕과 모음〔音〕이 서로 어울리는 것〔相隨〕도 변화요 조화요 변통이다.

앞〔前〕과 뒤〔後〕를 갈라서 생각하지 말라. 앞이 있으니 뒤가 있고 뒤가 있으니 앞이 있다. 밀어 주고 끌어 주고 서로 따라가는 것을 일러 상수(相隨)라 한다. 전후(前後)가 이렇게 인연이 되므로 시간이나 공간이나 모두 변화요 조화요 변통이다.

상생(相生)·상성(相成)·상형(相形)·상경(相傾)·상화(相和)·상수(相隨) 등이야말로 무위(無爲)라는 사고(思考)의 바탕이다. 이 바탕을 줄여서 상통(相通)으로 정리해도 무방할 것이다. 사물을 느끼고 생각하고 이해하여 판단하고자 할 때, 그러한 사고와 행동을 무위의 기반에 두는 사람은 누구일까? 그는 성인(聖人)이나. 성인은 도를 따라 생각하고 행동할 뿐이다.

### 성인처무위지사(聖人處無爲之事)

성인은 무위(無爲)의 일만 한다〔聖人處無爲之事〕. 처(處)는 머문다는 말로, 성인은 무위로써 일한다는 말이다. 무위로써 일한다는 의미는 무엇인가? 모든 일을 상통(相通)·상생(相生)·상성

(相成)·상형(相形)·상경(相傾)·상화(相和)·상수(相隨)하게 하는 것이 곧 무위의 사(事)에 임하는 모습이다. 자연대로 하라. 이것이 성인이 일하는 모습이다.

### 행불언지교(行不言之敎)

말하지 않고서 가르치는 일을 행한다[行不言之敎]. 성인은 말만 앞세우고 실행은 뒤따르지 않는 교(敎)를 멀리한다. 생각 따로 행동 따로 하는 가르침[敎]에는 말만 있을 뿐이다. 아는 것과 행하는 것을 하나로 하는 가르침이 곧 불언(不言)의 교(敎)이다. 생각과 행동을 상통하게 하라. 이것이 성인의 교이다.

### 만물작언이불사(萬物作焉以不辭)

만물이 뻗어나게 하면서도 말로 드러내지 않는다[萬物作焉而不辭]. 여기서 작(作)은 기(起)이고 흥(興)이므로 생성(生成)을 뜻한다. 생성의 작(作)은 자연만이 할 뿐이다. 그러니 성인은 만물의 생성을 두고 이렇다저렇다 말하지 않는다[不辭]. 자연이 하는 작을 두고 간섭하지 않는다. 이것이 성인의 사(辭)이다. 불사(不辭)를 사양(辭讓)으로 새겨도 무방한 셈이다.

### 생이불유(生而不有)

도는 낳아 길러 주되 소유하지 않는다[生而不有]. 성인도 그렇게 한다. 자연이 만물을 생(生)하게 한다. 불유(不有)는 갖지 않음이다. 자연이 낳은 것을 길러 주고 키워 줄 뿐 성인은 갖지 않는다. 불유는 무심(無心)이요 무소유(無所有)이다. 인간이 유심(有心)해서 소유하려고 할 뿐이다. 그러니 불유에는 욕(欲)이 없다. 이것이 성인의 불유이다.

### 위이불시(爲而不恃)

도는 돕고 위해 주되 대가를 바라지 않는다〔爲而不恃〕. 성인도 그렇게 한다. 자연이 힘을 낸다〔爲〕. 성인은 자연의 힘을 믿지 자신의 힘을 믿지 않는다. 성인은 자연을 따라 위할 뿐이다. 자신의 힘을 믿지 않고 자연이 하는 힘을 믿는 것이 곧 성인의 불시(不恃)이다.

### 공성이불거(功成而不居)

도는 업적을 이루되 연연하지 않는다〔功成而不居〕. 성인도 그렇게 한다. 자연은 공(功)을 이루어 놓고도 미련을 두지 않는다. 가면 보내고 오면 맞이하는 것이 자연의 조화가 아닌가. 자연은 공평할 뿐 무사(無私)하다. 성인 역시 그렇게 한다. 공을 세워도 공치사를 하지 않는다. 이것이 성인의 불거(不居)이다.

불거(不居)하라. 연연하지 말라. 미련을 두지 말라. 정을 끊어 탐하지 말라. 그러면 불거(不居)이다. 불거는 탐하거나 애착하지 말라 함이다. 그래서 박서계(朴西溪) 선생은 불거를 불자거(不自居)라고 밝히면서 『노자』의 다른 장(章)들이 모두 이 뜻을 따르고 있다고 했다.

연연하지 말라 함이 불거(不居)이다. 이런 불거를 버리지 말라 함이 불거(不去)이리라. 거(去)는 이(離)와 같다. 이(離)는 떠남이다. 항상 불거(不居)로써 생각하고 행동하라. 이는 자기를 떠나 자연내로 생각하고 행동하라〔不自居〕 함이다. 이것이 성인의 불거(不去)요 무위요 자연이다.

道德經 3

# 무위(無爲)하라

**요지** 무위(無爲)하라. 이것이 정치(政治)의 길이다.

**내용** 유능하다는 사람을 받들지 않아야 백성으로 하여금 다투지 않게 할 수 있고, 구하기 힘든 재화를 귀하게 여기지 않아야 백성으로 하여금 도둑질하지 않게 할 수 있으며, 탐욕을 드러내지 않아야 마음을 혼란스럽지 않게 할 수 있다. 이러하므로 성인의 다스림은 백성의 마음을 비우게 하고 배를 채우게 하며, 백성의 뜻을 약하게 하고 그 뼈대를 강하게 하여 항상 백성으로 하여금 무지하고 무욕하게 하며, 무릇 지자(知者)들로 하여금 섣불리 일을 벌이지 않도록 한다. 이처럼 무위로 하면 다스리지 못할 게 없다.

【원문(原文)】

> 不尙賢 使民不爭 不貴難得之貨 使民不爲盜 不見可欲 使心不亂 是以 聖人之治 虛其心 實其腹 弱其志 强其骨 常使民無知無欲 使夫知者 不敢爲也 爲無爲 則無不治

【해독(解讀)】

현(賢)을 상(尙)치 않아서 민(民)으로 하여금 쟁(爭)치 않게 하며 득(得)하기 난(難)한 재화를 귀하게 여기지 않아서 백성으로 하여금 도(盜)를 하지 않게 하고, 욕(欲)을 보지 않아서 심란(心亂)하지 않게 한다. 이로써 성인의 치(治)는 그 심(心)을 허(虛)하게 하고, 그 복(腹)을 실(實)하게 하며, 그 지(志)를 약(弱)하게 하고, 그 골(骨)을 강(强)하게 해서 항상 백성으로 하여금 지(知)도 없고 욕(欲)도 없게 할 것이며, 지자(知者)로 하여금 감(敢)히 하지 않게 할 것이다. 무위(無爲)하면 다스려지지 않을 것이란 없다.

【담소(談笑)】

불상현사민부쟁(不尙賢使民不爭)

유능하다는 사람을 받들지 말아야 백성으로 하여금 다투지 않게 할 수 있다〔不尙賢使民不爭〕. 여기서 현(賢)은 총명해서 유능하다고 자처하는 사람을 말한다. 상(尙)은 높여서 받들고 앞세우는 일이다. 유능하다고 자처하는 인간을 높이 사지 말라. 그러면 백성은 서로 잘났다고 다투지 않는다〔不爭〕. 불상현(不尙賢)이야 말로 사람을 다스리는 지혜이다. 덜떨어진 인간들이 정치한답시고 설치면 백성도 덩달아 난봉꾼이 되는 법이다. 그러니 잘났다고 자처하는 인간을 앞세우지 말라〔不尙賢〕.

### 불귀난득지화사민불위도(不貴難得之貨使民不爲盜)

구하기 힘든 재화를 귀하게 여기지 말아야 백성으로 하여금 도둑질하지 않게 할 수 있다〔不貴難得之貨使民不爲盜〕. 얻기 어려운〔難得〕 돈〔貨〕을 제일 중하다고 하지 말라〔不貴〕. 그러면 백성은 도둑질하지 않는다〔不爲盜〕. 윗물이 맑아야 아랫물이 맑은 법이다. 위가 돈을 좋아한다면 아래는 더 말할 것도 없다. 저는 도둑질하면서 남보고 도둑질하지 말라고 해서야 되겠는가. 너도 훔치고 나도 훔치는 세상은 어째서 생기는가? 돈이면 다 된다는 생각이 그런 세상을 낳는다. 그러니 돈이면 다 된다고 하지 말라〔不貴難得之貨〕.

### 불견가욕사심불란(不見可欲使心不亂)

탐욕을 드러내지 않아야 마음을 혼란스럽지 않게 할 수 있다〔不見可欲使心不亂〕. 하고자 하는 짓이 가욕(可欲)이다. 욕심을 드러내거나 보이지 않는 것이 불현(不見)이다. 위에서 욕심을 부리면 아래는 덩달아 더 많은 욕심을 내게 마련이다. 본래 고을 원님보다 아전이 더 무섭다. 먼저 윗물이 맑아야 아랫물도 맑아지는 게다. 물이 맑으면 갓끈을 씻고 더러우면 발을 씻는다고 하지 않던가. 욕(欲)이란 마음을 혼란하게 하는 바람이다. 그래서 바람들지 말라 하지 않던가. 마음을 어지럽히는 욕심을 부리지 말라〔不見可欲〕.

### 허기심실기복(虛其心實其腹)

 백성의 마음을 비우게 하고 배를 채우게 한다〔虛其心實其腹〕. 마음을 비워 편안하면서도 굶주림이 없는 다스림을 어느 백성이 싫다 할 것인가. 무엇이 허심(虛心)인가? 나를 드러내지 말라〔不自見〕. 그러면 허심이다. 나만 옳다고 하지 말라〔不自是〕. 그러면 허심이다. 나를 앞세우지 말라〔不自伐〕. 그러면 허심이다. 나를 자랑하지 말라〔不自矜〕. 그러면 허심이다. 그러니 마음을 편안하게 하는 것이 허심이다.

 자기를 드러내는 사람은 밝지 못하다. 이를 불명(不明)이라 한다. 자기만 옳다고 하는 사람은 뻗어나지 못한다. 이를 불창(不彰)이라고 한다. 자기를 앞세우려는 사람은 공을 세우지 못한다. 이를 무공(無功)이라 한다. 자기 자랑을 일삼는 사람은 어른 노릇을 못한다. 불상현(不尙賢)의 이치를 알만 하리라.

 무엇이 실복(實腹)인가? 정신을 맑게 하고〔神淸〕 기운을 정정하게 하는 것〔氣足〕을 일러 실복이라 한다. 뱃속이 비어 허기가 지면 목숨을 부지할 수 없다. 목숨을 위태롭게 하는 것은 자연에 어긋나는 일이다. 그러니 몸의 기운이 가득해야 편안하다. 그런 편안함이 곧 실복인 셈이다.

### 약기지강기골(弱其志强其骨)

 백성의 뜻을 약하게 하고 그 뼈대를 강하게 한다〔弱其志强其骨〕. 야심과 야망, 야욕을 버리게 하여 당당하게 삶을 누리도록 하는 다스림을 어느 백성인들 싫어할 것인가. 약지(弱志)란 무엇인가? 실로 강하게 하는 것을 일러 약지라 한다. 왜냐하면 약지는 수유(守柔)와 통하는 까닭이다. 부드러움을 지키는 것〔守柔〕이야말로 도(道)를 귀하게 하는 것〔道貴〕이 아닌가.

 무엇이 강골(强骨)인가? 도덕으로써 내가 나를 이기는 것이 곧 강골이다. 남과 싸워 이기려고 체력을 아무리 쌓아도 강골이 될 수는 없다. 강골은 자강(自强)이며 자강은 곧 자승(自勝)이다. 강골이기를 원하는가? 그렇다면 남을 이기려는 짓〔勝人〕을 버리고 자기가 자기를 이기는 일〔自勝〕을 닦아야 한다. 이를 노자는 수유(守柔)라 했고 공자는 극기(克己)라 했다.

도(道)는 유(柔)하고 덕(德)은 순(順)하다. 본래 도덕이란 유순(柔順)한 것. 그 유순을 한 마디로 하면 정(靜)이요 허(虛)요 무(無)이리라. 그러므로 마음이 도덕을 따라 함을 일러 약지(弱志)라 한다. 부드럽고 약한 것〔柔弱〕이 굳고 센 것〔强剛〕을 이긴다는 노자의 말이 곧 약지에 숨어 있는 속뜻이다.

허심(虛心)·실복(實腹)·약지(弱志)·강골(强骨) 등은 곧 무위(無爲)로써 다스리는 길이다. 이 길을 가자면 재주를 부리지 말아야 하고 욕심을 부리지 말아야 한다. 이는 백성으로 하여금 무위의 길을 밟게 함을 말한다. 그러자면 검소하고 유순해야 한다. 여기서 왜 백성으로 하여금 무지(無知)하고 무욕(無欲)하게 하는지 알 수 있는 일이다. 무욕은 검소로 통하고 유순은 무지로 통하는 줄을 알겠다.

### 사부지자불감위야(使夫知者不敢爲也)

무릇 지자(知者)들로 하여금 섣불리 일을 벌이지 않도록 한다〔使夫知者不敢爲也〕. 지자는 뜻을 세워 그 뜻을 이루려고 도모한다. 불감위(不敢爲)하라. 이는 순리(順理)를 벗어나는 짓을 범하지 말라 함이다. 지자(知者)여 재주를 부리지 말라. 식자(識者)여 수작하지 말라. 온갖 잔재주 탓으로 세상이 시끄럽고 백성이 불안하다. 만일 지자가 자신이 안다고 하는 것〔知〕을 앞세워 수작을 부리지 않는다면 세상은 조용해지리라. 여기서 무위로 다스린다는 속뜻이 어디에 있는지 알 만하다. 그 속뜻을 일러 안민(安

民)이라 한다. 백성의 심신을 편안하게 하라. 이것이 정치의 도덕이다. 지자(知者)라고 자부하는 치자(治者)여 노자의 말을 들어라. 그리고 부끄러워하라. 그러면 저절로 무위(無爲)의 세상이 되리라.

道德經 4

# 불영(不盈)하라

**요지** 불영(不盈)하라. 그러면 이룰 수 있는 미래가 있다.

**내용** 도는 텅 비어 있어 아무리 채워도 다 채우지 못한다. 깊고 깊은 심연다워 만물의 근원인 듯하여라. 예리한 것을 무디게 하고 어지러운 것을 갈래지으며, 빛나는 것을 부드럽게 하고 티끌마저도 하나같이 만든다. 맑고 깊어라. 존재하는 듯하여라. 그러나 나는 그것이 누구의 아들인지 모른다. 우주 만상을 주재하는 자보다 먼저인 까닭에 나는 모른다.

【원문(原文)】

　道沖而用之 或不盈 淵兮 似萬物之宗 挫其銳 解其紛 和其光 同其塵 湛兮 似或存 吾不知其誰之子 象帝之先

【해독(解讀)】

도(道)는 충(沖)이라 용(用)하면 혹(或) 불영(不盈)하니 연(淵)하여 만물(萬物)의 종(宗)인 듯하다. 기예(其銳)를 좌(挫)하고, 기분(其紛)을 해(解)하며, 기광(其光)을 화(和)하고, 기진(其塵)을 동(同)하니 담(湛)하여 혹존(或存)인 듯하다. 오(吾)는 수(誰)의 자(子)인지 모르는지라 상(象) 제(帝)의 선(先)이다.

【담소(談笑)】

도충이용지혹불영(道沖而用之或不盈) 연혜사만물지종(淵兮似萬物之宗)

도는 텅 비어 있어 아무리 채워도 다 채우지 못한다〔道沖而用之或不盈〕. 깊고 깊은 심연다워 만물의 근본인 듯하여라〔淵兮似萬物之宗〕. 충(沖)은 허(虛)이며 동시에 화(和)이다. 허는 도의 근본이며 화는 도의 작용이다. 허하므로 모든 것이 왕래한다. 빈 것〔虛〕이 없다면 천지만물이 있을 수 없다. 도(道)라는 빈 그릇 속에 만물을 다 제 뜻대로 그저 그냥 있게 하는 것을 일러 화(和)라 한다. 허와 화를 자연이라 한들 괜찮다.

그러나 허(虛)는 다 채우지 않는다. 빈 곳이 있어야 만물이 존재하지, 빈 곳을 다 채워 버리면 있을 곳이 없으므로 결국 있어야 할 것이 못 있게 된다. 그래서 도의 근본이며 작용인 충(沖)은 불영(不盈)한다. 불영은 가득 채워 빈 것이 없게 하지 말라 함이다. 빈 곳을 없애면 숨이 막혀 죽는다. 밥이 목구멍을 채우면 숨이 막혀 죽는 법이다. 살고 싶다면 목구멍을 비워 숨이 들어오고 나가게 하라. 만물을 있게 하는 도충(道沖)이야말로 만물의 종(宗)이다. 종은 으뜸이다. 이런 으뜸을 향해 노자는 감탄한다. 깊고 깊은 심연다워라〔淵兮〕.

### 좌기예(挫其銳)

예리한 것을 무디게 한다〔挫其銳〕. 도(道)의 충(沖)이 좌기예(挫其銳)한다. 날카롭고 뾰족한 것〔銳〕이면 꺾어 놓는다〔挫〕. 예(銳)는 서로 어울리지 못하는 것. 날카로운 송곳 끝 따위가 그 예이다. 날이 선 칼은 얼마 가지 못한다. 그러한 예봉(銳鋒)을 갈아 무디게 하는 것이 좌(挫)이다. 알수록 나서지 말 것이며 능숙할수록 자랑하지 말 것이다. 모난 돌이 정을 맞는다. 잘난 척하며 톡톡 튀지 말아야 손가락질을 받지 않는 것 아닌가.

### 해기분(解其紛)

어지러운 것을 갈래짓는다〔解其紛〕. 도(道)의 충(沖)이 해기분(解其紛)한다. 어지러운 것〔紛〕을 풀어 놓는다〔解〕. 분(紛)은 흩어지고 혼란스러워 헷갈리고 어지러운 것. 그러한 분을 갈래지어 주면 고요하고 잠잠하게 가라앉는다. 산란하게 하는 마음을 가라앉게 하는 것도 해기분(解其紛)인 셈이다. 마음의 분을 망상이라 해도 된다. 망상을 묶지 말고 풀어 버리면 자유로워진다. 꽉 차서 막혔던 것〔盈〕이 뚫리고 풀리면 텅 비어 후련하지 않은가. 이런 홀가분한 마음 역시 도의 충이라 한들 어떠랴.

### 화기광(和其光)

빛냄을 부드럽게 한다〔和其光〕. 도(道)의 충(沖)이 화기광(和其光)한다. 빛나는 것〔光〕을 어울리게 한다〔和〕. 그러면 광명(光明)이 된다. 밖을 밝게 하면 광(光)이요 마음을 밝히면 명(明)이다. 그래서 빛을 밝히되 눈부시게 하지 말라는 것이다. 뽐내지 말라〔不自見〕. 겸손하라〔不自伐〕. 오만하게 굴지 말라〔不自矜〕. 그러면 절로 화기광(和其光)이다. 광내지 말라. 이런 너스레 역시 도의 충으로 이어 본들 어떠랴.

### 동기진(同其塵)

티끌마저도 하나같이 한다〔同其塵〕. 도(道)의 충(沖)이 동기진(同其塵)한다. 티끌〔塵〕같이 한다〔同〕. 허물도 진(塵)이고 더러움도 진이다. 허물일수록 숨기거나 감추려고 하지 말라. 차라리 진과 함께하라. 그러면 뉘우칠 수 있다. 뉘우치는 마음은 허정(虛靜)하다. 텅 비어서 고요한 마음이야말로 도의 충이 아닌가.

### 담혜사혹존(湛兮似或存)

맑고 깊어 존재하는 듯하여라〔湛兮似或存〕. 그러므로 도(道)의 충(沖)이 하는 일은 깊고 맑다〔湛〕. 담(湛)은 곧 허정함이다. 그래서 노자는 도를 사혹존(似或存)이라 술회한다. 이는 있는 것도 같고 없는 것도 같아 볼 수도 없고 보이지도 않는 도의 모습을 일러 말함이리라. 그래서 노자는 텅 빈 도 앞에서 이렇게 감탄한다. 맑고 깊어라〔湛兮〕.

### 오부지기수지자(吾不知其誰之子) 상제지선(象帝之先)

나는 그것이 누구의 아들인지 모른다〔吾不知其誰之子〕. 우주 만상을 주재하는 자보다 먼저인 까닭에 나는 모른다〔象帝之先〕. 여기서 노자는 도의 본질[體]과 작용[用]을 충(沖)이라고 조심스레 말하고 있다. 그 충을 불영(不盈)이라 풀이하여 허(虛)를 빌려 도를 짐작하게 하는 셈이다. 노자는 언제나 겸허할 뿐 단언하지 않는다. 노자는 잘라 말하지 않는다. 상제지선(象帝之先)에서도 그와 같은 겸허한 말씨가 드러난다. 만물[象]을 주재하고 운영한다는 제(帝)보다 앞서 있는 것이니 알 길이 없다고 말할 뿐이다. 아는 척하며 도(道)는 제(帝)보다 앞서 있었다고 단언하지 않는다. 노자는 항상 겸허하다. 노자의 겸허함이 곧 도의 충(沖)일러라. 이런 까닭에 노자의 말씀은 오만한 우리를 부끄럽게 한다.

道德經 5

# 수중(守中)하라

**요지** 수중(守中)하라. 이는 허심(虛心)하라 함이다.

**내용** 천지는 인정(人情)이란 것이 없어 만물을 길가에 버려진 풀강아지로 삼고, 성인도 인정이 없어 백성을 풀강아지 정도로 여긴다. 하늘과 땅 사이는 텅텅 비어서 마치 풀무 같구나. 휑하니 비어서 굽히지 않아 움직일수록 더욱더 나오기만 한다. 그러나 사람은 말을 많이 하면 할수록 그만큼 빨리 궁해진다. 그러니 알맞음을 잘 지키는 것만 못하다.

【원문(原文)】

　　天地不仁 以萬物爲芻狗 聖人不仁 以百姓爲芻狗
天地之間 其猶槖籥乎 虛而不屈 動而愈出 多言數窮
不如守中

【해독(解讀)】

천지(天地)가 불인(不仁)하여 만물(萬物)을 추구(芻狗)로 삼고, 성인(聖人)도 불인(不仁)하여 백성(百姓)을 추구(芻狗)로 삼는다. 천지(天地)의 간(間)이 탁약(槖籥)과 같아 허(虛)하여 불굴(不屈)하고 동(動)하여 유출(愈出)하나니 다언(多言)일수록 삭궁(數窮)하므로 중(中)을 수(守)함만 못하다.

【담소(談笑)】

### 천지불인(天地不仁) 이만물위추구(以萬物爲芻狗)

천지는 인정(人情)이란 것이 없어 만물을 길가에 버려진 풀강아지로 삼는다〔天地不仁以萬物爲芻狗〕. 천지는 무심(無心)하고 무친(無親)하다. 이는 다 사(私)가 없다는 게다. 불인(不仁)은 무심(無心)과 같다. 미운 놈 고운 놈이 따로 없어 무정(無情)할 뿐이다. 그러니 불인은 인정이 없다는 말이다. 불인은 무사(無私)로 통하는 셈이다. 그러므로 천지는 만물을 추구(芻狗)로 삼는다. 추구는 제사를 지내고 난 다음 길가에 버려진 풀강아지를 말한다. 만물이 귀하다 하면 다 귀한 것이고 천하다 하면 다 천한 것이지 귀천이 정해져 있다 하지 말라 함이다.

천지는 인간이라고 해서 대접하고 지렁이라 해서 천대하지 않는다. 천지는 인간이나 지렁이나 다 같이 추구로 삼을 뿐이다. 만물을 다 평등하게 대할 뿐 차별해서 편애하지 않는다. 성인은 이러한 천지불인(天地不仁)을 따라 백성을 추구로 삼는다. 귀천을 따져 차별하는 것은 인간이란 소인배의 짓이다.

### 천지지간기유탁약호(天地之間其猶橐籥乎)

하늘과 땅 사이는 텅 비어서 마치 풀무 같구나〔天地之間其猶乎〕. 천지지간(天地之間). 여기서 간(間)은 천지의 사이라는 말로, 그 사이는 시간이나 공간을 뜻하는 것이 아니라 관계를 뜻한다. 이때 천지는 우주의 암수〔雌雄〕로 보아도 되고 음양(陰陽)으로 보아도 되고 아주 좁혀서 서로 성교하는 남녀로 여겨도 무방하고 교미하는 암컷과 수컷으로 생각해도 될 것이다. 그러니 여기서 생물을 생산하는 행위〔性交〕로 간(間)을 음미해도 될 일이다.

탁약(橐籥). 원래 그것은 대장간의 풀무를 말하는데, 여기서는 천지지간의 간(間)을 비유하고 있다. 그 간을 탁약과 같다〔猶〕고 비유한 것이 참으로 묘하다. 서계(西溪) 선생은 탁약을 자연이 물(物)을 낳는 비유로 보았다. 말하자면 탁약을 빌어 천지의 성교를 연상해 보았던 것이다. 성교야말로 천지의 조화가 아니겠는가.

허(虛)는 만물의 자궁인가. 허는 불인(不仁)·무심(無心)·무욕(無欲)·무친(無親)·무정(無情)·무사(無私)를 다 포섭하는 말이다. 허를 닮아 따라 하면 그것이 곧 중(中)이다. 그러므로 중을 무사(無私)로 새기면 중(中)이 왜 허(虛)로 통하는지 알 만하다. 도가 편애하면서 만물을 낳겠는가. 열 손가락 깨물어 아프지 않은 것 없다는 말이 있지 않은가. 천지는 이것저것 가려서 생사(生死)를 정하지 않는다. 사람은 독사를 잡아죽이려 하지만 천지는 가슴에 안는다. 이를 일러 천지불인(天地不仁)이라 해도 될 것이고 만물추구(萬物芻狗)라 해도 되리라.

풀무 속은 휑하다. 허중(虛中)이다. 비어 있음[虛中]이다. 텅 빈 곳에는 걸림이 없다. 기(氣)가 들고 나고 오고 가고 자유롭다. 기의 왕래, 음양의 왕래, 암수의 교미 등을 허이불굴(虛而不屈)이요 동이유출(動而愈出)의 풀무질에 비유해 짐작해 보라. 우주야말로 도가 음양으로 하여금 교미하게 해서 생긴 것이라고 상상해 보라. 망망한 노자의 사고(思考)가 우주를 관류한다.

### 허이불굴(虛而不屈)

휑하니 비어서 굽히지 않는다[虛而不屈]. 비어서 꿀릴 것이 없다. 허(虛)하여 굴(屈)할 것 없고 허하여 걸릴 것 없다. 천지에는 사(私)라는 것이 없다. 허는 철저하게 무사(無私)하므로 걸릴 것이 없다. 천지는 무정(無情)하므로 탈이 없다. 그러나 인간은 유정(有情)한 까닭에 선악으로 치정(癡情)도 하고 애증(愛憎)도 하여 탈이 끊이질 않는다. 왜 그런가? 인간이 허(虛)를 싫어하는 까닭이리라.

### 동이유출(動而愈出)

움직일수록 더욱더 나오기만 한다[動而愈出]. 움직일수록 더욱더 나온다. 풀무질을 하면 할수록 바람은 더욱더 나온다. 허중(虛中)이 움직이면 기(氣)는 더욱더 나온다. 음양의 기운이 나오면 나올수록 삼라만상은 무성해지고 울창해진다. 생생불이(生生不已) 화화무궁(化化無窮)이 곧 동이유출(動而愈出)이요 역(易)인 셈이다. 역을 일러 생생(生生)의 도라 하지 않는가. 태어남이 그침이 없고 죽어 감이 다함이 없음을 일러 역이요 변화요 조화라 하리라. 생사야말로 허중(虛中)의 묘(妙)인 셈이다. 그 묘를 움직일수록 더욱더 나온다[動而愈出]는 말로 새겨들으면 조금은 알 것 같다.

### 다언삭궁(多言數窮)

사람은 말을 많이 하면 할수록 그만큼 빨리 궁해진다〔多言數窮〕. 묘(妙)·현(玄)·오(奧)·이(夷)·희(希)·미(微)·요(徼) 등을 말로 하려고 덤비지 말라. 묘(妙)를 두고 말을 많이 할수록 그만큼 입이 빨리 궁하게 된다. 궁하면 생각이 막히고 말문이 막혀 옹색해진다. 언어의 묘는 침묵에 있다. 침묵은 곧 수중(守中)으로 통한다. 수중의 중(中)이란 허(虛)하라 함이요 정(靜)하라 함이 아닌가. 그러나 다언(多言)은 그 중(中)을 깨뜨려 버린다. 그래서 인간은 오만하고 경솔해진다. 수중(守中)하라. 허정(虛靜)하라. 침묵하라. 그러면 마음은 겸허해진다.

정(靜)하면 사물이 보인다. 정하면 허하고 허하면 밝다〔明〕 하지 않는가. 그래서 성인은 마음을 정에 두고 침묵하는 것이다. 허(虛)·정(靜)·중(中) 등은 다 무심(無心)하라 함이리라. 무심을 밝다 말함은 무사(無私)한 까닭이다. 당신의 마음가짐은 허정한가? 그렇다면 당신은 수중하므로 묘(妙)를 즐길 수 있다.

道德經 6

# 불근(不勤)하라

**요지** 불근(不勤)하라. 그러면 마르지 않아 모든 것이 살아난다.

**내용** 곡신(谷神)이 죽지 않음을 일러 신비로운 암컷이라 한다. 그 암컷의 문을 일러 천지의 뿌리라 한다. 면면히 있는 듯하니 이것을 아무리 써도 다하여 마르지 않는다.

【원문(原文)】

谷神不死 是謂玄牝 玄牝之門 是謂天地之根 綿綿若存 用之不勤

【해독(解讀)】

곡신(谷神)이 불사(不死)함을 일러 현빈(玄牝)이라 하고 현빈(玄牝)의 문(門)을 일러 천지(天地)의 근(根)이라 한다. 면면(綿綿) 약존(若存)하여 용지(用之)하여도 불근(不勤)한다.

【담소(談笑)】

### 곡신불사시위현빈(谷神不死是謂玄牝)

곡신(谷神)이 죽지 않음을 일러 신비로운 암컷이라 한다〔谷神不死是謂玄牝〕. 죽지 않는 곡신은 곧 도(道)인 셈이다. 죽지 않는 것은 도밖에 없는 까닭이다. 다른 것들은 모두 다 생사(生死)의 풀무질을 벗어날 수 없다. 나왔으면 되돌아가야 한다. 생(生)한 것이면 무엇이든 사(死)한다. 곡신은 그렇듯 생사를 겪는 우주 삼라만상을 낳는다. 곡신으로 인해 도가 하는 일이 어떠한지 짐작할 수 있다. 그러니 곡신을 넉(德)으로 여겨도 안 될 것은 없다.

곡(谷)은 산골짜기를 말한다. 그 곡은 나무와 풀과 온갖 벌레와 새와 짐승과 흙과 돌과 물과 바람을 끌어안고 있다. 곡은 빈 곳〔虛中〕인 까닭이다. 이러한 곡은 허(虛)하면서도 모습을 지닌다〔有形〕. 신(神)은 하늘이다. 하늘은 허이면서 모습이 없다〔無形〕. 그러므로 곡신은 유형의 곡(谷)과 무형의 신(神)이 하나로 함께

하는 셈이다. 이런 하나를 일러 불사(不死)라 한다. 불사는 생사(生死)를 하나로 보는 일이다. 오로지 도만이 그 일을 한다.

현빈(玄牝). 유(有)와 무(無)의 합을 일러 현(玄)이라 한다. 생사를 하나로 보면 그 또한 현이다. 빈(牝)은 암컷을 말한다. 그러니 현빈은 유와 무를 합한 암컷이요 생과 사를 하나로 한 암컷이다. 우주 삼라만상을 풀무질하는 암컷이란 결국 도의 덕을 비유한 셈이다. 도가 만물에 숨고 드러나는 것이 곧 덕 아닌가. 그러므로 현빈은 결국 도를 비유해 말하는 것이다.

### 현빈지문(玄牝之門)

현빈의 문이다〔玄牝之門〕. 이는 도가 작용하는 틀〔機〕을 생각하게 한다. 현빈의 문은 생사(生死)의 문이라 해도 될 것이고, 유무(有無)의 문이라 해도 될 것이다. 그러니 생(生)도 틀이요 사(死)도 틀이다. 생사든 유무든 그 문을 드나드는 출입(出入)이요 왕래(往來)이리라. 그래서 장자가 '천지는 하나의 여관이요 만물은 저마다 머물다 가는 나그네' 라 하였나 싶다. 만물치고 어느 것 하나 현빈의 문을 출입하지 않는 것은 없다.

문은 출입하는 틀이다. 현빈의 문에서 나오면 생(生)이라 하고 그 문으로 들면 사(死)라 한들 어떠리. 이런 생사의 문이 곧 천지의 뿌리라고 하니 참으로 묘하다. 우주 삼라만상이 도(道)라는 암컷의 자궁에서 나온 형제요 자매라고 상상해 보라. 그렇다고 한다면 귀천(貴賤)이 어디 있을 것이며 대소(大小)가 어디 있을 것이며 고하(高下)가 어디 있겠는가. 그러므로 노자가 말한 포일(抱一)이란, 현빈의 문에 놓인 걸림 없는 문턱이라 할 수 있다.

### 면면약존용지불근(綿綿若存用之不勤)

면면히 있는 듯해 이것을 아무리 써도 다하여 마르지 않는다

〔綿綿若存用之不勤〕. 존재한다고 단언할 것이지 왜 노자는 약존(若存)이라 했는가? 현빈(玄牝)이라 했으니 있는 듯하다〔若存〕는 것인가. 있는 듯 없는 듯한 것이 곧 현(玄)이니 약존이라 했음이다. 그 현빈의 문은 천지의 뿌리이므로 그 뿌리〔根〕역시 약존이다. 생(生)도 없고 사(死)도 없는 존재를 어이 말하겠나. 약존이라 했으니 과학적으로 검증하려 들지 말라. 우주에 있다는 블랙홀이란 것도 노자에게는 도(道)가 젓는 한 번의 풀무질에 불과할 뿐이다.

 생도 사도 없는 천지의 뿌리여. 생사가 없으니 젊다가 늙을 리도 없고 병들 리도 없으므로, 천지가 뿌리 내린 현빈의 문을 생사가 있는 만물이 아무리 출입한들 문턱이 닿아 없어질 리 없다. 그러니 도는 그 문을 아무리 써도〔用之〕걱정하지 않는다〔不勤〕. 여기서 근(勤)은 노(勞)도 되고 갈(竭)도 되는 것이다. 아무리 써도 힘들 것 없고 마를 것 없다는 것이 도가 하는 일이다. 오로지 생사가 걸린 것들만 기(氣)를 문제로 삼을 뿐이다. 기운이 있으면 살고 그 기운이 없어지면 죽는 것들만 수고롭다가 말라 갈 뿐이다. 이처럼 노자는 생사의 근원을 생사가 없는 도(道)에다 두고 천지만물을 바라보게 하는 사유(思惟)를 열어 놓았다. 그래서 노자의 말을 들으면 시름도 바람도 흘러가는 구름처럼 편안히 사라진다. 그래서 노자 덕에 우리 모두 불근(不勤)할 수 있다.

道德經 7

# 무사(無私)하라

**요지** 무사(無私)하라. 그러면 누구나 자기(自己)를 얻는다.

**내용** 하늘은 길고 땅은 오래다. 우주가 영원함은 자생(自生)하지 않는 까닭이다. 그래서 천지는 오래간다. 이를 본받아 성인도 자기를 뒤로 하고 남을 앞에 두지만 저절로 자신이 앞에 있게 되고, 자기를 버리고 남을 찾아 주지만 저절로 자기가 있게 되는 것이다. 이는 사사로움이 없어서가 아니겠는가. 그러므로 자기를 없애야 자기를 이룩할 수 있다.

## 【원문(原文)】

> 天長地久 天地所以能長且久者 以其不自生 故能長生 是以聖人後其身而身先 外其身而身存 非以其無私耶 故能成其私

## 【해독(解讀)】

천(天)은 장(長)하고 지(地)는 구(久)하니 천지(天地)가 능(能)히 장구(長久)하는 바는 자생(自生)하지 않는 까닭이다. 고(故)로 능(能)히 장생(長生)한다. 시이(是以)로 성인(聖人)은 그 신(身)을 후(後)로 하되 그 신(身)이 선(先)하고, 그 신(身)을 외(外)로 하되 그 신(身)이 존(存)하니 그 무사(無私)로써 함이 아니냐. 고(故)로 능(能)히 그 사(私)를 성(成)한다.

## 【담소(談笑)】

천장지구(天長地久) 천지소이능장차구자(天地所以能長且久者) 이기부자생(以其不自生) 고능장생(故能長生)

하늘은 길고 땅은 오래다〔天長地久〕. 우주가 영원한 것은〔天地所以能長且久者〕 자생(自生)하지 않는 까닭이나〔以其不自生〕. 그래서 천지는 오래간다〔故能長生〕. 도(道)는 불사(不死)하지만 천지(天地)는 장구(長久)할 뿐이다. 천지는 우주이고 그 우주는 현빈(玄牝)의 문을 출입하는 물건이다. 도는 물건이 아니어서 불사한다. 그러니 도는 생사(生死)를 벗어나 현묘(玄妙)하다. 그러나 천지는 장구할 뿐 불사하는 것이 아니다. 아무리 장구하다 한들 생사의 길을 벗어날 수는 없다. 불사(不死)에 비하면 장구(長久)는 찰나보다 더 짧다. 그래서 장자는 7백 년을 살다 간 팽조(彭祖)는 요절했다 하고 태어나 곧장 죽은 영아(嬰兒)는 장수한 것이라 했겠다.

장단(長短)은 모습[形]이요 구근(久近)은 시간[時]이다. 장(長)은 큰 모습이고 구(久)는 긴 시간이다. 천지는 크고 긴 시간 동안 존재하지만 어디까지나 생(生)한 것이므로 결국 사(死)하기 마련이다. 생성된 것이면 무엇이든 소멸한다. 노자는 이를 일러 도의 움직임[動]이라 하고 그 움직임을 반자(反者)라고 했다. 반자는 왕래(往來)가 아닌가.

제 뜻을 세우려고 태어나거나 삶을 도모하는 것을 일러 자생(自生)이라 한다. 그러나 천지는 부자생(不自生)이라 제 뜻을 이루려고 도모하지 않는다. 만물을 낳아 주되 간섭하지 않는 것이 도(道) 아닌가. 만물은 천지라는 여관에 머물다 가는 나그네이다. 그러나 천지는 나그네에게 숙박료를 받지도 않고 내라고도 않는 여관이다. 그렇듯 천지는 자생하지 않으므로 장구하는 것이다.

**성인후기신이신선(聖人後其身而身先) 외기신이신존(外其身而身存) 비이기무사야(非以其無私耶) 고능성기사(故能成其私)**

성인은 자기를 뒤로 하고 남을 앞에 두지만 절로 자신을 앞에 두게 되고[聖人後其身而身先], 자기를 젖혀 두고 남을 위하지만 저절로 자기가 있게 된다[外其身而身存]. 이는 사사로움이 없어서가 아니겠는가[非以其無私耶]. 그러므로 자기를 없애야 자기를 이룩할 수 있다[故能成其私].

성인은 누구인가? 천지를 본받아 무위(無爲)로 사는 사람이다. 그래서 성인은 천지의 부자생(不自生)을 본받아 산다. 성인의 부자생을 일러 후신(後身)이요 외신(外身)이라 한다. 후신은 후기

(後之)와 같고 외신은 사기(舍己)와 같다. 나(身)를 뒤로 함은 물러선다는 것(後之)이며, 나를 젖혀 둠(外身)이란 나를 버리는 것과 같다. 내 스스로 나를 뒤로 하면 남은 나를 앞세우려 한다. 그러니 선신(先身)을 탐내면 소인배에 불과하다. 제 자랑을 일삼으며 남 앞에 나서려는 사람은 후신할 줄 모르며 외신할 줄 모른다. 염치 없고 뻔뻔스러운 소인을 흉물(凶物)이라 한다.

  대인(大人)은 후신(後身)하고 외신(外身)하므로 그 존재가 결국 밝게 되지만, 소인(小人)은 스스로 선신(先身)하려고 하므로 욕망이란 늪에 빠져 익사하고 만다. 성인을 일러 대인이라고도 한다. 내 스스로 후신하면 남이 나를 앞세운다. 이를 대인의 신선(身先)이라고 생각하라. 스스로 선신(先身)하면 그런 짓은 소인의 선신이라고 생각하라. 이미 노자는 앞에서 성인의 후신과 외신을 밝혔다. 길러 주되 소유하지 않고(生而不有), 위해 주되 대가를 기대하지 않으며(爲而不恃), 공이 이루어지면 연연하지 않음이(功成而不居) 바로 그것이다.

  『주역(周易)』에 이런 말이 있다. '군자를 불러들이고 소인을 물리쳐라(內君子外小人).' 소인을 물리치면 이롭다. 외신과 후신이 존신(存身)으로 통하는 것은 남을 이롭게 하는 덕인 까닭이다. 덕은 도의 드러남이니 그 덕이 절로 드러나는 것이 곧 무사(無私)인 셈이다. 그런데 소인은 남을 위하는 것이 결국 자기를 위하는 것임을 모른다. 그래서 소인은 장구하지 못하는 것이다.

  무사(無私)·무아(無我)·무심(無心)·허심(虛心)은 모두 하나의 길로 통한다. 나를 버리면 나를 얻는 것이고, 사(私)가 없으면 사(私)를 이루는 것이다. 나를 고집하면 나를 잃게 되나 내가 한 발 물러서면 나를 찾는다. 그래서 노자는 무사(無私)하라 하고 공자는 살신(殺身)하라 한다. 우리는 이런 말이 귀에 거슬린다. 하지만 왜냐고 반문할 것도 없다.

道德經 8

# 약수(若水)하라

**요지** 약수(若水)하라. 그러면 다툴 일이란 하나도 없다.

**내용** 으뜸가는 선(善)은 물과 같다. 만물을 잘살게 하면서도 물은 다투지 않고 모든 사람이 싫어하는 낮은 곳에 머물기를 마다하지 않는다. 그래서 물은 도에 가깝다. 물처럼 사는 성인이 있는 곳은 선한 땅이 되고, 그 성인의 마음은 선한 못이 되며, 그 성인의 베풂은 선한 인(仁)이 되고, 그 성인의 말은 선한 믿음이 되며, 그 성인의 정사(政事)는 선한 다스림이 되고, 그 성인의 작업은 선한 능력이 되며, 그 성인의 활동은 선한 시절이 되어 무릇 오로지 다투질 않는다. 그러니 성인은 잘못이 없다.

【원문(原文)】

上善若水 水善利萬物而不爭 處衆人之所惡 故幾
於道 居善地 心善淵 與善仁 言善信 政善治 事善能
動善時 夫唯不爭 故無尤

【해독(解讀)】

 상선(上善)은 수(水)와 같나니 수(水)가 만물(萬物)을 선리(善利)하되 부쟁(不爭)하므로 중인(衆人)이 오(惡)하는 바에 처(處)한다. 고(故)로 도(道)에 기(幾)한다. 거(居)는 선지(善地)하고, 심(心)은 선연(善淵)하며, 여(與)는 선인(善仁)하고, 언(言)은 선신(善信)하며, 정(政)은 선치(善治)하고, 사(事)는 선능(善能)하며, 동(動)은 선시(善時)가 되어 무릇 오로지 부쟁(不爭)한다. 고(故)로 무우(無尤)하다.

【담소(談笑)】

 상선약수(上善若水) 수선리만물이부쟁(水善利萬物而不爭) 처중인지소오(處衆人之所惡) 고기어도(故幾於道)

 으뜸가는 선은 물과 같다〔上善若水〕. 만물을 잘살게 하면서도 물은 다투지 않고〔水善利萬物而不爭〕, 모든 사람이 싫어하는 낮은 곳에 머물기를 마다하지 않는다〔處衆人之所惡〕. 그래서 물은 도에 가깝다〔故幾於道〕.

 상선약수(上善若水). 으뜸가는 선(善)은 물〔水〕과 같다〔若〕. 왜 그렇다는 것인가? 서계(西溪) 선생은 이렇게 밝히고 있다. '물

〔水〕은 이물(利物)하며 처오(處惡)하며 부쟁(不爭)하기 때문이다. 선(善)은 이러한 물과 같다.'

　만물을 이롭게 한다〔利物〕. 그러면 선(善)이다. 만물을 해롭게 하면 그것이 곧 악(惡)이다. 해롭게 하는 짓〔惡〕을 어찌 사람만 싫어할 것인가. 그런 악을 싫어함을 일러 오(惡)라고 한다. 그러니 처오(處惡)란 싫어하는 것을 마다하지 않는다는 말이다. 낮은 곳을 마다하지 않고 스며들어 머무는 물이야말로 처오의 표본이다. 업신여기는 것을 마다하지 않음이 곧 물이 보여 주는 처오인 셈이다.

　물은 부쟁(不爭)한다. 물은 앞서기 위해 앞길을 다투지 않는다. 앞서려고 다투는 짓은 작고, 머물러 갈 때를 기다리는 일은 크다. 물은 빈 곳이 있으면 채워서 흘러가고, 언덕이 있으면 넘을 때까지 기다려 흘러가며, 평평하면 천천히 흘러가고, 비탈이면 철철 흘러내리며, 물이 불어나 물길이 사나우면 성난 노도가 되어 출렁거린다. 참으로 물은 만물을 살게 하면서도 다투지 않는다〔不爭〕. 그래서 물은 도에 가까운〔幾於道〕 것이다.


### 거선지(居善地)

　물과 같은 성인이 있는 곳은 선한 땅이 된다〔居善地〕. 머물러 사는 것〔居〕이 땅〔地〕에는 선하다. 무엇이 머물러야 그러한가? 물이라 해도 될 것이고 성인이라 해도 될 것이다. 물이 머물러 있어야 땅에서 생명이 솟고, 외신(外身)하는 성인이 머물러야 살맛 나는 고장이 되는 법이다.


### 심선연(心善淵)

　성인의 마음은 선한 못이 된다〔心善淵〕. 여기서 심(心)은 물과 같은 마음가짐이다. 그런 마음은 선한 못〔淵〕처럼 된다는 게다.

깊은 물이 연(淵)이다. 밝음을 머금고 고요함을 드러내 만물을 비추어 주는 못. 이는 허정(虛靜)의 모습이다. 성인의 마음은 항상 허정하다. 허정한 마음은 무욕(無欲)하여 바라는 것이라곤 하나도 없다. 그저 그냥 고요한 못처럼 성인의 마음은 그러하므로 선하다.

### 여선인(與善仁)

성인의 베풂은 선한 인(仁)이 된다〔與善仁〕. 여기서 여(與)는 물과 같은 성인이 베푼다는 말이다. 그런 성인의 베풂〔與〕은 선한 인(仁)이 될 수밖에 없다. 참으로 어질면 인(仁)이 지극하다 한다. 선인(善仁)은 지극히 어질다는 말이다. 만물에게 베풀되 그 공을 자랑하지 않고 이롭게 하되 공치사를 않는 것이야말로 참으로 선한 인(仁)이다. 성인의 베풂은 물과 같다. 남김없이 봉사하라. 그러면 누구나 성인의 이웃이다.

### 언선신(言善信)

그의 말씀은 선한 믿음이 된다〔言善信〕. 여기서 언(言)은 성인의 말씀이다. 성인의 말씀은 선한 믿음이다. 물은 깊으면 침묵하고 얕으면 소리를 낸다. 바람이 일면 출렁대고 벼랑에 부딪치면 포효한다. 물은 겉과 속을 달리하지 않는다. 그러니 물소리를 어느 누가 의심할 것인가. 성인의 마음은 말씀과 행동을 하나로 엮는다. 성인의 말씀은 항상 하나로 볼 뿐이다. 거짓말을 물리치고 참말만 하면 누구나 성인의 아류는 된다.

### 정선치(政善治)

성인의 정사(政事)는 선한 다스림이 된다〔政善治〕. 여기서 정(政)은 성인이 일을 바로잡아 한다는 말이다. 성인의 정사는 선한 다스림일 수밖에 없다. 물[水]과 같은 성인에게 무슨 정략(政略)이 있을 것인가. 만물을 편하게 살도록 하는 일이 물의 정(政)이 아닌가. 그러나 물의 정(政)을 썩게 하는 무리들이 많아 우리는 성인의 정(政) 앞에 부끄럽다. 모래밭이라도 물만 있으면 초목이 우거지고 온갖 동물이 사는 보금자리가 된다. 이보다 더한 다스림이란 없다. 성인은 이러한 물을 본받아 일을 일으켜[政] 다스린다[治]. 남이 편히 살도록 일하려고 하는가? 그렇다면 당신도 성인의 아류는 될 것이다.

### 사선능(事善能)

성인의 작업은 선한 능력이 된다[事善能]. 여기서 사(事)는 성인이 맡아 하는 일을 말한다. 성인이 맡아 하는 일[事]이야 선한 능력[能]으로 드러나게 마련이다. 물이 하는 일은 모든 목숨을 살게 하므로 얼마나 다양한가. 물은 모양을 고집하지 않는다. 그릇에 따라 모양을 갖추는 것이 물이다. 형편 따라 일하고[應事] 만물을 차별하지 않고 만나는[接物] 것으로는 물보다 더한 것이 없다. 목마른 것을 만나면 적셔 주다가 바람 따라 허공을 날기도 하는 물이야말로 마다하지 않고 만물에 응하는 것이다. 성인도 이런 물을 본받아 응사(應事)하고 접물(接物)한다. 고집하고 억지로 일하려 하는가? 그러면 탈이 난다. 물길을 내는 강물을 보라. 홍수로 범람하는 물길을 인간은 무서워하지만 그것은 천지가 하는 일일 뿐이다. 물처럼 성인은 항상 무욕(無欲)으로 일하므로 그 능력이 선할 뿐이다. 당신도 물처럼 무욕으로 일에 임한다면 성인의 아류는 된다.

### 동선시(動善時)

성인의 활동은 선한 시절이 된다[動善時]. 여기서 동(動)은 성인의 움직임이라고 여겨도 그만이고 활동이라고 보아도 괜찮다. 성인의 움직임〔動〕은 선한 시절이 되게 마련이다. 물은 어디라도 왕래한다. 스며서 들고 나기를 걸림 없이 한다. 물방울로 떨어지기도 하고 증기로 올라가기도 하고 졸졸 흐르다가 늠름하고 도도하게 흐르기도 한다. 땅 위로 땅 속으로 거침없이 스미고 적시며 지나간다. 때에 따라 형편에 따라 물은 그 움직임을 맡긴다. 성인은 이런 물을 본받아 생각과 행동을 따른다. 그러니 성인이 활동하면 억지란 있을 수 없다. 순리대로만 생각하고 행동하려 하는가? 그렇다면 당신은 성인의 아류는 된다.

### 부유부쟁(夫唯不爭) 고무우(故無尤)

무릇 오로지 다투질 않는다〔夫唯不爭〕. 그러니 성인은 잘못이 없다〔故無尤〕. 물은 이물(利物)하고 처오(處惡)하며 부쟁(不爭)하므로 노자는 기어도(幾於道)라고 밝힌다. 기(幾)는 근(近)이다. 왜 물이 도(道)에 가깝다는 것인가? 부쟁(不爭)하는 까닭이다. 물처럼 성인도 다투질 않는데 무슨 잘못이 있겠는가.

道德經 9

# 신퇴(身退)하라

**요지** 신퇴(身退)하라. 그러면 허물없이 산다.

**내용** 물건 따위를 간직하여 가득 채우는 짓은 차라리 갖지 않는 것만 못하고, 칼을 쥐고 갈아서 날을 예리하게 하는 짓은 도리어 칼날을 오래 지탱할 수 없게 한다. 금과 옥이 집에 가득하면 그것들을 지켜낼 수 없고, 부귀하다고 교만하면 스스로 허물을 남기게 된다. 업적이 이루어져 명성이 뒤따라도 마다하고 물러남이야말로 자연스럽다.

## 【원문(原文)】

持而盈之 不如其已 揣而銳之 不可長保 金玉滿堂 莫之能守 富貴而驕 自遺其咎 功成名逐 身退 天之道

## 【해독(解讀)】

지(持)하여 영(盈)함이 이(已)함만 불여(不如)하고, 취(揣)하여 예지(銳之)하면 장보(長保)하기가 불가(不可)하며, 금옥(金玉)이 만당(滿堂)한대도 그것을 수(守)하기가 막능(莫能)하고, 부귀(富貴)하다고 교(驕)하면 그 구(咎)를 자유(自遺)하며, 공(功)이 성(成)하여 명(名)이 축(逐)하매 신(身)이 퇴(退)함은 천(天)의 도(道)이다.

## 【담소(談笑)】

### 지이영지불여기이(持而盈之不如其已)

물건 따위를 간직하여 가득 채우려는 짓은 갖지 않는 것만 못하다〔持而盈之不如其已〕. 손으로 집어 갖는 것은 지(持)이고 가득하게 채우는 짓은 영지(盈之)이나. 가득가득 집어 넣어 채우면 반드시 넘친다. 넘치면 아까운 것을 버리게 되니 차라리 채우지 않음만 못하다. 이(已)는 버린다는 말이다. 가득 채우지 말라. 항상 비워 두어라. 허(虛)하면 넉넉하지만 영(盈)하면 숨막히게 마련이다. 그러니 가득 채우려는 짓〔盈之〕은 버리는 짓만 못하다. 본래 성인은 덜어내는 짓〔損之〕을 이롭다고 한다.

道德經 ● 신퇴하라

### 췌이예지불가장보(揣而銳之不可長保)

칼을 쥐고 갈아서 날을 예리하게 하는 짓은 칼날을 오래 지탱할 수 없게 한다〔揣而銳之不可長保〕. 손에 물건을 쥐고 다루는 짓이 췌(揣)이다. 잘 들게 날을 세우자고 칼을 가는 짓 따위가 예지(銳之)이다. 그러나 날을 잘 세울수록 그 칼은 곧 무뎌지고 만다. 송곳 끝이 지나치게 뾰족하면 얼마 뚫지 못하고 뭉개지고 만다. 예리할수록 오래가지 못한다. 머리가 좋아 판단력이 예리하다고 자랑하지 말라. 시비를 걸고 분별하려는 지식은 항상 모가 나 결국 궁색해지고 딱하게 된다. 서릿발처럼 굴지 말라. 서릿발은 얼마 가지 않아 녹아 버린다. 그러니 사람도 성질을 무디게 하는 편이 낫다.

### 금옥만당막지능수(金玉滿堂莫之能守)

금과 옥이 집안에 가득하면 그것들을 지켜낼 수 없다〔金玉滿堂莫之能守〕. 집안에 금은보화가 많으면 항상 불안하여 밤잠을 설치게 된다. 금은보화라는 것이 도둑을 불러들이는 앞잡이 노릇을 하는 까닭이다. 열 명이 도둑 하나 지키기 어려운 법이다. 재물을 넘보는 도둑을 어찌 물리치고 지킬 수 있을 것인가. 편히 밤잠을 자고 싶은가? 그렇다면 너무 사납게 재물을 밝히지 않으면 된다. 마음고생하면서 보물을 지키는 짓은 따지고 보면 가장 소중한 것은 도둑 맞고 귀찮은 것만 붙들고 있는 꼴이다. 그래서 돈에 팔려 마음을 잃어버린 군상(群像)이 세상을 채운다.

### 부귀이교자유기구(富貴而驕自遺其咎)

부귀하다고 교만하면 스스로 허물을 남기고 만다〔富貴而驕自遺其咎〕. 좀 부자로 산다고 뻐기지 말라. 교만하면 못난 놈이다. 강아지는 겁이 없어 호랑이에게 덤빈다. 그리고 호랑이밥이 되어 아까운 목숨을 빼앗기고 만다. 이런 강아지 같은 인간들이 많다. 좀 부자라고 교만을 부리는 인간들, 이른바 졸부(猝富)라는 사람들은 호랑이 앞에서 건방떠는 강아지꼴에 불과하다. 교만하면 소중한 목숨도 헐값이 되고 만다. 이 얼마나 더러운 허물인가.

### 공성명축신퇴천지도(功成名逐身退天之道)

업적을 이루어 명성이 뒤따라도 마다하고 물러나는 것이야말로 자연스럽다〔功成名逐身退天之道〕. 공성(功成)은 성공(成功)이란 말로 들으면 된다. 성공을 거두면 자연히 이름이 나게 된다. 이름이 나서 세상에 알려지는 것이 명축(名逐)이다. 요새로 치면 인기라는 말과 같다. 사람들은 이룬 공을 앞세워 한사코 제 이름을 알리려고 수작을 부린다. 그러나 이루었다는 공(功)을 앞세워 나서지 말라는 게다. 그렇지 않으면 이뤘다는 공이 시샘으로 변해 세상의 손가락질로 되돌아오기 쉬운 까닭이다. 그러니 명성을 얻었다고 뽐내지 말라. 명성은 바람처럼 불다가 사라지게 마련이다. 그러므로 공을 이루어 명성을 얻었거든 물러나라. 이를 신퇴(身退)라 한다. 칭송할 때 물러나라. 그러면 인간도 자연이 될 수 있다. 자연이 바로 도(道)가 아닌가. 이렇듯 도는 멀리 있지 않고 만물 속에 있어 도오(道奧)라 했다.

道德經 10

# 포일(抱一)하라

**요지** 포일(抱一)하라. 그러면 세상이 곧 자연이다.

**내용** 혼(魂)과 기(氣)를 실어 하나를 껴안음에서 떠나지 않을 수 있겠는가? 자연의 기를 온전히 받아 더없이 부드럽게 하는 것에 갓난애 같을 수 있겠는가? 맑고 그윽한 거울, 즉 마음을 씻고 닦아서 때를 없앨 수 있겠는가? 무위(無爲)로 백성을 사랑하고 나라를 다스릴 수 있겠는가? 마음을 열었다 닫았다 하는 것에 암컷같이 할 수 있겠는가? 지극한 밝음이 걸림 없어 무지해도 될 수 있겠는가? 무릇 도가 낳아 주고 길러 준다. 길러 주되 소유하지 않고, 돕고 위해 주되 대가를 바라지 않고, 자라게 해주면서도 간섭하지 않는다. 이를 일러 현덕(玄德)이라 한다.

【원문(原文)】

載營魄抱一 能無離乎 專氣致柔 能嬰兒乎 滌除玄覽 能無疵乎 愛民治國 能無爲乎 天門開闔 能爲雌乎 明白四達 能無知乎 生之畜之 生而不有 爲而不恃 長而不宰 是謂玄德

【해독(解讀)】

영(營)과 백(魄)을 재(載)하여 일(一)을 포(抱)함에 능(能)히 무이(無離)하겠느냐. 기(氣)를 전(專)하여 유(柔)를 치(致)함에 능(能)히 영아(嬰兒)가 될 수 있겠느냐. 현람(玄覽)을 척제(滌除)함에 능(能)히 자(疵)가 없겠느냐. 민(民)을 애(愛)하고 국(國)을 치(治)함에 능(能)히 위(爲)가 무(無)하겠느냐. 천문(天門)이 개(開)하고 합(闔)함에 능히 자(雌)가 되느냐. 명백(明白)이 사달(四達)함에 능(能)히 지(知)가 무(無)하겠느냐.

【담소(談笑)】

### 재영백포일(載營魄抱一) 능무이호(能無離乎)

혼(魂)과 기(氣)를 실어 하나를 껴안음에서 떠나지 않을 수 있겠는가〔載營魄抱一能無離乎〕? 재영백(載營魄)의 영(營)은 혼(魂)이요 신(神)이며, 백(魄)은 정(精)이요 기(氣)라고 새기면 되리라. 그러니 재영백은 백에 혼을 싣고 있음이다. 백은 몸이요 혼은 영혼이다. 무엇이든 몸에 영혼이 실려 있어야 살아 있는 것이다. 몸에 영혼이 실려 있으면 생을 누리는 것이고, 몸에서 영혼이 내리면 생(生)이 사(死)로 변한다. 그러므로 재영백(載營魄)은 살아 있는 혼을 실은 형체인 셈이다.

포일(抱一)의 일(一)은 도를 일컬음이다. 포일은 도를 떠나지 말라는 말이다. 몸을 진토(眞土)라고 하지 않는가. 진토에는 오상(五常)이 있다. 오상은 곧 자연이다. 자연은 하나이다. 그 하나를 안는 것〔抱一〕이란 도를 떠날 수 없다는 말이다. 곧 자연의 품에 안기는 일이 포일이다. 그러니 재영백포일(載營魄抱一)이란, 살아 있는 이 몸은 도를 떠날 수 없으므로 무이(無離)라고 한 셈이다. 무이는 곧 불거(不去)인 셈이다. 목숨이 있는 몸이면 도에 머물러 떠나지 말라. 이는 무위자연으로 살 수 없겠느냐는 노자의 반문으로 들린다.

### 전기치유(專氣致柔) 능영아호(能嬰兒乎)

자연의 기를 온전히 받아 더없이 부드럽게 하는데 갓난애 같을 수 있겠는가〔專氣致柔能嬰兒乎〕? 전(專)은 순(純)이다. 치(致)는 극(極)이다. 기가 순수하고 부드러움〔柔〕이 지극한 것을 영아(嬰兒)에 비유하고 있다. 갓난애의 기는 순수하고 지극히 부드럽기 때문이다. 포일(抱一)의 일(一)을 알고 싶은가? 그 하나는 도를 말함이니, 갓난애야말로 도의 모습이요 자연이다. 그 순수한 기를 지키는 것〔致柔〕이 갓난애〔嬰兒〕와 같다는 것이다. 노자가 비유하는 영아는 수유(守柔)의 본보기도 된다. 치유(致柔)도 포일의 모습이요 수유도 포일의 모습이다. 그러니 도의 품안에 만물이 갓난애처럼 안겨 있다고 상상해 보라. 그러면 왜 노자가 도를 만물의 어머니라고 하는지 알 만하다. 세상에 어머니보다 유(柔)한 것은 없지 않은가.

### 척제현람(滌除玄覽) 능무자호(能無疵乎)

맑고 그윽한 거울, 즉 마음을 씻고 닦아서 때를 없앨 수 있겠는가〔滌除玄覽能無疵乎〕? 이는 현람(玄覽)을 씻어 내고〔滌〕 닦아 내〔除〕 맑고 깨끗하게 하라 함이다. 현람은 더할 바 없이 그윽하며 맑고 깨끗한 거울을 두고 한 말이다. 현(玄)은 있는 듯 없는 듯해 유무(有無)가 같이한다는 약존(若存)의 뜻을 담고 있다. 마음이란 것이 현람 같다는 말로 들으면 되리라. 마음을 척제(滌除)한다니 무엇을 씻고 닦아 내란 말인가? 자(疵)는 흠이고 결점이다. 자를 씻어 내고 닦아 내라는 것이 곧 무자(無疵) 아닌가.

현람에 흠을 내는 것은 무엇일까? 노자의 입장에서 본다면 지(智)이리라. 사물을 안다며 차별하고 시비하려는 것이 지(智)이다. 노자가 말하는 지를 불가(佛家)의 말로 치면 알음알이〔意〕에 속한다. 시비 차별의 지(智)를 씻어 내 버려라. 널리 안다는 것 자체가 탈인 줄 알라. 그러므로 노자는 유식(有識)에 연연하면 마음에 흠이 가고 탈이 나고 병이 난다고 경고한 것이다. 유식하여 해박하다고 자랑하지 말라. 그 따위는 갓난애의 모습을 이미 버렸으니 포일(抱一)을 어기는 짓이다. 이렇게 경고하는 노자를 비웃는 우리는 유식하고 오만하고 불손하다.

### 애민치국(愛民治國) 능무위호(能無爲乎)

무위(無爲)로 백성을 사랑하고 나라를 다스릴 수 있겠는가〔愛民治國能無爲乎〕? 무위로 정치를 하라는 말이다. 그러면 포일(抱一)의 정치를 하게 된다는 것이다. 이것이 곧 노자의 정치관이다. 백성을 사랑하고〔愛民〕 나라를 다스린다〔治國〕면 곧 포일의 정치라 할 수 있다. 나라의 주인은 군왕이 아니라 백성이라는 것이다. 그러므로 무위의 정치는 요샛말로 친다면 지극한 민주정치를 말함이다. 노자가 정치가에게 묻는다. '그대는 무위로 정치를 하는가?' 정치한다는 사람들이 참으로 부끄러워할 것이다.

### 천문개합(天門開合) 능위자호(能爲雌乎)

마음을 열었다 닫았다 함에 암컷같이 할 수 있겠는가〔天門開合能爲雌乎〕? 천문(天門)은 인심(人心)이다. 세상 인심이 곧 천문이다. 마음의 문을 열고〔開〕닫고〔闔〕하는데 암컷〔雌〕같이 하겠느냐고 노자는 묻고 있다. 여기서 개합(開闔)은 동정(動靜)이다. 마음의 씀씀이가 곧 인간의 동정이다. 마음의 씀씀이가 암컷을 닮을 수 있겠느냐고 묻고 있다. 왜 노자가 그렇게 묻는가? 암컷이란 유약(柔弱)의 상징이요 안정의 상징이며 포일의 모습이다. 노자가 앞세우는 암컷의 유약과 안정은 자연의 모습이요 무욕의 모습이다. 네 마음의 씀씀이가 무욕하냐고 노자가 묻는다. 그러나 나에게는 달리 대답할 자신이 없다.

### 명백사달(明白四達) 능무지호(能無知乎)

지극한 밝음이 걸림 없어 무지해도 되겠는가〔明白四達能無知乎〕? 마음이 허(虛)하면 마음이 밝고〔明〕마음이 정(靜)하면 희다〔白〕한다. 명백(明白)은 마음의 허정(虛靜)이다. 걸림이 없는 마음이 곧 허정이요 명백인 셈이다. 지(智)는 어둡고 검다고 한다. 지모(智謀), 지략(智略)이라 하지 않는가. 무지(無知)란 지(知)로부터 벗어났음을 말한다. 갓난애의 마음을 상상해 보라. 갓난애의 마음은 분명 무지하다. 무지해서 갓난애의 마음은 비어〔虛〕밝고〔明〕고요해〔靜〕희다〔白〕. 사달(四達)은 무애(無碍)이다. 걸림 없는〔無碍〕마음가짐이 곧 명백(明白)이다. 그래서 명백을 일러 무지라 한다. 마음의 명백을 버리지 말라 하지만 이 또한 대답할 입이 없다.

생지축지(生之畜之) 생이불유(生而不有) 위이불시(爲而不恃) 장이부재(長而不宰)

　도가 낳아 주고 길러 준다〔生之畜之〕. 길러 주되 소유하지 않고〔生而不有〕, 돕고 위해 주되 대가를 바라지 않으며〔爲而不恃〕, 자라게 해주면서도 간섭하지 않는다〔長而不宰〕. 이를 일러 현덕(玄德)이라 한다. 낳아 길러 줌을 일러 노자는 사모(食母)라 했고 장자는 천사(天食)라 했다.

　사모(食母)나 천사(天食)는 다 같이 자연이 만물을 먹이고 키워 준다는 말이다. 대가를 바라고 그리하는 것이 아니므로 자연은 참으로 크다. 천지는 낳아 주지만 내 새끼 남의 새끼 따위로 편가름을 않는다. 이를 불유(不有)라 한다. 무소유의 베풂이 곧 자연의 생지(生之)요 축지(畜之)이다. 그러니 도는 천지 만물을 도와 주되〔爲〕 대가를 바라지 않는다. 이것이 도의 불시(不恃)이다. 뒤를 바라고 돕는 것은 흥정일 뿐이다. 자연은 영아(嬰兒)처럼 순수하고 유약하다. 갓난애가 무슨 흥정을 하겠는가?

시위현덕(是謂玄德)

　이를 현덕이라 한다〔是謂玄德〕. 여기서 시(是)는 포일(抱一)로 묶으면 된다. 전기치유(專氣致柔)도 포일이요, 척제현람(滌除玄覽)도 포일이며 애민치국(愛民治國)도 포일이며 천문개합(天門開闔)도 포일이고 명백사달(明白四達)도 포일이다. 그러므로 포일은 곧 현덕(玄德)이다. 그러니 현덕을 자연의 모습이요 성인이 본받는 상덕(常德)이라 해도 된다.

道德經 11

# 무지(無之)를 알라

**요지** 무지(無之)를 알라. 그러면 무엇이든 쓸모가 있다.

**내용** 수레바퀴에 달린 30개의 살이 모두 바퀴의 안쪽 테인 곡(轂)으로 모이고, 그 곡의 한가운데 뚫려 있는 빈 구멍에 축(軸)을 넣어야 수레가 제 구실을 할 수 있다. 진흙을 이겨 그릇을 만들어도 그 속이 마땅히 비어야 그릇이 쓰임새를 얻고, 벽을 뚫어 문과 창을 내고 방을 만들어도 텅 빈 안이 있어야 방이 쓰임새를 얻는다. 그러므로 있는 것을 이로움으로 삼고 없는 것을 쓰임새로 삼는다.

【원문(原文)】

　　三十輻 共一轂 當其無 有車之用 埏埴以爲器 當其無 有器之用 鑿戶牖 以爲室 當其無 有室之用 故有之以爲利 無之以爲用

【해독(解讀)】

삼십복(三十輻)이 공일곡(共一轂)이니 무(無)에 당(當)하여 거(車)의 용(用)이 유(有)하고, 연식(埏埴)하여 기(器)를 위(爲)함에 그 무(無)에 당(當)하여 기(器)의 용(用)이 유(有)하며, 호(戶)와 유(牖)를 착(鑿)하여 실(室)을 위(爲)함에 그 무(無)에 당(當)하여 실(室)의 용(用)이 유(有)한다. 고(故)로 유지(有之)를 이(利)로 위(爲)하고 무지(無之)를 용(用)으로 위(爲)한다.

【담소(談笑)】

삼십복(三十輻) 공일곡(共一轂) 당기무유차지용(當其無有車之用)

수레바퀴에 달린 30개의 살이 모두 바퀴의 안쪽 테인 곡(轂)으로 모이고 그 곡의 한가운데 뚫려 있는 빈 구멍에 축(軸)을 넣어야 수레가 제 구실을 한다〔三十輻 共一轂 當其無 有車之用〕. 복(輻)은 수레바퀴의 살이고 곡(轂)은 바퀴의 안쪽 테이다. 여기서 당기무(當其無)의 기무(其無)는 바퀴 안쪽 테의 빈 구멍을 말한다. 허(虛)는 구멍이다. 바퀴 안쪽 테의 한가운데를 뚫어 낸 구멍이 있어야 축을 타고 바퀴가 굴러갈 수 있다. 굴러가는 바퀴가 없다면 수레는 소용없는 것이고, 곡(轂)에 빈 구멍이 없으면 바퀴도 쓰지 못한다. 그러므로 수레도 바퀴의 한가운데 난 빈 구멍이 있으므로 제 구실을 하게 된다. 여기서 허(虛)가 만물로 하여금 제 구실을 하게 함을 알 수 있다.

### 연식이위기(埏埴以爲器) 당기무유기지용(當其無有器之用)

진흙을 이겨서 그릇을 만들지만 마땅히 그 속이 비어야 그릇이 쓰임새를 얻는다〔埏埴以爲器 當其無 有器之用〕. 식(埴)은 진흙이고 연(埏)은 물로 반죽하여 짓이기는 일이다. 짓이긴 진흙이 있어야 그릇을 만든다. 여기서 당기무(當其無)의 기무(其無)는 그릇 안쪽의 없음〔無〕을 뜻하니 무(無)는 허(虛)와 같은 의미다. 그릇 안쪽에 빈 곳이 있다는 말이다. 그릇의 쓸모는 물건을 담는 데 있다. 그릇 안쪽에 빈 곳이 없다면 무엇을 담겠는가. 그릇 안쪽이 비어야 그릇의 쓸모가 생긴다. 이는 한 번 더 허(虛)의 쓸모를 터득하라 함이다.

### 착호유이위실(鑿戶牖以爲室) 당기무유실지용(當其無有室之用)

벽을 뚫어 문과 창을 내고 방을 만들어도 텅 빈 안이 있어야 방이 쓰임새를 얻는다〔鑿戶牖以爲室 當其無 有室之用〕. 방을 만들려면 벽을 치고 사람이 들고 나는 문〔戶〕을 내고 햇살과 바람이 들고 나는 창〔牖〕을 달아야 한다. 호(戶)는 문이고 유(牖)는 창이다. 착(鑿)은 뚫어서 파내는 일이다. 벽을 뚫어 파내야 호유(戶牖)를 달고 문을 열면 빈 곳이 있어 방안을 들고 나게 할 수 있다. 방 안쪽의 빈 곳이 방 구실을 하는 것이다. 여기서 당기무(當其無)의 기무(其無)는 방의 안쪽에 아무것도 없다〔無〕는 말이다. 즉 안쪽은 빈 곳이란 말이다. 방 안이 텅 비어서 쓸모가 있다는 것이다. 이 역시 노자가 허(虛)의 쓸모를 잊지 말라 함이다. 그러니 이제부터는 헛것이니 버리란 말을 하지 말라. 헛것 덕에 만물이 쓸모를 얻어 존재함을 잊어서는 안 된다.

### 유지이위리(有之以爲利) 무지이위용(無之以爲用)

그러므로〔故〕 있는 것을 이로움으로 삼고〔有之以爲利〕 없는 것을 쓰임새로 삼는다〔無之以爲用〕. 그러므로 유(有)와 무(無)는 서로 떨어질 수 없고 따로 갈라서 따질 수도 없다. 그래서 노자는 유생어무(有生於無)니 유무상통(有無相通)이니 했고, 이런 연유를 일러 자주 현(玄)이니 묘(妙)니 하면서 감탄한 것이다. 유(有)는 무(無)에서 생기고 유와 무는 서로 통한다. 유지(有之)는 있는 것이고 무지(無之)는 없는 것이다. 있는 것으로써 이로움〔利〕을 삼고 없는 것으로써 쓸모〔用〕를 삼는다.

있는 것〔有之〕만으로 유용하다고 생각하지 말라. 없는 것〔無之〕으로써 온갖 것들이 쓸모를 얻는다. 쓸모가 없다면 무슨 이로움이 있을 것인가. 무지(無之)가 곧 허지(虛之)요 무심(無心)이 곧 허심(虛心)인 줄 알 만하다. 욕(欲)으로 마음을 꽉 채우지 말라. 그러면 마음이 쓸모가 없다. 허심무물(虛心無物)을 일러 생기(生氣)라 하지 않는가. 싱싱하고 무성한 삶을 원하는가? 그렇다면 마음을 비워라〔虛心〕. 이제서야 유욕(有欲)의 욕(欲)은 나를 불리하게 하지만, 무욕(無欲)의 욕(欲)은 나를 쓸모 있게 하여 결국 이롭게 한다는 이치를 조금은 알 수 있다. 참으로 노자는 나를 놀라게 한다. 허무가 유용함을 찾아내 밝혀 주었으니 말이다. 이래도 헛것은 쓸데없다고 말하겠는가? 노자가 우리 모두를 다 그친다.

道德經 12

# 위복(爲腹)하라

**요지** 위복(爲腹)하라. 그러면 누구나 자연스럽게 산다.

**내용** 오색(五色)은 사람의 눈을 멀게 하고, 오음(五音)은 사람의 귀를 먹게 하며, 오미(五味)는 사람의 입맛을 버려 놓고, 말을 타고 달리며 사냥을 즐기는 짓은 사람의 마음을 미치게 하며, 벌기 어려운 돈은 사람의 행동을 방해한다. 이러하므로 성인은 속을 채우지 겉치레로 놀아나지 않는다. 그래서 위목(爲目)을 버리고 위복(爲腹)을 취한다.

【원문(原文)】

　　五色令人目盲 五音令人耳聾 五味令人口爽 馳騁
田獵令人心發狂 難得之貨令人行妨 是以聖人爲腹
不爲目 故 去彼取此

【해독(解讀)】

　오색(五色)은 인(人)으로 하여금 목(目)을 맹(盲)하게 하고, 오음(五音)은 인(人)으로 하여금 이(耳)를 농(聾)하게 하며, 오미(五味)는 인(人)으로 하여금 구(口)를 상(爽)하게 하고, 치빙(馳騁)하고 전렵(田獵)함은 인(人)으로 하여금 심(心)을 발광(發狂)하게 하며, 난득(難得)의 화(貨)는 인(人)으로 하여금 행(行)을 방(妨)한다. 시이(是以)로 성인(聖人)은 위복(爲腹)하되 불위목(不爲目)한다. 고(故)로 차(此)를 취(取)하고 피(彼)를 거(去)한다.

【담소(談笑)】

### 오색령인목맹(五色令人目盲)

　오색(五色)은 사람의 눈을 멀게 한다〔五色令人目盲〕. 오색〔靑·黃·赤·白·黑〕을 탐하면 오히려 눈이 빛깔을 보지 못한다. 누구든 보기를 탐하면 눈뜬 장님이 되기 마련이다. 맹목(盲目)은 항상 눈을 멀게 하는 짓〔目盲〕으로 통한다. 사납게 탐하다 보면 자연스럽던 눈이 멀게 되어 보고서도 못 보는 눈뜬 장님이 된다. 두 눈이 멀쩡하지만 볼 것을 제대로 못 보는 사람들이 많다. 왜 그런가? 보기를 지나치게 탐하는 까닭이다. 빛깔을 탐하다 눈먼 장님이 되고서야 빛깔을 볼 줄 알게 되었다는 말을 잘 새겨 둘 일이다. 빛깔에 홀리지 말라. 그러면 눈이 보기〔視〕를 못한다. 그러면 눈이 자연을 잃는 셈이다. 오색을 탐하는 데 눈을 팔아서야 될 것인가. 인위적인 색깔을 탐하지 말고 자연스럽게 보고 살라 함이다.

### 오음령인이농(五音令人耳聾)

오음(五音)은 사람의 귀를 먹게 한다〔五音令人耳聾〕. 오음〔宮·商·角·徵·羽〕을 탐하면 오히려 귀가 소리를 듣지 못한다. 사람이 만든 음악이 소리의 다는 아니다. 물소리 바람소리 새소리 등등 자연은 구멍마다 제 소리를 낸다. 자연의 소리는 오음으로 얽매지 않는다. 오음을 탐하다가 자연의 소리를 못 듣게 되면 멀쩡한 귀일지라도 귀머거리가 되고 만다. 멀쩡한 두 귀가 못 듣는 소리를 귀머거리가 듣는다는 말을 잊지 말라. 오음에 홀리지 말라. 그러면 귀가 자연을 잃는다. 오음에 내 귀의 자연을 팔아서야 될 것인가. 이 또한 인위적인 소리를 탐하지 말고 자연스럽게 듣고 살라 함이다.

### 오미령인구상(五味令人口爽)

오미(五味)는 사람의 입맛을 버려 놓는다〔五味令人口爽〕. 오미〔酸·鹽·甘·苦·辛〕만을 탐하면 오히려 입맛을 버린다. 맛있는 음식만 찾다 보면 혀가 미쳐 버린다. 거친 먹이가 오히려 위를 편안하게 하고 장을 깨끗하게 한다. 산해진미가 위를 망치는 법이다. 풀뿌리를 먹으매 맛없는 것이 맛있다는 말처럼 오만 가지 맛이 다 부질없다 해도 과언이 아니다. 오미를 탐하면 입이 상(爽)한다 함은 입에 병이 나 맛보기를 못한다는 말이다. 오미에 홀리지 말라. 그러면 입맛이 자연을 잃는다. 오미에 내 입맛을 팔아서야 될 것인가. 이도 인위적인 맛을 탐하지 말고 자연스럽게 먹고 살라 함이다.

### 치빙전렵령인심발광(馳騁田獵令人心發狂)

말을 타고 달리며 사냥을 즐기는 짓은 사람의 마음을 미치게 한다〔馳騁田獵令人心發狂〕. 치(馳)는 말타기이고 빙(騁)은 말타고 달리는 짓이다. 전(田)은 들에서 새를 사냥하는 짓이고 엽(獵)은 산에서 짐승을 사냥하는 짓이다. 말을 달리며 사냥하는 짓은 사람의 마음을 흥분시켜 미친 듯이 날뛰게 한다. 미쳐 날뛰는 것이 발광(發狂)이다. 발광하면 거세고 거칠며 사나워진다. 그러면 인간은 본성을 잃는다. 본성은 자연이다. 자연은 부드럽다〔柔〕. 본래 자연은 암컷 같고 갓난애 같다. 이 역시 모질고 거칠고 잔인하게 탐하지 말고 자연스럽게 살라 함이다.

### 난득지화령인행방(難得之貨令人行妨)

벌기 어려운 돈은 사람의 행동을 방해한다〔難得之貨令人行妨〕. 행방(行妨)은 바른 행동을 방해한다 함이다. 얻기 어려운 돈이 사람을 이상하게 만들고 망쳐 놓는다. 본래 사람은 선한데 악하게 하고, 본래 사람은 바른데〔正〕 그르게〔邪〕 하는 것이 탐욕이다. 돈과 재물보다 더한 탐욕의 미끼는 없다. 돈 앞에 비굴해져 자신을 망친다. 돈 낯으로 스스로를 망치는 행동을 막기 어렵다면 그보다 더한 탈은 없다. 돈이 무욕의 행(行)을 방해함을 무서워하라 함이다. 재화(財貨)에 홀리지 말고 자연스럽게 살라 함이다.

### 성인위복(聖人爲腹) 불위목(不爲目)

성인은 속을 채우지 겉치레로 놀아나지 않는다〔聖人爲腹不爲目〕. 위목(爲目)은 겉치장한다는 말이고, 위복(爲腹)은 속을 차린다는 말이다. 대인은 속을 찾고 소인은 밖을 찾는다는 말이 있다. 하물며 성인이 겉치장과 겉치레로 남의 눈치를 보겠는가. 굶을지언정 겉치장을 해서라도 남들 앞에 허세를 부리겠다는 사람은 정말로 불쌍하다. 검소할 줄 모르고 겸허할 줄 모르는 사람들이 겉치장을 하는 법이다. 정신 나간 사람일수록 성인을 비웃고 냉소하려 든다. 그렇지만 성인은 그저 그냥 하염없이 검박(儉樸)을 누리며 산다. 이보다 더한 자연의 삶은 없으리라. 그러나 노자가 칭송하는 성인은 이미 없으니, 불가의 아미타불처럼 어느 미래에 등장할는지 모를 일이다.

### 거피취차(去彼取此)

그래서〔故〕 위목(爲目)을 버리고 위복(爲腹)을 취한다〔去彼取此〕. 성인이 택하는 위복은 명백(明白)으로 통한다. 명백은 도(道)를 얻는 마음이다. 마음을 한 점 부끄럼 없이 맑고 깨끗하게, 자연이게 하는 것이 성인의 위복이다. 그러니 위복이란 무위(無爲)의 삶이고 위목이란 인위(人爲)인 욕망의 삶이다. 그래서 성인은 위목을 버리고 위복을 취한다는 게다. 나아가 위목을 문화라 하고 위복을 자연이라 한들 어떠랴. 장자의 말을 빌린다면 우마사족(牛馬四足)이 위복이요 천우비(穿牛鼻)가 위목인 셈이다. 자연이란 무엇인가? 즉 위복(爲腹)이란 무엇인가? 소와 말에게 있는 네 다리〔牛馬四足〕가 자연이다. 자연이 준 네 다리 덕으로 소와 말은 편히 산다. 문화란 무엇인가? 즉 위목(爲目)이란 무엇인가? 인간이 소의 코를 뚫어 꿴 코뚜레〔穿牛鼻〕가 문화이다. 인간이 꿴 코뚜레 탓으로 소는 편히 살 수 없다.

道德經 13

# 약경(若驚)하라

**요지** 약경(若驚)하라. 그러면 누구나 허물을 막는다.

**내용** 총애도 놀라움 같고 굴욕도 놀라움 같다. 큰 불행일지라도 제 몸같이 소중히 할 것이다. 어째서 총애와 굴욕이 다 놀라움 같다 하는가. 총애는 위가 되고 굴욕은 아래가 되나 총애를 받았어도 놀란 듯이 하고 총애를 잃었어도 놀란 듯이 한다. 이렇기 때문에 총애든 굴욕이든 다 놀라움 같다고 한다. 어째서 제 몸처럼 큰 환난을 소중히 하는가? 나에게 큰 환난이 있는 까닭은 나에게 몸이 있기 때문이니 나에게 몸이 없다면 무슨 환난이 있겠는가?

### 【원문(原文)】

寵辱若驚 貴大患若身 何謂寵辱若驚 寵爲上 辱爲下 得之若驚 失之若驚 是謂寵辱若驚 何謂貴大患若身 吾所以有大患者 爲吾有身 及吾無身 吾有何患 故 貴以身爲天下者 可以寄天下 愛以身爲天下者 可以託天下

### 【해독(解讀)】

총(寵)과 욕(辱)은 약경(若驚)이요 대환(大患)을 귀(貴)함은 약신(若身)이다. 하위(何謂) 총욕(寵辱)은 약경(若驚)인가? 총(寵)은 위상(爲上)이고 욕(辱)은 위하(爲下)이다. 득지(得之)도 약경(若驚)이며 실지(失之)도 약경(若驚)이다. 하위(何謂) 대환(大患)을 귀(貴)함이 약신(若身)인가? 오(悟)에 대환(大患)이 유(有)한 소이(所以)는 오(吾)에게 신(身)이 유(有)함이 위(爲)이니 오(吾)에게 무신(無身)함이 급(及)하면 오(吾)에게 하환(何患)이 유(有)함이겠는가. 고(故)로 신(身)을 천하(天下)같이 귀(貴)하는 자(者)에게는 가(可)히 천하(天下)를 기(寄)할 수 있고, 신(身)을 천하(天下)같이 애(愛)하는 자(者)에게는 가(可)히 천하(天下)를 탁(託)할 것이다.

### 【담소(談笑)】

#### 총욕약경(寵辱若驚)

총애도 놀라움 같고 굴욕도 놀라움 같다[寵辱若驚]. 총(寵)은 총애(寵愛)이고 욕(辱)은 굴욕(屈辱)이다. 총(寵)은 벼슬에 오름을 뜻하고 욕(辱)은 벼슬에서 밀려남을 뜻한다. 벼슬에 올랐다고 뽐내지 말고 약경(若驚)하라. 벼슬에서 밀려났다고 억울하다 말고 약경하라. 어느 경우든 두려워 놀란 듯이 하라〔若驚〕. 그러면 탈이 없다. 송구(悚懼)나 공포(恐怖) 역시 다 같은 말이다. 영원한 총애도 없고 영원한 굴욕도 없으므로 세상 무서운 줄 알라는 말이다. 오만해할 것도 없고 비굴해할 것도 없으며 환호할 것도 없고 절망할 것도 없다.

어째서 제 몸처럼 큰 환난을 소중히 한다는 말인가〔何謂貴大患若身〕? 나에게 큰 환난이 있는 까닭은〔吾所以有大患者〕 나에게 내 몸이 있기 때문이다. 나에게 내 몸이 없다면 나에게 무슨 환난이 있겠는가〔及吾無身吾有何患〕?

### 귀대환약신(貴大患若身)

큰 불행일지라도 제 몸같이 소중히 할 것이다〔貴大患若身〕. 제 몸같이〔若身〕 큰 환(患)을 귀(貴)하게 여긴다. 근심걱정으로 애태우는 것이 환(患)이다. 왜 근심하고 걱정하는가? 숨기고 감추고 피하려는 일이 있는 까닭에 환이 붙는다. 그 환은 병이다. 병은 왜 나는가? 몸이 있는 까닭이다. 여기서 몸은 속뜻을 암시하고 있다. 사욕(私欲)과 사친(私親) 등이 그 속뜻이다. 몸에 사(私)를 불러들이면 내가 내 몸을 천하게 하고 만다. 그러나 그 사를 끼여들지 못하게 하면 나는 설로 귀하게 된다. 그러므로 큰 환난을 귀하게 하라 함은 사욕이나 사친을 무서워하라는 말씀으로 이해할 수 있다.

### 위오유신(爲吾有身) 급오무신(及吾無身)

나에게 몸이 있게 되고〔爲吾有身〕 나에게 몸이 없기에 이른다

[及吾無身]. 이는 내가 내 몸을 떠났기 때문에 욕심이나 사심으로부터 벗어난 경지를 누린다는 말이다. 이는 불가(佛家)의 말로 무아(無我)요 무심(無心)이겠다. 오무신(吾無身)·무아(無我)·무심(無心)·허심(虛心) 등에는 어떠한 대환(大患)도 끼여들 수 없다. 그러므로 대환을 앓게 되었다면 자기를 숨겨 자기를 비굴하게 만들지 말아야 한다. 왜 큰 화를 입었는가를 살펴 무신(無身)해야 한다.

유신(有身)을 버리고 무신(無身)하면 바로 그게 큰 환난을 귀하게 함이다[貴大患]. 유신의 신(身)은 사욕(私欲)에 걸려든 나요 무신의 신(身)은 무욕(無欲)을 누리는 나이다. 노자는 몸에서 대환을 물리치기 위해 한사코 무친(無親)하라 한다.

**귀이신위천하자(貴以身爲天下者) 가이기천하(可以寄天下) 애이신위천하자(愛以身爲天下者) 가이탁천하(可以託天下)**

그러므로 제 몸을 천하처럼 소중히 하는 자에게는 천하를 줄 수 있고[貴以身爲天下者可以寄天下] 제 몸을 천하처럼 아끼는 자에게는 천하를 맡길 수 있다[愛以身爲天下者可以託天下]. 제 몸을 천하같이 귀하게 하는 사람과 제 몸을 천하같이 사랑하는 사람은 서로 다른 사람이 아니라 같은 사람이다. 제 몸을 귀하게 하거나 제 몸을 사랑하는 것은 결국 자기와 세상이 하나가 되게 사는 사람이기 때문이다. 이미 노자는 천지불인(天地不仁)이라 하지 않았던가. 천지에게 사정(私情)이 없듯이 나 역시 그렇게 산다면 나에게 무슨 환난이 생기겠는가. 사정(私情)·사욕(私欲)·사친(私親)만 없애 보라. 그러면 당장 내가 천하요 천하가 나라는 것을 누린다.

노자의 말씀은 틀림없지만, 다만 인간들이 소인배를 닮아서 그리하지 못하여 마음 편히 사는 사람이 거의 없다. 저만 살겠다고 세상을 제 욕심대로 이용하다 보면 결국 세상을 속이는 꼴이 되고 만다. 그래서 장자가 이르기를 좀도둑은 남의 돈을 훔치고 큰 도둑은 나라를 훔친다고 했다. 그와 같은 사람들은 다 노자의 무신(無身)을 경멸하고 무시한다. 그러나 노자는 한사코 무신(無身)하라 한다. 무신하라. 이는 곧 무친(無親)하라 함이다.

道德經 14

# 무물(無物)하라

**요지** 무물(無物)하라. 그러면 물욕(物欲)의 옥살이를 면한다.

**내용** 보아도 보이지 않음을 일러 이(夷)라 하고, 들어도 들리지 않음을 일러 희(希)라 하며, 잡아도 잡히지 않음을 일러 미(微)라 한다. 이 셋은 무어냐고 따질 수가 없다. 그래서 섞여서 하나가 된다. 그 위는 밝지 않고 그 아래는 어둡지 않다. 끝없는 줄과 같아 무어라 이름할 수 없는 물건 아닌 것으로 다시 돌아온다. 이를 일러 모양이 없는 모양이요 짓이 없는 짓이요 황홀이라 할 수 있다. 맞이해도 그 앞을 보지 못하고 따라가도 그 뒤를 보지 못한다. 태초의 도를 터득하여 지금 있는 만물을 꿰뚫어 살피면 만물의 근원을 알 수 있다. 그 근원을 일러 도기(道紀)라고 한다.

## 【원문(原文)】

視之不見 名曰夷 聽之不聞 名曰希 搏之不得 名曰微 此三者 不可致詰 故 混而爲一 其上不皦 其下不昧 繩繩兮不可名 復歸於無物 是謂無狀之狀 無象之象 是謂恍惚 迎之不見其首 隨之不見其後 執古之道 以御今之有 能知古始 是謂道紀

## 【해독(解讀)】

시(視)해도 불견(不見)함을 명왈(名曰) 이(夷)요, 청(聽)해도 불문(不聞)함을 명왈(名曰) 희(希)요, 박(搏)해도 부득(不得)함을 명왈(名曰) 미(微)라 한다. 차(此) 삼자(三者)는 치힐(致詰)함이 불가(不可)하다. 고(故)로 혼(混)하여 위일(爲一)이다. 기상(其上)에는 불교(不皦)하고 기하(其下)에는 불매(不昧)하여 승승(繩繩)하고 명(名)함이 불가(不可)하나 무물(無物)로 복귀(復歸)하나니 이를 일러 무상(無象)의 상(象)이요 황홀(恍惚)이라 한다. 영(迎)해도 기수(其首)를 불견(不見)하고 수(隨)해도 기후(其後)를 불견(不見)한다. 고(古)의 도(道)를 집(執)하야 금(今)의 유(有)를 어(御)하면 고시(古始)를 능(能)히 지(知)하니 시위(是謂) 도기(道紀)라 한다.

## 【담소(談笑)】

### 시지불견(視之不見) 명왈이(名曰夷)

보아도 보이지 않음을 일러 이(夷)라 한다〔視之不見 名曰夷〕.

보아도 보이지 않는 것〔視之不見〕을 일러 이(夷)라 한다. 이(夷)는 빛깔이 없다는 말이다. 빛깔이 없으니 우리네 눈으로는 볼 수가 없다. 색깔이 없다〔夷〕. 티가 없다, 때가 없다, 이를 데 없이 깨끗하다 함이다. 그러니 이는 순수(純粹)함이다. 순수함이 곧 무물(無物)이다. 유물(有物)은 보이지만 무물은 보이지 않으므로 볼 수 없다. 도의 모습〔狀〕과 작용〔象〕의 순수함을 노자는 이(夷)라고 비유한 셈이다.

### 청지불문(聽之不聞) 명왈희(名曰希)

들어도 들리지 않음을 일러 희(希)라 한다〔聽之不聞 名曰希〕. 들어도 들리지 않는 것〔聽之不聞〕을 희(希)라 한다. 희(希)는 소리가 없음이다. 소리가 없으니 우리네 귀로 들을 수 없다. 소리가 없다〔希〕. 말이 없다, 시비가 없다, 그러면 이를 데 없이 고요하다 함이다. 희 역시 순수함이요 무물(無物)이다. 도의 모습과 작용이 순수함을 노자는 희(希)라 한 셈이다.

### 박지부득(搏之不得) 명왈미(名曰微)

잡아도 잡히지 않음을 일러 미(微)라 한다〔搏之不得 名曰微〕. 잡아 보려 해도 잡지 못하는 것〔搏之不得〕을 일러 미(微)라 한다. 미(微)는 느낄 수 없다는 말이다. 원소라고나 할까. 이를 데 없이 작아서 느낌이 없다. 질량도 없고 부피도 없다. 그러니 미 역시 노자가 택한 순수함의 표현이다.

### 차삼자(此三者) 불가치힐(不可致詰) 고혼이위일(故混而爲一) 기상불교(其上不皦) 기하불매(其下不昧)

이 셋은 무어냐고 따질 수 없다〔此三者不可致詰〕. 그래서 섞여 하나가 된다〔故混而爲一〕. 그 위는 밝지 않고〔其上不皦〕 그 아래는 어둡지 않다〔其下不昧〕. 도의 작용과 모습을 비유해 이(夷)다 희(希)다 미(微)다 했지만, 이 세 갈래 비유는 모두 도의 모습과 작용이 순수함을 일컬은 점에서 같은 뜻이다. 그러니 한가지〔爲一〕라고 노자가 밝힌다. 그 셋〔夷·希·微〕의 하나 됨〔爲一〕이 위로는 불교(不皦)하고, 아래로는 불매(不昧)하다는 노자의 말을 새겨 터득하기가 참으로 아득하다.

밝지 않다〔不皦〕는 기상(其上)과, 어둡지 않다〔不昧〕는 기하(其下)의 기(其)는 셋〔夷·希·微〕일 터이다. 그러나 상(上)과 하(下)는 무어란 말인가? 보고〔視之〕 듣고〔聽之〕 잡을〔搏之〕 수 있는 것이 유물(有物)이고, 보이지 않고〔不見〕 들리지 않고〔不聞〕 잡히지 않는〔不得〕 것이 무물(無物)인 셈이다. 노자가 말하는 무물은 『주역』의 말로 치면 형이상(形而上)이요, 유물은 형이하(形而下)인 셈이다. 그러니 여기서 상은 감각할 수 없는 무물이고 하는 감각할 수 있는 유물일레라.

도의 모습과 작용은 지각할 수 없는 무물과 지각할 수 있는 유물을 섞어 하나〔爲一〕로 하고 있으니 인간이 아무리 따져도 알 길이 없다. 아무리 따져 검증하려 해도 인간이 확인할 수 없음을 알라. 요새 DNA의 지도를 작성해 생명의 신비를 푼다고 하지만 온갖 만물의 DNA를 만든 당사자를 붙들어다 검문하고 검증하게 할 수는 없다. 그래서 노자는 불가치힐(不可致詰)이라 했다. 힐(詰)하지 말라. 따지고 물어 캐내자고 덤비지 말라. 인간이 안다고 힐 수 있는 것은 겨우 유물(有物)일 뿐이다.

### 승승혜불가명(繩繩兮不可名) 복귀어무물(復歸於無物)

끝없는 줄과 같아 무어라 이름할 수 없는 물건 아닌 것으로 다시 돌아온다〔繩繩兮不可名 復歸於無物〕. 무물(無物)로 되돌아간다〔歸〕. 무물은 허정(虛靜)이다. 텅 빔〔虛〕과 고요함〔靜〕은 생기(生

氣)의 모습을 말한다. 생기는 도(道)의 작용을 말한다. 그 작용이 암컷 같다는 노자의 말을 떠올려 보라. 암컷이라야 기(氣)를 낳는다. 암컷이 낳는 새끼야말로 도의 생기가 아닌가. 이는 만물을 낳는 기운인 셈이다. 존재하는 것은 다 기를 타고난 모습이요 작용이다. 이를 득일(得一)이라 한다.

생기(生氣)는 생산이요 창조요 조물(造物)이다. 이렇게 조물하는 도는 유물(有物)을 무물(無物)로 복귀시킨다. 노자는 이를 유생어무(有生於無)라 했다. 유물을 줄여 유(有)라 하고 무물을 줄여 무(無)라 한 셈이다. 유는 무에서 나고 유는 무로 돌아간다. 이 같은 유무의 왕래를 노자는 승승(繩繩)하다 이르며 도의 모습과 작용에 감탄한다. 승승은 끝없이 이어지는 줄 같다는 말이다. 도가 주재하는 유무의 왕래가 승승하다는 게다. 나를 잇고 있는 DNA가 곧 내 생명의 줄이라면 줄, 끈이라면 끈이다.

시위무상지상(是謂無狀之狀) 시위무상지상(是謂無象之象) 시위황홀(是謂恍惚) 영지불견기수(迎之不見其首) 수지불견기후(隨之不見其後)

이를 일러 모양이 없는 모양이요〔是謂無狀之狀〕짓이 없는 짓이요〔是謂無象之象〕황홀이라〔是謂恍惚〕하리라. 맞이해도 그 앞을 보지 못하고〔迎之不見其首〕따라가도 그 뒤를 보지 못한다〔隨之不見其後〕.

무상(無狀)은 무물(無物)이요 상(狀)은 유물(有物)이다. 상(狀)은 모습을 말한다. 무상(無象)은 무물이요 상(象)은 유물이다. 상(象)은 움직이는 짓을 말한다. 이 역시 도의 모습과 작용을 표현한 것이다. 모습이 없는 모습이요 짓이 없는 짓이 도(道)이니, 그러한 도를 노자는 섞어 하나된 것〔混而爲一〕이라고 표현한 것이다. 황홀(恍惚)은 현(玄)을 체험하는 현장이다. 유무(有無)가 하나 되어 있음을 현(玄)이라 하지 않는가. 이러한 도를 인간은 맞이하고 싶어도 맞이할 수 없고 따라가고 싶어도 따라갈 수 없다고 노자는 실토한다.

집고지도(執古之道) 이어금지유(以御今之有) 능지고시(能知古始) 시위도기(是謂道紀)

태초의 도를 터득하여〔執古之道〕 지금 있는 만물을 꿰뚫어 살피면 만물의 근원을 알 수 있다〔以御今之有 能知古始〕. 그 근원을 일러 도기(道紀)라고 한다〔是謂道紀〕. 다만 태초의 도〔古之道〕를 살펴〔執〕 만물〔今之有〕을 속속들이 터득하라〔御〕. 이렇게 하면 태초의 시작〔古始〕을 알 수 있다는 게다. 나는 어떻게 시작되었나? 나를 낳아 준 어버이를 생각하면 된다. 나의 고시(古始)는 나의 어버이이다. 이처럼 태초의 시작을 알 수 있다〔能知古始〕는 말에서 노자가 왜 도를 현빈(玄牝)이라 하는지 알 수 있으리라. 현빈의 빈(牝)은 암컷이란 말이다. 어머니야말로 항상 순수하고 황홀한 존재 아니겠는가. 도(道)를 어머니로 받들라. 그러면 도가 천지 만물의 기강(紀綱)임을 알아차리고 무물(無物)이 유물(有物)의 시원(始原)임을 알 수 있다.

道德經 15

# 현통(玄通)하라

**요지** 현통(玄通)하라. 그러면 누구나 대인(大人)이 된다.

**내용** 옛날에 도를 잘 닦던 사람은 미묘하고 현통하여 그 속을 헤아릴 수 없었다. 그래서 억지가 되더라도 그 모습을 말해 볼까 한다. 일하기 앞서 신중하여 겨울에 내〔川〕를 건너듯하고, 생각이 깊어 중앙에 있으면서도 변두리에서 무슨 일이 날까 두려워하며, 몸가짐이 엄숙하여 항상 초대받은 손님 같고, 집착하지 않는 모습은 봄날에 얼음 녹듯하며, 순박하여 손타지 않은 나뭇등걸인 듯하고, 겸손하여 텅 빈 골짜기인 듯하며, 시비를 떠나 있어 흙탕물인 듯하다. 어느 누가 탁한 것을 탁한 대로 받아들이면서 그 속에 그냥 조용히 머물러 서서히 맑아지도록 할 수 있겠는가? 어느 누가 편안히 오래 있으면서 이것을 움직여 서서히 맑아지도록 할 수 있겠는가? 이러한 도를 간직한 자는 채우려 들지 않으며 또 절대로 가득 채우질 않는다. 그러므로 채우는 짓〔盈〕을 버리고 다시 그 일을 되풀이하지 않는다.

【원문(原文)】

　　古之善爲士者 微妙玄通 夫唯深不可識 故 强爲之容 豫兮若冬涉川 猶兮若畏四隣 儼兮其若客 渙兮若氷之將釋 敦兮其若樸 曠兮其若谷 渾兮其若濁 孰能濁以止 靜之徐淸 孰能安以久 動之徐生 保此道者 不欲盈 夫唯不盈 故 能弊不新成

【해독(解讀)】

고(古)에 선(善)하게 사(士)가 된 자는 미묘(微妙)하고 현통(玄通)하여 심(深)하여 식(識)이 불가(不可)하다. 고(故)로 강(强)으로 용(容)을 위(爲)하건대 예(豫)히 동(冬)에 천(川)을 섭(涉)한 듯하고, 유(猶)히 사린(四隣)을 외(畏)한 듯하며, 엄(儼)히 객(客)인 듯하고, 환(渙)히 빙(氷)이 장(將)에 석(釋)한 듯하며, 돈(敦)히 박(樸)인 듯하고, 광(曠)히 곡(谷)인 듯하며, 혼(渾)히 탁(濁)인 듯하다. 누가 능(能)히 탁(濁)을 지(止)하여 정(靜)하고 서청(徐淸)할 것인가. 누가 능(能)히 안(安)에 구(久)해서 동(動)하여 서생(徐生)하는가. 차도(此道)를 보(保)하는 자(者)는 영(盈)하고자 않나니 부유(夫唯) 불영(不盈)인지라 고(故)로 능(能)히 폐(弊)로 하여 신성(新成)치 않는다.

【남소(談笑)】

고지선위사자(古之善爲士者) 미묘현통(微妙玄通) 부유심불가식(夫唯深不可識)

옛날에 도를 잘 닦는 사람은〔古之善爲士者〕 미묘하고 신비롭게 통하여〔微妙玄通〕무릇 오로지 그 속을 헤아릴 수 없었다〔夫唯深 不可識〕. 그래서〔故〕억지라도 그 모습을 말해 볼까 한다〔强爲之 容〕. 일하기 앞서 신중하여 겨울에 내를 건너듯하고〔豫兮若冬涉 川〕, 생각이 깊어서 중앙에 있으면서도 변두리에서 무슨 일이 일 어날까 두려워하며〔猶兮若畏四隣〕, 몸가짐이 엄숙하여 항상 초대 받은 손님 같고〔儼兮其若客〕, 집착하지 않는 모습은 봄날에 얼음 이 녹듯하며〔渙兮若氷之將釋〕, 순박하여 손타지 않은 나뭇등걸인 듯하고〔敦兮若其樸〕, 겸손하여 텅 빈 골짜기인 듯하며〔曠兮其若 谷〕, 시비를 떠나 있어 흙탕물인 듯하다〔渾兮其若濁〕.

　노자가 말하는 사(士)는 누구인가? 청운의 꿈을 안고 과장(科 場)에 나가는 선비가 아니다. 그 사(士)는 덕을 베풀어 도를 깨친 사람이다. 그는 음양의 기를 알아 생사(生死)를 하나로 마주하며, 굳셈과 부드러움의 이치를 알고, 순수하고 검소하여 이해나 성패 를 따져서 탐하지 않는다. 그러니 모름지기 오래오래 편안하다 〔安以久〕.

　도(道)에 다다른 모습을 일러 미묘(微妙)하다 한다. 미(微)는 잡히지 않아 알 수 없음이요 묘(妙)는 헤아릴 수 없음〔不測〕이다. 도를 깨친 사(士)이니 미묘하고 현통(玄通)하다. 현통은 걸림이 없음이다. 그러나 함부로 지도(至道)라는 말을 쓸 수는 없다. 노 자가 밝히는 사(士)는 성인을 뜻하는 사(士)이지 선비의 사(士)가 아니기 때문이다. 소인배의 한 길 속도 모르는데 어찌 성인의 속 을 알겠는가.

　노자는 사(士)를 다음과 같이 칭송한다. 예혜(豫兮)·유혜(猶 兮)·엄혜(儼兮)·환혜(渙兮)·돈혜(敦兮)·광혜(曠兮)·혼혜(渾 兮). 담담하기 짝이 없는 노자도 성인을 칭송하는 데만은 흥분을 하고 있다. 혜(兮)는 그렇게 감탄하는 감정을 드러낸다. 반면 예 (豫)와 유(猶)는 신중한 모습을 말한다. 엄(儼)은 의젓한 모습이고 환(渙)은 걸림이 없는 모습이며, 돈(敦)은 후하고 넉넉한 모습이다. 광(曠)은 텅 비어 있는 모습이며, 혼(渾)은 분별하거나 차별하지 않는 모습이다. 이러한 사(士)는 노자의 말로 하면 성인(聖人)이고 장자의 말로 하면 진인(眞人)이며, 공자의 말로 하면 대인(大人)이요 맹자의 말로 한다면 대장부(大丈夫)이다.

### 숙능탁이지(孰能濁以止) 정지서청(靜之徐淸)

어느 누가 혼탁한 속에 머물러〔孰能濁以止〕 혼탁함을 가라앉혀 서서히 맑게 하겠는가〔靜之徐淸〕. 사(士)가 아니면 그렇게 못한다는 것이다. 탁(濁)이란 온갖 사람들이 모여 사는 세상이다. 이렇다저렇다 가리지 않는 어울림이 곧 탁이지(濁以止)인 셈이다. 탁한 물을 상상해 보라. 탁한 물을 흔들면 영영 탁할 뿐이다. 맑은 물이 되자면 가만히 두어야 한다. 사(士)는 고요하게 하여〔靜之〕 서서히 맑아지게 한다〔徐淸〕. 그처럼 성인은 떠들지 않고 침묵한다.

### 숙능안이구(孰能安以久) 동지서생(動之徐生)

어느 누가 오래오래 편안히 하여〔孰能安以久〕 동(動)하여 서서히 생(生)하는가〔動之徐生〕? 사(士)가 아니면 그렇게 못한다는 것이다. 탁한 물은 가만히 두어라. 그러면 맑아진다. 그렇게 되자면 물은 가만히 있고 탁한 것들이 움직여 가라앉아야 한다. 탁했던 물이 맑아지는 모습이야말로 사(士)의 모습이다. 물은 본래 맑고 깨끗하고 부드럽다. 그래서 노자는 상선약수(上善若水)라 했다. 물이 가만히 있으면 혼탁한 것들이 가라앉아 본래의 물로 되돌아온다.

물이 닥하다고 흔들지 말라. 그러면 더욱더 혼탁해져만 간다. 이런 이치를 아는 성인이어서 편안히 오래 머물러만 있는다. 이런 머묾이 바로 성인의 처세인 안이구(安以久)가 아닌가. 가만히 있는 것[靜之]은 물이요 움직이는 것[動之]은 탁한 것들인 셈이다. 그리하여 서서히 생기는 것이 있으니 그것이 무엇인가? 탁(濁)이 물러간 후 생기는 것은 청(淸)이다.

보차도자(保此道者) 불욕영(不欲盈) 부유불영(夫唯不盈) 능폐불신성(能弊不新成)

이러한 도를 간직한 자는[保此道者] 채우려고 들지 않으니[不欲盈] 절대로 가득 채우질 않는다[夫唯不盈]. 그러므로[故] 채우는 짓[盈]을 버리고 다시 그 일을 되풀이하지 않는다[能弊不新成].

정지(靜之)하고 머물러 서서히 맑게 하며[靜之徐淸] 오래오래 편안히 동(動)하여 서서히 생(生)하게 하는 것[動之徐生]이야말로 도를 본받아 간직함[保]이다. 도를 본받는 자는 결코 욕심을 부려 채우려 들지 않는다. 오로지 욕심을 채우지 않을 뿐이다. 이것이 불영(不盈)이다.

그러므로 사(士)는 폐(弊)하여 신성(新成)치 않는다. 불영(不盈)은 따지고 보면 무물(無物)이요 무신(無身)이요 무친(無親)이란 말이다. 한 마디로 말하자면 불영은 곧 허(虛)를 취함이다. 그러므로 도를 본받는 사(士)는 오로지 무물의 허(虛)를 실천하는 사람이다.

폐(弊)는 버린다는 말이다. 도를 본받는 사(士)는 무엇을 버리는가? 영(盈)을 버린다. 욕심대로 채우는 짓[盈]을 버린다. 영을 다시는 이루지 않음이 곧 불신성(不新成)이다. 불신성은 곧 불영(不盈)이다. 불영하라. 이는 자영(自盈)치 말라 함이요 사친(私親)하지 말라 함이요 탐욕을 부리지 말라 함이다. 제 욕심을 스스로 채우는 짓[自盈]은 곧 자만이다. 자만하지 말라. 마음을 비워라[虛心].

道德經 16

# 몰신(沒身)하라

**요지** 몰신(沒身)하라. 그러면 세상이 나를 받쳐 준다.

**내용** 허(虛)의 지극함에 이르고 고요함의 도타움을 지켜 만물이 서로 아울러 일어나지만, 나는 그 만물로써 도(道)로 되돌아감을 살필 수 있다. 무릇 만물이 복잡하고 다양하다 해도 어느 것이든 그 근원으로 돌아간다. 근원으로 돌아감〔歸根〕을 일러 정(靜)이라 하고, 정을 일러 명령을 따른다〔復命〕하고, 그 따름을 일러 변함없음〔常〕이라 한다. 변함없음을 아는 것〔知常〕을 일러 밝음〔明〕이라 한다. 상(常)을 알지 못하면 육신을 따르디 허망해지고 더러운 꼴을 당한다. 지상(知常)은 모든 것을 끌어안는다. 모두를 하나로 끌어안음은 공평함이요 공평함은 두루 통함이요 두루 통함은 하늘이요 하늘은 도(道)요 도는 불사(不死)이다. 몸을 다해 도를 본받아 행하면 위태로울 것이란 하나도 없다.

【원문(原文)】

　　致虛極 守靜篤 萬物竝作 吾以觀其復 夫物芸芸 各歸其根 歸根曰靜 靜曰復命 復命曰常 知常曰明 不知常 妄作凶 知常容 容乃公 公乃王 王乃天 天乃道 道乃久 沒身不殆

【해독(解讀)】

허(虛)의 극(極)을 치(致)하고, 정(靜)의 독(篤)을 수(守)하여 만물(萬物)이 병작(竝作)한다. 오(吾)는 그 복(復)을 관(觀)하나니 무릇 물(物)의 운운(云云)함이 근(根)에 귀(歸)한다. 근(根)에 귀(歸)함을 정(靜)이라 하고, 정(靜)을 복명(復命)이라 하며, 복명(復命)을 상(常)이라 하고, 상(常)을 지(知)함을 명(明)이라 한다. 상(常)을 부지(不知)하면 망(妄)하고 흉(凶)하게 된다. 용(容)은 이에 공(公)이요 공(公)은 이에 왕(王)이요 왕(王)은 이에 천(天)이요 천(天)은 이에 도(道)요 도(道)는 이에 구(久)이다. 몰신(沒身)토록 불태(不殆)하다.

【담소(談笑)】

### 치허극(致虛極)

허(虛)의 지극함에 이른다〔致虛極〕. 허(虛)의 지극함에 이른다 함은 곧 하늘을 받들어 따른다는 뜻이다. 그러니 치허극(致虛極)은 하늘을 빌어 도(道)를 말한 셈이다. 허의 지극함이 곧 하늘의 뿌리〔天根〕이기 때문이다. 천근(天根)은 도의 허한 모습을 말한다.

### 수정독(守靜篤)

고요함의 도타움을 지킨다[守靜篤]. 고요함의 도타움을 지킨다 함은 땅을 받들어 따른다는 말이다. 그러니 수정독(守靜篤)은 땅을 빌어 도(道)를 말한 셈이다. 정(靜)의 독(篤)이 땅[地]의 뿌리[根]이기 때문이다. 지근(地根)은 도의 정(靜)한 모습을 말한다.

### 만물병작(萬物竝作)

만물이 아울러 이루어진다[萬物竝作]. 어디에서 그러한가? 천지에 만물이 무성하다는 게다. 도(道)가 천지로 하여금 만물을 그렇게 하도록 한다는 것이다. 도가 있으므로 천지가 있고 천지가 있으므로 만물이 있다. 노자는 이런 만물 자체를 보는 게 아니라 그 만물이 되돌아가는 것[復]을 살핀다고 선언한다. 복(復)은 생사(生死)로 새기면 된다.

### 오이관기복(吾以觀其復)

나는 그 만물로써 도로 되돌아감을 살필 수 있다[吾以觀其復]. 이제 물(物)에 대한 서구적인 사유가 어떠한지 알 수 있다. 우리는 물(物)의 복(復)을 살피지만 서구에서는 물(物)의 형(形)을 살핀다. 물의 복은 무물(無物)에 관심을 두게 하지만 물의 형은 유물(有物)에 관심을 두게 한다.

물(物)의 복(復)은 무엇인가? 생사(生死)로 보고, 나아가 귀근(歸根)이요 복명(復命)으로 보면 된다. 말하자면 귀근을 사(死)로 보면 된다는 게다. 온 곳[根]으로 돌아가는 것[歸]이 죽음[死]이기 때문이다. 복명은, 명(命)에 따라 생(生)하는 것처럼 역시 명에 따라 사(死)한다 하는 것이다. 이미 앞에서 노자가 도기(道紀)라고 말하지 않았던가. 도의 기강(紀綱)이 귀근과 복명으로 드러난다. 생사는 도의 기강에 따른 출입이다. 그래서 장자는 아내의 주검 앞에서 슬퍼하지 않고 노래를 불렀다고 한다.

부물운운(夫物云云) 각귀기근(各歸其根) 귀근왈정(歸根曰靜) 정왈복명(靜曰復命) 복명왈상(復命曰常)

무릇 만물이 복잡하고 다양해도〔夫物云云〕 어느 것이든 그 근원으로 돌아간다〔各歸其根〕. 근원으로 돌아감〔歸根〕을 일러 정(靜)이라 하고〔歸根曰靜〕, 정을 일러 명령을 따른다 하며〔靜曰復命〕, 그 따름을 일러 변함없음이라 한다〔復命曰常〕.

귀근(歸根)과 복명(復命)은 서로 다른 것이 아니라 하나일 뿐이다. 귀근하라. 뿌리로 돌아가라〔歸根〕. 이는 고향으로 돌아가라 함과 같다. 흙에서 왔으니 흙으로 돌아가라. 이것이 귀근이다. 흙〔地〕은 정(靜)이다. 그러니 귀근은 곧 정이다〔歸根曰靜〕. 정은 곧 복명이다. 흙이 사(死)를 받아들이듯 생(生)을 내놓을 것이므로 땅은 도의 부름〔命〕에 응할 뿐이다.

지상왈명(知常曰明)

변함없음을 아는 것〔知常〕을 일러 밝음〔明〕이라 한다〔知常曰明〕. 불생불멸(不生不滅)을 일러 불가에서는 무상(無常)이라 한다. 시간을 벗어나고 공간을 벗어나 불사하는 것〔常〕을 일러 노자는 이미 곡신불사(谷神不死)로 비유했다. 상(常)은 불사(不死)를 말한다. 이 상을 만물의 입장에서 본다면 도의 부름에 응함이니, 불가로 친다면 법(法) 내지 심(心)이 된다.

복명(復命)을 깨우치면 생사가 둘이 아니라 하나임을 깨우친다. 명(明)은 깨우침이다. 불명(不明)은 착각〔迷惑〕이다. 불가로 치면 명은 오(悟)이다. 생사가 서로 다른 줄 아는 것이 부지상(不知常)이다. 불가로 치면 부지상도 미혹(迷惑)이다. 생만을 고집하고 사(死)를 두려워하는 짓이 곧 망령(妄靈)이다. 그래서 상(常)을 몰라 망령된 것을 흉하다고 하는 것이다.

### 지상용(知常容)

상(常)을 아는 것이 용(容)이다. 불변(不變)·불역(不易)·불멸(不滅)·불괴(不壞) 등은 상(常)을 일러 말함이요 도를 일러 말함이다. 그래서 상도(常道)라 한다. 상도를 아는 것을 일러 용(容)이라 한다. 이는 내가 곧 천지요 우주임을 알라는 말이다. 그러면 내 몸이 곧 용(容)이다. 내가 바로 우주 삼라만상을 담고 있는 그릇이라고 상상해 보라. 이렇게 할 수 있기까지 나도 마흔이 넘어야 했다. 서양학문에 탐닉했던 삼십대에는 이 용(容)을 개성(個性:personality)으로, 공(公)을 몰개성(沒個性:impersonality)으로 새겼었다. 이는 유물(有物)에만 집착하는 서양의 상대논리에 길들여지려던 내 삼십대의 오류였다. 그런데 사십대를 넘어서면서 내가 그간 얼마나 옹색했는지 뉘우칠 수 있었다. 우주 만물을 하나로 끌어안고 있는 도의 모습을 비유해 노자가 용(容)이라고 했음을 터득했기 때문이다. 용은 곡신(谷神)이다. 텅텅 빈 그릇과 같다. 도를 깨우치면 나 역시도 하나의 용(容)이 된다.

### 용내공(容乃公)

용(容)은 이에[乃] 공(公)이다[容乃公]. 무욕(無欲)하면 공(公)이다. 무위(無爲)히면 공이다. 무사(無私)·부친(無親)·무정(無情) 등도 공이다. 용(容)이 불편부당(不偏不黨)한 그릇인데 거기에 미운 놈은 담지 않고 예쁜 놈만 담을 리가 없다. 도(道)라는 그릇 안에는 선악도 없고 호오(好惡)도 없고 애증도 없고 시비도 없어서 노자가 천지마저도 불인(不仁)이라 하지 않았던가. 쉽게 말해 사(私)가 없다는 것[無私]이 공이다. 도를 깨우치면 나도 공이다.

### 공내왕(公乃王)

공(公)은 이에 왕(王)이다〔公乃王〕. 사(私)가 없으면 곧 왕도(王道)이다. 사(私)는 두 갈래 마음이 있음이다. 애증이 사(私)요 호오(好惡)가 사요 친소(親疎)가 사요 선악이 사이다. 이러한 사(私)가 참으로 없다면 당신은 곧 왕도를 누리는 셈이다. 왕도란 어떤 길인가? 걸림 없이 왕래하는 길이다. 왕도의 왕(王)은 왕(往)으로 통한다. 그래서 공(公)은 곧 왕(王)이라 한다. 왕이 되고 싶은가? 그렇다면 사(私)를 버려라. 그러면 왕이 되어 왕도를 걸을 수 있다. 도를 깨우치면 나도 왕이 된다.

### 왕내천(王乃天)

왕(王)은 이에 천(天)이다〔王乃天〕. 위로는 하늘을 따르고 아래로는 백성에 응함을 일러 왕(王)이라 한다. 노자의 입장에서 보면 요(堯) 임금이라도 왕이 될 수 없다. 하늘을 따르고 땅을 따르는 왕이 어찌 세상을 아프게 할 것인가. 만물이 두루 편하게 덕을 베푸는 왕이야말로 하늘이다. 도를 깨우치면 나도 천(天)이다. 천내도(天乃道). 천은 이에 도(道)라는 말이다. 도내구(道乃久). 도는 이에 구(久)라는 말이다. 여기서 구(久)는 오래간다는 구가 아니라 불사(不死)의 구, 즉 상(常)의 구이다. 몸을 상도(常道)에 맡겨라. 이것이 몰신(沒身)이다.

### 몰신불태(沒身不殆)

몸을 다해 도를 본받아 행하면 위태로울 것이 하나도 없다〔沒身不殆〕. 몰신(沒身)하라. 이는 오도(悟道)하라 함이다. 몰신하라. 이는 무신(無身)하라 함이다. 무심(無心)하라, 허심(虛心)하라, 무사(無私)하라, 불영(不盈)하라. 이렇게들 하라 함이 곧 몰신(沒身)이다. 그러니 몰신은 도를 따라 본받는 마음가짐이다. 이런 마음가짐이라면 불태(不殆)하게 마련이다. 불태는 절대로 흉하고 험한 일이 없다는 말이다. 도에 따라 살면 그렇게 편안할 터이지만 인간은 한사코 도를 마다하고 유물(有物)에 사로잡혀 어찌할 바를 모른다. 비록 메아리는 없으나 노자는 몰신하라 절규하고 있다.

道德經 17

# 귀언(貴言)하라

**요지** 귀언(貴言)하라. 그러면 불신(不信)이 없다.

**내용** 가장 훌륭한 임금은 백성이 있는 것만 안다. 다음으로 훌륭한 임금은 백성이 모시면서 자랑스러워한다. 가장 훌륭한 임금은 백성들이 임금이 있는지를 모른다. 다음으로 훌륭한 임금은 백성이 가까이하면서 받들어 모시고자 하고, 못난 임금은 백성이 두려워하면서도 업신여긴다. 서로 마음을 주고받지 못해 의심하게 되지만 말을 소중히 아끼면 공(功)이 이루어지고 일도 따라 이루어진다. 그러면 백성도 저마다 스스로 그저 그냥 있는 그대로 편하다 한다. 못난 임금은 백성이 두려워하면서도 업신여긴다. 그래서 백성과 임금이 서로를 믿는 마음이 부족해 의심하게 된다. 태상(太上)이 더욱더 말을 소중히 아끼면 덕이 퍼져 말하지 않아도 교화되어 백성도 저마다 스스로 지절로 그렇게 되었노라 한다.

【원문(原文)】

太上 下知有之 其次 親之譽之 其次 畏之侮之 故
信不足 有不信 猶兮其貴言 功成事遂 百姓皆謂我
自然

【해독(解讀)】

태상(太上)은 하(下)가 유지(有之)함을 지(知)하고, 그 차(次)는 친(親)하며 예(譽)하고, 그 차(次)는 외(畏)하며, 그 차(次)는 모(侮)한다. 고(故)로 신(信)이 부족(不足)하여 불신(不信)이 유(有)하거니와 유(猶)히 언(言)을 귀(貴)히 하면 공(功)이 성(成)하고 사(事)가 축(逐)하여 백성(百姓)이 모두 다 스스로를 자연(自然)이라 이른다.

【담소(談笑)】

### 태상하지유지(太上下知有之)

가장 훌륭한 임금은 백성이 있는 것만 안다〔太上下知有之〕. 하지유지(下知有之)의 하(下)는 하민(下民)의 하(下)이니 백성을 말한다. 또 지(知)의 주체는 태상(太上)이니 풀이하면 백성은 임금이 있는지 없는지 모르고 살며, 태상 역시 오로지 백성이 있는 것만 안다는 말이다. 이는 태상과 백성이 서로 하나가 되어 편안히 사는 천하를 말한 셈이다. 백성을 편안하게 하는 임금이어야 태상이다. 뱃속이 편할 때는 배가 있는 줄 모르지만 배가 아프면 비로소 배가 있는 줄 안다. 백성이 태상이 있는 줄 모르고 산다 함은 뱃속이 편해 마치 배가 없는 듯 느끼는 것과 같다. 이런 시대를 일러 태평성대(太平聖代)라 한다.

### 기차친지예지(其次親知譽之)

다음으로 훌륭한 임금은 백성이 모시면서 자랑스러워한다〔其次親知譽之〕. 백성이 모시면서 자랑스러워하는 임금을 성왕(聖王)이라고 불러도 된다. 그러나 자랑스러워하면서도 받들어 모시자면 백성은 신경을 써야 한다. 마음 써서 섬기는 일이 편한 일은 아니다. 그러니 마음이 편하기로 따진다면 모시고 섬기는 일은 그냥 그대로 내버려 두는 일만 못하다. 때로는 성가시고 귀찮을 수도 있기 때문이다. 백성의 뱃속이 그냥 편안한 상태는 아니나 그럭저럭 편한 상태라고 할까. 이런 성왕이 다스리는 시대를 일러 치세(治世)라 한다.

### 기차외지모지(其次畏之侮之) 고신부족유불신(故信不足有不信)

못난 임금은 백성이 두려워하면서도 업신여긴다〔其次畏之侮之〕. 그래서 백성과 임금 사이에 믿는 마음이 부족해 서로 의심한다〔故信不足有不信〕. 외지모지(畏之侮之)의 외지(畏之)는 백성이 임금을 두려워함이고 모지(侮之)는 백성이 임금을 업신여긴다는 말이다. 백성이 왜 임금을 두려워하는가? 임금이 덕을 멀리하고 힘을 앞세워 백성 위에 군림하기 때문이다. 이런 임금을 군왕(君王)이라 하는데 심해지면 폭군(暴君)으로 돌변한다. 군왕은 말을 물가로 끌고 갈 줄만 알지 억지로 물을 먹일 수는 없다는 이치를 모른다. 그러니 백성은 겉으로만 굽실거리고 속으로는 왕을 멸시하고 빨리 없어지기 바란다. 백성의 뱃속이 부글부글 끓어 배앓이를 한다 할까. 이렇듯 군왕이 설치는 시대를 일러 난세(亂世)라 한다.

왜 난세가 빚어지는가? 노자가 분명하게 밝히고 있다. '신부족(信不足) 유불신(有不信).' 신(信)이 부족하여 불신함이 있다 함이다. 치자(治者)와 백성을 하나 되게 할 때 가장 귀한 것이 신(信)이다. 신은 서로 믿는 마음가짐이다. 내가 너를 믿고 네가 나를 믿는 것이 신이다. 이러한 믿음이 부족하면 서로 상대편의 마음을 의심하게 된다. 상대의 마음을 의심함을 일러 불신(不信)이라 한다. 불신은 결국 서로 속이는 짓으로 옮겨간다. 너와 내가 서로 의심하는 세상이 되어서야 어찌 마음이 편하겠는가. 서로가 서로의 마음을 믿을 수 없어 의심스럽고 불안하며 불편한 세상이 곧 난세(亂世)가 아닌가.

**유혜기귀언(猶兮其貴言) 공성사축(功成事逐) 백성개위아자연(百姓皆謂我自然)**

더욱더 태상(太上)이 말을 소중히 아끼면 덕이 퍼져 말하지 않아도 교화되어〔猶兮其貴言 功成事逐〕백성도 저마다 스스로 저절로 그렇게 되었노라 한다〔百姓皆謂我自然〕. 더욱더 말을 소중히 아끼는 태상이 이룬 공성(功成)은 무엇일까? 무위(無爲)의 다스림이다. 그리고 태상의 사축(事逐)은 무엇일까? 무위의 다스림을 행하는 일이다. 태상이 어떻게 행한단 말인가? 무언(無言)의 자화(自化)를 떠올리면 된다. 백성이 스스로 변화하도록 하는 다스림이 무위의 다스림이 아닌가. 태상은 그렇게 하므로 백성은 태상이 있는지 없는지 모르고 편한 세상을 자연으로 여긴다.

태상(太上)이 말을 소중히 하여 백성의 마음을 얻어야 서로 믿고 사는 세상이 된다는 노자의 생각은 시대가 달라져도 변할 리 없다. 어디 태상만 그렇게 해야 하는 것인가? 모름지기 사람이라면 말을 소중히 간수해야 한다. 말이 곧 마음가짐이요 행동이므로 말을 가벼이 여기면 사람 또한 가벼워져 신용을 잃기 마련이다. 사람을 못 믿는 세상이 가장 고약한 난세임을 노자가 밝혀 준 셈이다. 그러니 말을 소중히 하라〔貴言〕. 말을 아껴라〔重言〕. 아예 말하지 말라〔無言〕. 나아가 침묵하라. 그러면 스스로 절로 서로 믿는 세상이 된다. 그래서 노자는 자연에 백성을 맡겨 두라 한다. 이를 일러 노자는 태상의 공성(功成)이요 사축(事逐)이라 한 것이다.

다시 한 번 더 태상의 공성과 사축을 되뇌어 보았으면 한다. 왜냐하면 우리는 너무 오래도록 정치불신에 시달려 왔기 때문이다. 백성이 모두 편히 산다면 왜 불신하겠는가? 치자(治者)들이여! 백성이 모두 자연이 된다는 노자의 말뜻을 헤아려 주었으면 한다. 그리고 말하지 않고 자화(自化)하게 한다는 무위(無爲)의 덕을 차근차근 새겨 보았으면 한다. 백성을 위하는 정치만 한다면 어찌 치자와 백성 사이에 불신이 일겠는가. 그러나 지금 우리는 여전히 정치불신에 시달리고 있다. 누구 탓인가? 백성 탓으로 돌린다면 아무리 겸허한 노자일지라도 분노할 것이다. 이미 노자는 백성을 못살게 구는 자가 있다면 그를 죽이는 일을 맡겠다고 극언을 마다하지 않았다. 왜 노자가 이랬을까? 백성의 분노를 소중히 여긴 까닭이다.

道德經 18

# 사유(四有)를 알라

**요지** 사유(四有)를 알라. 그러면 인위(人爲)의 해(害)를 안다.

**내용** 대도(大道)가 버려져 인의(仁義)가 생겼고, 지혜(智慧)가 나타나 대위(大僞)가 생겼으며, 육친(六親)이 서로 어울리지 못해 효자(孝慈)가 생겼고, 국가가 혼란하니 충신(忠臣)이 생겼다.

【원문(原文)】

大道廢 有仁義 智慧出 有大僞 六親不和 有孝慈 國家昏亂 有忠臣

【해독(解讀)】

대도(大道)가 폐(廢)하매 인의(仁義)가 유(有)하고, 지혜(智慧)가 출(出)하매 대위(大僞)가 유(有)하며, 육친(六親)이 불화(不和)하매 효자(孝慈)가 유(有)하고, 국가(國家)가 혼란(昏亂)하매 충신(忠臣)이 유(有)한다.

【담소(談笑)】

### 대도폐유인의(大道廢有仁義)

대도(大道)가 버려져서 인의(仁義)라는 것이 생겼다〔大道廢有仁義〕. 대도폐(大道廢). 대도(大道)를 풀이하면 무위(無爲)요 자연(自然)이라 할 수 있다. 폐(廢)는 버렸다는 말이다. 인간이 대도를 버렸다는 말이다. 유인의(有仁義). 이는 인간이 대도를 버리자 인의(仁義)라는 것이 인간에게 생겨났다는 말이다. 노자는 인의를 인위(人爲)·유위(有爲)로 보았다. 장자는 대도·무위·자연을 묶어 그냥 천(天)이라 하고, 인의·인위·유위를 하나로 묶어 그냥 인(人)이라 했다.

어진 사랑〔仁〕과 올바름〔義〕이 도의 덕이 되지 않는 것은 아니다. 만물을 하나로 보는 인의라면 그런 인의는 이미 도의 덕이라 할 수 있다. 그러나 인간이 우주 삼라만상을 하나로 보는 대도를 버리고 인간만의 인의(仁義)를 앞세워 만물과 차별하게 되었다는 것이다. 대도를 버리지 않았을 때는 인간이 스스로 어질고 착하고 올발라서 새삼스럽게 인의를 따질 것이 없었다. 그러나 대도를 버리면서 거칠고 거세며 억지스럽고 사나워졌다. 미처 몰랐던 인의를 새삼 강조하지만 인간은 점점 더 불인(不仁)과 불의(不義)에 물들어 가는 것이다.

### 지혜출유대위(智慧出有大僞)

지혜(智慧)가 나타나자 대위(大僞)라는 것이 생겼다〔智慧出有大僞〕. 지혜출(智慧出). 인간이 대도(大道)를 버리고 택한 것이 지혜(知慧)이다. 지혜는 인위(人爲)를 부추긴다. 여기서 출(出)은 대도를 버린 다음에 등장했다는 뜻이다. 유대위(有大僞). 유(有)는 대위가 출현했다는 말이다. 자연에는 대위(大僞)라는 것이 없다. 그와 같은 큰 속임수〔大僞〕는 인간의 짓일 뿐이다. 온갖 학문이나 정치라는 것이 가장 대표적인 대위에 속하리라. 대위는 불신이 불신을 불러오게 한다. 논리(論理)니 정오(正誤)니 시비(是非) 따위는 다 사물을 놓고 이러니저러니 따져 보자는 욕망의 충족에 불과하다. 지혜는 지지(知止)를 거부한다. 머물 줄 알라〔知止〕. 이는 곧 무욕(無欲)에 머물라 함이다. 그 무욕을 일러 상선(上善)이라 해도 될 것이고 명(明)이라 해도 될 것이다.

### 육친불화유효자(六親不和有孝慈)

육친(六親)이 서로 어울리지 못하니 효자(孝慈)라는 것이 생겼다〔六親不和有孝慈〕. 육친불화(六親不和). 육친이 서로 화합하지 못하게 되면서 효자를 강조하기 시작했던 것이다. 부모(父母)·백숙(伯叔)·형제(兄弟)를 일러 육친이라 한다. 육친은 한 가족이요 가솔이다. 한솥밥을 먹고 살면서도 왜 서로 어울리지 못할까? 대도를 버린 뒤로 인간이 불인(不仁)하고 불의(不義)하게 된 까닭이다. 이는 결국 사람의 욕심이 많아졌기 때문이다.

효(孝)는 자식이 인의로써 살라 함이요 자(慈)는 부모가 인의로써 살라 함이다. 본래 인의(仁義)란 자연의 덕이다. 그런 덕으로 살기를 버리고 지식을 앞세워 살다 보니 친족마저도 서로 으르렁거리게 되었다. 부모형제 사이에 송사(訟事)도 마다 않을 만큼 인간은 물욕(物欲)을 떠나 사랑할 줄 모른다. 효자(孝慈)는 사랑의 순수(順守)함이다. 물욕을 떠나 감추고 속이고 숨길 것 없음이 순수함이다. 이런 순수한 효자는 이미 도의 덕이라 할 수 있다. 그러나 인간이 대도를 버리면서 순수함이 없는 자효(慈孝)가 생겼다.

### 국가혼란유충신(國家昏亂有忠臣)

국가가 혼란하니 충신이라는 것이 생겼다〔國家昏亂有忠臣〕. 국가혼란(國家昏亂). 나라가 시끄럽고 난장판 같다는 말이다. 유충신(有忠臣)의 유(有)는 충신을 귀하게 여기고 강조하게 되었다는 말이다. 정직하고 성실한 관리가 충신이다. 관리가 백성을 등치는 세상을 난세(亂世)라 한다. 나라가 혼란하다 함은 백성이 그렇게 해서가 아니라 정치를 한답시고 부정부패를 일삼는 못된 무리들 탓이다. 이러한 무리일수록 지혜를 부려 대위(大僞)를 일삼는다. 이런 난세를 없애겠다고 임금에게 충성을 다짐한다 해도, 임금이 대도를 버리고 인위를 행사하므로 충신도 결국 도덕에 어긋나는 무리가 된다는 말이다.

유인의(有仁義)·유대위(有大僞)·유효자(有孝慈)·유충신(有忠臣)의 사유(四有)야말로 인위(人爲)의 핵심이다. 인위 탓으로 세상이 난세로 들끓고 백성이 편안히 살 수 없게 되었다고 노자는 절규한다.

道德經 19

# 포박(抱樸)하라

**요지** 포박(抱樸)하라. 그러면 누구나 겸허하게 산다.

**내용** 인위의 성(聖)을 끊고 인위의 지(智)를 버리면 백성의 이로움이 백 배로 불어날 것이고, 인위의 인(仁)을 끊고 인위의 의(義)를 버리면 백성은 다시 무위의 효자(孝慈)를 행할 것이며, 인위의 교(巧)를 끊고 인위의 이(利)를 버리면 도적이 없을 것이다. 이 세 가지로써 삶의 문화를 삼으니 부족(不足)하다. 그러므로 저마다 무리들로 하여금 수수함을 알고 자연을 따르게 하여 사(私)를 줄여 욕심을 줄인다

【원문(原文)】

　　絶聖棄智 民利百倍 絶仁棄義 民復孝慈 絶巧棄利 盜賊無有 此三者 以爲文而不足 故 令有所屬 見素抱樸 少私寡欲

【해독(解讀)】

성(聖)을 절(絶)하고 지(智)를 기(棄)하면 민(民)의 이(利)가 백배(百倍)이고, 인(仁)을 절(絶)하고 의(義)를 기(棄)하면 민(民)이 효자(孝慈)에 복(復)하며, 교(巧)를 절(絶)하고 이(利)를 기(棄)하면 도적(盜賊)이 무유(無有)한다. 차(此) 삼자(三者)로 위문(爲文)하니 부족(不足)하다. 고(故)로 소속(所屬)이 유(有)하게 하여 소(素)를 견(見)하고 박(樸)을 포(抱)하며 사(私)를 소(少)하고 욕(欲)을 과(寡)하게 한다.

【담소(談笑)】

### 절성기지(絶聖棄智) 민리백배(民利百倍)

사람만의 성(聖)을 끊고 사람만의 지(智)를 버리면 백성의 이로움이 백 배로 불어난다〔絶聖棄智民利百倍〕. 절성기지(絶聖棄智)의 성(聖)은 사람만의 성, 즉 인위의 성이고 지(智) 역시 인위의 지(智)이다. 절(絶)은 끊어 버림이다.

본래 성(聖)은 도의 모습을 터득하여 무위로 다스릴 수 있는 사를 말한다. 이러한 무위의 성을 장자는 달어정(達於情)이라 했다. 여기서 정(情)은 도의 참모습을 말한다. 그러나 노자가 끊어라 하는 성(聖)은 인간에 의해서 꾸며진 성, 즉 인위의 성을 말한다. 그것을 사람만을 중심에 두고 천하를 다스리려는 성왕(聖王)에 견주어 생각하면 되리라. 그러니 절성(絶聖)이란 위대한 지도자라고 자처하는 군상들을 끊어 버리라는 말이다.

사물을 알아내는 데 가장 뛰어난 두뇌라고 과시하지 말라 함이 기지(棄智)이다. 기(棄)는 팽개친다는 말이다. 사물에 대한 지식을 과시하며 자부하는 일이 있다면 그것은 야망을 수반하는 지(智)에 불과하다. 오죽하면 노자가 절학(絶學)하라 했겠는가. 노자는 지적 유희 따위를 결코 용인하지 않는다. 그러니 아는 체하지 말라. 오로지 겸허하라. 그러면 백성을 이용하려는 마음이 아니라 백성을 돕고자 하는 마음이 살아나리라. 이미 노자는 무신(無身)하라 했다. 치자(治者)가 그리하면 백성도 야망이나 욕망을 버리고 검소하고 겸허하게 살 것이므로 한없이 이롭다.

### 절인기의(絶仁棄義) 민복효자(民復孝慈)

사람만의 인(仁)을 끊고 사람만의 의(義)를 버리면 백성은 무위의 효자(孝慈)를 다시 행한다〔絶仁棄義民復孝慈〕. 절인기의(絶仁棄義)의 인(仁)은 사람의 인을 말한다. 사람만을 생각하는 인을 끊어라. 나아가 착한 척하는 인을 끊어라. 이것이 절인(絶仁)이다. 사람만을 중심에 두는 의(義)를 버려라. 나아가 바른 척하지 말라. 이것이 기의(棄義)이다. 거짓부리로 착한 척하는 것은 불인(不仁)을 감추는 짓이다. 거짓부리로 바른 척하는 짓은 불의(不義)를 숨기는 짓에 불과하다. 이러한 위선(僞善)을 벗어 버리면 누구나 다시 순수한 사랑을 나눌 수 있다. 가장 순수한 사랑을 효자(孝慈)라 한다.

### 절교기리(絶巧棄利) 도적무유(盜賊無有)

사람만의 기교를 끊고 사람만의 이(利)를 버리면 도적이 없다〔絶巧棄利盜賊無有〕. 절교기리(絶巧棄利)의 교(巧)는 사람만을 위한 기교를 말한다. 문화나 문명 같은 것을 다 교라고 할 수 있다. 사람만을 위하는 기교를 부리지 말라. 이것이 절교(絶巧)이다. 사람만을 위하는, 즉 자기만을 위하는 욕심을 부리지 말라. 이것이 기리(棄利)이다.

교(巧)는 적(賊)을 부르고 이(利)는 도(盜)를 부른다. 권력을 탐하고 훔치려는 자를 적(賊)이라 이르고 재물을 탐내 훔치는 자를 도(盜)라 이른다. 태평성대가 따로 없다. 이런 도적이 없는 세상이 바로 태평이요 성대가 아닌가. 그런 세상을 바란다면 먼저 인간은 책략과 탐욕을 버려야 할 것이다. 그러므로 노자의 절교(絶巧)를 수작부리지 말라는 말로 들어도 되고, 노자의 기리(棄利)를 사욕(私欲)을 버린다는 말로 새겨도 무방하다.

### 견소포박(見素抱樸) 소사과욕(少私寡欲)

이 세 가지로써 삶의 문화를 삼으니 부족하다〔此三者以爲文不足〕. 그러므로〔故〕 저마다 무리들로 하여금〔令有所屬〕 수수함을 알게 하고 자연을 따르게 하며〔見素抱樸〕 사(私)를 줄여 욕심을 줄인다〔少私寡欲〕.

사람만의 성지(聖智)와 사람만의 인의(仁義) 그리고 사람만의 교리(巧利)를 앞세워 문(文)을 삼으려고 하므로 대도(大道)가 부족하다. 여기서 문(文)은 사람들이 사람만을 위하려고 만들어 놓은 온갖 문물과 제도를 말한다. 인간이여 본래의 소속으로 돌아가라〔令有所屬〕. 대도를 따라 살라는 것이 노자가 밝히는 견소포박(見素抱樸)이다.

꾸미지 말라. 이것이 견소(見素)요 포박(抱樸)이다. 소(素)는 있는 그대로 수수함이다. 박(樸) 또한 있는 그대로 꾸밈없음이다. 노자는 세련된 인간보다 소박한 인간을 택한다. 문화인이라고 거들먹거리지 말라. 속을 들여다보면 더럽기 짝이 없음을 스스로 안다면 노자 앞에 부끄러울 수밖에 없다.

문화인의 속이 왜 더럽고 흉한 것인가? 소사(少私)를 거부하고 과욕(寡欲)을 비웃기 때문이다. 문화인에게 자신을 작게 하라〔少私〕하면 분노하며 한없는 대사(大私)를 요구한다. 문화인에게 욕심을 적게 하라〔寡欲〕하면 삿대질을 하면서 무한한 과욕(過慾)을 부리며 자신이 천지보다 위대하다고 큰소리친다. 문화인이여! 천지는 사람의 소유가 아닌 것을 아는가? 안다면 꾸미지 말고 수수하고 겸허하며 겸손하라〔見素抱樸〕. 우리는 노자 앞에 부끄러울 수밖에 없다. 『노자』 81장 전체에 한결같이 흐르고 있는 노자의 말씀 중에서 가장 중요한 하나를 고른다면 이 견소포박(見素抱樸)이 맨 앞자리에 오리라.

道德經 20

# 사모(食母)를 알라

**요지** 사모(食母)를 알라. 그러면 성인(聖人)의 이웃은 된다.

**내용** 사람을 시비 분별로 이끌고 욕망을 부풀리는 학문을 끊으면 걱정거리가 없다. 윗사람에게는 '예' 하며 높이고 아랫사람에게는 '응' 하며 낮춘다고 한들, 다 같은 목소리인데 다르다면 얼마나 다르겠는가. 좋다 싫다 하는 것이 다 인간의 감정에서 비롯되는데 다르다면 얼마나 다르겠는가. 사람들이 두려워하는 바를 나 역시 두려워할 수밖에 없다. 시비 분별에 헷갈리다 보니 황당해 갈피를 잡을 수가 없다. 세상 사람들은 기쁨에 겨워 소 돼지를 잡아먹고 술을 마시고 춤추며 놀이터에서 놀지만, 나는 홀로 조용히 떨어져 멍하니 아직 웃을 줄도 모르는 갓난애 같고 돌아갈 곳조차 없다. 세상 사람들은 다 남아돌듯 넉넉한 생활을 하는데 나만 홀로 팽개쳐져 버려진 듯하다. 내 마음은 어리석은 사람의 마음과 같아 아는 것이라곤 하나도 없어 순진할 뿐이다. 세상 사람들은 시비 분별에 똑똑하지만 나만 홀로 멍청하고, 세상 사람들은 꼼꼼하고 치밀하지만 나만 홀로 모자라 보인다. 내가 세상일을 멀리하기는 바다와 같아 아무리 흘러가도 멈출 곳이 없는 듯하다. 세상 사람들은 다 하는 일들이 있지만 나만 홀로 둔하고 어리석고, 나만 홀로 남들과 달리 먹여서 길러 주는 어머니를 받들어 모신다.

## 【원문(原文)】

絶學無憂 唯之與阿 相去幾何 善之與惡 相去何若 人之所畏 不可不畏 荒兮其未央哉 衆人熙熙 如亨太牢 如登春臺 我獨泊兮其未兆 如嬰兒之未孩 乘乘兮若無所歸 衆人皆有餘 而我獨若遺 我愚人之心也哉 純純兮 衆人昭昭 我獨若昏 衆人察察 我獨悶悶 忽兮其若海 漂兮若無所止 衆人皆有以 我獨頑且鄙 我獨異於人 而貴食母

## 【해독(解讀)】

학(學)을 절(絶)하면 우(憂)가 없나니 유(唯)와 아(阿)의 상거(相去)가 기하(幾何)이며, 선(善)과 오(惡)의 상거(相去)가 기하(幾何)이겠나. 인(人)이 외(畏)하는 바를 불가불(不可不) 외(畏)할지니 황(荒)해서 미앙(未央)이로다. 중인(衆人)은 희희(熙熙)하여 태뢰(太牢)를 여형(如亨)하고 춘대(春臺)에 여등(如登)하거늘 아(我)만 독(獨)히 박(泊)하고 미조(未兆)하여 영아(嬰兒)의 미해(未孩)와 여(如)하다. 승승(乘乘)하여 소귀(所歸)가 약무(若無)하고 중인(衆人)에게는 여(餘)가 개유(皆有)하거늘 아(我)만 독(獨)히 약유(若遺)하니 아(我)는 우인(愚人)의 심(心)이라 순순(純純)하구나. 중인(衆人)은 소소(昭昭)하거늘 아(我)만 독(獨)히 약혼(若昏)하고 중인(衆人)은 찰찰(察察)한데 아(我)만 독(獨)히 민민(悶悶)하니 홀(忽)하여 약해(若海)여서 표(漂)해도 소지(所止)가 무(無)하다. 중인(衆人)은 개유이(皆有以)한데 아(我)만 독(獨)히 완차비(頑且鄙)하여서 아(我)만 독(獨)히 이어인(異於人)

하여 식모(食母)를 귀(貴)한다.

**【담소(談笑)】**

절학무우(絶學無憂)

사람을 시비와 분별로 이끌고 욕망을 부풀리는 학문을 끊으면 걱정거리가 없다〔絶學無憂〕. 학을 끊어라〔絶學〕. 그러면 근심걱정이 없다〔無憂〕. 여기서 학(學)은 문(文)을 배우는 짓이다. 문은 인간을 중심에 두려는 인위(人爲)요 문화요 문명이다. 여기서의 학은 인간 중심의 사고를 앞세워 시비하고 차별하며 충동질하는 것들을 말한다. 인간 중심의 학문을 하니 시비와 차별과 귀천이 날로 더해 사람에게 걱정거리가 쌓인다. 위학일익(爲學日益)이지만 위도일손(爲道日損)이라는 말에서 절학(絶學)의 속뜻을 짚을 수 있으리라.

학문을 하면〔爲學〕 날마다 불어난다〔日益〕. 무엇이 불어난단 말인가? 물론 지식이 불어난다는 말이다. 그러나 그 지식이 인간을 괴롭히는 줄을 왜 모르느냐고 노자가 사람들에게 묻는다. 노자는 일익(日益)의 익(益)을 근심과 걱정거리가 인간에게 불어나는 것으로 보라 한다. 그 일익을 일손(日損)으로 바꾸려면 자연으로 돌아가야 하는 일〔爲道〕을 버리지 않아야 한다. 그래서 노자는 절학(絶學)하라 한다.

인지소외(人之所畏) 불가불외(不可不畏)

윗사람에게는 '예' 하며 높이고 아랫사람에게는 '응' 하며 낮춘다 하지만 다 같은 목소리인데 다르다면 얼마나 다르겠는가〔唯之與阿相去幾何〕. 좋다 싫다 하는데 이것이 모두 인간의 감정에서 비롯되는 것이니 다르다면 얼마나 다르겠는가〔善之與惡相去如

何〕. 사람들이 두려워하는 바를〔人之所畏〕 나 역시 두려워할 수밖에 없다〔不可不畏〕.

유(唯)와 아(阿)가〔唯之與阿〕 서로 얼마나 다르단 말인가〔相去幾何〕. 유(唯)는 대답할 때 내는 '예'이고 아(阿) 역시 대답할 때 내는 '응'이다. '예'는 존대말이고 '응'은 반말이다. 그러나 존대말과 반말을 목소리로 따진다면 그 사이에 무슨 다름이 있단 말인가. 사람들이 제멋대로 지어 놓고 이래라저래라 할 뿐이다. 그러니 '예'와 '응'을 분별해서 시비를 걸어 예(禮)를 인간의 것으로 구속하지 말라. 하늘을 섬길 줄 알면 저절로 예는 있어도 그만 없어도 그만인 줄 사람들은 모른다.

유(唯)와 아(阿)의 차이가 별것 아니듯 선(善)과 오(惡)의 분별도 별것 아니다. '예' 하는 존대말은 듣기에 아름답고 좋지만, '응' 하는 반말은 듣기에 추하고 싫음을 따져 예(禮)라는 것으로 자신을 묶지 말라. 수수하고 겸허한 사람은 말씨를 골라 아양을 부리거나 내숭떨지 않는다. '예'로 답하든 '응'으로 답하든 허정(虛靜)한 마음이라면 무엇이 문제겠는가? 소박(素樸)하면 미추(美醜)를 저울질하지 않는다. 미(美)는 좋고〔善〕, 추(醜)는 싫다〔惡〕하는 것은 문화인의 신경질일 뿐 자연인에게는 다를 게 없다.

남들이 두려워하는 바〔人之所畏〕를 그 역시 두려워할 수밖에 없다〔不可不畏〕고 노자는 실토한다. 인간은 누구나 시비를 두려워한다. 선악을 양단(兩端)하고 미추를 갈라서 이것은 미이고 지것은 추라고 설왕설래하는 짓을, 인간은 피할 수 없다고 생각하면서 동시에 두려워한다. 노자 역시 그러한 양단을 두려워한다고 밝힌다. 오죽하면 세 치 혓바닥을 조심하라 하겠는가. 한번 뱉은 말은 주워담을 수 없다고 했다. 논쟁으로 시비를 가려 결판을 내자는 인간을 누가 두려워하지 않겠는가.

### 황혜기미앙재(荒兮其未央哉)

시비와 분별에 헷갈리다 보니 황당해 갈피를 잡을 수 없는 지경이다〔荒兮其未央哉〕. 황혜(荒兮). 황망하구나〔荒兮〕. 무엇이 황망하단 말인가? 대도(大道)를 폐한 인간의 모습을 바라보는 노자를 상상해 보라. 기미앙재(其未央哉). 아직도 중심을 못 잡고 있다〔其未央哉〕는 말이다. 앙(央)을 돌아갈 곳〔所歸〕으로 새겨도 될 것이고 마음 둘 곳으로 새겨도 되리라.

시비와 양단을 버리고 대도를 따라 사는 노자가, 시(是)냐 비(非)냐를 따지며 양단의 겨루기를 일삼는 군상 앞에서 어리둥절해한다고 상상해 보라. 시비의 논쟁에 놀아나며 변덕스럽게 사는 세상 사람들이 노자를 황당하게 한다. 황(荒)은 버려져 황폐한 모습이다. 노자가 황하단 말인가? 아니면 내가 황하단 말인가? 우리의 마음 속에 욕망의 잡초가 무성하지 않다면 노자와 함께해도 괜찮을 것이다.

### 아독박혜기미조(我獨泊兮其未兆) 여영아지미해(如嬰兒之未孩) 승승혜무소귀(乘乘兮無所歸)

세상 사람들은 기쁨에 겨워 소 돼지를 잡아먹고 술을 마시고 춤추며 놀이터에서 놀지만〔衆人熙熙 如亨太牢 如登春臺〕, 나는 홀로 조용히 떨어져 멍하니 아직 웃을 줄도 모르는 갓난애 같으며 돌아갈 곳도 없다〔我獨泊兮其未兆 如嬰兒之未孩 乘乘兮無所歸〕.

세상 사람들은 다 남아돌듯 넉넉한 생활을 하는데 나만 홀로 팽개쳐 버려진 듯하다〔衆人皆有餘而我獨若遺〕. 내 마음은 어리석은 사람의 마음과 같아 아는 것이라곤 하나도 없어 순진할 뿐이다〔我愚人之心也哉純純兮〕. 세상 사람들은 시비와 분별에 똑똑하지만 나만 홀로 멍청하고〔衆人昭昭 我獨若昏〕, 세상 사람들은 꼼꼼하고 치밀하지만 나만 홀로 모자라 보인다〔衆人察察 我獨悶悶〕.

노자나 장자가 말하는 중인(衆人)은 사람만의 인의(仁義)를 앞세우는 유가(儒家)의 무리, 달변의 논리를 앞세우는 명가(名家)의 무리, 권력의 법을 앞세우는 법가(法家)의 무리 등 세상에 내로라 하는 자들을 말한다. 이렇게 많이 안다고 뽐내는 중인을 바로 절성기지(絶聖棄智)하게 하는 무리로 보면 될 것이다. 이런 중인과 어울리지 못하는 까닭을 노자가 흥얼대는 중이다.

중인들은 재미있어[熙熙] 하지만 노자는 담박(淡泊)하다. 담박은 허정(虛靜)하다는 말이다. 허정은 천지요 대도이다. 아직 철이 안 들어[未兆] 웃을 줄도 모르는 갓난애 같다는 노자의 실토 역시 대도에 머물고 있다. 사람들은 세상을 노들강변에서 고기 먹고 술 마시며 춤추고 노래하는 오락처럼 여기는데, 왜 노자는 자신을 일러 웃을 줄도 모르는 갓난애라고 하는가? 갓난애가 무엇을 알아 탐하여 웃겠는가. 노자는 영아를 빌어 자연을 말하고 무위(無爲)의 도를 밝힌 것이다.

승승혜(乘乘兮). 승(乘)은 탄다는 뜻도 되고 업신여긴다는 뜻도 되므로, 이를 노자가 스스로 미조(未兆) 미해(未孩)에 머물고 있다고 새기면 된다. 아니면 철이 덜 든 듯하고[未兆] 아직 웃을 줄도 모르는[未孩] 갓난애 같은 노자를 사람들이 업신여긴다는 쪽으로 새겨도 무방하리라. 여하튼 노자는 중인의 세상에는 돌아갈 곳이 없어 보인다[若無所歸]고 실토한다. 노자는 무욕(無欲)하고 중인은 탐욕(貪欲)한다. 노자는 무념(無念)하고 중인은 염려(念慮)한다. 이런 노자가 중인의 세상 어디에 발붙일 수 있겠는가. 누가 까마귀 싸우는 골로 백로야 가지 말라 했던가?

개유여(皆有餘). 사람들에게는 남음이 있다[皆有餘]. 여기서 여(餘)는 욕심을 다 채우지 못해 더 바라는 것이 있다는 말이다. 바라는 것이 있으므로 당연히 만족할 수 없다. 만족할 수 없다 함은 항상 부족하여 탐하는 것을 말한다. 공명·부귀·출세 등이 탐하는 대상이다. 갈증을 풀지 못해 항상 목말라 하는 사람들은 만족할 줄 모른다. 그러나 노자는 자신이 탐하기〔有餘〕를 버렸다〔遺〕한다. 사람들은 바랄 것이 남아 있으나〔有餘〕, 노자는 바랄 것이 없다〔遺棄〕. 탐하기만 하는 무리 중에서 홀로 탐하기를 버린 노자가 자신을 왜 웃을 줄 모르는 갓난애 같다 하는지 알 만하다.

나〔我〕는 어리석은 마음〔愚人之心〕이라 순순(純純)하지만 사람들〔衆人〕은 소소(昭昭)하다. 순순(純純)하다. 이는 지극히 순수함을 말한다. 재주도 없고 잔꾀도 없는 마음이 순순한 마음이다. 소소(昭昭)하다. 이는 영리하고 세상일에 어둡지 않음을 말한다. 눈치가 밝아 손해보지 않고 야무진 사람들은 소소하지만, 어리석고 수수한 사람은 순순하다. 순순한 편인가 소소한 편인가? 우리는 순순하기를 버리고 영악하게 산다.

나는 홀로 혼(混)한 듯하고, 사람들은 찰찰(察察)하지만 나만 홀로 민민(悶悶)하다. 찰찰(察察)은 더욱더 소소(昭昭)하려 함이다. 배우고 배워 더욱더 영리해지고 날카로워지는 사람들의 마음은 찰찰하다. 혼(昏)은 지극히 어리석은 모습이다. 세상물정을 하나도 모르는 모습이다. 찰찰이 낮이라면 혼은 밤이다. 이것저것이 다 어둠에 묻혀 하나가 되어 버린 듯 따지고 분별할 줄 모르는 것, 이것이 혼이다. 이러한 혼이 더욱더 지극하니 민민(悶悶)할 뿐이다. 덕을 보고 물(物)을 잊는 마음이 민(悶)이다. 덕은 베풀고 물은 탐하게 한다.

순순(純純)하라. 민민(悶悶)하라. 자연을 따라 살라. 이렇게 노자는 주장하지 않는다. 자신이 그렇게 살 뿐이다. 노자는 사람들이 소소(昭昭)하고 찰찰(察察)하게 산다고 비난하지도 않는다. 주장하고 비난하면 시비가 인다. 시비가 일면 자연은 떠나고 인간만 남아 싸우게 된다. 그러나 노자는 어리석어 싸울 줄 모른다.

### 아독이어인(我獨異於人) 이귀사모(而貴食母)

내가 세상일을 멀리하기란 바다와 같아 아무리 흘러가도 멈출 곳이 없는 듯하다〔忽兮其若海 漂兮若無所止〕. 세상 사람들은 다 하는 일들이 있지만 나만 홀로 우둔하고 누추하여〔衆人皆有以 我獨頑且鄙〕, 나만 홀로 남들과 달리〔我獨異於人〕 먹여서 길러 주는 어머니를 받들어 모신다〔而貴食母〕.

홀(忽)하여 바다 같고〔其若海〕, 표(漂)하여 머물 바가 없다〔若無所止〕. 홀(忽)은 회(晦)와 같다. 회는 그믐이다. 그믐은 어둡고 캄캄해 아무것도 보이지 않는 밤이다. 세상물정을 모르니 세파를 벗어난 바다와 같다. 순순하여 민민하고 홀하므로 세상일로 찌들 리가 없다. 그러니 아무리 흘러가도〔漂〕 어느 것 하나에 매달려 머물 이유가 없다. 재주를 부리고 꾀를 부리려 이리저리 머리를 굴릴 필요가 없다.

사람들은 저마다 할 일이 있다〔皆有以〕. 개유이(皆有以)의 이(以)는 한다는 위(爲)로 보아도 되고 쓴다는 용(用)으로 보아도 된다. 나만 홀로 완(頑)하고 비(鄙)하다. 완은 우둔해서 재주가 없다는 우(愚)이고 비는 누추해서 보여 줄 것이 없는 누(陋)이다. 사람들은 다 잘나서 할 일이 많아 바쁘지만 노자는 못나서 할 일이 없다고 한다. 노자가 냉소한다고 여기지 말라. 또 자조한다고도 생각하지 말라. 노자는 자신이 갓난애처럼 사니 뭇사람들과 다를 뿐이라고 말한다. 그러나 유식한 사람이 무식한 사람 앞에 꼼짝 못하는 연유를 생각해 볼 일이나.

귀사모(貴食母)하라. 먹여 줄 사(食) 어미 모(母). 사모(食母)는 먹여 주는 어머니이다. 먹여 주는 어머니를 노자는 현빈(玄牝)이라고도 불렀다. 현빈은 도(道)요 자연이다. 한 마디로 무(無)라 한들 어떻고 허정(虛靜)이라 한들 어떠랴. 장자는 천사(天食)라는 말로 노자의 사모를 대신한다. 하늘 천(天) 먹여 줄 사(食). 노자의 사모(食母)는 장자의 천사(天食)와 같다. 갓난애가 어미의 품에 안겨 젖을 빠는 것이야말로 덕이요 도요 자연이다. 이렇듯 노자는 자연을 귀하게 여기고 세상 사람은 자연을 천하게 여기는 사실 앞에서 돌아갈 길을 못 찾고 있는 중인(衆人)이 애달프구나. 중인은 누구인가? 전자문명을 누린다는 우리가 바로 노자를 애달프게 하는 중인이 아닌가.

**道德經 21**

# 종도(從道)하라

**요지** 종도(從道)하라. 그러면 덕(德)이 나를 따라온다.

**내용** 크나큰 덕(德)은 삼라만상을 담고 있는 빈 그릇이고 이러한 덕은 오로지 도(道)를 따른다. 도가 드러나 덕이 되는 것이 황홀(恍惚)하여라. 도를 일러 이렇다저렇다 말할 수 없음이 황홀하여라. 도가 덕으로 드러나는 짓[象]이 황홀하고 도가 덕으로 드러나는 꼴[物]이 황홀하여라. 도가 덕으로 드러나는 정(精)이 있어 묘명(杳冥)하여라. 그 정은 참다워 도가 덕으로 드러나는 신(信)이 있어 태초부터 시금까지 그 이름이 사라진 적이 없었다. 도가 덕으로 드러나 우주 삼라만상을 사열하고 있다. 내가 어찌 만물이 그러함을 알 것인가. 다만 도가 덕으로 드러나 그러함을 알 뿐이다.

【원문(原文)】

孔德之容 惟道是從 道之爲物 惟恍惟惚 惚兮恍兮 其中有象 恍兮惚兮 其中有物 杳兮冥兮 其中有精 其精甚眞 其中有信 自古及今 其名不去 以閱衆甫 吾何以知衆甫之然哉 以此

【해독(解讀)】

공덕(孔德)의 용(容)은 오로지 도를 종(從)한다. 도(道)가 물(物)이 됨이 오직 황(恍)하고 오직 홀(惚)하여라. 홀(惚)하고 황(恍)함이여. 그 중(中)에 상(象)이 있고, 황(恍)하고 홀(惚)함이여 그 중(中)에 물(物)이 있으며, 묘(杳)하고 명(冥)함이여 그 중(中)에 정(精)이 있으니, 그 정(精)이 심(甚)히 진(眞)하여 그 중(中)에 신(信)이 있는지라 고(古)부터 금(今)에 급(及)하여도 그 명(名)이 불거(不去)하여서 중보(衆甫)를 열(閱)하니 오(吾)가 중보(衆甫)의 연(然)을 하(何)이 지(知)할 것인가. 이차(以此)일 뿐이다.

【담소(談笑)】

### 공덕지용(孔德之容) 유도시종(惟道是從)

크나큰 덕은 삼라만상을 담고 있는 빈 그릇이고〔孔德之容〕 이러한 덕은 오로지 도를 따른다〔惟道是從〕. 도가 드러나 물(物)이 됨이〔道之爲物〕 황홀하여라〔恍兮惚兮〕. 도를 일러 이렇다저렇다 말할 수 없어 황홀하여라〔惚兮恍兮〕. 도가 덕으로 드러나는 짓

〔象〕이 황홀하고〔惚兮恍兮 其中有象〕 도가 덕으로 드러나는 꼴〔物〕이 황홀하여라〔恍兮惚兮 其中有物〕.

공덕지용(孔德之容)의 공덕(孔德)은 인덕(人德)이 아니라 자연의 덕을 말한다. 바라는 바 있어 베푸는 인덕과 달리 자연의 덕은 그저 만물을 하나처럼 돌보고 베풀 뿐이다. 그래서 자연의 덕을 공덕이라 한다. 공덕(孔德)의 공(孔)은 허(虛)를 뜻하고, 또 허는 공(公)이므로 무사(無私)할 뿐이다. 무사는 크다. 그러니 공덕은 더할 바 없이 크다. 덕이란 도가 드러남을 말한다. 도는 볼 수 없지만 덕은 드러나므로 볼 수 있다. 만물의 있는 그대로의 모습이 곧 덕이다. 그래서 덕을 일러 득(得)이라 하지 않는가. 공덕은 곧 우주 삼라만상이 곧 도의 드러남임을 말하는 셈이다. 도가 낳은 것이 곧 우주 만물 아닌가. 삼라만상은 도라는 기운을 얻어 존재한다는 것이다. 그러니 공덕은 도를 따르게 마련이다.

용(容)을 우주 만물을 담고 있는 그릇으로 생각해도 될 것이고 그러한 모습으로 새겨도 된다. 만물을 포괄하는 곡신(谷神)을 떠올리면 될 것이고 만물을 낳는 암컷인 현빈(玄牝)을 연상해도 될 것이다. 포괄하되 무궁(無窮)함을 일러 용(容)이라 한다. 공덕(孔德)을 우주 삼라만상을 담고 있는 그릇으로 비유해 도를 노래하는 노자가 우리를 황홀하게 한다.

### 도지위물(道之爲物)

도가 물이 된다〔道之爲物〕. 여기서 물(物)은 숨어 있던 도가 드러남이니 곧 덕을 말한다. 도가 있어 생겨난 우주 삼라만상이 곧 물(物)이요 덕(德)이다. 왜 노자가 물(物)을 두고 황홀해하는가를 알 것이다. 황홀함은 유무(有無)의 중간쯤에서 겪는 놀라움이요 반가움이요 즐거움이다. 이는 말로 다할 수 없는 감탄이요 놀라움이다. 있다가 없다가 하는 삼라만상의 변(變) 앞에서 노자는 도의 황홀함을 만끽한다. 물(物) 가운데 상(象)이 있어서 더더욱 황홀하다. 상은 움직임 즉 작용하는 짓이다. 도의 기가 작용하면 유무(有無)가 빚어진다. 유무를 일러 생사(生死)라 해도 될 것이요 변역(變易)이라 해도 될 것이요 한 마디로 상(象)이라 해도 되리라. 우주 삼라만상의 움직이는 모습〔象〕을 노래하는 노자가 우리를 황홀하게 한다.

### 기명불거(其名不去) 이열중보(以閱衆甫)

도가 덕으로 드러나는 정(精)이 있어 묘명(杳冥)하여라〔杳兮冥兮 其中有精〕. 그 정은 참다워〔其精甚眞〕 도가 덕으로 드러나 신(信)이 있으며〔其中有信〕 태초부터 지금까지〔自古及今〕 그 이름이 사라진 적이 없어〔其名不去〕 도가 덕으로 드러나 우주 삼라만상을 사열하고 있구나〔以閱衆甫〕. 내가 어찌 만물이 그러함을 알 것인가〔吾何以知衆甫之然哉〕. 다만 도가 덕으로 드러나 그러함을 알 뿐이다〔以此〕.

기중유정(其中有精). 그 가운데 정(精)이 있다〔其中有精〕. 기(氣)가 작용하는 모습이 상(象)이라면 물(物)이 받은 기는 정(精)이다. 정기(精氣)의 정(精). 도가 만물을 부여함을 일러 정기라 하는데, 그 정기야말로 참으로 진실하다. 지극한 진실은 곧 신(信)이다. 믿었다 말았다 하는 것은 진실이 아니다. 도의 기, 즉 정(精)이야말로 진실이다. 그러나 정기의 진실을 무엇이라 말할 수는 없는 것. 이미 말할 수 있는 것은 도가 아니라 했다. 그래서 도의 정 앞에 노자는 황홀함이 더해 묘명(杳冥)하며 아득하다 한다. 묘(杳)와 명(冥)은 다 같이 너무 깊고 고요해 아득하고 그윽하면서 가물가물해 알아볼 수 없는 모습이다. 정(精)이 비록 묘명하지만 의심할 수 없는 엄연한 진실임을 노래하여 노자가 우리를 황홀하게 한다.

이로써 만물을 사열한다[以閱衆甫]. 기(氣)가 낳은 물(物), 도에서 드러나는 상(象)과 정(精)으로써 중보(衆甫)를 살피고 있다는 말이다. 중(衆)은 만물을 말하고 보(甫)는 시초를 말한다. 중보는 곧 만물의 시초를 말한다. 도가 덕으로 드러나는 상과 물과 정을 살펴서 만물이 그러함[然]을 밝힐 뿐이지, 노자 자신이 지어 내 주장하는 것은 결코 아님을 이렇게 밝힌다. '내 어찌 만물의 시초가 그러함을 알겠는가[吾何以知衆甫之然哉].' 노자는 도를 지어 낸 것이 아니라 도를 찾아가 만났을 뿐이다. 그러니 과학문명의 노예인 우리가 노자와 시비를 가리려고 생각하면 안 된다. 과학문명은 만물을 물질로 보려 할 뿐, 생사가 있는 목숨으로 볼 줄 모른다. 돌멩이도 살아 있는 것이라고 하면 서양의 과학은 웃는다.

그러나 노자는 있다가 없어지는 변화의 흐름을 타는 것 모두를 목숨이라고 본다. 지금 노자는 우주 삼라만상을 담고 있다는 공덕(孔德)의 그릇 속을 왕래하는 중이다. 이를 일러 허(虛)의 신비라 한들 어떻고 황홀하다 한들 어떻고 묘명하다 한들 어떠랴. 『노자』21장의 말씀은 노자 당신만 황홀하게 만드는 것이 아니라, 노자를 만나는 우리들 모두를 황홀하게 할 것이다.

道德經 22

# 성전(誠全)하라

**요지** 성전(誠全)하라. 그러면 만물이 다툴 게 없음을 안다.

**내용** 이지러지면 온전하게 하고, 굽으면 곧게 하며, 빈 웅덩이면 채우고, 낡으면 새롭게 하며, 적으면 얻어 보태게 하고, 많으면 잃게 한다. 그러므로 성인은 하나를 품고서 천하의 본보기가 된다. 자기를 내세우지 않아 밝고, 자기만 옳다고 고집하지 않아 뚜렷하며, 자기를 자랑하지 않아 공(功)이 있고, 자기를 아끼지 않아 오래간다. 무릇 오로지 성인은 다투지 않는다. 그러므로 천하가 성인과 더불어 다툴 수 없다. 옛사람이 말하기를 이지러지면 온전하게 된다고 하였으니 어찌 빈말이겠는가. 참으로 온전하게 하여 자연으로 돌아간다. 그러면 더할 바 없이 온전해진다.

## 【원문(原文)】

曲則全 枉則直 窪則盈 弊則新 少則得 多則惑 是以聖人抱一爲天下式 不自見故明 不自是故彰 不自伐故有功 不自矜故長 夫惟不爭 故天下莫能與之爭 古之所謂曲則全者 豈虛言哉 誠全而歸之

## 【해독(解讀)】

곡(曲)하면 전(全)하고, 왕(枉)하면 직(直)하며, 와(窪)하면 영(盈)하고, 폐(弊)하면 신(新)하며, 소(少)하면 득(得)하고, 다(多)하면 혹(惑)한다. 시이(是以)로 성인(聖人)은 포일(抱一)을 천하(天下)의 식(式)으로 위(爲)하여 부자현(不自見) 고(故) 명(明)하고, 부자시(不自是) 고(故) 창(彰)하며, 부자벌(不自伐) 고(故) 유공(有功)이고, 부자긍(不自矜) 고(故) 장(長)하므로 부유(夫唯) 부쟁(不爭)한다. 고(故)로 천하(天下)가 능(能)히 여지(與之)하여 쟁(爭)하지 못한다. 고지(古之)에 소위(所謂) 곡즉전(曲則全)이란 자(者)가 어찌 허언(虛言)이겠는가. 성(誠)히 전(全)하여 귀지(歸之)한다.

## 【담소(談笑)】

### 곡즉전(曲則全)

이지러지면 온전하게 한다〔曲則全〕. 곡(曲)은 절(折)이다. 이지러짐이 없어야 한다며 항상 온전하기만을 구하는가? 그러면 어긋난다.

### 왕즉직(枉則直)

굽어지면 곧게 한다〔枉則直〕. 왕(枉)은 굴(屈)이다. 굽힘이 없어야 한다며 항상 곧음만을 구하는가? 그러면 어긋난다.

### 와즉영(窪則盈)

비면 채운다〔窪則盈〕. 와(窪)는 허(虛)이다. 비움 없이 항상 가득하기를 바라는가? 그러면 어긋난다.

### 폐즉신(弊則新)

낡으면 새롭다〔弊則新〕. 폐(弊)는 고(故)이다. 낡지 않고 항상 새롭기를 바라는가? 그러면 어긋난다.

### 소즉득(少則得)

적으면 얻는다〔少則得〕. 소(少)는 겸(謙)이다. 무엇을 얻는단 말인가? 이로움을 얻는다. 양보할 줄 모르고 얻기만을 바라는가? 그러면 어긋난다.

### 다즉혹(多則惑)

많으면 잃게 한다〔多則惑〕. 혹(惑)은 실(失)이다. 이것저것 많으면서 잃지 않기를 바라는가? 그러면 어긋난다.

### 성인포일위천하식(聖人抱一爲天下式)

성인은 하나를 품고서 천하의 본보기가 된다〔聖人抱一爲天下式〕. 도(道)는 만물을 변화하게 한다. 도가 일으키는 변화는 이것에서 저것으로 옮겨가는 것이 아니라 이것이 저것이 되고 저것이 이것이 되게 하는 반자(反者)를 말한다. 노자는 도의 움직임〔動〕을 일러 반자라고 한다. 곡즉전(曲則全)도 반자요 다즉혹(多則惑)

도 반자이다. 되돌아온다[反者]고 함은 불가의 불이(不二)를 떠올리게 한다.

유무(有無)를 둘로 보지 말라. 유무가 서로 오고 가니 상통(相通)이라 하지 않는가. 그러니 유무를 차별하고 분별하지 않으면 포일(抱一)이 곧 도를 따라 하는 것임을 알 수 있다. 그래서 성인은 만물을 하나로 안음[抱一]을 천하의 본보기로 삼는다. 포일은 곧 순응(順應)이리라. 성인은 포일하므로 변화에 순응할 뿐이다. 시비도 없고 분별도 없고 차별도 없다. 만물은 다 하나일 뿐이다. 하나를 안는다 함은 도를 따라 한다는 말이다. 장자는 포일을 제물(齊物)이라 했다. 절대평등을 천하의 본보기로 삼는 것을 일러 무위라 하고 자연이라 부른다. 다만 사람들이 멋대로 계층을 만들고 귀천을 정해 잘났네 못났네 하고 떠들 뿐이다.

### 부자현(不自見)

성인은 자기를 드러내지 않는다[不自見]. 그러므로 성인은 자기를 밝게 한다. 스스로 자기를 밝게 하는 것이 명(明)이다. 명은 관심이다. 스스로 밝아야 남을 볼 수 있다. 성인의 등잔 밑은 어둡지 않아 어리석은 짓을 하지 않는다.

### 부자시(不自是)

성인은 자기만 옳다 하지 않는다[不自是]. 그러므로 성인은 속에 숨겨 둘 것이 없어 밝다. 분명해 의심할 바 없는 것이 창(彰)이다. 고집하지 않으면 다툴 일이란 없다. 소인은 날마다 다투고 성인은 날마다 침묵하며 편안하다.

### 부자벌(不自伐)

성인은 제 자랑을 하지 않는다[不自伐]. 공치사는 소인배나 하

道德經 ● 성전하라

는 짓이다. 공을 주장하지 않아 절로 공이 있고 공을 숨겨도 절로 드러나는 것이 부자벌(不自伐)이다. 잘났다고 떠드는 인간일수록 빈 수레요 얕은 물이다. 성인은 깊은 물 같아 큰 배가 지나가도 조용할 뿐이다.

### 부자긍(不自矜)

성인은 잘난 척하지 않는다〔不自矜〕. 그래서 성인은 장(長)하다. 항상 의젓하며 어질고 착하면 장(長)이다. 내가 아니면 안 된다고 뽐내는 인간은 손가락질받는 줄 모른다. 소인은 뽐내고 성인은 숨는다.

소인은 왜 날마다 다투고 사는가? 자현(自見)하고 자시(自是)하며 자벌(自伐)하고 자긍(自矜)하기 때문에 날마다 다투기를 밥 먹듯하는 것이다. 자신을 드러내며 자신만 옳다 하고 제 자랑을 일삼고 뽐내는 인간을 일러 중인(衆人)이라 한다. 학식이 많다고 자만하는 인간일수록 논쟁하기를 좋아한다. 왜 노자가 절학무우(絶學無憂)라 했는지 알 만하다. 이제 절학(絶學)이 무언지 알 수 있다. 부자현(不自見) · 부자시(不自是) · 부자벌(不自伐) · 부자긍(不自矜)이 곧 절학하는 이유다.

그러므로 성인은 논쟁하지 않는다. 모든 것을 하나로 안기〔抱一〕때문이다. 곡즉전(曲則全)이므로 이지러진 것〔曲〕과 온전한 것〔全〕을 분별하지 않는다. 곡은 전으로 변하고 전은 곡으로 변하는 줄 성인은 안다. 왕즉직(枉則直)도 그러하고 와즉영(窪則盈)도 그러하며 폐즉신(弊則新)도 그러하고 소즉득(少則得) 다즉혹(多則惑)도 다 그러하다. 그러니 이렇다저렇다 시비할 것이 없다. 시비를 떠나면 다툴 것이 없다. 이 얼마나 온전하고 완전한가. 이를 일러 노자는 성전이귀지(誠全而歸之)라 하였다. 참으로 온전하라〔誠全〕. 이는 포일하라 함이다. 만물을 하나로 안아라〔抱一〕. 그러면 천하는 절로 부쟁(不爭)한다. 다툴 것이 없다.

道德經 23

# 동도(同道)하라

**요지** 동도(同道)하라. 그러면 무엇이든 자연(自然)이다.

**내용** 말은 없을수록 자연스럽다. 돌개바람은 한나절을 불지 못하고, 소낙비는 하루 내내 쏟아지지 못한다. 누가 그렇게 시킨단 말인가? 천지가 그렇게 한다. 천지가 하는 일도 오래가지 못하거늘 하물며 사람이 하는 일이야 더 말할 것이 있겠는가. 그러므로 도에 종사하는 사람은 도와 같이하고, 덕에 종사하는 사람은 덕과 같이하며, 자연스레 잃어버림에 종사하는 사람은 자연스레 잃어버림과 같이한다. 도와 같이하는 사람은 도가 얻은 사람인 셈이고, 덕과 같이하는 사람은 덕이 얻어 낸 사람인 셈이며, 자연스레 잃어버림과 같이하는 사람은 자연스러운 잃어버림이 얻어 낸 사람인 셈이다. 그러니 서로 믿어 하나됨[信]이 부족하면 불신(不信)이 있게 마련이다.

【원문(原文)】

希言自然 飄風不終朝 驟雨不終日 孰爲此者 天地 天地尙不能久 而況於人乎 故 從事於道者同於道 德者同於德 失者同於失 同於道者 道亦得之 同於德者 德亦得之 同於失者 失亦得之 信不足 有不信

【해독(解讀)】

희언(希言)은 자연(自然)이니 표풍(飄風)은 조(朝)를 부종(不終)하고 취우(驟雨)는 일(日)을 부종(不終)한다. 숙(孰)이 위차(爲此)하는 자(者)인가. 천지(天地)이다. 천지(天地)도 오히려 능(能)히 불구(不久)이거늘 하물며 인(人)이야 말할 게 없다. 고(故)로 도(道)에 종사(從事)하는 자(者)는 동어도(同於道)하고, 덕자(德者)는 동어덕(同於德)하며, 실자(失者)는 동어실(同於失)한다. 신(信)이 부족(不足)하면 불신(不信)이 유(有)한다.

【담소(談笑)】

희언자연(希言自然)

말은 없을수록 자연스럽다〔希言自然〕. 돌개바람은 한나절을 불지 못하고〔飄風不終朝〕, 소낙비는 하루 내내 쏟아지지 못한다〔驟雨不終日〕. 누가 그렇게 시킨단 말인가〔孰爲此者〕? 천지이다〔天地〕. 천지가 하는 일도 오래가지 못하는데〔天地尙不能久〕 하물며 사람이 하는 일이야 더 말할 것이 있는가〔而況於人乎〕.

희언(希言)은 불언(不言)함이다. 생색내지 말라. 공치사하지 말라. 잘난 척하지 말라. 자기만 옳다 하지 말라. 그러면 불언(不言)이요 희언(希言)이다. 천지는 말하지 않는다. 자연은 떼쓰지 않는다[不牽强]. 억지를 부리지 않는다[不造作]. 어긋나지 않는다[不悖]. 번거롭게 하지 않는다[不煩]. 불견강(不牽强)·불조작(不造作)·불패(不悖)·불번(不煩)이 무위(無爲)가 아닌가. 무위가 곧 자연이 아닌가. 자연은 다만 마땅히 하는 바대로 할 따름이다. 그러니 무슨 말이 있겠는가. 다만 인간이 지저귈 뿐 자연은 침묵으로 말한다. 침묵이 곧 희언이요 자연이다.

표풍(飄風)은 돌개바람이다. 돌개바람은 한 순간 불고 만다. 한나절 계속 부는 돌개바람은 없다. 취우(驟雨)는 갑자기 쏟아지는 소나기이다. 소나기도 한 순간 쏟아지다 만다. 온종일 오는 소나기는 없다. 천지가 하는 일이 이렇거늘 어찌 변화를 모른 척하고 장구(長久)하기만을 바란단 말인가. 장구란 오래오래 있다는 말이지만 이 역시 무상(無常)을 벗어날 수 없다. 천지도 가만히 머무를 수 없는데 인간이야 물어서 무엇하겠는가. 늙기를 싫어하고 죽지 않기를 바리는 깃은 천지를 화나게 하는 일이다.

### 종사어도사동어도(從事於道者同於道)

도(道)에 종사하는 사람은 도와 같이하고[從事於道者同於道], 덕(德)에 종사하는 사람은 덕과 같이하며[德者同於德], 자연스레 잃어버리는 사람은 잃어버림과 같이한다[失者同於失]. 도와 같이하는 사람은 도가 얻은 사람인 셈이고[同於道者 道亦得之], 덕과 같이하는 사람은 덕이 얻은 사람인 셈이며[同於德者 德亦得之], 자연스레 잃어버리는 사람은 잃어버림이 얻은 사람인 셈이다[同於失 失亦得之]. 그러니 서로 믿어 하나됨[信]이 부족하면 불신(不信)이 있게 마련이다[信不足有不信].

장구(長久)하고 싶은가? 그러하다면 도에 종사하는 사람[從事

於道者]이 되라. 그가 누구인가? 성인(聖人)이다. 사람이면서 도(道)가 된 사람을 일러 성인이라 한다. 사람이면서 덕(德)이 된 사람을 일러 성인이라 한다. 사람이면서 실(失)이 된 사람을 일러 성인이라 한다. 성인은 누구인가? 동도자(同道者)요 동덕자(同德者)요 동실자(同失者)이다. 그래서 성인은 곧 자연이라 한다. 성인을 일러 무위(無爲)라 한들 어떻고 침묵이라 한들 어떨 것인가. 희언자연(希言自然)이 곧 희언성인(希言聖人)이 아닌가. 이러니 저러니 말고 침묵해 보라. 그러면 그 순간만은 우리도 성인이다.

노자가 실(失)을 들어 도덕을 표현해 우리를 놀라게 한다. 실(失)은 잃음이다. 뺏김이 아니라 아낌없이 준다는 뜻의 실이다. 곡즉전(曲則全)을 예로 보자. 곡을 잃어야 전이 되고 전을 잃어야 곡이 된다. 이처럼 실(失)이어서 시운(時運)에는 비태(否泰)가 있다. 비(否)는 불행의 시운이요 태(泰)는 행복의 시운이다. 사물에는 손익(損益)이 있고 항상 손지(損之)와 익지(益之)가 있다. 성인은 덜어내기를 이익으로 보지만 소인은 손지를 싫어하고 익지를 탐한다. 천지의 영허소장(盈虛消長)이 자연이요 천지의 길흉이 자연이요 흥망성쇠(興亡盛衰)도 자연이다. 이러한 자연을 노자는 간명하게 실(失)이라 표현했던 것이다.

동도(同道)·동덕(同德)·동실(同失)은 흥한다 하여 기뻐할 것 없고 망한다 하여 슬퍼할 것 없다는 말이다. 흥망에 순(順)하고 응(應)할 뿐이다. 행복도 소낙비 같고 불행도 돌개바람 같을 뿐이다. 행복만 장구하길 바라고 억지부리지 말라 함이다. 그러나 도를 멀리하고 덕을 멀리하다 보니 실(失)을 무서워할 수밖에 없는 중인은 떼를 쓰고[牽强] 억지를 부리고[造作] 어긋난다[煩悖]. 이러한 중인은 사친(私親)하려고 할 뿐 한사코 무친(無親)하기를 마다한다. 이런 탓으로 사람들은 서로를 불신한다.

왜 의심하는가? 신(信)이 부족하기 때문이다. 왜 신이 부족하게 되는가? 실(失)을 멀리하고 싫어하기 때문이다. 사람들은 비면〔虛〕차고〔盈〕차면 빈다는 것이 실(失)인 줄 모른다. 흥하면 망하고 망하면 흥한다는 것이 실(失)인 줄 모른다. 그래서 흥하기만 바라고 망하기를 마다하는 탓에 불길 속으로 들어가는 부나비 꼴이 되는 것이다. 이처럼 꽉 막혀 옹색하니 서로 불신하며 산다. 이 모두 도덕을 멀리한 탓인 줄 몰라 우리는 동도(同道)와 동덕(同德), 현동(玄同)의 황홀함을 잊어버리고 아우성친다.

道德經 ● 동도하라

道德經 24

# 불처(不處)하라

**요지** 불처(不處)하라. 그러면 곧장 삶이 홀가분해진다.

**내용** 발뒤축을 들고 발가락으로 서는 사람은 오래 서 있을 수 없고, 발걸음을 성큼성큼 내밀어 걷는 사람은 멀리 가지 못한다. 자기를 내세우면 밝지 못하고, 자기만 옳다고 고집하면 따돌림을 당하며, 자기를 자랑하면 이룬 공(功)이 없어지고, 자기만을 아끼면 오래가지 못한다. 도(道)와 함께하는 사람은 이런 짓들을 먹다 남긴 밥이나 얼굴에 난 혹처럼 여긴다. 도와 함께하는 사람은 그런 짓들로부터 멀리 떨어져 가까이하지 않는다.

【원문(原文)】

跂者不立 跨者不行 自見者不明 自是者不彰 自伐者無功 自矜者不長 其於道也 曰餘食贅行 物或惡之 故 有道者不處

【해독(解讀)】

기자(跂者)는 불립(不立)하고 과자(跨者)는 불행(不行)이라 자현자(自見者)는 불명(不明)하고, 자시자(自是者)는 불창(不彰)하며, 자벌자(自伐者)는 무공(無功)하고, 자긍자(自矜者)는 부장(不長)이므로 그 도(道)에서는 여식(餘食)이요 췌행(贅行)이라 한지라 물(物)이 오(惡)하나니 고(故)로 유도자(有道者)는 불처(不處)한다.

【담소(談笑)】

기자불립(跂者不立)
발뒤축을 들고 발가락으로 서는 사람은 오래 서 있을 수 없다〔跂者不立〕. 기자(跂者)는 발뒤축을 들고 발가락 끝으로 서 있는 사람이다. 그렇게 해서는 오래 서 있지 못한다〔不立〕. 남보다 더 멀리 먼저 내다보자고 발가락 끝으로 아무리 용을 써도 이내 주저앉게 된다. 잔재주를 부리지 말라. 자연은 어떠한 조작(造作)이든 허락하지 않는다.

### 과자불행(跨者不行)

　발걸음을 성큼성큼 내밀며 걷는 사람은 멀리 가지 못한다〔跨者不行〕. 과자(跨者)는 발걸음을 성큼성큼 크게 벌려 빨리 가려는 자이다. 그렇게 걷는 자는 멀리 가지 못한다〔不行〕. 남보다 더 빨리 가자고 성급히 가다 보면 중간에 주저앉고 만다. 잔재주를 부리지 말라. 발병이 나지 않게 걸어라. 그래야 발이 자연스러워 걸음걸음 쉬이 놓을 수 있다는 말이다.

### 자현자불명(自見者不明)

　자기를 내세우면 밝지 못하다〔自見者不明〕. 자현(自見)은 자기를 드러내는 짓이다. 이미 앞에서 말했듯이 그런 자는 밝지 못하다. 불명(不明)은 자신을 밝힐 줄 모른다는 말이다. 밝아야 보인다. 내가 나를 알자면 먼저 나를 밝혀야 한다. 겸허한가? 그럼 밝다. 자현은 오만이다. 오만하면 어둡다.

### 자시자불창(自是者不彰)

　자기만 옳다고 고집하면 따돌림을 당한다〔自是者不彰〕. 자시(自是)는 자기만 옳다고 하는 짓이다. 그런 자는 드러나지 못한다. 불창(不彰)은 떳떳하게 드러나지 못함이다. 뽐내려다 망신만 당하고 남의 손가락질을 받는 꼴이다. 자시(自是)는 자만이다. 자만하면 바보가 된다.

### 자벌자무공(自伐者無功)

　자기를 자랑하면 이룬 공(功)이 없어진다〔自伐者無功〕. 자벌(自伐)은 제 자랑하는 짓이다. 그렇게 공치사를 하면 공이 없어진다. 공치사는 결국 제 몫만을 챙기는 짓이니 시샘과 눈총을 받게 마련이다. 자벌 역시 오만이다. 자벌도 바보를 만든다.

### 자긍자부장(自矜者不長)

자기만 아끼면 오래가지 못한다〔自矜者不長〕. 자긍(自矜)은 스스로 잘났다고 자기를 아끼는 짓이다. 그런 자는 겉으로는 허세를 부리면서 속은 비굴하기 쉽다. 저 잘났다고 하는 인간이 훌륭할 리 없다. 어질고 넉넉한 어른은 상대를 미안하게 만들지 않는다. 부장(不長)은 어른 노릇 따위를 오래 하지 못한다는 말이다. 자긍(自矜)이야말로 사람을 추한 바보로 만든다.

### 유도자불처(有道者不處)

도에서 이런 짓거리는〔其於道也〕 먹다 남긴 밥찌꺼기나 공연한 짓거리에 불과하다고 한다〔曰餘食贅行〕. 그러므로〔故〕 도와 함께 하는 사람은 그런 짓들을 가까이하지 않는다〔有道者不處〕.

유도자(有道者)는 도에 종사하는 사람이다. 말하자면 성인(聖人)이다. 성인은 자현(自見)·자시(自是)·자벌(自伐)·자긍(自矜) 따위를 먹다 남긴 밥찌꺼기〔餘食〕로 여기고 혹을 떼려다 혹을 붙이는 짓〔贅行〕으로 여긴다. 먹다 남은 밥찌꺼기를 누가 좋아할 것이며 얼굴에 붙은 혹을 누가 좋아할 것인가. 그러므로 도를 따르는 사람은 자기를 없애려고 한다. 그래서 노자는 무신(無身)하라 하고 사기(舍己)하라 하고 무친(無親)하라 당부하는 것이다. 그러나 소귀에 경 읽기 같아 민망스러울 뿐이다.

道德經 25

# 사대(四大)를 알라

**요지** 사대(四大)를 알라. 그러면 순리(順理)를 터득한다.

**내용** 그 무엇이 있어 혼연히 이루어져 천지(天地)보다 먼저 생겼다. 고요하고 공허하여라. 홀로 독립한 것이니 바꾸어지지도 않고, 두루두루 걸림 없이 운행하되 위태로울 것이 없으니 천하의 어머니라 할 수 있다. 내 그 이름은 모르지만 글로 쓰자면 길 도(道)이겠고, 억지로 그것을 이름하여 이르자면 대(大)라 하겠다. 대는 가는 것[逝]이요 그 서(逝)는 먼 것[遠]이며 그 원(遠)은 돌아오는 것[返]이다. 그래서 도가 크고 하늘이 크고 땅이 크며 사람이 또한 크다. 한가운데에 사대(四大)가 있는 셈인데 사람이 도와 천지를 하나로 삼고 산다[居其一焉]. 사람은 땅을 본받고, 땅은 하늘을 본받으며, 하늘은 도를 본받고, 도는 자연을 본받는다.

【원문(原文)】

　　有物混成 先天地生 寂兮廖兮 獨立而不改 周行而不殆 可以爲天下母 吾不知其名 字之曰道 强爲之名曰大 大曰逝 逝曰遠 遠曰返 故 道大天大地大人亦大 域中有四大而人居其一焉 人法地 地法天 天法道 道法自然

【해독(解讀)】

물(物)이 유(有)하여 혼(混)히 성(成)하매 천지(天地)보다 선(先)하여 생(生)하니 적(寂)하고 요(寥)하여라. 독립(獨立)하여 불개(不改)하고 주행(周行)하여도 불태(不殆)하여 가(可)히 천하(天下)의 모(母)가 되는지라 오(吾)가 그 명(名)을 부지(不知)하매 자(字)로 나타내자면 도(道)이고 억지로 명(名)하여 말하자면 대(大)라 할 수 있다. 대(大)는 서(逝)를 말함이요 서(逝)는 원(遠)을 말함이요 원(遠)은 반(返)을 말함이다. 고(故)로 도(道)가 대(大)하고 천(天)이 대(大)하며 지(地)가 대(大)하고 인(人)이 또한 대(大)함이니 역중(域中)에 사대(四大)가 있는 셈이라 인(人)이 그 일(一)에 거(居)한다. 인(人)은 지(地)를 법(法)하고 지(地)는 천(天)을 법(法)하며 천(天)은 도(道)를 법(法)하고 도(道)는 자연(自然)을 법(法)한다.

【담소(談笑)】

## 유물혼성(有物混成)

그 무엇이 있어 혼연(混然)히 이루어져 천지(天地)보다 먼저 생겼다〔有物混成〕. 고요하고 공허하여라〔寂兮寥兮〕. 홀로 독립한 것이니 바꾸어지지도 않고〔獨立而不改〕, 두루두루 걸림 없이 운행하되 위태로울 것이 없어〔周行而不殆〕천하의 어머니라 할 수 있다〔可以謂天下母〕.

물(物)이 있어 혼연히 이루어져 천지보다 먼저 생겼다고 노자가 찬탄한다. 여기서 물(物)이란 어떤 것, 아무리 알려 해도 알 수 없는 그 어떤 것을 말한다. 그 어떤 것을 노자는 고요하고〔寂〕 가물가물하다〔廖〕고 서술하고 있을 뿐이다. 하도 멀어서 아득해 보이지 않음이 요(廖)이다. 그것은 홀로 있어도 바뀌지 않으니 불사(不死)하며 어디로 행하든 위태로울 것이 없으니 걸림 없이 돌아다닌다. 그 어떤 것을 두고 노자는 만물의 어머니라고 밝힌다. 이 어머니는 인간의 온갖 사유(思惟)를 길러 내는 자궁이라고 보아도 된다.

## 대왈서(大曰逝) 서왈원(逝曰遠) 원왈반(遠曰返)

내 그 이름을 모르지만〔吾不知其名〕 글로 쓰자면 길 도(道)이고 〔字之曰道〕, 억지로 그것을 이름하면 대(大)라 하겠다〔强爲之名曰大〕. 대(大)는 가는 것〔逝〕이요〔大曰逝〕 그 서(逝)는 먼 것〔逝〕이요〔逝曰遠〕 그 원(遠)은 돌아오는 것〔返〕이다〔遠曰返〕.

노자는 만물의 어머니를 글자로 쓰자면 도(道)라고 하면 좋겠다 한다. 억지로 도라고 주장하지 않겠다는 것이다. 그 어머니를 달리 불러도 상관할 것 없다는 뜻이다. 여기서도 시비를 떠난 노자를 만난다. 그래서 노자는 그 도를 억지로 밝히자면 대(大)라고 할 수 있다고 덧붙인다. 대도(大道)의 대(大)는 도의 다른 말로 이해해도 되는 셈이다. 도가 우주 만물을 하나로 안고 있다〔抱一〕 하지 않았던가. 그러니 도를 대라고 말한다.

대(大)를 일러 서(逝)라고 할 때, 가는 것〔逝〕이 크다고 한다면 멀 수밖에 없을 터이다. 그러니 대는 서이고 서는 원(遠)이라고 풀이할 수 있다. 그런데 그 원이 반(返)이라 하니 하염없이 가기만 하는 것이 아니라 되돌아오게 되어 있는 원인 셈이다. 그 원은 한없는 평면의 원이 아니라 둥근 모양의 원이리라. 빙빙 돈다고 생각해 보라. 그러면 서(逝)에서 원(遠)이 되었다가 원(遠)이 반(返)이 되는 풀이를 이해할 수 있으리라.

아무리 멀리 간다 해도 다시 되돌아온다는 것이 반(返)이다. 반은 돌아옴이다. 오는 것을 일러 생(生)이라 하고 되돌아가는 것을 일러 사(死)라 해도 된다. 흙에서 왔다가 흙으로 돌아간다고 하지 않는가. 하여튼 노자는 도는 크다고 풀이하고 그 대(大)를 가는 것〔逝〕이라고 풀이하며 그 서(逝)를 먼 것〔遠〕으로 풀이하고 다시 그 원(遠)을 돌아가는 것〔返〕으로 풀이하고 있는 셈이다.

반(返)은 유무가 상통(相通)함을 헤아리게 하고 생사가 일여(一如)함을 살피게 한다. 생사를 원행(圓行)이라고 생각해 보라. 그러면 노자의 반자(反者)를 알 수 있다. 노자의 반자는 원행으로써 반(返)이다. 가는 거리가 멀어질수록 떠났던 곳으로 가까이 가는 것이 원행이다. 유(有)로 서(逝)하여 무(無)로 반(返)하는 것을 일러 도지동(道之動)이라 하였음을 알 만하다.

### 역중유사대(域中有四大)

그래서〔故〕 도가 크고 하늘이 크고 땅이 크며 사람이 또한 크다〔道大天大地大人亦大〕. 한가운데 사대(四大)가 있는 셈인데〔域中有四大〕 사람이 도와 천지를 하나로 삼고 산다〔居其一焉〕. 사람은 땅을 본받고〔人法地〕, 땅은 하늘을 본받으며〔地法天〕, 하늘은 도를 본받고〔天法道〕, 도는 자연을 본받는다〔道法自然〕.

도가 크니 하늘도 크고 땅도 크고 인(人)도 크다. 노자는 이 사대(四大)를 묶어 역중(域中)이라 부르고 있다. 그 사대 중에서 사람이 도와 천지를 하나로 삼고 산다〔居其一焉〕는 게다. 노자가 인간에게 자연을 따라 살라 했다 해서 돌멩이처럼 살라는 말은 아니다. 돌멩이 같은 것은 선악을 가릴 줄 모르고 선악이 있는 줄도 모르고 그대로 그저 그냥 있다가 사라질 뿐이다. 천지인(天地人), 즉 인간이 천지와 같다는 노자의 말에서 인간이 크다는 뜻은 분명해진다.

### 왕거기일(王居其一)

성인은 그 하나에 산다〔王居其一〕. 노자가 말하는 왕(王)은 성인을 뜻한다. 성인은 자연을 벗어나지 않고 오로지 그 안〔中〕에서 산다. 자연 안에서 사는 것은 도(道) 안에서 살고 천(天) 안에서 살며 지(地) 안에서 사는 것이다. 그래서 성인은 하나〔一〕에서 산다. 성인은 하나에서 산다. 성인은 포일(抱一)한다. 도(道)·천(天)·지(地)·왕(王)을 노자는 하나로 보았다.

### 도법자연(道法自然)

도는 자연을 본받는다〔道法自然〕. 왕(王)은 지(地)를 본받는다〔王法地〕. 땅은 천(天)을 본받는다〔地法天〕. 하늘은 도를 본받고〔天法道〕 도는 자연을 본받는다. 여기서 법(法)은 사대(四大)가 하나로 된다는 뜻이다. 사대〔道·天·地·王〕를 한 마디로 말한다면 덕이다. 너그럽고 넉넉해 사랑하는 마음가짐대로 행동하면 사람도 덕을 얻고 쌓고 짓는다. 나는 후덕(厚德)한가? 그렇다면 나는 그 순간 왕이 되고 성인이 된다.

道德經 26

# 치중(輜重)하라

**요지** 치중(輜重)하라. 그러면 누구나 군자를 닮는다.

**내용** 무거운 것은 가벼운 것의 뿌리가 되고, 고요한 것은 성급한 것을 다스린다. 이러하므로 군자는 종일토록 무거운 짐을 실은 수레 같기를 마다하지 않고, 비록 영화가 있다 해도 유유히 도의 자리를 뜨지 않는다. 이렇거늘 어찌 성인(임금)이 몸소 세상을 가볍게 하겠는가. 가벼우면 신(臣)을 잃고 성급하면 군(君)을 잃는다.

【원문(原文)】

　　重爲輕根 靜爲躁君 是以 君子終日行不離輜重 雖有榮觀 燕處超然 奈何萬乘之主 而以身輕天下 輕則失臣 躁則失君

【해독(解讀)】

중(重)은 경(輕)의 근(根)이 되고, 정(靜)은 조(躁)의 군(君)이 된다. 시이(是以)로 군자(君子)는 종일(終日) 행(行)하는데 치중(輜重)을 불리(不離)한다. 영관(榮觀)이 수유(雖有)라도 연처(燕處)에서 초연(超然)하다. 나하(奈何) 만승(萬乘)의 주(主)가 이신(以身)으로 천하(天下)를 경(輕)하게 하겠는가. 경(輕)하면 신(臣)을 실(失)하고 조(躁)하면 군(君)을 실(失)한다.

【담소(談笑)】

### 중위경근(重爲輕根)

무거운 것이 가벼운 것의 뿌리가 된다〔重爲輕根〕. 뿌리가 없으면 넘어진다. 생각한 다음 행동하면 무겁고 생각하지 않고 행동하면 가벼워 넘어진다. 가벼우면 날아오르고 무거우면 내려앉는다. 뿌리 없는 나무는 생각할 수 없는 일이다. 가벼운 사람은 뿌리 없는 나무와 같아 꽃도 열매도 기대할 수 없다. 가벼운 사람이 무거운 사람이 되면 뿌리 있는 나무처럼 된다. 꽃과 열매를 맺고 싶은가? 그렇다면 뿌리 있는 나무가 되어야 한다.

### 정위조군(靜爲躁君)

고요한 것이 성급하고 참을성 없는 것을 지배한다〔靜爲躁君〕. 땅을 본받는 것이 정(靜)이다. 이는 무위(無爲)를 본받음과 같다. 이는 또 자연을 본받음과 같다. 그래서 성인은 하나〔一〕에 산다 하지 않았는가. 얕은 물은 시끄럽고 깊은 물은 고요하다. 어긋나고 변덕스러움이 조(躁)이다. 조는 역(逆)이요, 정은 순(順)이다. 억지부리면서 변덕스러운 성질머리〔躁〕는 어긋나게 마련이다.

### 군자치중(君子輜重)

군자는 종일토록 무거운 짐을 실은 수레 같기를 마다하지 않고〔君子終日行不離輜重〕, 비록 영화스러움이 있다 해도 유유히 도의 자리를 뜨지 않는다〔雖有榮觀燕處超然〕. 군자는 짐을 가득 실은 수레와 같다〔君子輜重〕.

군자는 주로 유가(儒家)에서 쓰는 존칭이지만, 여기서는 성인으로 보아도 된다. 도의 세계에 사는 이를 공자는 군자라 했지만, 노자는 성인이라 불렀다는 정도로 새겨들으면 그만이다. 물론 공자가 말하는 도는 인의(仁義)의 도이고 노자가 말하는 도는 자연의 도임을 감안해야 한다.

동(動)을 정(靜)으로 옮겨라. 그러면 중(重)이다. 동(動)하면 욕(欲)이 생기고 욕은 탐(貪)을 부른다. 그래서 동하면 망신(亡身)하기 쉽다고 한다. 어(語)를 묵(默)으로 옮겨라. 그러면 중(重)이다. 말이 많으면 기벼워 달이 난다. 말을 아낄수록 좋고 말이 없을수록 더욱 좋다. 말을 침묵으로 옮긴다. 이를 두고 어묵(語默)이라 한다. 어묵하라. 그러면 입이 무거워 망신을 당하지 않는다. 노자의 치중(輜重)은 맹자의 수신(守身)을 떠올리게 한다. 나를 지켜라〔守身〕. 나를 무겁게 하라〔輜重〕. 노자의 말은 항상 은근하게 멀리서 메아리쳐 와 가슴에 사무친다.

### 수유영관(雖有榮觀) 연처초연(燕處超然)

영화(榮華)와 물욕(物欲)이 있다 해도〔雖有榮觀〕 성인은 편안히 머물러 아랑곳하지 않는다〔燕處超然〕. 영관(榮觀)은 영화를 탐하고 물욕을 앞세우는 짓이다. 군자는 그런 짓을 멀리한다. 연처(燕處)는 편안히 머무는 짓이고 초연(超然)은 조금도 상관하지 않는 짓이다. 그러니 성인은 영화나 물욕 탓으로 망신을 당할 리 없다. 영화를 누리겠다고 시궁창에 몸을 던지는 사람들은 자신이 망신하며 사는 줄을 모른다. 그래서 뻔뻔하고 염치 없이 건방을 떨며 방정맞게 사는 소인배들이 거드름을 피우는 것이다. 가벼운 수레처럼 시끄럽게 굴러가지 말라. 노자의 말은 항상 우리의 혈(血)에 침을 놓는다.

### 경즉실신(輕則失臣) 조즉실군(躁則失君)

이렇거늘 어찌 성인(임금)이 몸소 세상을 가볍게 하겠는가〔奈何萬乘之主而以身輕天下〕. 가벼우면 신(臣)을 잃고〔輕則失臣〕, 성급하면 군(君)을 잃는다〔躁則失君〕. 성인이 항상 자신을 뒤로 하며〔後身〕 아래를 택함〔爲下〕은 곧 무거운 것〔重〕이 가벼운 것〔輕〕의 뿌리가 되고 고요함〔靜〕이 성급함〔躁〕의 주인이 됨을 몸소 보여 주는 일이다. 가벼우면 벗을 잃는다. 이를 안다면 어찌 경솔하게 굴겠는가. 성급하면 누구나 가야 할 바를 잊게 된다. 깊은 물처럼, 무거운 짐을 실은 수레처럼 살 수 없느냐고 노자는 묻는다.

道德經 27

# 습명(襲明)하라

**요지** 습명(襲明)하라. 그러면 누구나 선(善)하고 슬기롭다.

**내용** 자연의 운행에는 굴러간 자국이 없고, 자연의 말에는 티도 없고 흠도 없으며, 자연의 셈은 계산기 따위를 쓰지 않고, 자연의 닫음은 가로세로 설치는 빗장이 없어도 열 수 없으며, 자연의 묶음은 묶는 끈이 없어도 풀 수 없다. 이로써 성인은 늘 사람을 잘 구하므로 사람을 버리는 일이 없고, 늘 사물을 잘 구하므로 사물을 버리는 일이 없다. 이를 일러 습명(襲明)이라 한다. 그러므로 자연을 잘 따라 하는 사람은 그렇게 하지 않는 사람의 선생이 되며, 자연을 잘 따라 하지 않는 사람은 선인(善人)이 구해 줄 대상이 된다. 그 선생을 소중히 하지 않거나 그 구해 줄 것을 아끼지 않으면, 비록 사물에 대한 지식이 있다 해도 자연을 따르는 것과 그렇지 않는 것의 차이를 모르게 된다. 이를 일러 꼭 알아 두어야 할 묘(妙)라고 한다.

【원문(原文)】

善行無轍跡 善言無瑕謫 善計無不用籌策 善閉無關鍵而不可開 善 結無繩約而不可解 是以聖人常善救人 故無棄人 常善救物 故無棄物 是謂襲明 故善人者 不善人之師 不善人者 善人之資 不貴其師 不愛其資 雖智大迷 是謂要妙

【해독(解讀)】

　선행(善行)에는 철(轍)의 적(跡)이 없고, 선언(善言)에는 하(瑕)나 적(謫)이 없으며, 선계(善計)는 주(籌)나 책(策)을 불용(不用)하고, 선폐(善閉)는 관(關)이나 건(鍵)이 없되 가(可)히 불개(不開)하며, 선결(善結)은 승약(繩約)이 없어도 가(可)히 불해(不解)한다. 시이(是以)로 성인(聖人)은 항상 인(人)을 잘 구(救)해 인(人)을 기(棄)함이 없으며, 항상 물(物)을 잘 구(救)하니 물(物)을 기(棄)함이 없으므로 이를 습명(襲明)이라 한다. 고(故)로 선인(善人)이란 불선인(不善人)의 사(師)요 불선인(不善人)은 선인(善人)의 자(資)이다.

【담소(談笑)】

### 선행무철적(善行無轍跡)

　자연의 운행에는 굴러간 자국이 없다〔善行無轍跡〕. 철(轍)은 바퀴 자국이고 적(跡)은 발자국이다. 선행(善行)은 자연이 하는 운행이다. 우주 삼라만상이 다 자연의 운행거리이다. 천지가 움직인다 하지만 그 기척이 없다. 철 따라 산천의 빛깔이 바뀌지만 이 또한 속절없는 일이다.

하면서도 하지 않는 것 같은 자연의 일이 곧 선행이다. 왼손이 하는 일을 오른손이 모르게 하라 하지 않는가. 생색내지 말라. 그러면 선행에 가깝다. 돕는 일일수록 슬기로워야 한다. 도움 받는 사람을 무색하게 해서는 안 되기 때문이다.

### 선언무하적(善言無瑕謫)

자연의 말에는 티도 없고 흠도 없다[善言無瑕謫]. 선언(善言)은 자연이 하는 말이다. 우주 삼라만상이 곧 자연의 말거리이다. 말은 어머니 품안이 될 수도 있고 칼날이 될 수도 있으며 시궁창이 될 수도 있다. 그 중에 어머니 품안 같은 말을 일러 선언이라 한다. 옥에 티를 일러 하(瑕)라 하고 꾸지람거리와 흠을 일러 적(謫)이라 한다. 함부로 남을 꾸짖지 말라. 말씨가 한(恨)이 되면 오뉴월 서릿발처럼 매서워진다.

함부로 말하지 말라. 한번 뱉은 말은 주워담을 수 없다 하지 않는가. 그래서 성인은 도가 아니면 불언(不言)하고 도에 어긋나면 불설(不說)한다. 함부로 입을 놀려서는 안 된다. 그러면 절로 선언이다.

### 선계불용주책(善計不用籌策)

자연의 셈은 계산기 따위를 이용하지 않는다[善計不用籌策]. 선계(善計)는 자연이 계산한다는 말이다. 우주 삼라만상이 다 자연의 계산거리이다. 주(籌)와 책(策)은 셈할 때 활용하는 도구이다. 성인에게는 하나[一]라는 수밖에 없다. 만물이 하나인데 무슨 계산기가 필요하며 주판이 필요하겠는가? 성인은 손익을 따져 셈하는 회계사처럼 만물을 바라보지 않는다. 성인의 셈은 하나로 충분하다. 그 하나를 일러 무위(無爲)라 한다. 무위는 셈하지 않는다.

### 선폐무관건이불가개(善閉無關鍵而不可開)

자연의 닫음에는 가로세로 걸친 빗장이 없어도 열 수가 없다〔善閉無關鍵而不可開〕. 선폐(善閉)는 자연의 닫음〔閉〕이다. 우주 삼라만상은 다 자연의 닫을거리이다. 가로로 걸린 빗장을 관(關)이라 하고 세로로 걸린 빗장을 건(鍵)이라 한다. 조화(造化)가 곧 만물이 출입하는 문이라고 상상해 보라. 조화의 문에서 나오는 것을 생(生)이라 하고 조화의 문으로 들어가는 것을 사(死)라고 상상해 보라. 출입금지란 말은 인간만이 쓸 뿐이다. 생사의 문은 성인이라 하더라도 열거나 닫을 수 없다.

### 선결무승약이불가해(善結無繩約而不可解)

자연의 묶음에는 끈이 없지만 풀 수 없다〔善結無繩約而不可解〕. 선결(善結)은 자연의 묶음이요 맺음〔結〕이다. 우주 삼라만상이 다 자연의 묶을거리요 맺을거리이다. 성인이 하는 일은 하나로 묶거나 하나로 맺어 다 같게 하는 것이다. 선결에는 귀천과 선악, 애증과 온갖 시비 따위가 없다. 이 얼마나 잘하는 묶음인가. 성인이 하나로 묶는다 함은 숨을 못 쉬게 묶어 둔다는 말이 아니다. 저마다 무리들로 하여금 수수함을 알게 하고 자연을 따르게 하는〔令有所屬 見素抱朴〕 것이 선결이다.

### 상선구물(常善救物) 고무기물(故無棄物)

이로써〔是以〕 성인은 늘 사람을 잘 구하므로 사람을 버리는 일이 없고〔聖人常善救人故無棄人〕, 늘 사물을 잘 구하므로 사물을 버리는 일이 없다〔常善救物故無棄物〕. 이를 일러 습명(襲明)이라 한다〔是謂襲明〕.

성인이 도(道)를 본받는 일이 곧 선행(善行)·선언(善言)·선계(善計)·선폐(善閉)·선결(善結)이다. 이를 일러 자연의 오선(五善)이라고도 한다. 나아가 오선을 무위(無爲)라 한들 어떠한가. 이에 비해 철적(轍跡)·하적(瑕謫)·주책(籌策)·관건(關鍵)·승약(繩約)은 유위(有爲)이며 인위(人爲)의 도모로 볼 수 있다. 성인은 책략이 없어 도모할 줄 모른다. 성인은 오로지 자연을 본받아 사람을 구하고 사물을 구하므로 언제나 밝다〔明〕. 성인은 왜 밝은가? 자연을 본받아 항상 무신(無身)하는 까닭이다. 도에 따라 사람을 구하고 사물을 구하므로 성인은 명(明)을 잇는다. 밝음이 끊어지지 않게 잇는 일〔襲明〕이야말로 오선이다.

### 선인자불선인지사(善人者不善人之師)

자연을 잘 따라 하는 사람은 그렇지 않은 사람의 선생이고〔善人者不善人之師〕, 자연을 잘 따라 하지 않는 사람은 선인(善人)의 구할거리가 된다〔不善人者善人之資〕. 선인은 자연의 오선(五善)을 따르는 사람이고 불선인(不善人)은 오선을 따르지 않는 사람이다. 선인은 무위로 살고 불선인은 인위로 산다. 노자는 선인을 일러 불선인의 스승이라 하고 또 불선인은 선인의 자(資)가 된다고 밝힌다. 여기서 자(資)는 구해 주어야 할 대상이요 밑천을 말한다. 스승의 밑천은 제자이다. 그러니 불선인은 선인의 제자가 된다.

여기서 노자의 깊은 뜻이 드러난다. 인위를 무위로 옮기는 이가 곧 선인이며 불선인을 선인으로 탈바꿈시키는 것이 곧 요묘(要妙)인 셈이다.

### 불귀기사(不貴其師)

그 스승을 귀하게 하지 않는다〔不貴其師〕. 그 스승〔其師〕은 누구인가? 선인(善人)이다. 누가 불귀(不貴)하는가? 불선인(不善人)이다. 말하자면 인위(人爲)가 무위(無爲)를 귀하게 하지 않는다, 문화가 자연을 귀하게 하지 않는다는 말이다. 가공(加工)이 소박(素朴)을 귀하게 하지 않는다 함이다.

### 불애기자(不愛其資)

그 밑천을 사랑하지 않는다〔不愛其資〕. 그 밑천〔其資〕은 무엇을 말하는가? 불선인이다. 누가 불애(不愛)한단 말인가? 선인이다. 사랑하지 않음〔不愛〕은 곧 버림〔棄〕이다. 여기서 다시 노자의 뜻이 드러난다. 왜냐하면 노자의 선인은 은둔하지 않는 사실을 살피게 하기 때문이다. 인위(人爲)를 모른 척하지 말라. 인위를 모른 척하는 것은 버리는 짓〔棄〕이다. 버리지 말라〔無棄〕. 무기(無棄)는 곧 인위를 무위로 돌아오게 사랑하라〔愛〕는 말이다.

### 수지대미(雖智大迷) 시위요묘(是謂要妙)

비록 사물에 대한 지식이 많다 해도 자연을 따르는 것과 그렇게 하지 않는 것의 차이를 모르게 된다〔雖智大迷〕. 이를 일러 요묘(要妙)라 한다〔是謂要妙〕. 안다 해도 크게 어리석다는 말이다. 무엇을 안단 말인가? 인위(人爲)를 안다는 것이다. 인간이 이룩해 낸 온갖 지식과 학문 그리고 문화가 곧 인위이다. 인위를 따르는 것이 지(智)이다. 이러한 지만 앞세워 따르고 오선(五善)을 멀리하는 것이 곧 대미(大迷)이다. 큰 어리석음〔大迷〕을 벗어나 무기(無棄)하자면 무엇보다 묘(妙)가 풍부해야 한다. 요묘(要妙)는 묘가 부족하므로 필요하단 말이 아닌가. 노자가 표현하는 묘(妙)나 현(玄)은 자연과 무위를 암시하며 유무가 하나라는 위일(爲

一)을 암시한다. 문화인이라고 뽐내는 인간이여, 밝음을 이어받고 물려주라〔襲明〕는 말을 알아듣겠는가. 그러면 노자가 요묘(要妙)란 말에 숨겨 놓은 뜻을 새길 수 있을 것이다.

道德經 28

# 대제(大制)하라

**요지** 대제(大制)하라. 그러면 우리 모두 하나가 된다.

**내용** 수컷을 알고 암컷을 지키면 천하의 큰 개울이 된다. 천하의 큰 개울이 되면 변함없는 덕이 떠나지 않아 다시 갓난애가 된다. 백(白)을 알고 흑(黑)을 지키면 천하의 모범이 된다. 천하의 모범이 되면 변함없는 덕이 의심받지 않아 막힘도 없고 걸림도 없는 경지로 되돌아온다. 영광을 알고 굴욕을 지키면 천하의 골짜기가 된다. 천하의 골짜기가 되면 변함없는 덕이 넉넉하여 나뭇등걸로 돌아온다. 나뭇등걸이 쪼개지면 도구가 된다. 성인(聖人)이 이를 활용하여 잘 다스릴 것으로 삼는다. 그러하므로 크나큰 제작(制作)은 나누어 쪼개지 않는다.

## 【원문(原文)】

知其雄 守其雌 爲天下谿 爲天下谿 常德不離 復歸於嬰兒 知其白 守其黑 爲天下式 爲天下式 常德不忒 復歸於無極 知其榮 守其辱 爲天下谷 爲天下谷 常德乃足 復歸於樸 樸散則爲器 聖人用之 則爲官長 故 大制不割

## 【해독(解讀)】

그 웅(雄)을 지(知)하고 그 자(雌)를 수(守)하면 천하(天下)의 계(谿)가 된다. 천하(天下)의 계(谿)가 되면 상덕(常德)이 불리(不離)하여 영아(嬰兒)로 복귀(復歸)한다. 그 백(白)을 지(知)하고 그 흑(黑)을 수(守)하면 천하(天下)의 식(式)이 된다. 천하(天下)의 식(式)이면 상덕(常德)이 불특(不忒)하여 무극(無極)으로 복귀(復歸)한다. 그 영(榮)을 지(知)하고 그 욕(辱)을 수(守)하면 천하(天下)의 곡(谷)이 된다. 천하(天下)의 곡(谷)이 되면 상덕(常德)이 내족(乃足)하여 박(樸)으로 복귀(復歸)한다. 박(樸)이 산(散)하면 기(器)가 되고 성인(聖人)이 용(用)하여 관장(官長)으로 삼는다. 그러므로 대제(大制)는 불할(不割)한다.

## 【담소(談笑)】

### 지기웅(知其雄) 수기자(守其雌) 위천하계(爲天下谿)

수컷을 알고〔知其雄〕 암컷을 지키면〔守其雌〕, 천하의 큰 개울이 된다〔爲天下谿〕. 만물에는 다 암수의 이치가 있다. 그 이치를 알고 지켜야 한다. 자(雌)는 암컷이고 웅(雄)은 수컷이다. 자는 음(陰)이고 웅은 양(陽)이다. 자는 정(靜)이고 웅은 동(動)이다. 자는 유(柔)이고 웅은 강(剛)이다. 음양(陰陽)을 알고 지켜라. 동정(動靜)을 알고 지켜라. 강유(剛柔)를 알고 지켜라. 그러면 변함없는 덕을 알고 지키게 된다〔知守〕. 상덕(常德)은 작은 개울을 끌어들이는 큰 내〔谿〕처럼 세상 모든 것을 끌어들인다.

### 상덕불리(常德不離)

 변함없는 덕을 떠나지 않는다(常德不離). 음양(陰陽)과 동정(動靜), 강유(剛柔) 등을 알고 지키면 덕이 있다. 변함없는 덕이 머물러 있는 모습을 노자는 영아(嬰兒)를 빌어서 자주 말한다. 웃을 줄도 모르는 갓난애가 무엇을 알고 무엇을 지킬 것이냐고 시비하지 말라. 영아는 곧 암컷과 수컷의 조화가 아닌가. 그런 조화를 알고 지키면 덕을 떠나지 않는다. 유식(有識)은 덕이 무엇이냐고 따지지만 무식(無識)은 덕을 알고 지킬 뿐이다. 똑똑하고 영악한 중인(衆人)에게 갓난애로 돌아올 수 없느냐고 노자가 반문한다. 다시 영아를 들어 대도(大道)를 비유하며 노자는 한 마디 덧붙인다. '지수(知守).' 이는 알았으면 지키라는 말이다. 알면서 안 지키느니 차라리 모르는 편이 낫다는 게 노자의 지수이다. 참으로 무서운 말이다.

### 지기백(知其白) 수기흑(守其黑) 위천하식(爲天下式)

 흰것을 알고〔知其白〕 검은것을 지킨다〔守其黑〕. 백흑(白黑)은 색깔만을 말하는 것이 아니다. 시비가 왜 일어나는가? 지수(知守)를 벗어난 까닭이다. 주야(晝夜)·금수(金水)·명암(明暗)·선악(善惡) 등으로 백흑을 비유하기도 한다. 선은 백이고 악은 흑이다. 백만 알아도 안 되고 흑만 지켜도 안 된다. 흑은 백을 알고 백은 흑을 지킬 줄 알아야 천하를 푸는 방식〔天下式〕이 된다.

### 상덕불특(常德不忒)

변함없는 덕은 어긋나지 않는다〔常德不忒〕. 변함없는 덕에는 변덕도 없고 의심도 없고 어긋남도 없다. 시비는 백은 백, 흑은 흑이라고 갈라 놓는다. 그렇게 편을 나누는 것은 이미 덕이 아니다. 특(忒)은 어긋나 의심하고 변덕부리는 짓이다. 상대(相對)하면 시비로 어긋나고〔忒〕 상화(相和)하면 시비를 넘어서 어긋나지 않는다〔不忒〕. 흑백으로 나누어 시비하지 말라. 그러면 이렇게 저렇게 나뉘는 게 아니라 하나가 된다. 하나가 되는 것〔爲一〕은 크다. 백이 흑이며 흑이 백인 것을 알고 지키는가? 그러면 하나가 된다. 무극(無極)은 하나 됨이다. 곧 자연의 다른 말이다. 무극으로 복귀하면 결국 자연으로 돌아온다.

### 지기영(知其榮) 수기욕(守其辱) 복귀어박(復歸於樸)

영광을 알고〔知其榮〕 굴욕을 지키면〔守其辱〕 천하의 골짜기가 된다〔爲天下谷〕. 도리에 맞으면 영(榮)이요 도리에 어긋나면 욕(辱)이다. 상덕(常德)하면 영이요 실덕(失德)하면 욕이다. 영화는 항상 영화일 것으로 생각하면 탈이 난다. 탈은 항상 욕을 불러오게 마련이다. 탐내지 않도록 하라. 그러면 욕을 지키는 것이다. 그래야 수모를 낭하지 않는 법이다. 그러므로 호오(好惡)를 정해 놓고 아옹다옹할 것 없다. 영화란 것이 어떠한지 알고〔知榮〕 굴욕이 비롯된 연유를 살펴 지키려면 꾸밈이 없고 겸허해야 한다. 그래서 박(樸)으로 복귀하라는 것이다〔復歸於樸〕. 박은 자연의 다른 말이다. 영아(嬰兒)·무극(無極) 역시 다 자연을 말한다.

### 박산즉위기(樸散則爲器)

있는 그대로의 나뭇등걸이 다듬어지면 그릇이 된다〔樸散爲器〕. 박(樸)은 처음 그대로의 통나무를 말한다. 산(散)은 본래 흩어진다는 뜻이지만 여기서는 사람이 가공한다는 말이다. 기(器)는 그릇이란 뜻이지만 사람이 쓰는 물건이란 의미이다. 박은 자연·무위의 물(物)이고 기는 문화·인위의 물(物)이라 새겨도 된다. 나아가 박은 자존(自存), 기는 의존(依存)으로 보아도 무방하다. 박은 용도가 제한되어 있지 않기 때문에 스스로 있는 것이고 기는 쓰임새가 정해져 있으니 기대어 있는 셈이다. 스스로 있음은 자유(自由)요 무애(無碍)이지만, 기대어 있음은 질곡(桎梏)이요 구속(拘束)이다.

그러므로 박산(樸散)의 산(散)은 자유를 흐트러뜨리고 사라지게 하는 행위로 보아도 된다. 박(樸)은 대소(大小)·장단(長短)·방원(方圓)·곡직(曲直)·경중(輕重) 등의 상대성(相對性)에 구속당하지 않으며, 자유롭고 자재(自在)하므로 걸릴 것이 없다〔無碍〕. 그러나 일단 박이 다듬어져 기가 되면 그 기는 자유를 잃고 구속당하고 만다. 다듬기〔散〕에 따라 큰 그릇〔大器〕도 되고 작은 그릇〔小器〕도 되듯이, 박은 대(大)도 되고 소(小)도 되는 자유를 누린다. 그러나 한번 큰 그릇이 되면 다시는 작은 그릇이 될 수 없다. 이것이 기의 부자유요 인위요 문화이리라. 그래서 장자는 소와 말의 네 다리〔牛馬四足〕는 천(天)이요, 말머리에 맨 고삐〔絡馬首〕는 인(人)이라 했다. 여기서 천은 무위자연(無爲自然)이고 인은 인위문화(人爲文化)이다. 박은 하늘의 물(物)이고 기는 사람의 물이다.

### 성인용지즉위관장(聖人用之則爲官長)

성인은 이〔之〕를 활용하여〔用〕 곧〔則〕 관(官)과 장(長)으로 삼는다〔爲官長〕. 여기서 지(之)는 박(樸)을 말하니 용지(用之)는 박을 활용한다는 의미이다. 성인은 어떻게 박을 활용하는가? 관(官)과 장(長)으로 삼아 활용한다. 본래 무사(無私)함을 관(官)이라 하고 만물을 주재(主宰)하는 것을 장(長)이라 한다. 이미 노자는 무사를 마땅히 없는 것〔當其無〕, 즉 허(虛)라 한 바 있다. 무사(無私)·무친(無親)·무신(無身)의 본(本)으로 삼고 주재의 본으로 삼으니 박을 허로 새겨도 무방할 것이다. 이런 허를 본보기로 삼는 주재(主宰)야말로 권력이 아니라 상덕(常德)으로 다스리는 것이며 곧 성인이 기(器)를 활용하는 것이다.

### 대제불할(大制不割)

크나큰 마름질은 나누어 쪼개지 않는다〔大制不割〕. 대(大)는 위일(爲一)을 말한다. 위일은 자연을 말하고 상덕(常德)을 말하기도 한다. 제(制)는 베고 잘라 만드는 일이다. 그러므로 대제(大制)는 자연을 관장(官長)으로 삼는 마름질이나 크나큰 제도라고 보면 된다. 지공(至公)한 마름질은 지극히 무사(無私)함으로 이리 떼어 내고 저리 떼어 내지 않는다. 노자는 큰 나라 다스리기를 작은 생선으로 생선국 끓이듯 하라고 말한 바 있다. 작은 생선이니 각을 뜰 것이 없는 까닭이다.

그러므로 대제(大制)는 불할(不割)이라 한다. 이러한 대제를 알고 지키는 것이 곧 지수(知守)이다. 알았다면 지켜라. 이것이 지수이다. 무엇을 알고 지키는가? 상덕(常德)을 알고 지켜라. 그러면 자웅이 따로 없고 흑백이 따로 없고 영욕이 따로 없다. 따로 없다 함은 곧 함께한다 함이다. 함께하는 것의 이미지를 일러 박(樸)이라 한다. 박을 지수하라. 그러면 대제(大制)이다. 대제는 곧 상덕의 다스림이요 관장이다. 그러나 사람들은 관(官)이 공평무사의 뜻임을 모른 척하고 세상을 아프게 한다.

道德經 29

# 신기(神器)를 알라

**요지** 신기(神器)를 알라. 그러면 어긋나는 짓을 하지 않는다.

**내용** 세상을 취하여 뜻대로 해 보려고 한다지만 내가 보기에는 그렇게 될 수 없을 뿐이다. 세상은 신비로운 그릇이라 마음먹은 대로 다루어지질 않는다. 해 보려고 하는 자는 실패하고 잡아 보려고 하는 자는 잃는다. 그러므로 사물이란 앞서가기도 하고 뒤따라가기도 하며, 내쉬기도 하고 들이쉬기도 하며, 강하기도 하고 약하기도 하며, 위로 얹히기도 하고 아래로 떨어지기도 한다. 이러므로 성인은 심하게 하는 짓과 사치하는 짓과 교만한 짓을 버린다.

【원문(原文)】

將欲取天下而爲之 吾見其不得已 天下神器 不可爲也 爲者敗之 執者失之 故 物或行或隨 或呴或吹 或强或羸 或載或隳 是以聖人去甚去奢去泰

【해독(解讀)】

장차 천하(天下)를 취(取)하여 위(爲)할진대 오(吾)는 그 부득이(不得已)함을 견(見)하나니 천하(天下)는 신기(神器)라 위(爲)하기 불가(不可)하다. 위자(爲者)는 패지(敗之)하고 집자(執者)는 실지(失之)하리라. 고(故)로 물(物)이 혹(或) 행(行)하고 혹(或) 수(隨)하며, 혹(或) 구(呴)하고 혹(或) 취(吹)하며, 혹(或) 강(强)하고 혹(或) 영(羸)하며, 혹(或) 재(載)하고 혹(或) 휴(隳)하니라. 시이(是以)로 성인(聖人)은 거심(去甚)하고 거사(去奢)하며 거태(去泰)한다.

【담소(談笑)】

### 장욕취천하이위지(將欲取天下而爲之)

세상을 취하여 뜻대로 해 보려고 한다지만[將欲取天下而爲之] 내가 보기로는 그렇게 될 수 없을 뿐이다[吾見其不得已]. 어느 누구도 세상을 움켜쥘 수 없다는 말이다. 취한다[取]는 것은 얻겠다[得]는 것이고 얻겠다는 것은 갖겠다[所有]는 것이다. 아무것도 가질 수 없음을 안다면 이미 소인이 아니다. 소인은 소유만 알지 무소유는 모르며 성인은 소유는 모르고 무소유만 안다. 그러니 소인은 천하를 취한다며 허풍을 떨고 성인은 그럴 수 없음을 알아 조용하다.

### 천하신기불가위야(天下神器不可爲也)

세상은 신기이므로〔天下神器〕취할 수 없다〔不可爲也〕. 왜 그러한가? 천하는 인간의 것이 아니라 자연의 그릇인 까닭이다. 세상이 내 뜻대로 안 되는 줄 다 알지 않는가. 신기(神器)는 자연의 것이지 인간의 것이 아니란 말이다. 천지가 만물이 머물다 가는 여인숙임을 알았던 장자야말로 천하가 인간의 것이 아님을 알았던 것이다. 여래(如來)가 이미 말했다. '공수래(空手來) 공수거(空手去).' 빈손으로 왔다가 빈손으로 간다는 게 아닌가. 그런데 감히 천하를 취하겠다니 인간의 욕망이 얼마나 큰지 알 수 있다.

### 위지패지(爲者敗之) 집자실지(執者失之)

해 보려고 하는 자는 실패하고〔爲者敗之〕, 잡아 보려고 하는 자는 잃는다〔執者失之〕. 그러므로〔故〕 사물〔物〕이란 앞서가기도 하고 뒤따라가기도 하며〔或行或隨〕, 내쉬기도 하고 들이쉬기도 하며〔或呴或吹〕, 강하기도 하고 약하기도 하며〔或强或羸〕, 위로 얹히기도 하고 아래로 떨어지기도 한다〔或載或隳〕.

소유하려고 고집하고 집착하는 것은 자연과 어긋나게 마련이다. 천지불인(天地不仁)이라 하지 않는가. 불인(不仁)은 무사(無私)요 무친(無親)이요 무정(無情)이요 무신(無身)이란 말이다. 인정(人情)도 없고 사정(私情)도 없어 자연은 오로지 공평할 뿐이다. 공평무사(公平無私)하면 저절로 무위(無爲)할 수 있다. 순리(順理)란 무위를 따른다 함이요 항상 통변(通變)하게 한다는 뜻이다. 순리에 어긋나는 짓〔逆理〕이면 패하고 잃는다.

그러므로 물(物)은 나아가기도 하고〔行〕 뒤따라가기도 하며

〔隨〕, 내쉬기도 하고〔呴〕 들이쉬기도 하며〔吹〕, 강하기도 하고〔强〕 연약하기도 하며〔羸〕, 얹히기도 하고〔載〕 떨어지기도 한다〔隳〕. 이는 물(物)마다 자연의 이치를 벗어날 수 없기 때문이다. 항상 나아가기만을 고집하는가? 그러면 자연의 이치에 어긋난다〔逆〕. 자연의 다스림과 기세에 어긋나면 궁하고 따르면 통한다. 서계(西溪) 선생은 무릇 물의 행수(行隨)·구취(呴吹)·강영(强羸)·재휴(載隳)가 자연의 다스림〔理〕과 기세〔勢〕에서 비롯되었다고 짐작했다. 한쪽만을 고집하면 실패하고 잃는다. 성인(聖人)은 이를 알지만 중인(衆人)은 이를 몰라 고집하고 억지를 부린다.

### 성인거심거사거태(聖人去甚去奢去泰)

성인은 심하게 하는 짓을 버리고 사치하는 짓을 버리며 교만한 짓을 버린다〔聖人去甚去奢去泰〕. 성인은 거심(去甚)하고 거사(去奢)하며 거태(去泰)한다.

거심(去甚)하라. 심(甚)을 버려라. 심은 자연에 어긋나는 일이다. 그러면 치우쳐 억지를 부리고 무리하게 된다. 그러므로 성인은 심을 버린다.

거사(去奢)하라. 사(奢)를 버려라. 사 또한 자연에 어긋나는 일이다. 사는 성실하지 못하고 겉만 돋보이게 꾸미는 짓이다. 꾸미는 짓은 속이고 숨기는 짓이다. 그러므로 성인은 사를 버린다.

거태(去泰)하라. 태(泰)를 버려라. 태 역시 자연에 어긋나기 쉽다. 태는 게으르고 거만스럽고 오만해 남을 업신여기는 짓이다. 거만한 사람은 일을 가볍게 하고 말이 헤퍼 하는 짓이 믿음직하지 못하다. 그렇듯 태는 사람의 몹쓸 성질머리를 말한다. 그러므로 성인은 태를 버린다.

거심·거사·거태를 노자의 삼보(三寶)와 더불어 삼거(三去)라 할 만하다. 삼보는 검(儉)·자(慈)·불감위선(不敢爲先)이다. 삼거와 삼보를 지수(知守)하면 절로 도가 성하고 덕이 지극한 천하가 될 것이다. 공평하고 무사한 세상을 일러 도가 성한다〔道盛〕하고 덕이 지극하다〔德至〕한다. 삼거를 알고 지키면 저절로 노자의 소사과욕(少私寡欲)에 이를 수 있다. 이러한 말을 알고 지키는 것〔知守〕이 곧 인간을 크게 만든다. 그러나 삼거를 버린 인간은 작아져 사(私)를 앞세우고 저마다 욕심을 줄일 줄 모른다.

道德經 30

# 부도(不道)를 알라

**요지** 부도(不道)를 알라. 그러면 무모한 짓을 하지 않는다.

**내용** 도(道)를 본받아 임금을 모시는 사람은 무력으로 세상을 강점하지 않는다. 무력을 강화하는 일은 피아(彼我)가 서로 경쟁하도록 부추긴다. 군사가 머문 곳에는 가시덤불이 생기고 많은 병사를 모집한 뒤에는 반드시 흉년이 따른다. 그러므로 전쟁을 잘하는 사람은 전쟁의 목적을 달성할 뿐, 섣불리 강점하지 않고 군사를 철수시켜 전공을 자랑하지 않고 과시하지도 않으며 교만하지 않다. 어쩔 수 없어 전쟁을 치른 것이지 자신이 강하다고 여기지 않는다. 사물은 장성하는 즉시 늙어 버린다. 이는 도를 어기는 짓이며 그렇게 하다가는 요절하고 만다.

【원문(原文)】

以道佐人主者 不以兵强天下 其事好還 師之所處
荊棘生焉 大兵之後 必有凶年 故 善者果而已 不敢
以取强 果而勿矜 果而勿伐 果而勿驕 果而不得已
是果而勿强 物壯則老 是謂不道 不道早已

【해독(解讀)】

도(道)로써 인주(人主)를 좌(佐)하는 자(者)는 병(兵)으로써 천하(天下)에 불강(不强)한다. 그 사(事)는 호환(好還)하고, 사(師)의 소처(所處)에는 형극(荊棘)이 생(生)하며, 대병(大兵)의 후(後)에는 흉년(凶年)이 필유(必有)한다. 고(故)로 선자(善者)는 과(果)할 따름이지 감(敢)히 강(强)을 취(取)하지 않고 과(果)하되 긍(矜)치 않으며, 과(果)하되 벌(伐)치 않고, 과(果)하되 교(驕)치 않으며, 과(果)하되 부득이(不得已)해 과(果)한 것이지 강(强)해서가 아님이다. 물(物)이 장(壯)한 즉(則) 노(老)하는지라 이를 부도(不道)라 하니 부도(不道)는 조이(早已)하니라.

【담소(談笑)】

이도좌인주자(以道佐人主者) 불이병강천하(不以兵强天下)

도를 본받아 임금을 모시는 사람이라면〔以道佐人主者〕 무력으로 천하에 군림하지 않는다〔不以兵强天下〕. 인주(人主)는 임금을 말한다. 좌(佐)는 모시며 돕는다는 말이다. 요샛말로 하자면 좌인주자(佐人主者)는 국민을 받들어 정치하는 사람을 말한다. 정치하는 사람에게 힘을 믿고 군림하지 말라는 것보다 더 귀한 치세관(治世觀)은 없을 터이다.

이도(以道)는 자연을 따른다는 전제이고 이병(以兵)은 무력을 써서 겨룬다는 전제이다. 자연을 따른다 함은 덕으로 사람을 순하게 한다는 것이며 무력으로 다룬다 함은 힘으로 억눌러 이기겠다는 것[勝]이다. 그러므로 이도는 덕으로 세상을 이끌게 하고, 이병은 힘으로 세상을 억누르게 한다. 치자(治者)는 이도로써 정치를 해야지 이병으로써 세상을 다루려 해서는 안 된다. 이러한 노자의 치세관은 누구를 위한 것인가? 오로지 백성을 위한 것이다. 그러나 치자는 힘을 믿고 군림하려 하므로 세상이 항상 난세로 험하고 흉하게 되었다.

### 기사호환(其事好還)

무력을 강하게 하는 일은 서로 군비경쟁을 하도록 부추긴다[其事好還]. 군사가 머문 곳에는 가시덤불이 생기고[師之所處荊棘生焉], 많은 병사를 모집한 뒤에는 반드시 흉년이 든다[大兵之後必有凶年].

기사호환(其事好還)의 기사(其事)는 무력을 앞세워 전쟁을 벌이는 짓이다. 호환(好還)은 피아(彼我)로 하여금 서로 경쟁하도록 부추기게 마련이다. 즉 서로 되돌려주기를 좋아한다는 말이다. 힘으로 하는 일은 다시 힘으로 돌아오기 마련이다. 되로 주고 말로 받는다는 속담이 있지 않은가. 치고 받고 하는 것이 싸움이요 전쟁이다. 한 대 얻어맞고 가만히 있을 사람은 없다. 지렁이도 밟으면 꿈틀한다. 힘을 쓴 뒤에는 반드시 앙갚음이 있다. 싸움은 싸움을 부르고 전쟁은 전쟁을 부른다. 그래서 군사가 있는 곳에는 항상 가시덤불[荊棘]이 생기고 대군을 모병(募兵)한 뒤에는 반드시 흉년이 든다는 것이다. 그러니 전쟁할 생각을 하지 말라.

전쟁이야말로 부도(不道)이다. 강한 힘만을 따르는 것이 곧 부도이다. 부드럽고 약한 것이 거칠고 강한 것을 이긴다〔柔弱勝剛强〕는 묘(妙)가 곧 도요 덕이요 무위요 자연인 줄을 어느 날에나 인간이 깨달을 수 있을까.

### 선자과이이(善者果而已)

참으로 전쟁을 잘하는 자는 전쟁의 원래 목적만 달성할 뿐이다〔善者果而已〕. 여기서 선자(善者)는, 어쩔 수 없는 전쟁이라면 감행하여 전승(戰勝)을 거두되 패한 쪽을 힘으로 억눌러 짓밟지 않는 자를 말한다. 그러므로 선자는 비록 부도(不道)한 쪽을 무력으로 제압했더라도, 도덕을 따르게 하는 것으로 만족한다. 이것이 선자의 목적〔果〕이다.

### 불감이취강(不敢以取强)

무슨 일이 있어도 힘으로 제압하는 짓을 취하지 않는다〔不敢以取强〕. 전과를 자랑하지 않고〔果而勿矜〕, 전쟁의 목적만 거둘 뿐 과시하지 않고〔果而勿伐〕 교만하지 않으며〔果而勿驕〕, 어쩔 수 없어 전쟁을 치렀을 뿐이지〔果而不得已〕 자기 쪽이 강하다고 여기지도 않는다〔是果而勿强〕.

이는 힘으로 제압하는 짓〔强〕은 부도(不道)하기 때문이다. 선자(善者)는 바라는 바 목적을 달성하되 물긍(勿矜)하며 물벌(勿伐)하고 물교(勿驕)한다. 자랑하지 않는 것이 물긍이다. 선자는 전공(戰功)을 자랑하지 않는다. 뽐내지 않는 것이 물벌이다. 선자는 이겼다고 해서 패한 자를 무시하지 않는다. 교만하지 않는 것이 물교이다. 선자는 전승을 빌어 자기를 과시하지 않는다. 노자가 말하는 선자는 무력을 앞세우는 자를 징벌하기 위하여 용병(用兵)할 뿐이다. 그러므로 선자는 전쟁의 목적을 이룰 뿐이지 무력을 빌미로 패자 위에 군림하지 않는다. 이를 일러 물강(勿强)이라고 한다.

## 물장즉노(物壯則老)

만물은 젊다가 반드시 늙는다[物壯則老]. 그러나 사람은 젊기만을 바라고 늙기를 바라지 않는다. 늙음[老]을 모르고 젊음[壯]만을 바라는 것이 곧 부도(不道)이다. 부도는 도에 어긋난다는 말이다. 생(生)하면 노(老)하고 성(盛)하면 쇠(衰)하는 것이 도의 다스림이요 작용이 아닌가. 자연을 따르면 천수(天壽)라 하고 자연을 어기면 요절(夭折)이라 한다.

부도조이(不道早已)는 자연을 어기고 당하는 요절을 뜻한다. 자연을 어기는 짓이 곧 부도(不道)이다. 부도는 조속히[早] 끝난다[已]. 여기서 이(已)는 그친다는 지(止)이다. 억지를 부리다 생으로 부러지는 일들이 얼마나 많은가. 이는 다 하늘을 두려워할 줄 모르기 때문이다. 그래서 노자는 메아리는 없을지언정 부도를 범하지 말라고 호소하는 것이다.

道德經 31

# 귀좌(貴左)하라

**요지** 귀좌(貴左)하라. 그러면 목숨의 소중함을 안다.

**내용** 무릇 우수한 무기는 상서롭지 못한 도구이다. 그런 도구는 어쨌든 싫은 것이다. 그러므로 도를 따르는 사람은 그런 것에 매이지 않는다. 군자가 거하면 좌(左)를 귀히 여기고 무력을 사용하면 우(右)를 귀히 여긴다. 무기란 상서롭지 않아 군자가 쓸 도구는 아니지만, 어쩔 수 없이 무력을 써야 할 때에는 적개심을 버리고 담담한 마음가짐을 윗길로 삼는다. 또 승리를 거두어도 멋지다고 여기지 않는다. 전승을 찬미하는 것은 사람 죽이기를 즐긴다는 것이다. 무릇 살인을 즐기는 자는 누구든 세상에서 뜻을 얻어 펼 수 없다. 축하하는 자리에서는 좌를 윗자리로 치고 궂은 자리에서는 우를 윗자리로 치는 것이 풍속이다. 전승을 기념하는 자리에서 부사령관은 좌에 자리잡고 사령관은 우에 자리잡는다. 이는 그 자리를 전사한 병사들의 명복을 비는 자리로 삼기 때문이다. 전사한 병사들이 많으니 슬퍼하여 눈물을 머금고 전승의 자리를 명복을 비는 자리로 삼는 것이다.

## 【원문(原文)】

　　夫佳兵者 不祥之器 物或惡之 故 有道者不處 君子居則貴左 用兵則貴右 兵者不祥之器 非君子之器 不得已而用之 恬淡爲上 勝而不美 而美之者 是樂殺人 夫樂殺人者 不可得志於天下 吉事尙左 凶事尙右 偏將軍處左 上將軍處右 言而喪禮處之 殺人衆多 以悲哀泣之 戰勝則以喪禮處之

## 【해독(解讀)】

무릇 가병(佳兵)이란 불상(不祥)한 기(器)이니 물(物)을 오(惡)한다. 고(故)로 유도자(有道者)는 불처(不處)한다. 군자(君子)가 거(居)하면 좌(左)를 귀(貴)하지만 용병(用兵)한다면 우(右)를 귀(貴)한다. 병자(兵者)는 불상(不祥)의 기(器)라 군자(君子)의 기(器)가 아니다. 부득이(不得已) 용(用)해야 한다면 염담(恬淡)을 위상(爲上)하고 승(勝)은 불미(不美)한다. 미지(美之)함은 살인(殺人)을 낙(樂)하는 것이니 무릇 살인(殺人)을 낙(樂)하는 자는 천하(天下)에서 득지(得志)할 수 없다. 길사(吉事)는 상좌(尙左)하고 흉사(凶事)는 상우(尙右)하여서 편장군(偏將軍)은 처좌(處左)하고 상장군(上將軍)은 처우(處右)한다. 이는 상례(喪禮)를 말해 주는 것이다. 살인(殺人)이 중다(衆多)하여 비애(悲哀)로 읍(泣)하고 전승(戰勝)을 상례(喪禮)로 처(處)한다.

【담소(談笑)】

### 부가병자(夫佳兵者) 불상지기(不祥之器)

무릇 우수한 무기라는 것은〔夫佳兵者〕상서롭지 못한 연장이다〔不祥之器〕. 병(兵)은 무력(武力)을 의미하는데, 우수한 무력으로는 단지 살인을 잘할 수 있을 뿐이다. 살생하는 전쟁이야말로 상서롭지 못하고, 모든 무기 역시 상서롭지 못하다. 좋은 일이 생길 징조를 상(祥)이라 한다. 그러한 상을 부정하는 불상(不祥)이야말로 재앙을 불러올 징조이다. 그런 불상의 징조가 곧 병(兵)이다.

### 물혹오지(物或惡之)

무력을 좋아하는 자를 제외한 모든 것은 그것〔兵〕을 싫어한다〔物或惡之〕. 오지(惡之)의 지(之)는 불상지기(不祥之器), 즉 병(兵)을 대신한다고 보면 무방하다. 만물은 평화롭기를 바라지 전쟁이나 재앙에 휩쓸리기를 바라지 않는다. 그러므로 도(道)를 따르는 사람은 병과 거리를 두고 멀리한다.

### 군자거즉귀좌(君子居則貴左) 용병즉귀우(用兵則貴右)

군자가 있는 곳이면 왼쪽을 귀하게 한다〔君子居則貴左〕. 병(兵)을 쓰는 것이면 오른쪽을 귀하게 한다〔用兵則貴右〕. 군자는 유도자(有道者)이다. 도를 따르는 사람은 좌(左)를 귀하게 여긴다. 왜냐하면 좌는 양(陽)이요 길(吉)이며 생(生)이기 때문이다. 용병(用兵)은 전쟁하는 것이다. 전쟁하는 사람은 우(右)를 귀하게 하기 마련이다. 우는 음(陰)이요 흉(凶)이며 사(死)이기 때문이다.

군대의 예(禮)는 우를 상에 두고 좌를 하에 둔다. 이때 상(上)은 취승(取勝)을 뜻하고 하(下)는 비손(卑遜)을 뜻한다. 취승(取

勝)은 적을 무찔러 승리하는 것이고 비손(卑遜)은 자신을 낮추어 서로 어울리게 하는 것이다. 군자는 먼저 자신을 버리고 세상을 바라보지만 용병(用兵)은 살아남기 위해 적을 죽여야 한다. 그렇듯 군자의 일은 길하므로 귀좌(貴左)하고 장군의 일은 흉하므로 귀우(貴右)한다.

### 염담위상(恬淡爲上) 승이불미(勝而不美)

무기란 좋지 않은 것이어서 군자가 쓸 도구는 아니지만[兵者不祥之器 非君子之器] 어쩔 수 없이 무력을 써야 할 때에는 적개심을 버리고 담담한 마음가짐을 윗길로 삼는다[不得已而用之 恬淡爲上]. 그래서 승리를 거두어도 멋지다고 여기지 않는다[勝而不美].

병자(兵者)는 병기(兵器)를 말한다. 무기(武器)는 사람을 죽이는 연장이다. 그러니 병(兵)은 상서롭지 못한 무기[不祥之器]이지 군자가 쓸 도구가 아니다[非君子之器]. 그러나 군자도 부득이할 때라면 무력을 쓴다[不得已而用之]. 백성을 못살게 하는 폭군을 물리쳐야 할 때에는 군자도 어쩔 수 없이 무력을 써야 한다. 학정을 일삼던 주(紂)를 벌해 백성을 도탄에서 구했다는 무왕(武王)의 고사(故事)를 떠올리면 된다.

군자는 전쟁에서 승리하는 것을 목적으로 하는 것[取勝]이 아니라 백성이 안정(安靜)하고 살 수 있도록 병(兵)을 쓰는 것이다. 그래서 군자는 병을 써도 염담(恬淡)을 위로 삼고[恬淡爲上], 병을 써서 이기되 잘한 일로 여기지 않는다[勝而不美]. 염담은 안정을 뜻한다. 천하가 평안하고 백성이 편안하도록 하는 마음가짐이 곧 군자의 염담인 셈이다. 염담을 덕치(德治)라고 보아도 된다.

### 미지자(美之者) 시락살인(是樂殺人)

전승을 좋은 일로 여기는 사람〔美之者〕은 사람 죽이기를 좋아하는 자이다〔是樂殺人〕. 살인을 좋아하는 자〔夫樂殺人者〕는 세상에서 인심을 얻을 수 없다〔不可得志於天下〕.

병(兵)을 믿고 무력을 믿는 자는 결국 살인을 마다하지 않는 자를 말한다. 세상을 다스려 보고자 병을 쓰면, 설령 사람을 죽이지 않았다 할지라도 낙살인자(樂殺人者)가 된다. 4.19와 5.16의 뜻을 견주어 보라. 그러면 노자가 병(兵) 앞에 얼마나 준엄하고 단호한가를 알 수 있다.

### 길사상좌(吉事尙左) 흉사상우(凶事尙右)

좋은 일은 왼쪽을 높이고〔吉事尙左〕 궂은 일은 오른쪽을 높인다〔凶事尙右〕. 길사(吉事)는 행복하게 하는 일이다. 흉사(凶事)는 불행하게 하는 일이다. 상좌(尙左)는 군자가 하는 일을 뜻하고 상우(尙右)는 장군이 하는 일을 뜻한다. 군자는 덕을 베풀고 장군은 무력을 잘 써야 한다. 덕을 베풀면 세상이 행복하고 무력을 쓰면 세상이 불행하다. 본래 축하하는 자리에서는 왼쪽을 윗자리로 치고, 슬퍼하는 자리에서는 오른쪽을 윗자리로 치는 것이 예이다.

### 전승즉이상례처지(戰勝則以喪禮處之)

부사령관은 좌(左)에 자리잡고 사령관은 우(右)에 자리잡는다. 이는 전승을 전사한 병사들의 명복을 비는 자리로 삼자는 것이다〔偏將軍處左上將軍處右 言以喪禮處之〕. 전사한 병사들이 많으니 슬퍼하여 눈물을 머금고〔殺人衆多以悲哀泣之〕 전승의 자리를 명복을 비는 자리로 삼는 것이다〔戰勝則以喪禮處之〕.

전쟁이 일어나면 죽어 나는 사람이 많아져〔殺人衆多〕 비애에 빠져 울부짖는다〔以悲哀泣之〕. 그러니 전쟁에서 이겼다 해도 전승을 기념하는 축하식이 아니라 죽어 간 병사들의 명복을 비는 장례식으로 맞아야 한다〔戰勝則以喪禮處之〕. 이러한 노자의 말을 잘 새겨들어야 한다. 전승기념일은 기뻐할 날이 아니다. 전사한 젊은 영령들을 향해 명복을 빌어야 하는 슬픈 날이다. 전승을 상례(喪禮)로 하라는 말씀을 잊지 말라.

道德經 32

# 지지(知止)하라

**요지** 지지(知止)하라. 그러면 험(險)할 것이란 없다.

**내용** 도(道)는 언제나 무엇이라 이름지을 수 없다. 나뭇등걸은 비록 하찮은 것이지만 천하도 감히 신하로 삼지 못할 만큼 크다. 임금이 이러한 나뭇등걸처럼 한다면 만물은 스스로 존엄하고 천지와 서로 합해 하나가 된다. 천지가 단비를 내리며 이래라저래라 하지 않아도 백성 스스로 한결같이 산다. 도가 처음 만물을 만들어 내면 이름을 갖게 되고, 이름을 갖게 되면 앞으로도 계속 도에 머물려 한다. 도에 머물 줄 알기 때문에 위태로울 게 없다. 도가 천하에 있는 모습을 비유하면 온갖 개울과 시내가 강으로 흘러들고 강은 바다로 흘러가는 것과 같다.

【원문(原文)】

道常無名 樸雖小 天下不敢臣 侯王若能守 萬物將
自賓 天地相合 以降甘露 人莫之令而自均 始制有名
名亦旣有 夫亦將知止 知止所以不殆 譬道之在天下
猶川谷之於江海

【해독(解讀)】

도(道)는 상(常)하여 무명(無名)이라 박(樸)이 비록 소(小)하나 천하(天下)가 감(敢)히 신(臣)으로 삼지 못한다. 후왕(侯王)이 능(能)히 수(守)하면 만물(萬物)이 장차 스스로 보(寶)하여 천지(天地)가 상합(相合)하니 감로(甘露)를 강(降)하고 인(人)은 영(令)이 없어도 자균(自均)한다. 시제(始製)에 유명(幽冥)해 명(名)이 기유(旣有)하고 또한 장(將)하여 지지(知止)한다. 지지(知止)가 소이(所以)로 불태(不殆)한다. 비(譬)컨대 도(道)가 천하(天下)에 재(在)함은 강해(江海)로 천곡(川谷)이 지(之)함과 같다.

【담소(談笑)】

### 도상무명(道常無名)

도(道)는 변함없어 이름이 없다[道常無名]. 우주 삼라만상을 낳은 것이 도이다. 변하지 않는 것은 도밖에 없다. 이는 불가(佛家)에서 심(心)을 불생불멸(不生不滅)이라고 하는 것과 같다. 노자는 그냥 상(常)이라 하였다. 도는 어떤 것도 아니므로 이름을 지어 부를 수 없다. 도는 이것이다 저것이다 말할 수 없기 때문이다.

사람이 논(論)할 수 없는 것이 무명(無名)이다. 무명을 신묘(神妙)라고도 한다. 신묘는 사람이 알 수 없는 것이 있다는 말이다. 도가 그렇다고 노자는 반복해서 밝히고 있다.

### 박수소(樸雖小)

박(樸)은 비록 작다〔樸雖小〕. 상(常)·무명(無名)·혼돈(混沌)·무위(無爲)·박(樸) 등은 다 도(道)를 설명하려는 노자의 노력으로 생각하면 된다. 그냥 있는 그대로의 통나무 같은 것이 박(樸) 아닌가. 도는 자연을 따른다〔道法自然〕고 할 때, 이는 비유하면 도는 있는 그대로의 통나무〔樸〕와 같다는 말이다. 사람이 만들어 낸 것 말고 도 아닌 것은 하나도 없다는 말을 한 마디로 박이라 한 것이다.

박(樸)은 작다〔小〕. 박은 도인데 왜 노자는 크다 하지 않고 작다고 하는가? 들으려 해도 들리지 않음이 희(希)이며, 보려 해도 보이지 않음이 이(夷)이고, 잡으려 해도 잡히지 않음이 미(微)라고 노자는 밝혔다. 도는 이(夷)하고 희(希)하며 미(微)하므로 박을 소(小)라고 말한 것이다. 따라서 박소(樸小)의 소(小)는 대도(大道)의 대(大)를 묘하게 표현하는 노자의 말씨이다. 노자는 충고한다. '감히 어느 누가 박을 작다 하여 신하로 삼을 것인가〔天下不敢臣〕.' 이는 도를 낮추거나 얕보지 말라는 말이다.

### 후왕약능수(侯王若能守) 만물장자보(萬物將自寶)

임금이 지키기만 한다면〔侯王若能守〕 만물은 스스로 존엄하게 된다〔萬物將自寶〕. 임금이 무엇을 지켜야 한단 말인가? 박(樸)을 따라 세상을 다스려야 한다는 것이다. 임금이라 해서 백성을 얕보면 안 된다. 그러면 세상은 저절로 태평하다. 태평한 세상의 백성은 평안하다. 평안보다 더한 보물은 없다.

### 천지상합(天地相合)

천지가 서로 화합한다〔天地相合〕. 이는 천지가 허정(虛靜)하다는 말이다. 허정이란 무위(無爲)하다 함이요 무위란 무사하단 말이다. 무사하면 절로 동고동락(同苦同樂)하는 세상이 된다. 동고동락은 곧 상합(相合)이다. 부정부패가 없는 세상, 갈등도 없고 혼란도 없는 세상, 핍박도 없고 착취도 없고 학대도 없는 세상, 이런 세상을 옛부터 태평성대(太平聖代)라 불렀다. 이런 세상이 곧 천지상합(天地相合)의 본보기이다. 노자야말로 우주를 사랑했고 인간을 사랑했다.

### 인막지령이자균(人莫之令而自均)

백성에게 명령하지 않아도 저절로 고르게 산다〔人莫之令而自均〕. 만일 정치한다는 사람들이 진실로 박(樸)하고 진실로 무사(無私)하다면 세상은 저절로 상합(相合)하여 백성이 다 한결같이 편하게 살 것이다. 이런 모습을 일러 노자는 자균(自均)이라 했다. 왜 광복 이후 우리가 줄곧 네모를 하고 농성을 하고 피를 흘리며 정권타도를 외쳤던가 생각해 보라. 그러면 인막지령(人莫之令)의 참뜻을 능히 알 수 있다. 치자(治者)들이 진실로 박(樸)하다면 동고동락하는 세상을 만들자고 왜 국민이 데모를 할 것인가.

### 시제유명(始制有名) 명역기유(名亦旣有)

도(道)가 처음으로 만물을 만들어 내면 만물에 이름이 있게 되고〔始制有名〕 이미 이름을 지닌 만물은 있게 마련이다〔名亦旣有〕. 도생일(道生一)이 시제(始制)이리라. 도가 맨 처음 만들어서〔始制〕 일이라는 이름이 생겼다. 이처럼 도가 만물을 낳으니 만물마다 이름이 있어 이것저것을 말하게 되었다. 그러니 무릇 앞으로 두고두고 도에 머물 줄 안다〔夫亦將知止〕.

### 지지소이불태(知止所以不殆)

머물 줄 알아서 위태롭지 않다〔知止所以不殆〕. 머물 줄 알라〔知止〕. 어디에 머물 줄 알라는 것인가? 도(道)에 머물 줄 알라, 박(樸)에 머물 줄 알라 함이다. 즉 검소하라 함이다. 나아가 이는 무위(無爲)에 머물러 생각하고 행동하라, 무사(無私)에 머물러 생각하고 행동하라 함일 터이다.

도에 머물 줄 알라〔知止於道〕. 이는 허정(虛靜)하라는 말로 들어도 된다. 무슨 일을 하든지 간에 위태롭게 되지 않으려면 도를 떠나지 말아야 한다.

개울은 냇물로 흘러들고, 냇물은 강으로 흘러들며, 강물은 바다로 흘러들지 그것이 어디로 갈 것인가? 이를 헤아린다면 도가 천지에 있다〔道在天地〕는 깊은 뜻을 짐작할 수 있다. 우주 삼라만상은 모두 다 도로 흘러간다. 우리 안에 도가 있다는 말로 들어도 된다.

道德經 33

# 자진(自盡)하라

**요지** 자진(自盡)하라. 그러면 누구나 수(壽)를 누린다.

**내용** 남을 알려는 사람은 똑똑하고 자신을 알려는 사람은 밝으며, 남을 이기려는 사람은 힘이 있고, 자기를 이기려는 사람은 강하다. 만족할 줄 아는 사람은 넉넉하고, 도(道)를 따라 꾸준히 행하는 사람에게는 뜻이 있으며, 자신이 처한 바를 잊지 않는 사람은 오래가고, 죽이되 잊지 않는 사람은 목숨이 장구하다.

【원문(原文)】

知人者智 自知者明 勝人者有力 自勝者强 知足者富 强行者有志 不失其所者久 死而不忘者壽

【해독(解讀)】

인(人)을 지(知)하는 자(者)는 지(智)하고 자(自)를 지(知)하는 자(者)는 명(明)하며, 인(人)을 승(勝)하는 자(者)에게는 역(力)이 유(有)하고 자(自)를 승(勝)하는 자(者)는 강(强)하며, 족(足)할 줄 아는 자(者)는 부(富)하고 강행(强行)하는 자(者)에게는 지(志)가 유(有)하며, 그 소(所)를 실(失)하지 않는 자(者)는 구(久)하고 사(死)하되 망(亡)치 않는 자(者)는 수(壽)한다.

【담소(談笑)】

### 지인자지(知人者智)

남을 아는 자는 똑똑하다〔知人者知〕. 지인(知人)·지물(知物)·지외(知外) 등을 일러 지(智)라 한다. 밖〔外〕을 관찰해 알아내는 것이 지(智)이다. 외(外)는 사물을 말한다. 따라서 지는 사물을 아는 것이다. 그래서 지는 분별하고 시비하며 호오(好惡)를 따지기 좋아한다. 이러한 버릇을 일러 기지(機智)라 한다. 과학은 지(智)만 받든다. 그러나 도덕은 지를 뒤에 둔다. 도덕은 자기를 알라 하고 과학은 사물을 알라 한다. 도덕과 과학은 이렇게 다르다.

### 자지자명(自知者明)

　자기를 아는 자는 밝다〔自知者明〕. 명(明)은 밝게 하는 것이다. 내가 나를 아는 것은 내가 내 자신을 밝게 하는 일이다. 그러니 안〔內〕을 관찰해 밝히는 것이 명(明)이다. 여기서 내(內)는 자신의 심중(心中)을 말한다. 자지(自知)·수행(修行)·자오(自悟)는 다 자명(自明)이다. 숨길 수 없고 속일 수 없는 것이 자명이다. 노자가 말한 소사과욕(少私寡欲)이 곧 명이다. 노자의 명은 공자의 무자기(無自欺)와 같다. 자신을 속이지 말라〔無自欺〕. 자신을 줄이고 욕심을 줄여라〔少私寡欲〕. 자신을 밝게 하는 데에는 노공(老孔)이 다를 바 없다. 과학은 명을 제쳐놓지만 도덕은 명을 앞세운다. 지(智)는 물질을 알지만 명(明)은 목숨을 안다.

### 승인자유력(勝人者有力)

　남을 이기려는 사람은 힘이 세다〔勝人者有力〕. 승(勝)은 힘으로 이기려는 것이다. 군림하고 제압하려는 뜻이 강할수록 승부에 목숨을 걸려고 한다. 그래서 용맹이 만용으로 통하기 쉬운 법이다. 그러므로 여기서 유력(有力)이란 체력(體力)을 말한다. 체력을 내세워 남을 제압하려 들지 말라. 체력으로 만용을 부리는 것은 흉한 무력(武力)과 다를 바 없다. 성인이 왜 유약(幼弱)하기 바라는지를 알 수 있다.

### 자승자강(自勝者强)

　자기를 이기려는 사람은 강하다〔自勝者强〕. 무사(無私)하라. 무욕(無欲)하라. 무심(無心)하라. 허심(虛心)하라. 그러면 자승(自勝)이다. 성인은 누구인가? 날마다 변함없이 자승하는 사람이다. 강자(强者)는 남을 이기는 자가 아니라 자신을 이기는 자이다. 그래서 소중한 목숨을 일러 자강(自强)이라 한다.

도대체 어떻게 스스로 강해진다〔自强〕는 말인가? 이에 대한 답은 노자가 이미 밝혔다. '소사과욕(少私寡欲).' 나의 것〔私〕을 작게 하고 남의 것〔公〕을 크게 하라. 이게 소사(少私)이다. 사나운 욕심〔過欲〕을 줄여 없어지도록 하라. 그렇게 하는 것이 과욕(寡欲)이다. 이러한 소사과욕을 달리 말한다면 후덕(厚德)함이다. 그래서 강자는 결국 힘을 쓰지 않고도 남을 이긴다. 자승자(自勝者)의 승리는 남을 정복하여 굴복시키는 것이 아니라 서로 하나 되는〔爲一〕 것이다.

### 지족자부(知足者富)

만족할 줄 아는 사람은 넉넉하다〔知足者富〕. 만족하면 그 순간 바랄 바가 없어진다. 바라는 바가 없으면 걸림 없이 노닐며 삶을 누릴 수 있다. 그래서 만족하면 자적(自適)한다. 걸릴 것도 없고 막힐 것도 없고 딱할 것도 없다는 것이 만족이요 자적이다. 노자의 지족(知足)을 담박(淡泊)으로 여겨도 된다. 담담(淡淡)하게 머문다〔泊〕 함은 무욕으로 산다는 뜻이기 때문이다. 만족할 줄 모르면 재벌도 가난뱅이나 마찬가지이다. 맹자는 지족자(知足者)를 대장부라 했다. 소인배는 아무리 돈이 많아도 가난할 뿐이다.

### 강행자유지(强行者有志)

강행(强行)하는 자에게는 지(志)가 있다〔强行者有志〕. 자명(自明)·자승(自勝)·자족(自足)·무기(無己)·사기(舍己)·무욕(無欲) 등은 도를 본받는 일이다. 도를 본받는 일을 일러 덕행(德行)이라 한다. 변함없이 꾸준히 덕을 행하기란 참으로 어렵다. 아무리 어려워도 스스로 행하는 것이 곧 강행이다. 뜻이 없다면 강행할 수 없다. 나를 없애기〔無己〕, 나를 버리기〔舍己〕, 욕심 없애기〔無欲〕야말로 정말 어렵다. 이 어려운 일을 강행하려면 뜻이 있어야 한다. 노자는 강행(强行)하라 하고 불가에서는 정진(精進)하라 하며 공자는 극기(克己)하라 하고 맹자는 수신(守身)하라 한다.

### 불실기소자구(不失其所者久)

자신이 처한 바를 잊지 않는 사람은 오래간다〔不失其所者久〕. 그 곳〔其所〕은 어디일까? 자신을 밝히는 자리, 자신을 이겨 내는 자리, 스스로 만족하는 자리로 새기면 된다. 나아가 도(道)에 머무는 자리, 상덕(常德)에 머무는 자리, 자신이 처한 형편이라고 좁혀서 봐도 된다. 줄여서 박(樸)에 머무는 자리라 해도 되리라.

뱁새야, 황새의 걸음을 흉내내지 말아라. 맹자도 수분(守分)하라 했다. 겸허하고 겸손한 자리에 머물러 산다면 누구든 편안히 산다. 무욕의 삶이야말로 생자(生者)의 구(久)이다. 그래서 장자도 7백 년을 살다 간 팽조(彭祖)는 요절했고 태어나자 곧 죽은 영아(嬰兒)는 장수했다고 말했다. 무욕의 본보기여서 노자는 영아를 도의 모습에 비유한 것 아닌가. 탐욕스럽게 백 년을 산들 장수하는 것이 아니니 노자의 말씀이 간담을 서늘케 한다.

### 사이불망자수(死而不亡者壽)

죽이면서 잊지 않는 사람은 목숨이 장구하다〔死而不亡者壽〕. 사(死)는 무엇을 죽인다고 할 때의 살기(殺機)로 보았으면 한다. 유욕(有欲)을 죽이면 무욕(無欲)이 될 것이고, 과욕(過欲)을 죽이면 과욕(寡欲)이 될 것이며, 사친(私親)을 죽이면 무친(無親)이 될 것이고, 유위(有爲)를 죽이면 무위(無爲)가 될 것이다.

그리고 잊지 말라〔不亡〕. 무엇을 잊지 말라 함일까? 말하자면 욕심을 죽여 무욕으로 이끄는 살기(殺機)를 잊지 말라 함이다. 이런 불망(不亡)이 곧 자진(自盡)이다. 자진은 스스로를 더할 바 없이 닦아 도를 본받는다는 말이다.

유위를 죽여 무위로 사는 것이야말로 도를 본받아 행함이다. 어떻게 도를 본받는단 말인가? 이에 노자는 이미 견소포박(見素抱樸)하라고 말했다. 자연을 살펴〔見素〕 자연대로 산다〔抱樸〕. 만일 내가 견소포박하고 산다면 나는 도를 본받아 덕을 짓고 사는 셈이다. 덕으로 산다면 주어진 목숨을 진실로 누리게 된다. 목숨을 진실로 누림을 일러 수(壽)라 한다. 백 년을 산다 해서 수를 누리는 것이 아니다. 천 년을 산다 해도 탐욕으로 산 것이라면 요절로 보는 것이 노자의 수(壽)이다.

道德經 34

# 성대(成大)하라

**요지** 성대(成大)하라. 그러면 소인(小人)이라도 대인(大人)이 된다.

**내용** 큰 도(道)는 언제 어디서나 출렁거리는구나. 큰 도는 없는 데가 따로 없어 좌우(左右)를 가리지 않는다. 만물은 큰 도를 의지하여 생기지만 정작 큰 도는 그렇다는 말을 하지 않고, 우주 삼라만상을 낳은 공을 이루고서도 이렇다저렇다 자랑하지 않으며, 만물을 사랑하며 키워 주되 지배하지 않는다. 항상 바라는 바가 없으니 작다 하고, 만물이 큰 도로 돌아와도 지배하지 않으므로 크다 한다. 이러하므로 성인은 끝끝내 자신을 일러 크다 하지 않는다. 그래서 성인은 큰 도가 하는 일을 이룬다.

【원문(原文)】

　　大道汎兮　其可左右　萬物恃之以生而不辭　功成而不名有　愛養萬物而不爲主　常無欲　可名於小　萬物歸之而不爲主　可名於大　是以　聖人終不爲大　故能成其大

【해독(解讀)】

대도(大道)가 범(汎)함이여. 가(可)히 좌우(左右)하니 만물(萬物)이 이를 시(恃)하여 생(生)하되 불사(不辭)하고, 공(功)이 성(成)하되 유(有)라고 명(名)하지 않으며, 만물(萬物)을 애양(愛養)하되 불위주(不爲主)한다. 상(常)히 무욕(無欲)한지라 가(可)히 소(小)라 명(名)하나 만물(萬物)이 이에 귀(歸)하되 불위주(不爲主)하므로 가(可)히 대(大)라 명(名)한다. 시이(是以)로 성인(聖人)은 종(終)하도록 불위대(不爲大)하므로 능(能)히 그 대(大)를 성(成)한다.

【담소(談笑)】

### 대도범혜(大道汎兮) 기가좌우(其可左右)

큰 도는 언제 어디서나 출렁거린다.〔大道汎兮〕. 큰 도는 없는 데가 따로 없어 좌우를 가리지 않는다〔其可左右〕. 대도(大道)는 도대(道大)란 말이다. 도(道)는 크다. 범(汎)은 망망한 바다가 출렁거리는 모습이다. 우주 삼라만상이 도의 품에 떠 있다고 상상해 보라. 그러면 가좌우(可左右)란 말을 알 수 있다. 이는 오른쪽

왼쪽을 분간할 수 없다는 말이요 아예 좌우를 가릴 수 없다는 말이다. 어디 좌우뿐인가. 상하·전후를 가릴 수 없다는 말이 곧 가좌우(可左右)란 말 속에 숨어 있다. 좌우·상하·전후를 육극(六極)이라 하는데 큰 도는 그 육극을 벗어나 없는 데 없이 출렁인다는 말이다. 이러한 대도(大道)의 범(汎)을 노자의 말로 다시 풀이하면 무방(無方)하다는 말이리라.

### 만물시지이생이불사(萬物恃之以生而不辭)

만물이 큰 도를 의지하여 생기지만 큰 도는 그렇다고 말하지 않는다〔萬物恃之以生而不辭〕. 시(恃)는 뇌(賴)와 같은 말로 의지한다는 뜻이다. 그러니 시지(恃之)는 큰 도를 의지한다는 말이고, 도가 없으면 만물도 없고 만물이 없으면 도 또한 없다는 뜻이 된다. 불사(不辭)는 뒷말하지 않는 것, 말하자면 공치사 따위를 않는다 함이다.

대인은 대도를 닮아 크고 넉넉해 생색을 내지 않는다. 조금 도와 주고 뽐내는 짓은 소인이 하는 장난이다. 소인배는 불사(不死)할 줄 모른다. 그래서 소인은 부덕(不德)할 줄 모르고 제 자랑하고 뽐내며 헐값에 자신을 판다.

### 공성이불명유(功成而不名有)

우주 삼라만상을 낳은 공을 이루고서도 그렇게 했노라 자랑하지 않는다〔功成而不名有〕. 도가 없다면 천지나 만물이 생길 수 없다. 공(功)은 큰 도가 하는 일이다. 우주 삼라만상이 생사를 누리게 하는 일이 대도(大道)가 하는 공이다. 하찮은 공이라도 이루고 나면 자랑하지 않고서는 못 견디는 것이 사람이다. 노자의 눈으로 본다면 만물 중에서 사람이 제일 주접스럽다. 그런 의미에서 오히려 뱁새가 크고 사람이 작다.

### 애양만물이불위주(愛養萬物而不爲主)

만물을 사랑하고 길러 주면서도 지배하지 않는다〔愛養萬物而不爲主〕. 불위주(不爲主)는 만물을 낳고서도 주인 노릇을 하지 않는다는 말이다. 도(道)는 이래라저래라 하지 않는다. 이래서 도는 자연이고 무위이다. 이러한 도의 모습을 일러 장자는 천방(天放)이라 했다. 사람만이 소유하고 숨길 뿐이다. 주인이니 종이니 정해 놓고 귀천을 따지는 짓도 사람만 하는 짓이다. 노자의 눈으로 본다면 인간만 치사하다. 너나 할 것 없이 옹색한 속물인 셈이다.

### 상무욕가명어소(常無欲可名於小)

항상 바라는 바가 없으니 작다 한다〔常無欲可名於小〕. 무욕(無欲)은 무소유(無所有)이므로 걸릴 것도 없고 꺼릴 것도 없다. 이를 불가에서는 무애(無碍)라 하지만 노자는 무신(無身)이라 한다. 말들은 다르지만 모두 도(道)를 설명하고 있다. 따라서 도가 만물을 일일이 다 돌보아 주면서도 결코 소유하고 지배하지 않음을 일러 무욕이라 한다고 생각하면 된다. 무욕하면 작다는 말을 어이 들어야 하는가. 대도(大道)가 작다는 말은 드러내 과시하지 않는다는 뜻으로 새겼으면 한다. 대도의 소(小)를 깨우치게 하느라고 '태산은 작고 가을 하늘에 날리는 깃털은 크다'고 장자는 말했다. 대소를 나누어 시비하는 짓은 사람의 짓일 뿐이다.

### 만물귀지이불위주(萬物歸之而不爲主) 가명어대(可名於大)

만물이 큰 도로 돌아와도 지배하지 않으므로〔萬物歸之而不爲主〕크다고 말할 수 있다〔可名於大〕. 우주를 말한다면 도가 우주이고 바이러스를 말한다면 도가 바이러스이다. 도는 유무(有無)와 생사(生死)를 둘이 아닌 하나로 보기 때문에 우주 삼라만상이 걸림 없이 큰 도를 왕래할 수 있는 것이다. 그래서 큰 도를 일러 중묘(衆妙)의 문이라 한다. 걸림 없이 왕래하니 크다고 말한다. 말하자면 삼라만상이 오고 가는 문이 크다는 것이다. 여기서 크 다 함은 걸림이 없다는 말이다. 상통(相通)하여 왕래하므로 크다 함이리라. 상통이란 유가 무요 무가 유라는 말이 아닌가. 이처럼 유무가 함께하여 걸림 없이 왕래하는 모습을 일러 대(大)라 한다. 노자는 이런 대도(大道)를 향해 묘(妙)니 현(玄)이니 염담(恬淡) 이니 적료(寂廖)니 황홀(恍惚)이니 하여 감탄하고 우리를 놀라게 한다.

### 성인종불위대(聖人終不爲大) 능성기대(能成其大)

성인은 끝끝내 자신을 일러 크다 하지 않는다〔聖人終不爲大〕. 그래서 성인은 큰 도가 하는 일을 본받아 이룰 수 있다〔能成其 大〕. 돌이 돌로 있으려면 모나지 말아야 한다는 말이 있다. 모난 돌이 정 맞는다 하지 않는가. 크다고 하지 말라〔不爲大〕. 이는 자 신이 크다고 뽐내지 말라 함이다. 성인은 자기를 드러내지 않는 다〔不自見〕. 자기만 옳다거나〔自是〕 자기만 잘한다거나〔不自伐〕 제 자랑하는〔自矜〕 짓을 성인은 결코 하지 않는다. 그래서 성인이 스스로 자기를 크다고 않는다〔不爲大〕 함은 소사과욕(小私寡欲) 을 떠올리게 하고 견소포박(見素抱樸)을 되새기게 한다. 스스로 작게 하면 스스로 커진다는 묘(妙)가 그 말 속에 숨어 있다. 그러 므로 성대(成大)하라 함은 결국 우리들로 하여금 도를 본받아 살 리 힘이다. 나는 잘 여문 이삭인가 아니면 설익은 이삭인가? 여문 이삭은 고개를 숙이고 설익은 이삭은 고개를 쳐든다. 쳐든 이삭 은 저는 크다 하고 남들은 작다 한다. 그러나 숙인 이삭은 저는 작다 하지만 남들은 크다 한다. 노자가 우리를 향해 어느 이삭인 지 묻고 있는 것이다.

## 道德經 35

# 대상(大象)을 따르라

**요지** 대상(大象)을 따르라. 그러면 모든 사람이 후덕(厚德)하다.

**내용** 큰 도가 하는 일을 터득하면 온 세상이 걸림 없이 왕래한다. 왕래해도 해치는 일이 없어 마음이 편하고 하염없이 느긋하다. 음악과 먹거리가 지나는 길손의 발길을 멈추게 하지만, 도가 드러남은 담담하기만 하다. 입으로 맛을 볼 수도 없거니와 눈으로 보려 해도 뚜렷이 볼 수 없고 귀로 들으려 해도 분명히 들을 수 없으나, 아무리 써도 다함이 없다.

## 【원문(原文)】

執大象 天下往 往而不害 安平泰 樂與餌 過客止 道之出口淡乎 其無味 視之不足見 聽之不足聞 用之不可旣

## 【해독(解讀)】

대상(大象)을 집(執)하면 천하(天下)가 왕(往)한다. 왕(往)하나 불해(不害)하면 안(安)하고 평(平)하며 태(泰)하다. 낙(樂)과 이(餌)는 과객(過客)을 지(止)하지만 도(道)의 출구(出口)는 담(淡)하여라. 미(味)가 무(無)하여 시(視)하되 견(見)함이 부족(不足)하고, 청(聽)하나 문(聞)함이 부족(不足)하며, 용(用)하되 기(旣)함이 불가(不可)하다.

## 【담소(談笑)】

### 집대상(執大象) 천하왕(天下往)

큰 도가 하는 일을 터득하면〔執大象〕 온 세상이 걸림 없이 왕래한다〔天下往〕. 대상(大象)의 대(大)는 도(道)를 말하고 상(象)은 도가 작용하는 모습을 말한다. 그러므로 집대상(執大象)은 도를 따라 행하라는 말이다. 그러면 온 세상이 도에서 왕래함을 안다는 게다. 도에서 나온 세상 만물이 다시 도로 돌아가는 것이 천하왕(天下王)이다. 대상은 현빈(玄牝)을 떠올리게 한다. 빈(牝)은 암말을 말하고 상(象)은 암코끼리를 말한다.

### 왕이불해(往而不害)

왕래해도 해치는 일이 없다〔往而不害〕. 큰 도(道)로 왔다 갔다 해도 해로울 리 없다. 큰 도는 어머니요, 어머니가 우주 삼라만상을 영아(嬰兒)처럼 안아 주듯 큰 도 역시 그렇게 만물을 안기 때문이다. 무엇이든 도로 왕래하면 영아가 된다. 갓난애의 마음가짐이라면 진실로 안평태(安平泰)를 누릴 게 틀림없다. 천하가 어머니 품안〔道〕으로 갔는데 무슨 해가 있을 것인가. 마음이 편하고 하염없이 느긋할 뿐이다. 여기서 불해(不害)가 곧 안평태임을 알 수 있다.

### 낙여이과객지(樂與餌過客止)

좋은 음악과 맛있는 먹거리가 지나는 길손의 발길을 멈추게 한다〔樂與餌過客止〕. 여기서 낙여이(樂與餌)는 인간의 탐닉(耽溺)을 말하고 과객(過客)은 중인(衆人)을 말한다. 중인은 무위(無爲)를 버리고 인위(人爲)를 탐한다. 그래서 중인은 대도(大道)에 가기보다 인위의 세상에 머문다는 것이 과객지(過客止)의 지(止)이다. 앞서 노자가 말한 지지(知止)의 지(止)와는 다른 셈이다. 과객지는 낙여이(樂與餌)에 멈춤이고 지지의 지(止)는 대도(大道)에 멈춤이기 때문이다. 세파에 매달려 머물지 말라. 그러면 애달퍼하리라. 그래서 장자도 천지는 여인숙이니 잠깐 머물다 미련없이 떠나라 했다. 어디로 떠나란 말인가? 장자 역시 대도로 가라 했다. 이것이 노장(老莊)의 왕(往)이다.

### 도지출구담호(道之出口淡乎) 기무미(其無味)

큰 도가 드러남은 담담하다〔道之出口淡乎〕. 도의 드러남은 맛이 없다〔其無味〕. 담호(淡乎)의 호(乎)는 혜(兮)와 같다. 노자가 도의 드러남을 감탄하는 것이라고 이해하면 된다. 출구(出口)든 출언

(出言)이든 드러난다는 뜻이다. 담(淡)은 물이 맑음이다. 맑은 물은 아무런 맛이 없다. 담(淡)이니 무미(無味)하다.

### 시지부족견(視之不足見) 청지부족문(聽之不足聞) 용지불가기(用之不可旣)

눈으로 보려고 해도 뚜렷이 볼 수 없고〔視之不足見〕, 귀로 들으려 해도 분명히 들을 수 없으나〔聽之不足聞〕, 아무리 써도 다함이 없다〔用之不可旣〕. 도(道)는 감각되지 않는다. 그래서 노자는 도오(道奧)니 도은(道隱)이니 했던 것이다. 보려 해도 보이지 않고〔夷〕, 들으려 해도 들리지 않고〔希〕 잡으려 해도 잡히지 않는〔微〕 것이 도라 하지 않았는가.

이제 여기서 담(淡)과 무미(無味)란 말을 이해할 수 있으리라. 물에 설탕을 타면 물맛이 달다. 인간은 단물을 좋아해 자꾸만 인위(人爲)에 멈추려 덤빈다. 이런 인위의 행위를 일러 노자는 낙여이(樂與餌)라 했다. 맛이 없는 찬물은 대도(大道)의 물이요 단맛의 물은 인위의 물이다. 단물은 줄곧 마실 수 없으나 찬물은 마시지 못하면 어느 목숨이든 끝이 나므로 항상 마셔야 한다. 그러니 대도의 씀씀이〔用之〕는 다하지 않는다〔不可旣〕. 여기서 기(旣)는 진(盡)이다. 다해서 끝나는 것〔盡〕은 중인이 좋아하는 별미이리라. 본래 덕은 무미하다 했다. 본래 덕은 무궁하다 했으니 대상(大象)을 한 마디로 말하면 덕이라 하겠다. 당신은 후덕한가? 그렇다면 성인의 아류는 될 수 있다.

道德經 36

# 미명(微明)하라

**요지** 미명(微明)하라. 그러면 모든 일이 풀린다.

**내용** 무엇을 접고 싶다면 반드시 먼저 그 무엇을 펴 주고, 무엇을 약하게 하고 싶다면 반드시 먼저 그 무엇을 강하게 하며, 무엇을 버리고 싶다면 반드시 먼저 그 무엇을 흥하게 하고, 무엇을 빼앗고 싶다면 반드시 먼저 그 무엇을 준다. 이를 일러 미명(微明)이라 한다. 부드러운 것이 굳센 것을 이기고 약한 것이 강한 것을 이긴다. 물고기가 못에서 벗어날 수 없으며 나라를 이롭게 하는 무력이라도 백성에게 과시할 수 없다.

【원문(原文)】

> 將欲歙之 必固張之 將欲弱之 必固强之 將欲廢之 必固興之 將欲奪之 必固與之 是謂微明 柔勝剛 弱勝强 魚不可脫於淵 國之利器 不可以示人

【해독(解讀)】

장(將)차 흡(歙)하고자 하면 필(必)히 그것을 장(張)하고, 장(將)차 약(弱)하게 하고자 하면 필(必)히 그것을 강(强)하게 하며, 장(將)차 탈(奪)하고자 하면 필(必)히 그것을 여(與)한다. 시(是)를 미명(微明)이라 한다. 유(柔)가 강(剛)을 승(勝)하고 약(弱)이 강(强)을 승(勝)하니 어(魚)가 연(淵)에서 탈(脫)하기가 불가(不可)하고 국(國)의 이기(利器)는 인(人)에게 시(示)하기 불가(不可)하다.

【담소(談笑)】

### 장욕흡지(將欲歙之) 필고장지(必固張之)

무엇을 접고 싶다면[將欲歙之] 반드시 먼저 그 무엇을 펴 주어라[必固張之]. 장욕(將欲)은 앞으로 바라는 바이고 필고(必固)는 반드시 먼저 해야 할 바를 말한다. 흡(歙)은 접어 줄어들게 함이고 장(張)은 펴서 늘어나게 함이다. 예를 들어 종이 한 장이라도 제대로 잘 접어 보고 싶은가? 그렇다면 먼저 종이를 잘 펴서 반반하게 하는 것이 순리이다. 흡하면 장하고 장하면 흡하는 것이 만물에 두루 통하는 이치이다. 이런 이치를 도가 행하는 반자(反者)

라 한다. 그러므로 항상 접기〔歙〕만을 바라는 것도 도에 어긋나고 항상 펴기〔張〕만을 바라는 것 역시 도에 어긋난다.

### 장욕약지(將欲弱之) 필고강지(必固强之)

무엇을 약하게 하고 싶다면〔將欲弱之〕 반드시 먼저 그 무엇을 강하게 하라〔必固强之〕. 약하면 강해지고 강하면 약해진다. 강약이 따로 나뉘어 정해져 있다고 믿지 말라. 약하면 강해지고 강하면 약해지는 것 또한 만물에 두루 통하는 순리이다. 물론 순리란 도(道)가 행하는 반자(反者)를 말한다. 이미 강한데 그보다 더욱 강해지기를 바라는 기대는 인간의 욕(欲)일 뿐, 도는 그저 강약을 오고 가게 할 뿐이다. 무쇠가 왜 부러지는가? 약하기를 버리고 강하기만을 고집한 탓이다. 그러니 강약의 왕래함은 곧 도의 드러남〔出口〕인 셈이다.

### 장욕폐지(將欲廢地) 필고흥지(必固興之)

무엇을 버리고 싶다면〔將欲廢之〕 반드시 먼저 그 무엇을 흥하게 하라〔必固興之〕. 만물은 모두 다 흥(興)하다가 폐(廢)하고 폐하다가 흥한다. 이 또한 도가 행하는 반자(反者)이다. 그러나 인간은 흥만 바라고 폐는 한사코 버리려다 어긋난 짓을 범하고 만다. 그런 탓으로 인간은 곱절로 망하고 험한 꼴을 당한다. 도가 행하는 반자를 잊지 말라. 안다면 환호할 일도 없고 절망할 일도 없다. 그래서 장자는 아내의 주검 옆에서 잘 가라고 노래를 부른 것이다. 물론 우리네 소인배에겐 어려운 일인 줄 알지만 흥망이 왕래한다는 반자를 잊지 않을수록 흉하고 험한 덫을 피할 수 있다.

### 장욕탈지(將欲奪之) 필고여지(必固與之)

무엇을 빼앗고 싶다면〔將欲奪之〕 반드시 먼저 그것을 주어라

〔必固與之〕. 생사여탈(生死與奪)이란 말이 있다. 생(生)을 주는 것〔與〕도 도의 일이요 생을 뺏는 것〔奪〕도 도가 하는 일이다. 생사(生死)가 뜻대로 안 되는 줄 알면서도 생을 바라고 사를 두려워하는 인정이란 도에도 없고 천지에도 없다. 그래서 노자는 천지불인(天地不仁)이라 한 것이다. 여탈(與奪)도 도가 행하는 반자(反者)일러라. 영생해 보려고 아무리 발버둥쳐도 딱하게만 될 뿐이다. 대도(大道)는 담담하고 허정(虛靜)하다. 이는 편애(偏愛)가 없음을 말한다. 생하면 반드시 사한다. 이것이 대도의 여탈이다. 주었으니 되받는 것뿐이다.

### 시위미명(是謂微明)

여기서 시(是)는 흡장(歙張) · 약강(弱强) · 폐흥(廢興) · 탈여(奪與) 등을 합쳐 한 마디로 말한 것인데, 그 시(是)를 일러 미명(微明)이라 한다. 흡(歙)과 장(張)이 서로 다른 뜻임은 명백하지만 흡하면 장하게 되고 장하면 흡하게 되는 기미는 명백하지 않다. 이처럼 명백하면서도 명백하지 않음이 곧 미명이다. 어둡지도 않고 밝지도 않음이 미명 아닌가. 그러니 유무가 왕래함이 미명이요 생사가 왕래하는 것 또한 미명이다. 길흉도 미명으로 터득하면 길이라서 좋아하고 흉이라서 싫어할 리가 없다. 선악(善惡)도 미명이고, 흥망(興亡)도 미명이다.

### 유승강(柔勝剛) 약승강(弱勝强)

부드러운 것이 굳어 단단한 것을 이기고〔柔勝剛〕약한 것이 강한 것을 이긴다〔弱勝强〕. 이처럼 노자는 도가 행하는 반자(反者)를 명쾌하게 풀이한다. 강하면 이기고 약하면 진다고 인간은 맹종한다. 부드러우면 밀리고 강건하면 밀어 낸다고 맹신한다. 그런 까닭에 인간은 한사코 굳세고 강하기를 바라다가 결국 다치고 부러진다. 도의 반자(反者)를 따르면 부러질 리 없다. 이러한 이치를 노자는 이렇게 비유한다. '물고기가 물 속에서 벗어나지 못한다〔魚不可脫於淵〕.' 물고기는 물 속에 있어야 살고 벗어나면 죽는다. 이것이 곧 미명(微明)의 묘(妙)함이다.

### 국지리기불가이시인(國之利器不可以示人)

나라를 이롭게 하는 무력이라도 백성에게 과시할 수 없다〔國之利器不可以示人〕. 나라의 이로운 도구는 우리 모두 바르게 잘살기 위해 만든 방책이다. 이러한 이기(利器)는 물고기와 물의 관계와 같아야지 백성에게 드러내 그들을 겁먹게 해서는 안 된다. 법 없이 사는 세상이란 법이 있어도 있는 줄 모르는 세상이다. 우리는 공기 속에 있으면서 공기가 있는 줄 모르고 숨쉬며 산다. 나라의 정치도 이처럼 미명(微明)의 반자(反者)를 벗어날 수 없다.

패도(覇道)는 투망을 던져 물 속의 물고기를 건져내듯 권세를 부려 백성을 못살게 한다. 노자는 그런 패도를 용납하지 않는다. 그래서 노자는 군왕을 버렸고, 장자는 군왕을 두루 찾아가 설득해 보려는 공자를 비웃었다. 왜 노자가 군왕을 버렸다고 생각할 수 있는가? 군왕은 권세만 있지 이미 미명의 성인이 아니기 때문이다. 백성 위에 군림하고 힘만 과시하려고 하기 때문에 노자는 군왕을 버린 것이다.

道德經 37

# 자정(自正)하라

**요지** 자정(自正)하라. 그러면 세상을 탓하지 않는다.

**내용** 도는 한결같아서 어떤 뜻을 따라 하는 일이라곤 없지만 그렇다고 하지 않는 일이나 할 수 없는 일이 있는 것은 아니다 임금이 만일 이를 능히 지킨다면 만물은 저절로 제대로 잘 변화할 것이다. 변화하면서 욕심부리는 짓을 하는 이가 있다면 내 그를 자연으로써 진압할 것이다. 무위자연(無爲自然)은 하고자 하는 욕심을 부리지 않는다. 욕심을 부리지 않음으로써 고요하고 천하가 저절로 바르게 된다.

【원문(原文)】

　　道常無爲 而無不爲 侯王若能守 萬物將自化 化而
欲作 吾將鎭之以無名之樸 無名之樸 亦將不欲 不欲
以靜 天下將自正

【해독(解讀)】

　도(道)의 상(常)에는 위(爲)가 무(無)하지만 불위(不爲)가 무(無)하다. 후왕(侯王)이 능(能)히 수(守)한다면 만물(萬物)이 자화(自化)할 것이다. 화(化)하면서 욕작(欲作)한다면 오(吾)가 무명(無名)의 박(樸)으로써 그것을 진(鎭)할 것이다. 무명(無名)의 박(樸)은 불욕(不欲)하려고만 한다. 불욕(不欲)으로써 정(靜)하매 천하(天下)가 자정(自正)하리라.

【담소(談笑)】

도상무위(道常無爲) 이무불위(而無不爲)

　도는 한결같아서 어떤 뜻에 따라 하는 일이라곤 없지만[道常無爲], 하지 않는 일이나 못하는 일이 하나도 없다[而無不爲]. 도상(道常)은 도(道)의 한결같음을 말한다. 도의 상(常)을 불사(不死)로 새겨도 무방하다. 또는 도상을 자연(自然)이라 보아도 된다. 자연을 일러 무위(無爲)라고도 한다. 그러니 도상·자연·무위는 모두 다 같은 말이다. 이 말들을 일러 묘(妙)하다고 한다. 왜 도상을 묘하다 하는가? 있으면 있고 없으면 없다고 분명히 말한다면 묘할 것이 없다. 그러나 알듯도 하고 모를 듯도 하고 생각할수록 묘해지는 것이 있다. 그래서 사람들은 노자의 말을 신비하다 한다. 묘한 것을 말하니 신비할 수밖에 없다.

어떤 물건이 있다 혹은 없다고 확실히 말한다면 누구나 그 유무(有無)를 모른다 하지 않을 것이다. 또 있음과 없음은 서로 반대라고 말한다면 다들 쉽게 알아들을 것이다. 그러나 있지 않고〔不有〕없지 않다〔不無〕고 말한다면 알듯도 하고 모를 듯도 하니 묘하다고 할 게다. 인간은 상대(相對)를 지어 시비를 걸어야 비로소 아는 척하고, 상통(相通)하여 시비를 넘어선 경지는 알려고 하지 않는다.

무위(無爲)는 원하는 바대로 행해지는 것이 아니다. 들에 핀 풀꽃을 보라. 풀이 저마다 꽃을 피우는 일이 곧 무위이다. 무위는 인간의 욕심대로 하는 것이 아니다. 인간은 독사 같은 것이 없었으면 하지만 천지는 독사도 그냥 그저 살게 한다. 이런 것이 무위이다. 그래서 무위를 억지로 설명하기를 공평하다 한다. 이런 무위가 도의 한결같음〔常〕이다.

그래서 도상(道常)은 하지 않거나 못하는 것이 없다〔而無不爲〕. 무위가 도상의 체(體)라면 무불위(無不爲)는 도상의 용(用)인 셈이다. 우주 삼라만상을 낳고 길러 주고 거두어들이는 일이야말로 대도(大道)의 무불위가 아닌가. 비가 내리고 바람이 불고 싹이 돋고 온갖 목숨이 살다가 죽고 하는 이런저런 일들이 다 무불위이다. 대도가 다 해주는데 왜 인간은 자꾸만 혹을 붙이려고 하는지 노자는 답답해하는 것이다.

### 후왕약능수(侯王若能守) 만물장자화(萬物將自化)

임금이 만일 이를 능히 지킨디면〔侯王若能守〕만물은 저절로 제대로 잘 변화할 것이다〔萬物將自化〕. 세상을 다스리는 자〔侯王〕는 무위(無爲)와 무불위(無不爲)를 지켜야 한다. 이는 흘러가는 물처럼 자연스럽게 세상을 다스리라 함이다. 권세로 억지를 부리지 말라 함이다. 원하는 것이 있으면 억지가 뒤따른다. 흘러가는 물을 막아 홍수를 조절하고 수자원을 쓰겠다는 인간의 치수(治水)는 자연의 뜻이 아니라 인간의 뜻일 뿐이다. 노자는 이러한 인간의 뜻을 용서할 수 없는 욕(欲)으로 보았다.

### 화이욕작(化而欲作) 오장진지이무명지박(吾將鎭之以無名之樸)

변화하며 욕심부리는 짓을 하는 이가 있다면〔化而欲作〕내 그를 자연으로써 진압할 것이다〔吾將鎭之以無名之樸〕. 욕작(欲作)을 욕심내는 짓으로 보아도 되고 인위(人爲)라 해도 되고 나아가 문화(文化)로 보아도 된다. 진지(鎭之)의 지(之)는 욕작을 말하니 노자는 욕작을 진압하겠다고 단언하는 것이다. 인위를 무엇으로 진압한단 말인가? 노자는 무명(無名)의 박(樸)으로써 진압하겠다고 선언한다. 대도(大道) · 대상(大象) · 자연(自然) · 무위(無爲) · 무불위(無不爲) 등이 다 노자가 말하는 박이다. 박은 곧 불욕(不欲)의 이미지로 보면 되리라. 겸허해 한사코 침묵하려는 노자가 이렇게 단언하고 나선 대목은 단 한 번, 여기밖에 없다.

### 무명지박역장불욕(無名之樸亦將不欲) 불욕이정(不欲以靜)

무위자연(無爲自然)은 하고자 하는 욕심을 부리지 않는다〔無名之樸亦將不欲〕. 박(樸)은 역시 장차 하고자 하지 않고〔亦將不欲〕하고자 하지 않음으로써 정(靜)하므로〔不欲以靜〕, 천하가 장차 저절로 바르다〔天下將自正〕. 욕심을 내면 되는 일이 없다. 왜냐하면 욕심은 제 몫을 차지하려고 방어선을 치는 까닭에 걸림이 많기 때문이다. 걸림 없이 하려면 불욕(不欲)하라. 욕심내지 말라〔不欲〕. 그러면 곧 천명(天命)을 지켜 행할 수 있다. 허심(虛心) · 무심(無心) · 무욕(無欲)은 다 불욕으로 통하는 길이다. 그런 길을 한 마디로 말하면 정(靜)이다.

정(靜)하라. 무욕(無慾)하라. 그러면 불욕(不欲)이다. 그러나 인간은 한사코 욕작(欲作)하려 한다. 욕작은 곧 정천(情遷)이고 정천은 무욕을 부정하는 짓이다. 정(情)은 사(私)를 의미하고, 천(遷)은 정에 의해서 공(公)이 사(私)로 바뀌고 선이 악으로 바뀌는 것을 말한다. 이러한 정천 때문에 세상이 더럽고 추하고 험하게 돌아간다. 노자는 이를 두려워한다. 그래서 서슴없이 진압하겠다고 단언하는 것이다.

## 道德經 38

## 처실(處實)하라

**요지** 처실(處實)하라. 그러면 누구나 곧고 넉넉해진다.

**내용** 높은 덕(德)은 덕 같지 않아 덕이 있고, 낮은 덕은 마지못해 덕을 베푸니 덕이라 할 게 없다. 높은 덕은 베풀지 않지만 무심하여 베푸는 일이 되고, 낮은 덕은 베풀되 원하는 바가 있어서 베푸는 꼴이 된다. 높은 인(仁)은 하되 무심히 하고, 높은 의(義)는 하되 바라는 바대로 하며, 높은 예(禮)는 따라 주기를 바라면서 응하지 않으면 팔을 휘둘러서라도 지키도록 끌어들인다. 그러므로 도를 잃어버린 뒤에 덕이 나타나고, 덕을 잃어버린 뒤에 인이 나타나며, 인을 잃어버린 뒤에 의가 나타나고, 의를 잃어버린 뒤에 예가 나타난다. 무릇 예라는 것은 성실함과 미더움이 빈약해 무질서의 꼬투리가 된다. 선각자들은 무위의 도를 인위의 도로 꾸며서 어리석음이 싹트게 하고 말았다. 이러하므로 대장부는 너그럽게 살지 박하게 살지 않으며, 알뜰하게 살지 겉보기로 살지 않는다. 그러므로 도를 터득한 사람은 넉넉하되 박하지 않으며 알뜰하되 겉치레를 버린다.

## 【원문(原文)】

上德不德 是以有德 下德不失德 是以無德 上德無爲而無以爲 下德爲之而有以爲 上仁爲之而無以爲 上義爲之而有以爲 上禮爲之而莫之應則攘臂而扔之 故 失道而後德 失德而後仁 失仁而後義 失義而後禮 夫禮者 忠信之薄而亂之首也 前識者 道之華而愚之始也 是以大丈夫處其厚 不居其薄 處其實 不居其華 故 去彼取此

## 【해독(解讀)】

상덕(上德)은 부덕(不德)이라 덕(德)이 유(有)하고 하덕(下德)은 덕(德)을 불실(不失)해 덕(德)이 무(無)하다. 상덕(上德)은 위(爲)함이 무(無)하되 무(無)로써 위(爲)하고, 하덕(下德)은 위(爲)하되 유(有)로써 위(爲)하며 상인(上仁)은 위(爲)하되 무(無)로써 위(爲)하고, 상의(上義)는 위(爲)하되 유(有)로써 위(爲)하며, 상례(上禮)는 위(爲)하되 막지응(莫之應)하면 양비(攘臂)하여 잉지(扔之)한다. 고(故)로 실도(失道) 이후(而後)에 덕(德)이고, 실덕(失德) 이후(而後)에 인(仁)이며, 실인(失仁) 이후(而後)에 의(義)이고, 실의(失義) 이후(而後)에 예(禮)이다. 부례자(夫禮者)는 충신(忠信)이 박(薄)함이고 난(亂)의 수(首)이다. 전식자(前識者)는 도(道)의 화(華)함이어서 우(愚)의 시(始)이다. 시이(是以)로 대장부(大丈夫)는 처기후(處其厚)하고 불거기박(不居其薄)하며 처기실(處其實)하고 불거기화(不居其華)한다. 피(彼)를 거(去)하고 차(此)를 취(取)한다.

【담소(談笑)】

### 상덕부덕 시이유덕(上德不德 是以有德)

높은 덕은 덕 같지 않아 덕이 있다[上德不德 是以有德]. 상덕(上德)은 천덕(天德)을 말한다. 하늘의 덕[天德]은 무궁(無窮)하고 무사(無私)하므로 커서 덕처럼 보이지 않는다. 그래서 부덕(不德)이라 한다. 그러나 사람의 덕[人德]은 무상(無常)하고 사사(私事)이기 때문에 작다. 작은 덕은 덕처럼 보여도 따지고 들여다보면 덕이 아니다. 천덕은 팔이 안으로 굽는 짓을 하지 않으니 무친(無親)이다. 그래서 장자가 이르되 만물에 두루 통하는 것이 덕이라 했다.

### 하덕불실덕 시이무덕(下德不失德 是以無德)

낮은 덕은 마지못해 베푸니 덕이라고 할 게 없다[下德不失德 是以無德]. 낮은 덕은 인덕(人德)을 말한다. 사람의 덕은 두루 통하지 않고 사사로와 애증(愛憎)이나 호오(好惡)에 따라 변덕스럽다. 사랑하면 베풀고 미우면 매정한 것이 사친(私親)이다. 사(私)에 걸린 덕은 겉보기에는 덕 같지만 속으로는 덕이 아니다. 덕을 잃지는 않았지만 없는 것이나 같다. 마지못해 베푸는 덕은 바라는 바가 있어서이다. 등치고 간 내먹으며 약 주고 병 주는 인간은 덕을 포장해서 흥정을 하는 셈이다. 그러니 후덕할 리 없다.

### 상덕무위이무이덕(上德無爲而無以德) 하덕위지이유이위(下德爲之而有以爲)

높은 덕은 베풀지 않으나 무심하여 베푸는 일이 되고[上德無爲

而無以爲], 낮은 덕은 베풀되 바라는 바가 있어서 베푸는 꼴이다〔下德爲之而有以爲〕. 하덕(下德)을 인덕(人德)으로 보아도 되리라. 그러니 여기서 천덕(天德)과 인덕(人德)이 서로 어떻게 다른지 알 수 있다. 무위(無爲)란 본래 무이위(無以爲)를 뜻한다. 무로써〔無以〕함〔爲〕이 무위이다. 무이(無以)의 무(無)는 무심(無心)이고 허심(虛心)이다. 무심하게 하라. 그러면 무위이다. 인위(人爲)란 유이위(有以爲)이다. 유이(有以)의 유(有)는 유심(有心)이고 유욕(有欲)이리라. 둘 다 바라는 바가 있다는 말이다. 달면 삼키고 쓰면 뱉는 것이 바로 인간의 바라는 바를 잘 드러낸다.

### 상인위지이무이위(上仁爲之而無以爲) 상례위지이유이위(上義爲之而有以爲)

높은 인은 하되 무심히 하고〔上仁爲之而無以爲〕, 높은 의는 하되 바라는 바대로 한다〔義爲之而有以爲〕. 상인(上仁)과 상의(上義)가 어떻게 다른가. 상인은 상덕(上德)과 통하는 점이 있고, 상의는 하덕(下德)과 통하는 점이 있다. 상인은 뜻대로 하므로〔爲之〕 상덕과 다르지만, 선악을 떠난 무위의 인(仁)이어서 상덕과 통한다고 보는 것이다. 상인에는 벗이 따로 없다. 그러나 의에는 선악에 따라 시비를 가리려는 뜻이 있음을 생각해야 한다. 왜냐하면 의는 무심(無心)으로 하는 것이 아니라 유심(有心)으로써 바르게 하기 때문이다.

### 상례위지(上禮爲之) 이막지응(而莫之應) 즉양비이잉지(則攘臂以扔之)

높은 예는 따라 주기를 바라면서 응하지 않으면 팔을 휘둘러서라도 지키도록 끌어들인다〔上禮爲之而莫之應則攘臂而扔之〕. 공맹(孔孟)은 예락(禮樂)을 모두 하늘의 것이라 하지만, 노장(老莊)은 낙(樂)은 하늘의 것이고 예(禮)는 인간의 것이라 한다. 틀을 만들어 놓고 그 속으로 끌어들이려 한다고 노자는 예를 비판하는 것이다. 발에다 신을 맞추어야지 신에다 발을 맞출 일은 아니다. 노자의 입장으로 보면 예(禮)라는 것은 겉치레처럼 거추장스럽고 부담스럽다. 노자의 그런 느낌이 팔을 휘둘러댄다〔攘臂〕는 말에서도 드러나고 싫어하는 것을 억지로 끌어들여서 하게 한다〔扔之〕는 말에서도 드러난다.

### 실도이후덕(失道而後德) 실덕이후인(失德而後仁) 실인이후의(失仁而後義) 실의이후예(失義而後禮)

무위의 도를 잃어버린 뒤에 덕이 나타났고〔失道而後德〕, 덕을 잃어버린 뒤에 인이 등장했고〔失德而後仁〕. 인을 잃어버린 뒤에 의가 등장했으며〔失仁而後義〕, 의를 잃어버린 뒤에 예가 등장했다〔失義而後禮〕. 대도가 폐하자〔大道廢〕 인의가 나타났다〔有仁義〕고 앞서 언급한 노자의 말을 떠올려 보라. 왜 천하가 난세로 이어지는지 살필 수 있을 것이다. 천지를 밀어내고 인간이 주인인 것처럼 군림하는 꼴을 노자는 두려워한다. 노자는 천명(天命)을 비웃는 인간의 자만을 두려워한다. 노자의 입장에서 보면 예(禮)는 천지 앞에 드러내는 인간의 지혜에 불과하다. 그래서 노자는 지혜가 출현하자〔智慧出〕 큰 속임수가 등장했다〔有大僞〕고 질타한 것이다.

### 부례자(夫禮者) 충신지박이란지수야(忠信之薄而亂之首也)

무릇 예라는 것〔夫禮者〕은 성실함과 미더움이 빈약해 무질서의 꼬투리가 된다〔忠信之薄而亂之首也〕. 충(忠)은 성심(誠心)이고 정심(正心)이다. 충은 마음에 거짓이 없다는 말이다. 신(信)은 의심치 않고 믿는 마음이다. 충이 빈약하면 음모가 생기고 음모는 본래 불신(不信)을 낳는다. 사람이 서로 하나가 되지 못하므로 예(禮)가 등장해 다스리려고 하지만, 그럴수록 사람은 더욱더 수작을 하려 든다. 인간이 만드는 온갖 수작들이 난(亂)이다. 무위자연에는 난이 없다. 난은 인간의 욕심이 만드는 것이다. 그래서 노자가 무위(無爲)하라 한 것이다.

### 전식자(前識者) 도지화이우지시야(道之華而愚之始也)

선각자라는 사람들은[前識者] 무위의 도를 인위의 도로 꾸며서 어리석은 짓이 싹트게 했다[道之華而愚之始也]. 남들보다 먼저 알게 된 자가 곧 전식자(前識者)이다. 이른바 선각자를 말한다. 화(華)는 박(樸)을 인간이 손질해 꾸미는 짓이다. 박은 무위의 도를 비유하고 화는 인의의 도를 비유하는 셈이다. 화를 문화라 새겨도 무방하다. 꾸미고 치장하는 까닭은 자연스러움을 잃은 탓이다. 인간의 지식은 수수함을 버리고 꾸미고 치장하려는 인간의 재주에 불과하다. 알아서 탈이듯 많이 안다는 것[大智]이 어리석음[愚]인 줄 인간은 모른다. 참으로 똑똑한 바보들이 많다. 물론 바보들은 대장부를 얕보고 흉보며 손가락질한다.

### 대장부처기후불거기박(大丈夫處其厚不居其薄) 처기실불거기화(處其實不居其華)

대장부는 너그럽고 넉넉하되 박하지 않으며[大丈夫處其厚不居其薄], 자연스럽게 살지 겉보기로 살지 않는다[處其實不居其華]. 성인·군자·대장부 모두 다 도를 터득한 선생으로 여기면 된다. 무위의 도를 터득한 사람은 모두 다 무소유(無所有)로 산다. 가질 것이 없다[無所有]는 것은 바라는 바가 없다[無所願]는 말이다. 바라는 바가 없는데 무엇이 욕심날 것인가. 그러니 성인은 매정할 리가 없다.

그러나 예(禮)에 밝고 학식이 많은 전식자(前識者)들은, 시비를 따지고 사는 화려하면서도 박(薄)하기 짝이 없는 이른바 문화인에 속한다. 겉모습이 세련되고 화려하니 문화인은 깔끔하다고 스스로 자부하겠지만 실상은 자기밖에 모른다. 자기만 아는 인간은 본래 속물이요 소인이다. 자기 자신에 도취되어 저밖에 모르는 문화인은 마음가짐이 후(厚)하고 실(實)한 사람과는 달리 진실로 남을 사랑할 줄 모르고 용서할 줄 모른다. 그래서 화(華)하고 박(樸)한 사람들은 상벌(賞罰)을 따져 우열을 저울질하며 항상 군림하려고 발버둥친다. 그러니 실도(失道)란 자연을 잃어버리고 인위적으로 산다는 말이다. 당신은 어느 쪽인가. 문화인인가 아니면 자연인인가? 노자가 묻고 있다.

道德經 39

# 득일(得一)하라

**요지** 득일(得一)하라. 그러면 평등할 뿐 귀천(貴賤)이 없다.

**내용** 태초에 하나를 얻은 것들이 있다. 하늘은 그 하나를 얻어 맑고 땅은 그 하나를 얻어 편안하다. 신(神)은 그 하나를 얻어 영검히고, 곡(谷)은 그 하나를 얻어 그득하다. 만물은 그 하나를 얻어 생(生)하고 후왕(侯王)은 그 하나를 얻어 천하의 정(貞)으로 삼는다. 그러니 지극한 것은 그 하나이다. 하늘이 맑고 깨끗하지 못하면 무너질세라 두렵고, 땅이 안정하지 못하면 내려앉을세라 두렵고, 신이 영험하지 못하면 그칠세라 두렵고, 곡이 그득하지 못하면 다할세라 두려우며, 만물이 태어나지 못하면 멸할세라 두렵고, 후왕이 곧지 못해 고귀함이 없으면 망할세라 두렵다. 그러므로 귀한 것은 천한 것을 근본으로 삼고, 높은 것은 낮은 것을 바탕으로 삼는다. 이런 까닭에 후왕은 스스로를 일러 고녹하다느니 덕이 부족하다느니 낮추어 말하는 게다. 이러함은 다 천한 것으로써 근본을 삼는 까닭이 아니겠는가. 그러므로 지극한 자랑거리에는 자랑하려는 짓 따위가 없다. 이는 갈고 닦은 옥이나 잘 다듬어진 돌이 되기를 바라지 않기 때문이다.

【원문(原文)】

　　昔之得一者 天得一以淸 地得一以寧 神得一以靈 谷得一以盈 萬物得一以生 侯王得一以爲天下貞 其致之一也 天無以淸 將恐裂 地無以寧 將恐發 神無以靈 將恐歇 谷無以盈 將恐竭 萬物無以生 將恐滅 侯王無以貞 將恐蹶 故貴以賤爲本 高以下爲基 是以侯王自稱孤寡不穀 此其以賤爲本耶 非乎 故致數輿無輿 不欲琭琭如玉 落落如石

【해독(解讀)】

석(昔)에 일(一)을 득(得)한 것이 있다. 천(天)이 일(一)을 득(得)하여 청(淸)하고, 지(地)가 일(一)을 득(得)하여 영(寧)하며, 신(神)이 일(一)을 득(得)하여 영(靈)하고, 곡(谷)이 일(一)을 득(得)하여 영(盈)하며, 만물(萬物)이 일(一)을 득(得)하여 생(生)하고, 후왕(侯王)이 일(一)을 득(得)하여 천하(天下)의 정(貞)으로 삼는다. 그 치(致)함은 일(一)이니라. 천(天)이 청(淸)함이 무(無)하면 장차 열(裂)할까 공(恐)하고, 지(地)가 영(寧)함이 무(無)하면 장차 발(發)할까 공(恐)하며, 신(神)이 영(靈)함이 무(無)하면 장차 헐(歇)할까 공(恐)하고, 곡(谷)이 영(盈)함이 무(無)하면 장차 갈(竭)할까 공(恐)하며, 만물(萬物)이 생(生)함이 무(無)하면 장차 멸(滅)할까 공(恐)하고, 후왕(侯王)이 정(貞)함이 무(無)하면 장차 궐(蹶)할까 공(恐)함이라. 고(故)로 귀(貴)는 천(賤)으로써 본(本)이 되고 고(高)는 하(下)로써 기(基)가 된다.

후왕(侯王)이 고과(孤寡)니 불곡(不穀)이라 자칭(自稱)하니 천(賤)으로 본(本)을 삼음이 아니겠는가. 고(故)로 여(輿)를 수(數)하매 여(輿)가 무(無)함을 치(致)하여 녹녹(琭琭)히 여옥(如玉)이거나 낙낙(落落)히 여석(如石)이기를 불욕(不欲)한다.

【담소(談笑)】

### 석지득일자(昔之得一者)

태초에 하나를 얻은 것들이 있다〔昔之得一者〕. 석(昔)은 시(始)로, 우주 삼라만상이 있기 이전을 말한다. 그러니 여기서 석이란 천지가 생기기 전이다. 그리고 득일(得一)의 일(一)은 도생일(道生一)의 일(一)이다. 그 하나를 일러 기(氣)라 한다. 그러므로 득일이란 기를 얻어 받았다는 말이다. 기를 받았다〔得一〕함을 일러 생(生)이라 해도 될 것이고 출(出)이라 해도 되리라. 생(生)은 도가 우주 만물을 낳았다는 말이다. 부모가 나를 낳았다고 할 때 부모는 나의 천지요 나의 도덕이요 나의 도라고 여기는 것이 득일의 이치이다. 만물치고 득일하지 않은 것은 없다. 그러므로 득일은 존재하는 모든 것이 도(道)에게서 하나를 빌렸다는 말이 된다. 그 하나가 바로 기이며 생기(生氣)이다. DNA지도를 완성해 판독하면 인간을 복제할 수 있다고 하지만, 살덩어리를 복제할 원래의 그 살덩이에 목숨을 주는 기(氣) 자체는 결코 복제할 수 없음을 알아야 한다.

### 천득일이청(天得一以淸) 지득일이령(地得一以寧)

하늘은 그 하나를 얻어 맑고〔天得一以淸〕 땅은 그 하나를 얻어 편안하다〔地得一以寧〕. 청기(淸氣)가 올라가는 것을 일러 천(天)이라 하고 탁기(濁氣)가 내려가는 것을 일러 지(地)라 한다. 천지가 득일하여 사(四)로 변한 천지의 수(數)를 각각 오(五)라고 한다. 그처럼 하나가 넷으로 변하여 다섯이 되는 것을 일러 묘다 한다.

천(天)의 일(一)이 변하여 사(四)가 된 것을 일러 태양(太陽: 日)·태음(太陰: 月)·소양(少陽: 星)·소음(少陰: 辰)이라 한다. 또 지(地)의 일(一)이 변하여 사(四)가 된 것을 태강(太剛: 火)·태유(太柔: 水)·소강(少剛: 石)·소유(少柔: 土)라 한다. 천의 일이 일(日)·월(月)·성(星)·진(辰)으로 변하고 지의 일이 화(火)·수(水)·석(石)·토(土)로 변하여 천지 만물이 생하였다는 것이다. 일·월·성·진을 한 마디로 묶어 청(淸)이라 하고 화·수·석·토를 한 마디로 묶어 영(寧)이라 해도 된다. 청을 허(虛) 또는 신(神)이라 해도 되고 영을 정(靜) 또는 귀(鬼)라 해도 된다. 천지(天地)·청령(淸寧)·허정(虛靜)·귀신(鬼神)은 천지가 득일했음을 말하는 셈이다.

### 신득일이영(神得一以靈) 곡득일이영(谷得一以盈)

신은 그 하나를 얻어 영검하고[神得一以靈], 곡은 그 하나를 얻어 그득하다[谷得一以盈]. 신(神)은 천(天)의 덕을 말하고 귀(鬼)는 지(地)의 덕을 말한다. 여기서 곡(谷)은 귀를 대신하는 땅의 덕으로 보면 된다. 도(道)가 만물에 기를 베푸는 것을 일러 덕(德)이라 한다. 그래서 덕을 득(得)이라 하는 게다. 득일(得一)의 득(得)이 곧 덕이다. 암수가 교미를 해서 새끼를 배고 낳아서 길러 내는 것이 곧 득일의 모습이다. 기(氣)가 베풀어져 드러나는 것이 영(靈)이요, 영은 곧 목숨이고 목숨은 곧 만물이 누리는 생기가 아닌가.

곡(谷)은 득일하여 만물로 가득 차 있다. 임산부의 불룩한 배를 보라. 그러면 영(盈)을 새겨서 터득할 수 있다. 영영(靈盈)은 만물의 생명관인 셈이다. 천의 사체(四體 : 日·月·星·辰)와 지의 사체(四體 : 火·水·土·石)를 목숨〔靈〕이 없는 물질로 보지 말라는 게 우리네 도덕관이다. 어느 것 하나 영(靈) 아닌 것은 없다. 여기서 노자의 도덕관이 곧 생명관임을 알게 된다. 그러므로 노자는 만물이 하나를 얻어 생긴다〔萬物得一以生〕고 말한다. 물질 따로 생명 따로 보다 보면 결국 시비의 상대(相對)에 걸리게 마련이고 귀천을 차별하는 잘못에서 벗어나지 못하게 된다. 그러나 득일(得一)로 우주 삼라만상을 바라본다면 상통(相通)을 가로막는 것은 하나도 없다.

### 후왕득일이위천하정(侯王得一以爲天下貞) 기치지일야(其致之一也)

후왕이 그 하나를 얻어 천하의 정(貞)으로 삼으니〔侯王得一以爲天下貞〕, 지극한 것은 그 하나이다〔其致之一也〕. 여기서 득일의 정(貞)과 득일의 치(致)를 잘 이해해야 한다. 정(貞)은 정(正)이다. 하나를 얻음에 따라 천하를 곧고 바르게 하라 함이 정(貞)이다. 바른 마음가짐〔貞心〕으로 세상을 다스린다면 귀천을 따져 차별할 리가 없다. 득일의 치(致)는 그 정심(貞心)을 지극하게 하여 하나에 머물라 함이다. 풀이하자면 포일(抱一)하고 위일(爲一)하라는 말이다.

### 천무이청장공열(天無以淸將恐裂) 지무이령장공발(地無以寧將恐發)

하늘이 맑고 깨끗하지 못하면 무너질세라 두렵고〔天無以淸將恐裂〕, 땅이 안정하지 못하면 내려앉을세라 두렵다〔地無以寧將恐發〕. 신이 영험하지 못하면 그칠세라 두렵고〔神無以靈將恐歇〕, 곡이 그득하지 못하면 다할세라 두려우며〔谷無以盈將恐竭〕, 만물이 태어나지 못하면 멸할세라 두렵고〔萬物無以生將恐滅〕, 후왕이 곧지 못해 고귀함이 없으면 망할세라 두렵다〔侯王無以貞而貴高將恐蹶〕.

이는 천지와 천하의 근본이 하나임을 잊지 말라는 말이다. 득일(得一)하지 못하면 하늘도 무너지고〔裂〕, 땅도 사라지고〔發〕, 신(神)도 없어지고〔歇〕, 곡(谷)도 고갈되고〔竭〕, 만물도 전멸하고〔滅〕 만다. 하물며 임금은 더 말할 것이 없다. 임금이 득일하지 못하면 나라는 기울어져 망하고 만다. 백성을 업신여기는 임금치고 끝을 험하게 당하지 않은 적이 없었다. 임금이 높다 하되 아래를 그 바탕으로 삼아야 넘어지지 않을 것 아닌가.

### 귀이천위본(貴以賤爲本) 고이하위기(高以下爲基)

귀한 것은 천한 것으로 근본을 삼고〔貴以賤爲本〕, 높은 것은 낮은 것으로 바탕을 삼는다〔高以下爲基〕. 이런 까닭에〔是以〕 후왕은 스스로를 일러 고독하다느니 덕이 부족하다느니 낮추어 말하는 것이다〔侯王自稱孤寡不穀〕. 이러함은 다 천한 것으로써 근본을 삼는 까닭이 아니겠는가〔此其以賤爲本耶非乎〕.

그러므로〔故〕 귀(貴)와 천(賤)이 따로 있어 귀가 천을 마구 지배한다고 생각하지 말라. 귀천(貴賤)·존비(尊卑)·고하(高下)는 천지를 말할 뿐, 지배이념도 아니며 우열의 분별도 아니다. 도(道)에는 아무런 계급도 없다. 그래서 하나라 하지 않는가. 모두 다 하나의 기(氣)를 얻어 받았으므로 참으로 평등할 뿐이다. 폭군은 자신이 귀하다 하고 성왕은 백성이 귀하고 자신이 천하다 한다. 그래서 임금은 스스로 외로운 사람〔孤寡〕이라 하고 빈 쭉정이〔不穀〕라고 자칭한다〔侯王自謂孤寡不穀〕. 임금이 이러함은 천(賤)을 근본으로 삼는 까닭이다.

치수여무여(致數輿無輿) 불욕록록락락여석(不欲琭琭如玉落落如石)

지극한 자랑거리에는 자랑하려는 짓 따위란 없다〔致數輿無輿〕. 득일(得一)을 깨달은 임금은 갈고 닦은 옥이나 잘 다듬어진 돌이 되기를 바라지 않는다〔不欲琭琭如玉落落如石〕. 득일을 터득하지 못한 인간들은 옥석을 가려 옥은 귀하고 석은 천하다 하겠지만 성인은 돌 속에 옥이 있음을 터득하고 돌이 옥의 근본임을 잊지 않는다. 그러니 이것은 귀하고 저것은 천하다고 분별하지 말라. 우주 만물이 다 하나의 기를 타고났으니 다를 바 없이 하나일 뿐이다. 우주 삼라만상이 득일의 가족임을 깨우치라고 노자가 아무리 절규해도 소귀에 경 읽기란 말인가?

道德經 40

# 반자(反者)를 알라

**요지** 반자(反者)를 알라. 그러면 시비(是非)가 없다.

**내용** 돌아온다는 것은 도(道)가 작용함을 말하고 약하다는 것은 도가 활용함을 말한다. 천하에 있는 모든 것은 유(有)에서 생기고 그 유는 무(無)에서 생긴다.

【원문(原文)】

反者 道之動 弱者 道之用 天下萬物生於有 有生於無

【해독(解讀)】

반자(反者)는 도(道)의 동(動)이고, 약자(弱者)는 도(道)의 용(用)이다. 천하(天下)의 만물(萬物)은 유(有)에서 생(生)하고 유(有)는 무(無)에서 생(生)한다.

【담소(談笑)】

### 반자도지동(反者道之動)

돌아온다는 것은 도가 작용하는 것이다[反者道之動]. 여기서 동(動)은 동정(動靜)의 왕래(往來)를 말한다. 도지동(道之動)의 동(動)은 동정의 동(動)이 아니라 기(氣)의 왕래를 말한다. 왕래는 변화나 조화로 이해해도 된다. 그러니 동(動)은 항상 동(動)이 아니다. 동(動)은 정(靜)으로 되돌아온다. 정(靜)은 항상 정(靜)이 아니다. 정(靜)은 동으로 되돌아온다. 그러므로 음양이 따로 있지 않다. 음은 양이 되고 양은 음이 된다. 이를 알면 성패가 따로 있고 흥망이 따로 있다고 고집하지 않는다. 졌다고 절망하지 말 것이요 이겼다고 날뛰지 말 일이다. 쥐구멍에도 볕들 날 있다고 그 누가 말했을까. 분명 그는 도지동(道之動)의 뜻을 알았다.

### 약자도지용(弱者道之用)

약하다는 것은 도가 활용하는 것이다[弱者道之用]. 약하다가 강해지는 것이 도의 활용이다. 또 강하다가 약해지는 것이 도의 활용이다. 강한 것은 항상 강하고 약한 것은 항상 약한 것이 아니다. 유약(柔弱)이 강강(强剛)을 이긴다 함이 곧 도의 작용이다. 약자는 강자가 된다. 그리고 강자는 약자가 된다. 생사(生死)를 생각해 보라. 생(生)은 유약한 것이 강해지는 것이요 사(死)는 강한 것이 유약해지는 것이다. 이러한 생사야말로 도의 활용이라 할 수 있다. 유전공학은 게놈(genome)의 비밀을 풀어 무병장수의 길을 튼다고 장담하지만 천지를 얕보면 안 될 일이다. 게놈의 판독(判讀) 때문에 인간이 공룡처럼 전멸할 수도 있기 때문이다. 지구가 인간만을 위하여 존재하는 게 아님을 잊지 말라고 노자는 이미 밝혀 놓았다.

### 천하만물생어유(天下萬物生於有)

천하에 있는 모든 만물은 유에서 생긴다[天下萬物生於有]. 유(有)는 천지 즉 우주를 말하는 셈이다. 천지가 있어야 만물이 있다는 것이 유(有)이다. 그러니 노자가 말하는 유를 서양이 말하는 존재[being]로 보면 안 된다. 서양은 여래(如來)가 설명하는 심(心)을 모르듯 노자가 말하는 유(有)도 이해하지 못한다. 내 한 몸이 곧 우주라고 하면 서양은 비웃으려고 한다. 그러나 이 말이 왜 헛소리가 아닌지 알 만하리라. 내 심신(心身)이 천지의 것이라는 말에는 생(生)의 사실이 숨어 있다. 숨쉬지 않고 안 먹고 안 싸고 사는 것[生]은 하나도 없다. 먹고 마시고 숨쉬는 것은 모조리 다 천지의 것이다. 그러니 내 부모가 내 천지라는 말은 허망한 말이 아니다.

### 유생어무(有生於無)

 그 유는 무에서 생긴다〔有生於無〕. 이제 무(無)라는 말을 알 수 있을 것이다. 왜냐하면 노자가 유생어무(有生於無)라고 밝혔기 때문이다. 무에서 유가 생긴다 하니 그 무(無)는 곧 도(道)인 것이다. 유는 무에서 생긴다〔有生於無〕. 유(有)가 만물의 어머니인 천지라면, 무(無)는 유의 어머니임을 밝히는 말씀이 곧 유생어무이리라. 유의 어머니를 일러 노자는 아무리 해도 알 수 없다는 뜻의 현(玄)을 붙여 빈(牝)으로 비유했다. 무를 현빈(玄牝)을 빌어서 말한 셈이지만 이는 곧 도를 일러 말함이다. 유를 낳은 무를 노자가 현빈이니 탁약(橐籥)이니 비유한 것뿐이다. 물론 천지의 시작은 태허(太虛)에서 생겼다〔天地之始生於太虛〕한 것 역시 도를 일러 말함이다.

 노자는 허(虛)를 주로 삼고 약(弱)을 주로 삼으며 비(卑)를 주로 삼는다. 그래서 노자는 여래와 더불어 담소할 수 있는 길을 트고 있다. 노자의 반자(反者)와 여래의 연기(緣起)는 서로 알았다는 듯이 미소를 짓는다. 정(靜)에서 동(動)으로 동에서 정으로 변화하는 것이 반자라면, 동이 있으므로 말미암아 정이 있고 정이 있으므로 말미암아 동이 있다는 것은 연기가 아니겠는가. 그러니 반복함을 알라는 것이다.

道德經 41

# 문도(聞道)하라

**요지** 문도(聞道)하라. 그러면 누구나 도에 가까이 간다.

**내용** 도를 깨우친 사람은 도를 듣고 부지런히 행하고, 어느 정도 도를 깨우친 사람은 도를 들으면 도를 믿는 듯도 하고 믿지 않는 듯도 하며, 도를 깨우치지 못한 사람은 도를 들으면 웃기는 소리라며 비웃는다. 그 사람에게는 우습게 들리는 것이 아니면 도가 아니다. 그래서 다음과 같은 말이 있다. 밝은 도는 어두운 것 같고, 나아가는 도는 물러나는 듯하며, 평탄한 도는 굽은 듯하고, 높은 덕은 낮고 빈 골짜기 같고, 참으로 흰 것은 검은 듯하며, 넉넉한 덕은 모자란 듯하고, 건실한 덕은 구차해 보이며, 질박한 진실은 어리석은 듯하다. 크나큰 모서리는 귀가 없는 듯하고, 큰 그릇은 뒤늦게 이루어지고, 크나큰 소리는 들리지 않으며, 크나큰 짓은 드러남이 없고, 도는 숨어 있기에 무어라 말할 수 없다. 그러나 오로지 도만이 잘 빌려 주고 잘 이룬다.

【원문(原文)】

　　上士聞道勤而行之 中士聞道若存若亡 下士聞道大笑之不笑不足以爲道 故 建言有之 明道若昧 進道若退 夷道若纇 上德若谷 大白若辱 廣德若不足 健德若偸 質眞若渝 大方無隅 大器晚成 大音希聲 大象無形 道隱無名 夫唯道善貸且成

【해독(解讀)】

　　상사(上士)는 문도(聞道)하면 근(勤)히 행지(行之)하고, 중사(中士)는 문도(聞道)하면 약존(若存) 약망(若亡)하며, 하사(下士)는 문도(聞道)하면 대소지(大笑之)하나니 불소(不笑)해서는 위도(爲道)함에 부족(不足)하니라. 고(故)로 건언(建言)이 유(有)하기를 명도(明道)는 약매(若昧)하고, 진노(進道)는 약퇴(若退)하며, 이도(夷道)는 약뢰(若纇)하고, 상덕(上德)은 약곡(若谷)하며 대백(大白)은 약욕(若辱)하고, 광덕(廣德)은 약부족(若不足)하며 건덕(健德)은 약투(若偸)하고, 질진(質眞)은 약투(若渝)하며, 대방(大方)은 무우(無隅)하고, 대기(大器)는 만성(晚成)하며, 대음(大音)은 희성(希聲)하고, 대상(大象)은 무형(無形)하며, 도(道)는 은(隱)하여 무명(無名)하디. 부유(夫唯) 노(道)가 선대(善貸)하고 또 성(成)한다.

【담소(談笑)】

### 상사문도근행지(上士聞道勤行之)

　도를 깨우친 사람은 도를 들으면〔上士聞道〕부지런히 행한다〔勤而行之〕. 상사(上士)는 어떤 사람일까? 도를 깨우쳐 초연(超然)한 사람이다. 무심한 사람이어야 초연하다. 무심한 사람은 무욕(無欲)하다. 이런 사람은 도를 들으면 부지런히 도를 행한다. 초연하여 무심하고 무욕한 삶이 곧 도를 따라 사는 삶인 까닭이다. 이는 성인의 삶을 말한다.

### 중사문도약존약망(中士聞道若存若亡)

　어느 정도 도를 안다는 사람은 도를 들으면〔中士聞道〕도를 믿는 듯도 하고 믿지 않는 듯도 하다〔若存若亡〕. 중사(中士)는 어떤 사람일까? 영리(營利)한 사람이다. 변덕을 부리고 이랬다저랬다 하는 사람이다. 한번 먹은 마음이 삼일을 못 가는 부류이고 달면 삼키고 쓰면 뱉는 무리이기 쉽다. 따지기 좋아하는 유식한 부류도 이에 속한다. 도(道)를 들을 때에는 솔깃해하다가도 얼마 못 가 잊어버리고 마는 사람들이다. 무욕(無欲)을 안다 하면서도 유욕(有欲) 때문에 도를 비껴가는 무리들이 중사인 셈이다.

### 하사문도(下士聞道) 대소지(大笑之) 불소부족이위도(不笑不足以爲道)

　도를 알지 못하는 사람은 도를 들으면〔下士聞道〕크게 웃으면서〔大笑之〕웃기는 소리라며 비웃는다〔不笑不足以爲道〕. 하사(下士)는 어떤 사람일까? 자기밖에 모르는 사람이다. 게걸스럽고 탐욕스러워 무위(無爲) 자체를 비웃고 냉소하는 사람이다. 이런 하사는 도를 듣는 일마저 싫어한다. 유위(有爲)에 몰입해 자기밖에 모르는 인간에게 도 따위는 정말로 웃음거리일 뿐이다. '돈' 하면 귀가 번쩍 뜨이나 '도' 하면 웃기는 소리로 치부하고 마는 무리를 일러 하사(下士)라 여기면 된다.

### 명도약매(明道若昧)

밝은 도는 어두운 것 같다〔明道若昧〕. 어둠이 가고 밝음이 오는 새벽을 생각해 보자. 새벽은 눈부시지 않다. 새벽 같은 사람은, 참으로 밝지만 그 밝기를 드러내지 않아 어수룩해 보이게 마련이다. 생각마다 맑고 밝지만 자신의 총명함을 드러내지 않고 시비걸 생각 따위는 하지 않는 사람이 있다면, 그는 분명 명도(明道)를 따르는 사람이다.

### 진도약퇴(進道若退)

나아가는 도는 물러나는 듯하다〔進道若退〕. 억지를 부리면 나아갈 수 없다. 얽매이고 묶이면 나아갈 수 없다. 나아가려면 걸림이 없어야 한다. 걸림돌을 없애려면 그것을 치우면 된다. 무심(無心)하라. 허정(虛靜)하라. 이는 욕심을 부리지 말라 함이다. 욕심을 버리면 양보할 수 있다. 양보하라. 그러면 물러나는 듯해도 결국은 나아간다. 얽매이지 않고 모든 이를 벗으로 삼을 줄 아는 자는 분명 진도(進道)를 따르는 사람이다.

### 이도약뢰(夷道若纇)

평탄한 도는 굽은 듯하다〔夷道若纇〕. 이(夷)는 평(平)이다. 뇌(纇)는 불평(不平)이다. 평(平)은 알맞음이요 불평(不平)은 치우침이다. 눈에 드러나지 않음도 이(夷)이다. 이도(夷道)를 따르는 사람은 선하다느니 악하다느니 따지고 가리지를 않는다. 그는 귀천을 분별하지 않으며, 똑똑한가 어리석은가를 두고 따지지 않아

무던하고 넉넉하다. 옹색하고 모난 사람의 눈에는 무던한 사람이 치우친 것처럼 보인다. 사팔눈에는 곧은 것이 기울어진 것처럼 보이듯 모난 사람은 무던한 사람을 줏대가 없다며 비웃는다. 그러나 무던한 자야말로 이도(夷道)를 따르는 사람이다.

### 상덕약곡(上德若谷)

높은 덕은 낮고 빈 골짜기 같다[上德若谷]. 곡(谷)은 골이다. 골은 산마루 아래에만 있으면서, 텅 비어 온갖 것들을 품어 안는다. 지극한 상(上)은 오히려 하(下)처럼 보인다. 상덕(上德)은 크고 넓고 깊어 마음가짐을 넉넉하게 한다. 큰 마음을 일러 태허(太虛) 같다 하지 않는가. 태허는 도를 일컬음인데 마음가짐이 도와 같다면 더 말해 무엇하리. 그러므로 상덕은 곡신(谷神)에 비유되는 것이다. 물론 아무리 후덕하다 한들 어찌 상덕이겠는가.

### 대백약욕(大白若辱)

참으로 흰 것은 검은 듯하다[大白若辱]. 때가 묻어 검게 된 것이 욕(辱)이다. 깨끗한 것이 더럽게 되면 욕이다. 분별하고 따지는 사람은 시비를 넘어선 마음을 모른다. 자기를 드러내며 제 자랑을 일삼는 사람은 뒤로 물러앉아 있는 듯 없는 하는 마음가짐을 모른다. 까마귀 싸우는 골이라도 서슴지 않고 가서 앉아 노니는 마음가짐이 대백(大白)이리라. 있는 듯 없는 듯 그저 사람을 편안하게 하는 사람은 대백을 터득한 사람이다.

### 광덕약부족(廣德若不足)

넉넉한 덕은 모자란 듯하다[廣德若不足]. 스스로 덕이 부족함을 아는 사람이 넉넉히 베풀 수 있는 사람이다. 성인의 마음가짐이 바로 광덕(廣德)이다. 광덕은 후덕(厚德)이다. 훈훈하고 너그러운 마음은 넉넉한 척하지 않아 덕을 헤프게 하지 않는다. 스스로 덕이 부족한 줄 알므로 소중히 베풀려고 한다.

### 건덕약투(健德若偸)

건실한 덕은 어리석은 듯하다〔健德若偸〕. 투(偸)는 박(薄)이다. 건덕(健德)은 덕을 함부로 행하지 않는다. 후덕한 사람은 스스로 덕이 후하다 하지 않는다. 건덕한 사람은 일을 하면서도 항상 조심하고 조신하게 살핀다. 그래서 덕을 건실하게 하는 사람은 어리석은 듯도 하고 구차한 듯도 하다. 허세를 부리는 사람은 박덕(薄德)하면서 후덕(厚德)한 척하고 건덕(健德)한 사람은 후덕하면서도 박덕한 척한다. 교만하면 덕이 사라짐을 터득한 사람은 건덕을 터득한 사람이다.

### 질진약투(質眞若渝)

그대로의 진실은 거짓인 듯하다〔質道若渝〕. 명도(明道) · 진도(進道) · 이도(夷道) 등은 다 질진(質眞) 즉 질도(質道)이며, 상덕(常德) · 대백(大白) · 광덕(廣德) · 건덕(健德) 역시 질진의 모습이다. 질도는 자연 그대로이기 때문에 꾸미고 다듬기에 영리한 인간에게는 모자라도 보이고 헤프게도 보이고 천하게도 보이고 우습게도 보이고 어리석게도 보인다. 투(渝)는 달라진다는 변(變)도 되고 옮긴다는 수(輸)도 되고 어리석다는 우(愚)도 된다. 겉만 깨끗하고 속이 더러운 사람은 질도를 비웃고 질진을 비웃는다. 그런 비웃음을 당해도 질진은 여전히 수수하고 검소하므로 어리석어 보이고 남다르게 보인다.

### 대방무우(大方無隅)

크나큰 모서리에는 후미진 귀가 없다〔大方無隅〕. 이는 질도(質

道)를 비유해서 하는 말이다. 질도는 원(圓)으로 비유된다. 모〔方〕는 모서리가 있는 꼴이다. 그 모서리에 구석진 귀〔隅〕가 없다면 둥글 수밖에 없다. 우주를 낳은 도의 모양새를 상상해 보라고 대방(大方)이 무우(無隅)하다 한 셈이다.

### 대기만성(大器晚成)

크나큰 그릇은 늦게 이루어진다〔大器晚成〕. 이 또한 질도(質道)를 비유해서 하는 말이다. 삼라만상을 담고 있는 그릇에 비유해 질도를 상상해 보라. 그러면 도(道)가 대기(大器)라는 것이다. 우주 만물을 담는 그릇보다 더 큰 그릇은 없다. 질도가 그런 그릇이란 말이다. 만성(晚成)은 쉽게 이루어지지 않는다. 성인이 질도를 따라 산다는 것은 어렵고 힘들 수밖에 없다. 큰 그릇이 작은 그릇들 사이에서 치일 수밖에 없기 때문이다.

### 대음희성(大音希聲)

크나큰 소리는 들리지 않는 소리이다〔大音希聲〕. 이 또한 질도(質道)를 비유해서 하는 말이다. 우주도 왕래하고 만물도 왕래한다. 오고 가는 것이 동정(動靜)의 반자(反者)가 아닌가. 노자는 그 반자를 풀무질에 비유하기도 했다. 동정을 왕래하게 하는 풀무질소리가 대음(大音)이리라. 우주 만물을 낳는 풀무 즉 탁약(橐籥)이 내는 소리는 들리지 않는다. 오히려 작은 소리들이 귀청을 찢으려 한다. 그러나 침묵보다 더 큰 소리는 없다.

### 대상무형(大象無形)

크나큰 짓은 드러나는 꼴이 없다〔大象無形〕. 이 또한 질도(質道)를 비유해서 하는 말이다. 우주 만물을 불러들이려고 풀무질하는 도의 몸짓을 대상(大象)에 비유한 셈이다. 상(象)은 움직이는 모습이고 형(形)은 가만히 드러나는 모습이다. 상은 짓이요 형은 꼴이다. 몸짓이 드러나지 않는데 어찌 몸이 드러나겠는가. 그래서 질도(質道)를 따라 사는 성인은 부자현(不自見)하고, 부자벌(不自伐)하며, 부자긍(不自矜)하고 산다. 자기를 과시하지 않으니 어찌 드러날 것인가? 자기를 자랑하지 않으니 어찌 드러날 것인가? 자기를 뽐내지 않으니 어찌 드러날 것인가? 질도를 따라 사는 성인은 이러하니 우리는 그를 알아볼 수 없다.

**도은무명(道隱無名) 부유도선대차성(夫唯道善貸且成)**
도는 숨어 있기에 무어라 말할 수 없지만〔道隱無名〕오로지〔夫唯〕도만이 잘 빌려 주고 잘 이룬다〔道善貸且成〕. 그러니 도에는 이름이 없다〔無名〕. 그러나 우주 만물치고 무엇 하나 도의 풀무질을 당하지 않은 것은 없다. 그러므로 만물 뒤에 도가 숨어 있다고 하는 것이다. 이를 일러 이미 득일(得一)이라 했다. 만물은 도의 기를 빌려 생사를 이룬다. 나라는 존재도 도가 하염없이 그냥 빌려 준 것이다. 나의 생사야말로 도가 빌려 준 목숨인 셈이다. 도가 빌려 준 것을 노자는 추구(芻狗)라고 비유했다. 인간도 길에 버려진 풀강아지〔芻狗〕요 풀잎에 숨어 사는 여치도 버려진 풀강아지란 말이다. 인간과 여치가 무엇이 다르단 말인가. 다 같은 도의 새끼이다. 그래서 무릇 오로지 도라야 잘 빌려 주고 잘 이룬다〔夫唯道善貸且成〕고 말할 수밖에 없는 셈이다. 그래시 장자도 전시를 여인숙이라 했고 삼리민상을 나 나그네라 읊었던 것이 아닌가.

道德經 42

# 충화(沖和)를 알라

**요지** 충화(沖和)를 알라. 그러면 손익(損益)을 따질 게 없다.

**내용** 도(道)가 하나를 낳고, 하나가 둘을 낳으며, 둘이 셋을 낳고, 셋이 만물을 낳는다. 만물이 음(陰)을 지고 양(陽)을 품어 음양이 합한 기운으로써 화합한다. 사람은 누구나 고독이나 과덕(寡德)을 싫어하고 또 불선(不善)을 싫어하지만, 왕공(王公)은 스스로 자기를 일컬어 고독하다 하거나 과덕하다 하거나 불선하다 한다. 그러므로 사물은 손해를 보다가 이롭게 되고 이익을 보다가 손해를 본다. 사람들이 가르치는 것을 나도 가르치는데, 그게 무엇이냐 하면 힘자랑하는 사람은 제 명에 죽지 못한다는 것이다. 앞으로 나는 이를 가르치는 기준으로 삼을 것이다.

【원문(原文)】

> 道生一 一生二 二生三 三生萬物 萬物負陰而抱陽 沖氣以爲和 人之所惡 惟孤寡不穀 而王公以爲稱 故物或損之而益 或益之而損 人之所敎 我亦敎之 强梁者 不得其死 吾將以爲敎父

【해독(解讀)】

도(道)가 일(一)을 생(生)하고, 일(一)은 이(二)를 생(生)하며, 이(二)는 삼(三)을 생(生)하고, 삼(三)은 만물(萬物)을 생(生)하니 만물(萬物)이 음(陰)을 부(負)하고 양(陽)을 포(抱)하여 충기(沖氣)로써 화(和)가 된다. 인(人)의 소오(所惡)는 고과(孤寡)와 불곡(不穀)이로되 왕공(王公)이 이것들로 자칭(自稱)한다. 고(故)로 물(物)이 혹(或) 손(損)하여 익(益)하고, 혹(或) 익(益)하여 손(損)하니라. 인(人)의 소교(所敎)를 아(我) 또한 교(敎)한지라 강량자(强梁者)는 그 사(死)를 부득(不得)한다. 오(吾)는 장(將)차 이를 교부(敎父)로 삼으려 한다.

【담소(談笑)】

도생일(道生一)

도가 하나를 낳는다〔道生一〕. 도(道)가 우주와 만물을 곧장 낳는 것이 아니다. 도는 하나를 낳을 뿐이다. 그 하나를 기(氣)라 한다. 기는 둘을 낳는 힘이다. 그래서 일생이(一生二)라 한다.

### 이생삼(二生三)

둘이 셋을 낳는다〔二生三〕. 둘도 기(氣)이다. 그 둘을 음양(陰陽)이라 하고 그 음양을 동정(動靜)이라 하니 기가 동(動)하여 양이 되고 기가 정(靜)하여 음이 된다는 게다. 음양은 셋을 낳는 힘이다. 그러기 위해 음양은 서로 사귄다. 음양의 사귐〔交〕은 현묘(玄妙)하다. 묘(妙)란 쉽 없이 섞바뀌는 것을 두고 한 말이다. 음과 양은 그침 없이 교류하며 섞바뀌다가 셋을 낳는다. 그래서 이생삼(二生三)이라 한다.

### 삼생만물(三生萬物)

셋이 만물을 낳는다〔三生萬物〕. 셋도 기(氣)이다. 그 셋을 충기(沖氣)라고 한다. 충기를 음양의 사귐으로 생각해도 된다. 음양이 서로 나뉘어서 내는 힘〔沖氣〕을 화기(化氣)라고도 한다. 비유하자면 남녀가 성교하여 종(種)을 잇는 짓이 곧 충기이고 삼생만물(三生萬物)의 삼(三)이다.

### 만물부음이포양(萬物負陰而抱陽) 충기이위화(沖氣以爲和)

만물이 음을 지고 양을 품어〔萬物負陰而抱陽〕 음양이 합한 기운으로써 화합한다〔沖氣以爲和〕. 음을 지고〔負陰〕 양을 품었다〔抱陽〕함은 만물이 음양이 합한 결과로 생겼다는 말이다. 음양은 만물을 만들어 내는 힘이다. 이런 힘을 조물(造物)의 화기(化氣)라고 한다. 씨가 싹〔苗〕을 내고 뻗어나〔秀〕꽃을 피워 열매를 맺는 것〔實〕이 곧 화(和)이다. 만물의 생사야말로 부음(負陰)과 포양(抱陽)의 어울림〔和〕으로 보는 것이 음양의 조화이다. 충기(沖氣) · 화기(化氣) · 조화(造化)는 다 만물이 생기는 힘을 말하는 셈이다. 만물이 생기는 모습을 일러 음을 지고〔負陰〕 양을 품는다〔抱陽〕고 한 것이다.

### 인지소오유고과불곡(人之所惡惟孤寡不穀) 왕공이위칭(王公以爲稱)

사람은 누구나 고독이나 과덕을 싫어하고 불선을 싫어하지만〔人之所惡惟孤寡不穀〕, 왕공은 스스로 자기를 일컬어 고독하다거나 과덕하다거나 불선하다 한다〔而王公以爲稱〕. 고과(孤寡)의 고(孤)는 부모를 잃어 나약한 고아를 말하고 과(寡)는 덕이 없음을 말한다. 그리고 불곡(不穀)의 곡(穀)은 선(善)을 의미하니 불곡은 불초(不肖)란 말과 통하는 셈이다. 임금〔王〕과 대부〔公〕는 천하의 존귀한 자리에서 다스리는 자이다. 그런 임금마저도 자신을 낮춘다. 왜냐하면 천(賤)을 귀(貴)의 근본으로 삼기 때문이다. 물론 성군(聖君)이라야 그리할 수 있다. 이는 겸허하라, 오만하지 말라 함이다. 자신을 귀하다 하지 말라〔不自貴〕. 존경을 받으려 하지 말라〔不自尊〕. 이러한 마음가짐이 곧 허심(虛心)이다.

### 물혹손지이익(物或損之而益) 혹익지이손(或益之而損)

사물은 손해를 보다가 이롭게 되고〔物或損之而益〕 이익을 보다가 손해를 본다〔或益之而損〕. 왜 임금이 스스로를 낮추는지 생각해 보라. 나아가 겸허와 오만을 살펴보라. 그런 다음 허심과 욕심을 살펴보라. 나를 낮추면 손해를 보는 듯하지만 상대가 나를 높여 주므로 결과는 이익을 얻는 셈이다. 본래 못난 인간이 콧대를 세우려 한다. 얻고 싶은가? 그러면 먼저 주어라. 항상 손해만 낭하란 법도 없고 항상 이득만 얻으란 법도 없다. 손익이 항상 왕래함을 알면 애걸복걸할 일이란 없다.

### 인지소교(人之所敎) 아역교지(我亦敎之) 강량자부득기사(强梁者不得其死)

사람들이 가르치는 것을〔人之所敎〕 나도 가르치는데 그것이 무어냐 하면[我亦教之] 힘자랑하는 사람은[强梁者] 제 명에 죽지 못한다는 것이다[不得其死]. 앞으로 나는 이를 가르치는 기준으로 삼을 것이다[吾將以爲教父]. 사람이 배워 두어야 할 것이 무엇인가? 손해가 이익이 되고 이익이 손해가 되는 손익의 왕래야말로 사람이 배워야 할 바이다. 강량(强梁)의 양(梁)은 통나무의 등걸을 잘라 내는 짓이다. 그렇게 힘을 자랑하는 짓을 강량이라 한다. 힘만 믿고 떼를 쓰거나 억지부리지 말라. 누구든 힘자랑하면 제 명대로 살 수 없다. 칼질을 일삼는 자는 칼로 제 명을 재촉한다. 그러므로 성인은 힘을 멀리하라 한다. 힘을 버리고 약해져라[去强爲弱]. 약(弱)이란 나를 뒤로 하고 남을 앞세우는 겸양을 뜻한다. 내가 나를 약하게 하는 것만한 강(强)은 없다. 그래서 강은 자승(自勝)의 힘이라 하지 않는가. 그런 힘이 곧 화(和)이다. 굳셈을 버리고 부드러워져라[去剛用柔]. 이 또한 화이다.

### 오장이위교부(吾將以爲教父)

앞으로 나는 이를 가르침의 기준으로 삼을 것이다[吾將以爲教父]. 힘으로 통나무를 자르는 자[强梁者]는 제 명에 죽지 못함[不得其死]을 교부(教父)로 삼겠다는 것이다. 힘자랑하지 말라. 억지부리지 말라. 음양의 조화는 힘을 서로 어울리게 하지 겨루게 하지 않는다. 어울림[和]은 유약(柔弱)하다. 겨룸[不和]은 강강(强剛)이다. 노자는 항상 유약을 도의 용(用)이라고 했다. 그러나 사람들은 강하고 굳세기[强剛]를 바라지 부드럽고 약하기[柔弱]를 바라지 않는다. 그래서 노자의 말을 역겨워하는 이들이 많지만 그럴수록 누워 침 뱉는 짓일 뿐이다.

道德經 43

# 지유(至柔)하라

**요지** 지유(至柔)하라. 그러면 곧장 겨룰 것도 없고 다툴 것도 없다.

**내용** 가장 부드러운 것이 가장 견고한 것을 극복해 낸다. 형체가 없는 것이 틈이 없는 것 속으로 들어가기 때문이다. 이런 까닭에 나는 무위가 이롭다는 것을 알 수 있나. 말하지 않고 가르치는 것과 무위의 이로움을 천하에서 실행하는 자가 드물다.

【원문(原文)】

天下之至柔 馳騁天下之堅 無有入於無間 吾是以
知無爲之有益 不言之敎 無爲之益 天下希及之.

【해독(解讀)】

천하(天下)의 지유(至柔)가 천하(天下)의 견(堅)을 치빙(馳騁)하고 무유(無有)가 무간(無間)에 입(入)하는지라 시이(是以)로 오(吾)는 무위(無爲)가 유익(有益)함을 지(知)한다. 불언(不言)의 교(敎)와 무위(無爲)의 익(益)을 천하(天下)에 급(及)하는 자가 희(希)하다.

【담소(談笑)】

### 천하지유치빙천하지견(天下至柔馳騁天下之堅)

세상에서 가장 부드러운 것이〔天下之至柔〕세상에서 가장 견고한 것을 극복한다〔馳騁天下之至堅〕. 가장 부드러운 것〔至柔〕은 도의 작용을 말한다. 반대로 지견(至堅)은 도의 작용을 거스르는 것을 말한다. 치빙(馳騁)은 말을 타고 달리는 모습인데 여기서는 겪어서 이겨 낸다는 뜻이다. 도의 작용에 순응하고 일치함을 일러 무위(無爲) 또는 상선(上善)이라 하는데 노자는 상선을 일러 물과 같다〔上善若水〕고 했다. 물은 지유(至柔)를 잘 비유해 준다. 그리고 지유를 영아(嬰兒)로 비유하기도 하는데, 도에 가깝기 때문에 천하의 장사라도 갓난애〔嬰兒〕를 못 이긴다.

### 무유입어무간(無有入於無間)

몸이 없는 것이 틈새 없는 속으로 들어가기 때문이다〔無有入於無間〕. 이는 가장 부드러운 것〔至柔〕이 가장 견고한 것〔至堅〕을 극복하는 이유를 설명하는 대목으로, 지유(至柔)는 무유(無有)·무간(無間)으로 들어가는 까닭에 지견(至堅)을 극복할 수 있다는 말이다. 무유(無有)의 유(有)는 몸을 떠올리면 된다. 몸이 있어야 모습이나 모양이나 꼴을 얻는다. 무간(無間)의 간(間)은 물론 틈이다. 있는 것치고 틈이 없는 것이란 없다. 그렇다면 무간을 무엇으로 보아야 하는가? 허(虛)라고 보면 될 것 아닌가. 몸이 없는 것〔無有〕이 허로 들어간다. 이는 무유인 기(氣)가 허로 들어간다는 말이다.

이미 노자는 앞에서 음양충(陰陽沖) 삼기(三氣)의 득일(得一)을 살폈다. 득일의 일(一)을 일러 무유라고 한 셈이다. 허는 도이다. 그러니 무유가 무간으로 들어간다 함은 득일의 일기(一氣)가 도로 들어간다는 말이 아닌가. 이는 곧 도를 따른다〔順應〕는 말이다. 그러므로 지유는 도를 따르는 것이고 지견은 반대로 도를 거스르는 것이다.

유(有)란 것은 물(物)이고 실(實)이다. 무(無)란 것은 허(虛)요 이(理)이다. 만물은 다 허실(虛實)의 어울림〔和〕이다. 내 몸이 유라면 내 마음은 무이다. 노자는 부드럽고 약한 것이 굳세고 힘센 것을 이긴다〔柔弱勝剛强〕고 했다. 유약(柔弱)은 무 요 강강(强剛)은 유로 보아도 무방할 것이고 그 무를 마음으로 보고 그 유를 몸으로 보아도 되리라. 노자는 마음이 몸을 이긴다고 본다. 이런 관점이 바로 도덕이다. 그러나 지금 사람들은 노자를 비웃는다. 왜냐하면 현대인은 몸을 믿지 마음을 믿으려 하지 않기 때문이다. 체력만 앞세우고 마음은 팽개치고 있는 현실에서 도덕을 되살리자는 구호는 거짓말밖에 되지 않는다.

오시이지무위지유익(吾是以知無爲之有益) 불언지교(不言之敎) 무위지익(無爲之益) 천하희급지(天下希及之)

　이런 까닭에 나는 무위가 이롭다는 것을 알 수 있다〔吾是以知無爲之有益〕. 노자가 말하는 유익(有益)은 자연의 이치를 따라 함을 뜻한다. 지극히 부드러운 것〔至柔 : 無〕이 지극히 굳센 것〔至堅 : 有〕을 차 버리고〔馳騁〕 그 속에 스며드는 것은 무가 하는 짓, 즉 무위(無爲)로 볼 수 있다. 노자가 이러한 무위의 이로움을 밝히는 것은 자연을 따라 살기를 바라기 때문이다. 그러나 노자를 옳다고 믿는 사람은 별로 없다. 그래서 노자는 말하지 않고 가르치는 것〔不言之敎〕과 무위의 이로움〔無爲之益〕을 천하에서 실행하는 자가 드물다〔天下希及之〕고 한 것이다.

　공자는 성군(聖君)을 찾으려 했고 노자는 성인(聖人)을 찾으려 했다. 그러나 여전히 세상에는 성군도 없고 성인도 없다. 노공(老孔)을 비웃는 사람들로 세상은 항상 북적거린다. 조선시대를 일러 공자의 시대라 하지만 아마도 공자는 그 시대를 달가워하지 않을 것이다. 노공을 비웃지 말라. 그들은 성군이나 성인이 따로 있다고 말하는 것이 아니다. 우리 자신이 성군이 되고 성인이 될 수 없느냐고 묻고 있을 뿐이다. 노자를 비웃지 말고 노자 앞에 부끄러워하라. 그러면 참으로 묘해진다. 왜 묘하단 말인가? 오만불손하던 내가 작아지고 부끄러운 마음이 생겨 고개를 숙이게 되는 까닭이다. 그리고 나면 나도 몰래 마음이 속절없이 편안해지고 산다는 일이 하염없이 느껴진다. 그리고 그렇게 편안한 마음이 곧 지유(至柔)임을 터득하게 되니 묘하지 않은가 말이다. 이는 분명 노자가 내리는 축복이다. 지극히 부드러운 선물이다.

道德經 44

# 지족(知足)하라

**요지** 지족(知足)하라. 그러면 무슨 일이든 망할 리 없다.

**내용** 명성과 목숨은 어느 것이 친밀한가. 재물과 목숨은 어느 것이 중한가. 잃는 것과 얻는 것은 어느 것이 괴로운가. 지나치게 아끼면 반드시 크게 버리게 되고, 지나치게 많이 간직하면 반드시 크게 잃어버린다. 만족할 줄 알면 욕을 먹지 않고, 멈출 줄 알면 위태롭지 않아 오래갈 수 있다.

【원문(原文)】

名與身孰親 身與貨孰多 得與亡孰病 是故 甚愛必大費 多藏必厚亡 知足不辱 知止不殆 可以長久

【해독(解讀)】

명(名)과 신(身)이 숙친(孰親)하고, 신(身)과 화(貨)가 숙다(孰多)하며, 득(得)과 망(亡)이 숙병(孰病)한가. 시고(是故)로 심애(甚愛)는 필(必)히 대비(大費)하고, 다장(多藏)은 필(必)히 후망(厚亡)하니라. 지족(知足)이면 불욕(不辱)하고 지지(知止)하면 불태(不殆)하여 가(可)히 장구(長久)한다.

【담소(談笑)】

### 명여신숙친(名與身孰親)

명성과 목숨은 어느 것이 친밀한가[名與身孰親]? 목숨이 있어야 명성도 있다. 명성을 얻자고 몸을 버리는 사람은 부나비와 같다. 불빛만 보고 치닫는 부나비는 불이 제 몸을 태워 목숨을 앗아가는 줄 모른다. 몸은 천지가 주되 명성은 사람이 지어 낸 줄 모르면 허깨비에게 홀리는 꼴을 면하기 어렵다. 그래서 정신 나간 놈이란 욕이 생겼다.

### 신여화숙다(身與貨孰多)

목숨과 재산은 어느 것이 중한가[身與貨孰多]? 목숨이 있어야 재산도 중하다. 그러나 목숨 걸고 돈을 한없이 벌어야 한다고 여기는 사람이 있다. 이런 사람은 항상 도둑이 들세라 걱정이 끊이지를 않고 식은땀을 흘리며 악몽에 밤잠을 설친다. 편히 살자고 있는 돈인데 그런 돈을 너무 탐하다 보면 온 세상이 도둑으로 보여 제 피붙이도 못 믿게 된다. 그래서 제 배를 따고 보석을 감출 놈이란 욕이 생겼다.

### 득여망숙병(得與亡孰病)

얻는 것과 잃는 것은 어느 것이 괴로운가〔得與亡孰病〕? 득(得)은 본래 덕(德)인데, 사람은 그런 줄 모르고 명성을 얻고 재물을 얻는 것만 득인 줄 안다. 덕이란 베푸는 것이 아닌가. 얻었으면 베풀라 함이 득이다. 그러나 얻어서 제 몫으로 갖는 것이 곧 득이라 고집하다 득이 부덕(不德)으로 치닫는 경우가 허다하다. 탐하지 말라 하면 더 탐하려는 것이 인간인 모양이다. 명성이 이득으로 통하는 줄로만 알고 해를 당한다. 귀한 것이 따로 있는 줄로만 알고 허영을 부리다 욕을 먹는다. 얻는 것 잃는 것이 다른 것이 아니다. 얻으면 잃고 잃으면 얻는 것이 본래 득실(得失)인 줄 모르고 항상 얻기만을 바라다가 망하는 꼴을 험하게 당한다. 그래서 눈이 뒤집혀 물불을 모르는 놈이란 욕이 생겼다.

### 심애필대비(甚愛必大費)

지나치게 아끼면 반드시 크게 버린다〔甚愛必大費〕. 탐욕(貪欲)과 심애(甚愛)는 같은 말이다. 명성을 탐하다 보면 심신이 견디지 못한다. 이보다 더한 소모(消耗)는 없다. 재물을 탐하다 옥살이를 하는 경우가 허다하다. 명성과 재물, 권력과 출세 등에 목숨을 묶어 두는 꼴보다 너한 낭패는 없다. 그래서 낚싯밥을 물면 횟감이 된다는 험한 말이 생겼다.

### 심장필후망(甚藏必厚亡)

많이 챙겨 두면 반드시 크게 잃는다〔多藏必厚亡〕. 재물을 쌓아 두면 도둑이 와 통째로 들고 간다는 말이다. 큰 도둑은 나라를 훔친다고 하지 않는가. 숨긴 것이 많을수록 크게 잃어버릴 수밖에 없음을 안다면 숨통이 막히도록 훔쳐서 감추고 숨기지 않으리라. 그러나 될 수 있는 대로 많이 숨겨 두려는 탐욕을 인간은 버리지 못한다. 그래서 배가 터져 죽을 놈이란 욕이 생겼다.

### 지족불욕(知足不辱) 지지불태(知止不殆) 가이장구(可以長久)

만족할 줄 알면 욕을 먹지 않고〔知足不辱〕 멈출 줄 알면 위태롭지 않다〔知止不殆〕. 만족(滿足)은 자연이요 부족(不足)은 인간이다. 부족하다며 양비(攘臂)하는 놈은 인간밖에 없다. 왜 인간은 부족해하는가? 탐욕 탓이다. 그러므로 지족(知足)이란 탐욕을 버리라는 말이다. 욕심을 버리면 곧 만족할 줄 알게 된다. 지선(至善)은 자연이요 선악(善惡)은 인간이다. 선하기도 하고 악하기도 한 것이 인간이다. 만일 악을 떠나 선에 머물 수만 있다면 인간도 박(樸)이 된다. 꾸밈없는 통나무〔樸〕같이 인간도 자연이 된다. 그러므로 지지(知止)란 자연에 머물라 함이다. 이는 상덕(常德)에 머물라 함이요 무욕(無欲)에 머물라 함이다. 결국 무친(無親)하라 함이요 무사(無私)하라 함이요 무신(無身)하라 함이니, 지지의 극치는 사기(舍己)로 통하는 셈이다. 쉽게 말해 분수를 알고 처신하라는 말이고 맹자의 말을 빌린다면 수분(守分)하라는 말이다.

탐하지 말라. 그러면 지족(知足)이며 곧 지지(知止)이다. 애걸복걸하지 말라. 그러면 지족이요 지지이다. 진퇴(進退)와 왕래(往來)를 아는가? 안다면 지족하고 지지할 수 있다. 욕먹지 않고 위태롭지 않게 살면 수(壽)를 누릴 수 있다. 7백 년을 살다 간 팽조

(彭祖)는 요절했고 태어나자마자 죽어 버린 갓난애는 장수했다고 한 장자의 말을 상기하면 장구(長久)한 삶이 어떠한지 알 수 있다. 만족하며 하루를 살았는가? 그러면 하루 내내 목숨〔壽〕을 누린 셈이다. 온종일 탐욕을 부리며 신경을 곤두세웠는가? 그렇다면 하루 내내 수(壽)를 버린 셈이다. 그러므로 오래 살고 싶다면 먼저 지족(知足)하고 지지(知止)할 일이다. 한 마디로 말해 도에 머물러 살라 함인데 쉬운 일이 아니다. 그래서 날마다 요절하면서 연명하는 군상이 현대인의 초상이라면 초상이다.

道德經 45

# 청정(淸靜)하라

**요지** 청정(淸靜)하라. 그러면 법이 무슨 소용 있겠는가.

**내용** 크나큰 이룸은 모자란 것 같지만 아무리 써도 낡지 않고, 크나큰 채움은 빈 것 같아 아무리 채워도 여전히 빈 곳이 남아 꽉 채울 수 없으며, 크나큰 곧음은 굽은 듯하고, 크나큰 기교는 유치한 듯하며, 크나큰 말씀은 더듬는 듯하다. 고요함이 초조함을 이기고 차디참이 뜨거움을 이긴다. 그래서 맑음과 고요함은 천하의 바른 것이 된다.

## 【원문(原文)】

大成若缺 其用不弊 大盈若沖 其用不窮 大直若屈
大巧若拙 大辯若訥 靜勝躁 寒勝熱 淸靜爲天下正

## 【해독(解讀)】

대성(大成)은 약결(若缺)하여 그 용(用)이 불폐(不弊)하고, 대영(大盈)은 약충(若沖)하여 그 용(用)이 불궁(不窮)하며, 대직(大直)은 약굴(若屈)하고, 대교(大巧)는 약졸(若拙)하며, 대변(大辯)은 약눌(若訥)하다. 정(靜)이 조(躁)를 승(勝)하고 한(寒)이 열(熱)을 승(勝)하니 청(淸)과 정(靜)이 천하(天下)의 정(正)이 된다.

## 【담소(談笑)】

### 대성약결(大成若缺) 기용불폐(其用不弊)

크나큰 이룸은 모자란 것 같지만[大成若缺] 아무리 써도 낡지 않는다[其用不弊]. 대성(大成)의 대(大)는 도를 말하고 성(成)은 도가 이루어 낸 것을 말한다. 그러니 대성은 도가 이루어 놓은 것이 된다. 우주 삼라만상을 보라. 그러면 도가 이루어 놓은 것을 알리라. 만물이 다 대성의 모습이다. 서로 딜리 보이는 만물을 보라. 사람도 대성이고 지렁이도 대성이다. 도는 대성이라고 뽐내지 않는다. 그래서 천지의 대성이 좀 모자란 듯이 보일 수 있다. 그러나 천지가 모자란 듯 쓰는 것은 낡지도 않았고 쓰지 못할 것도 없고 버릴 것도 없다. 오로지 인간만이 쓰고 남기며 쓰레기를 만들고 버린다. 그러면서도 천지의 불폐(不弊)를 모르고 천지의 약결(若缺)을 비웃으려 한다. 모자라야[若缺] 새롭게 할 것[不弊]이 있음을 알라. 그래서 공자도 일신(日新)하라 한 것이다.

### 대영약충(大盈若沖) 기용불궁(其用不窮)

크나큰 채움은 텅 빈 것 같지만[大盈若沖] 아무리 채워도 빈 곳이 남아 채울 수 없다[其用不窮]. 대영(大盈) 역시 도(道)의 묘(妙)이다. 대영은 도가 채우는 짓이다. 영(盈)은 만(滿)이고 충(沖)은 허(虛)이다. 대영은 크기로 따지면 한이 없고 작기로 따지면 또한 한이 없음이다. 그래서 묘하다 한다. 크게 채움을 일러 크게 보면 무제(無際)요 작게 보면 무진(無塵)이라 한다. 그러니 큰 것 작은 것 가릴 것 없이 다 채우고도 남음이 있어 약충(若沖)이라 한다.

가득 차서 텅 비지 않는다면 대영(大盈)일 수 없다. 텅 빈 것에 우주 만물이 차 있지만 역시 빈 곳이 남아 있다는 말이다. 자루를 상상해 보라. 자루가 가득 차면 더 쓸모가 없다. 비어 있어야 쓸모가 있는 법. 천지는 아무리 채워도 다 차지 않는 자루와 같다. 그러니 항상 쓸모가 다하지 않는다.

그러나 인간의 욕심은 비어 있는 것을 꽉 채워 보려고 온갖 짓을 다한다. 그런 탓으로 끝장을 보고 만다. 끝장나는 것이 궁(窮)이다. 그러나 대영은 가득 채워도 항상 빈 곳이 있어 궁하지 않다. 이러한 대영 또한 도의 묘이다. 끝장나지 않고 싶은가? 그렇다면 욕심을 다 채우지 말라. 그러면 끝장날 리 없다.

### 대직약굴(大直若屈)

크나큰 곧음은 굽은 듯하다[大直若屈]. 대직(大直) 역시 도의 묘(妙)이다. 또한 도의 곧음이다. 만물은 도의 체용(體用)을 따른다. 체(體)는 본(本)이고 용(用)은 말(末)이다. 본말(本末)을 둘로 보아서 본(本)은 귀하고 말(末)은 천하다 한다면 대직이 아니다.

대직(大直)이란 본이 말로 통한다 함이요 또한 말이 본으로 통한다 함이다. 그러니 본말(本末)이란 서로 통하므로 둘이 아니라 하나이다. 말하자면 선악을 본말로 갈라서 선은 본이고 악은 말이라고 하지 말라는 게다.

나보다 먼저 남에게 좋으면 선이다. 나보다 먼저 남에게 나쁘면 악이다. 그러나 이 선악 중에 어느 쪽이 본이고 말이냐고 따지지 말라. 나에게 선이면 남에게 악일 수 있고 나에게 악이면 남에게 선일 수 있다고 생각해 본 적이 있는가? 그렇다면 당신은 대직의 묘를 터득해 가는 중이다.

곧기만 고집하는 철탑은 강풍에 넘어지는데 왜 연약한 수양버들 가지는 강풍에 부러지지 않을까? 곧다가도 강풍을 만나면 구부러지는 까닭이 아닌가. 항상 곧기만을 고집하면 경직(硬直)이다. 경직은 깨지거나 부서진다. 대직은 경직이 아니다. 채움〔盈〕과 비움〔沖〕이 하나이듯 곧음〔直〕과 굽음〔屈〕은 하나이다. 이처럼 도는 항상 열린 길이지 닫힌 길이 아니다.

### 대교약졸(大巧若拙)

크나큰 기교는 유치한 듯하다〔大巧若拙〕. 대교(大巧) 역시 도의 묘(妙)이다. 대교는 도가 재주를 부리는 것이라고 보면 된다. 교(巧)와 졸(拙)을 따로 보는 것은 인간의 짓이다. 교는 멋있게 하자고 다듬고 꾸미고 더하는 짓이다. 멋이란 따지고 보면 인간의 욕(欲)이다. 그래서 인간은 기교(技巧)를 부릴 때까지 부려 보다가 잔꾀를 낸다. 젖먹이가 온갖 치장을 한 미인보다 더 아름다운 법이다. 젖먹이의 얼굴은 사연인 까닭이다.

자연을 보라. 자연에는 더하거나 덜어 내는 짓이 없다. 그냥 그대로일 뿐이다. 진달래는 제 꽃으로 만족하고 목련꽃을 부러워하지 않는다. 그렇듯 각자 제 꽃을 피우는 것이 곧 대교(大巧)이다. 목련꽃과 진달래꽃이 서로 다른 모양이지 같을 리가 없다. 만물에 어느 것 하나 같은 것 없음이 곧 대교이다. 황새 다리는 왜 저리 길고 뱁새 다리는 왜 저리 짧을까? 긴 것을 일러 교(巧)라 하고 짧은 것을 일러 졸(拙)이라 할까? 아니면 긴 것을 일러 졸이라 하고 짧은 것을 일러 교라고 할까? 이런 분별은 사람의 짓이다. 대교는 교와 졸을 하나로 볼 뿐이다. 콧물을 훑는 어린애를 본 적이 있는가? 그런 광경이 곧 대교약졸(大巧若拙)이다.

### 대변약눌(大辯若訥)

크나큰 말씀은 어눌한 듯하다〔大辯若訥〕. 대변(大辯) 역시 도의 묘(妙)이다. 대변은 도가 말하는 짓이다. 변(辯)은 빈틈없이 말을 잘함이고 눌(訥)은 어눌해 말을 제대로 하지 못함이다. 왜 어눌할까? 빈말을 결코 하지 않는 까닭이다. 천지는 거짓말을 하지 않는다. 대신 그저 만물에 응한다. 천지는 공평하므로 이렇다저렇다 말하지 않는다. 변명하지 않고 만물이 저마다 머물다 가게 한다. 천지가 보여 주는 것보다 더 분명한 말은 없다. 핑계를 댈 까닭이 없으니 천지가 어찌 빈말을 하겠는가.

천지의 가르침을 일러 선교(善敎)라 하고 천지가 만물에 응함을 일러 선응(善應)이라 한다. 말하지 않고 가르치는 것이 선교이고 말하지 않고서도 따르게 하는 것이 선응이다. 말이 필요없는데 더 말할 것이 있겠는가? 할 말이 더 없으므로 말을 아끼게 된다. 말을 낭비하면 달변(達辯)이고 말을 아끼면 눌변(訥辯)이다. 대변은 곧 눌변이다.

### 정승조(靜勝躁) 한승열(寒勝熱) 청정위천하정(淸靜爲天下正)

고요함이 조급함을 이긴다〔靜勝躁〕. 차디참이 뜨거움을 이긴다

〔寒勝熱〕. 그래서 맑음과 고요함은 천하의 바른 것이 된다〔淸靜爲天下正〕. 도의 묘(妙)를 비유해 말하자면 정(靜)이고 한(寒)이다. 여기서 한(寒)은 청(淸)이고 열(熱)은 욕(欲)으로 이해하면 된다. 천지야 도를 본받는 것이므로 천지의 묘 역시 정(靜)이고 청(淸:寒)이다. 바라는 바가 없으니 조급할 리 없고 꿀릴 것 없다. 조급하게 구는 것도 인간이요 애를 끓이는 것도 인간이다. 천지는 무사(無私)하지만 인간은 편애(偏愛)하므로 항상 조급해하고〔躁〕 항상 이글거린다〔熱〕.

그러나 천지는 청정(淸靜)하다. 깨끗함〔淸〕과 고요함〔靜〕이 왜 천하의 정(正)일까? 바로 청정이 곧 도의 묘를 비유한 까닭이다. 그 청정을 풀이하면 다음과 같다는 것이 노자의 입장이다. 대성약결(大成若缺) · 대영약충(大盈若沖) · 대직약굴(大直若屈) · 대교약졸(大巧若拙) · 대변약눌(大辯若訥).

道德經 46

# 상족(常足)하라

**요지** 상족(常足)하라. 그러면 누구나 넉넉하고 너그럽다.

**내용** 세상에 무위자연의 도가 있으면 전쟁터를 질주하던 병마를 농촌으로 보내 분뇨를 실은 수레를 끌게 하고, 세상에 무위자연의 도가 없으면 농촌의 말을 거두어 병마로 쓰려고 국경으로 보낸다. 한사코 욕심을 부리려는 것보다 더 큰 죄는 없고, 만족할 줄 모르는 것보다 더 큰 불행은 없으며, 얻고야 말겠다는 것보다 더 큰 더러움은 없다. 그러므로 이만하면 충분하다 하고 만족하는 것이 항상 만족하는 것이다.

【원문(原文)】

　　天下有道 却走馬以糞 天下無道 戎馬生於郊 罪莫大於可欲 禍莫大於不知足 咎莫大於欲得 故 知足之足常足矣

【해독(解讀)】

천하(天下)에 도(道)가 유(有)하매 주마(走馬)를 각(却)하여 분(糞)하고, 천하(天下)에 도(道)가 무(無)하매 융마(戎馬)가 교(郊)에 생(生)한다. 죄(罪)는 가욕(可欲)보다 더 대(大)한 것은 없고, 화(禍)는 부지족(不知足)보다 더 대(大)한 것은 없으며, 구(咎)는 욕득(欲得)보다 더 대(大)한 것은 없다. 고(故)로 지족(知足)의 족(足)은 항상 족(足)한 것이다.

【담소(談笑)】

### 천하유도(天下有道) 각주마이분(却走馬以糞)

세상에 무위자연의 도가 있으면〔天下有道〕, 전쟁터에서 달리는 말을 농촌으로 보내 분뇨를 실은 수레를 끌게 한다〔却走馬以糞〕. 세상에 도가 있다고 힘은 무위자연의 도를 본받아 세상을 다스린다는 말이다. 도를 본받아 다스린다 함은 무위(無爲)로 세상을 다스린다 함이다. 이는 곧 온 세상 사람들이 무욕(無欲)하므로 세상이 태평하다는 것이다.

　주마(走馬)는 잘 달리는 힘센 말이다. 주마를 각(却)한다 함은 주마를 빼내 온다〔却〕는 뜻이다. 어디서 빼내 온다는 말인가? 전쟁터에서이다. 주마를 전선에서 빼내 어디로 보낸단 말인가? 분(糞)을 생각하면 알 수 있다. 분은 거름으로 쓸 분뇨를 말한다. 전선의 주마는 무기(武器)가 되어 달리지만, 전선을 벗어나 농촌에 온 주마는 농사짓는 일꾼이 되어 분뇨통을 실은 수레를 끈다. 그래서 분(糞) 옆에 거(車)를 더하여 분거(糞車)로 읽기도 한다.

무위(無爲)의 도를 본받아 세상을 다스리면 빼앗고 빼앗기는 다툼이나 겨룸이 없어져 전쟁할 핑계가 사라진다. 무위는 무사(無私)하여 무욕(無欲)으로 이끄니 전쟁이 없어지는 것이다. 그 결과 사람을 죽이는 데 썼던 주마를 전선에서 끌어내 농촌으로 보내면, 그 주마는 분뇨 수레를 끌어 풍년이 들도록 일한다. 이처럼 병마(兵馬)는 사람을 죽이는 무기가 되지만 농마(農馬)는 사람을 먹여 살리는 일꾼이 된다. 여기서 무위의 참뜻이 드러난다.

### 천하무도(天下無道) 융마생어교(戎馬生於郊)

세상에 무위자연의 도가 없으면〔天下無道〕국경지역에 융마(戎馬)가 나타난다〔戎馬生於郊〕. 융마의 융(戎)은 병거(兵車)를 말한다. 무기를 실은 수레〔兵車〕를 끄는 말이 융마이다. 교(郊)는 국경지역을 말한다. 논밭의 일꾼으로 분거(糞車)를 끌어야 할 주마가 전선으로 투입돼 살인무기를 실은 병거를 끄는 융마로 둔갑하고 만다. 왜 이렇게 되는가? 무위의 도가 없어져 너도나도 제 욕심만 채우려다 싸움이 터지기 때문이다.

어디 나라만 전쟁을 하겠는가? 욕심부리는 인간은 누구든 전쟁하기를 마다하지 않는다. 내 욕심이 사납다면 인생도 전쟁터처럼 되어 나 역시 병거를 끄는 융마가 되는 셈이다. 그러나 내 욕심이 날로 줄어든다면 인생이 논밭처럼 되어 나는 분거를 끄는 주마가 될 수 있다.

### 죄막대어가욕(罪莫大於可欲)

한사코 욕심을 부리려는 것보다 더 큰 죄는 없다〔罪莫大於可欲〕. 가욕(可欲)은 한사코 사납게 욕심부리는 짓이다. 왜 욕심부리는 짓보다 더 큰 죄가 없는가? 가욕이 다투고 겨루고 싸워 이겨야 한다는 전쟁을 불러오는 까닭이다. 개인이든 나라든 가욕하면 전쟁의 불을 당기는 짓으로 옮겨간다. 전쟁이 나면 사람들이 죽어나고 세상이 피폐해진다. 이런 전쟁을 불러오는 가욕보다 더 큰 죄는 없다. 그래서 욕심이 사람 잡는다고 하는 것이다.

가욕이 과욕(過欲)으로 치달으면 싸움이 일어나고 만다. 그러나 가욕을 다스려 과욕(寡欲)으로 옮기면 싸움은 사라지고 만다. 만일 사납게 욕심부리는 짓〔過欲〕을 떨쳐 버리고 욕심을 줄이는 짓〔寡欲〕을 날로 행한다면 인간은 목숨을 죽이는 융마가 아니라 목숨을 살리는 농마로 거듭날 수 있을 것이다.

### 화막대어부지족(禍莫大於不知足)

만족할 줄 모르는 것보다 더 큰 화는 없다〔禍莫大於不知足〕. 화(禍)는 재앙을 불러오는 짓이다. 전쟁이야말로 재앙이다. 가욕(可欲)이 곧 화를 불러온다. 그런데도 왜 인간은 가욕을 버리지 못하는가? 부지족(不知足)인 까닭이다. 만족할 줄 모른다〔不知足〕. 이는 항상 부족하다고 여긴다는 말이다. 부족은 불만을 불러온다. 불만이 쌓인 사람은 남과 비교해 자신이 손해를 보고 항상 불이익을 당한다는 적개심을 품는다. 그러면 욕망이 불길처럼 치솟는다. 이처럼 만족할 줄 모르면 도저히 끌 수 없는 욕망의 불길 속으로 치닫게 된다. 욕망의 불길보다 더 큰 환란은 없다.

### 구막대어욕득(咎莫大於欲得)

얻고야 말겠다는 것보다 더 큰 더러움은 없다〔咎莫大於欲得〕.

구(咎)는 더러움이다. 무슨 더러움인가? 때가 묻어 더럽다는 것이 아니다. 때야 씻어 내면 되지만 여기에서는 근본에 어긋나는 짓, 음흉한 속셈, 교활한 속임수 같은 짓을 말한다. 왜 어린애는 콧등에 때가 묻어도 더럽지 않은가? 어린것은 맑고 깨끗한 까닭이 아닌가. 왜 어린애는 청정(淸淨)하단 말인가? 남의 것마저도 빼앗아 제 것으로 가져야 하는 짓을 욕득(欲得)이라 한다. 그러한 욕득이 없는 까닭이다.

사실 욕심이 사나우면 도둑 아닌 놈이 없다. 욕득은 사람을 결국 도둑놈으로 만들고 만다. 마음에는 도둑질하자고 방망이 치는 놈[欲得]을 숨겨 두고 겉으로 정직한 체하는 인간을 상상해 보라. 그러면 먹은 것을 토하게 될 만큼 역겨워질 것이다. 이렇게 역겨운 짓이 욕득인 것이다.

### 고(故) 지족지족상족의(知足之足常足矣)

그러므로[故] 이만하면 충분하다고 만족하는 것이 항상 만족하는 것이다[知足之足常足矣]. 제 욕심 채우기에 급급해 만족할 줄 모르면 재벌회장일지라도 부족증(不足症)에 시달리게 된다. 부족증에 걸리면 아무리 돈이 많아도 죽을 때까지 가난뱅이를 면하지 못한다.

아무리 출세를 하여 명성을 얻고 돈이 많아도 곤궁하게 찌들고 쪼들리며 사는 인간이 많다. 사납게 욕심부리는 짓[可欲]으로 죄를 짓고, 만족할 줄 모르는 짓[不知足]으로 화를 부르고, 무슨 수를 써서라도 소유하려는 짓[欲得]을 버리지 못한다. 그런 까닭에 더러운 놈[咎]이 되어도 좋다는 인간이 많다.

그러므로 이만하면 충분하다는 것[足之足]을 알아서 행하면 누구나 청정한 인간이 된다. 족지족(足之足)은 분수에 맞게 만족한다는 말이다. 청정(淸淨)이나 무위(無爲)와 같은 마음이다. 다 무구(咎)는 더러움이다. 무슨 더러움인가? 때가 묻어 더럽다는 것이 아니다. 때야 씻어 내면 되지만 여기에서는 근본에 어긋나는 짓, 음흉한 속셈, 교활한 속임수 같은 짓을 말한다. 왜 어린애는 콧등에 때가 묻어도 더럽지 않은가? 어린것은 맑고 깨끗한 까닭이 아닌가. 왜 어린애는 청정(淸淨)하단 말인가? 남의 것마저도 빼앗아 제 것으로 가져야 하는 짓을 욕득(欲得)이라 한다. 그러한 욕득이 없는 까닭이다.

사실 욕심이 사나우면 도둑 아닌 놈이 없다. 욕득은 사람을 결국 도둑놈으로 만들고 만다. 마음에는 도둑질하자고 방망이 치는 놈[欲得]을 숨겨 두고 겉으로 정직한 체하는 인간을 상상해 보라. 그러면 먹은 것을 토하게 될 만큼 역겨워질 것이다. 이렇게 역겨운 짓이 욕득인 것이다.

### 고(故) 지족지족상족의(知足之足常足矣)

그러므로[故] 이만하면 충분하다고 만족하는 것이 항상 만족하는 것이다[知足之足常足矣]. 제 욕심 채우기에 급급해 만족할 줄 모르면 재벌회장일지라도 부족증(不足症)에 시달리게 된다. 부족증에 걸리면 아무리 돈이 많아도 죽을 때까지 가난뱅이를 면하지 못한다.

아무리 출세를 하여 명성을 얻고 돈이 많아도 곤궁하게 찌들고 쪼들리며 사는 인간이 많다. 사납게 욕심부리는 짓[可欲]으로 죄를 짓고, 만족할 줄 모르는 짓[不知足]으로 화를 부르고, 무슨 수를 써서라도 소유하려는 짓[欲得]을 버리지 못한다. 그런 까닭에 더러운 놈[咎]이 되어도 좋다는 인간이 많다.

그러므로 이만하면 충분하다는 것[足之足]을 알아서 행하면 누구나 청정한 인간이 된다. 족지족(足之足)은 분수에 맞게 만족한다는 말이다. 청정(淸淨)이나 무위(無爲)와 같은 마음이다. 다 무

道德經 47

# 지도(知道)하라

**요지** 지도(知道)하라. 그러면 내 안에 있는 도(道)를 본다.

**내용** 문밖에 나서지 않아도 세상을 알고, 바라지문 틈새로 내다보지 않아도 하늘의 운행을 본다. 밖으로 나아감이 멀수록 아는 것이 더욱더 적어진다. 이러하므로 성인은 행하지 않고서도 알고, 보지 않고서도 갈래지으며, 하려고 하지 않아도 이룬다.

【원문(原文)】

不出戶 知天下 不窺牖 見天道 其出彌遠 其知彌少 是以 聖人不行而知 不見而名 不爲而成

【해독(解讀)】

호(戶)를 불출(不出)해도 천하(天下)를 지(知)하고 유(牖)를 불규(不窺)해도 천도(天道)를 견(見)한다. 그 출(出)이 미원(彌遠)하면 그 지(知)가 미소(彌少)하다. 시이(是以)로 성인(聖人)은 불행(不行)하여도 지(知)하고 불견(不見)하여도 명(名)하며, 불위(不爲)하여도 성(成)한다.

【담소(談笑)】

불출호(不出戶) 지천하(知天下)

문밖을 나서지 않아도 세상을 안다〔不出戶 知天下〕. 어째서 그러하단 말인가? 도를 터득하면 그렇게 된다 함이다. 방 안에 앉아서도 세상 돌아가는 형편을 안다는 것이다. 그러나 소인배들은 이리저리 마당발 노릇을 하며 이 사람 저 사람 붙들고, 마음에 없는 소리를 히면서 패거리를 짓고 수작을 부린다. 그러면서 이들은 무위(無爲)의 도를 냉소하고 팽개치기 때문에 세상이 어떻게 움직이는지 모른다.

세상은 어떻게 움직이는가? 세상은 결코 한 개인의 뜻에 따라 움직이지 않는다. 그래서 인심(人心)은 천심(天心)을 따라야 하는 것이다. 천심은 무엇일까? 무욕(無欲)의 마음이 곧 천심이다.

그러니 천심(天心)은 무위의 도를 말한다. 그 도를 터득했다 함은 곧 무욕(無欲)의 세계를 깨달았다는 뜻이다. 욕심으로 천하를 대하면 천하가 사나워지고 무욕으로 천하를 대하면 천하는 순리를 따르게 된다. 그러니 방 안에서도 천하를 알 수 있다.

**불규유(不窺牖) 견천도(見天道) 기출미원(其出彌遠) 기지미소(其知彌少)**

바라지문 틈새로 내다보지 않고서도 하늘의 움직임을 본다〔不窺牖見天道〕. 하늘이 가는 길을 알아보자고 기웃거릴 것 없다는 게다. 내가 밥을 먹고 똥을 싸고 숨을 쉬고 하는 일이 곧 하늘의 길〔天道〕이기 때문이다. 자연스러운 생사(生死)가 곧 천도(天道)가 아닌가. 제 명대로 못 사는 일이야말로 천도를 어기는 짓이다. 당신은 청정(淸淨)해 무욕한가? 그렇디면 당신이 곧 천도이다.

밖으로 나아감이 멀면 멀수록〔其出彌遠〕 아는 것이 더욱더 적어진다〔其出彌遠〕. 무위자연의 도를 밖에서 찾을 수는 없다. 도오(道奧)라 하지 않는가. 무위자연의 도가 깊이 숨어 있다〔道奧〕. 바로 내 속에 숨어 있다 함이다. 그러니 무위자연의 도를 찾아보자고 밖으로 나갈수록 더욱더 무위자연의 도에서 멀어진다. 나가면 나갈수록 그만큼 아는 것이 더욱더 적어진다. 여기서 안다 함은 지(智)가 아니라 명(明)이다. 내가 나를 밝혀 무욕하게 함이 명(明)이다. 그러니 명은 도를 따르게 하는 등(燈)인 셈이다. 불가에서도 심법(心法)의 도에 이르는 길을 밝힘을 일러 전등(傳燈)이라 한다. 그런 명의 불빛이 점점 더 적어진다는 뜻이 기지미소(其知彌少)이리라.

### 성인불행이지(聖人不行而知) 불견이명(不見而名) 불위이성(不爲而成)

이러하므로 성인은 행하지 않고서도 알고〔聖人不行而知〕, 보지 않고서도 갈래지으며〔不見而名〕, 하려고 하지 않아도 이룬다〔不爲而成〕. 왜 성인은 이러한가? 사물의 근원인 도를 터득했기 때문이다. 성인은 자신의 몸이 바로 그 도이므로 밖에서 그것을 찾을 일이 없다. 성인은 이를 알고 범부(凡夫)는 모른다. 그래서 범인(凡人)은 밖을 살피다 자신을 잃어버리고, 성인은 안을 살펴 자신을 찾는다. '내가 곧 도'라는 이치를 일러 무신(無身)이라 했다. 내가 진실로 무사(無私)해 무욕(無欲)하다면 내가 바로 하늘이요 땅이란 뜻이다. 이런 뜻을 일러 도오(道奧)니 도은(道隱)이니 한다.

성인은 하지 않아도 일을 이루는데 그것은 무슨 이유인가? 원래 내 욕심을 채우려고 수작을 부리면 될 일도 안 된다. 그러나 남을 위하거나 세상을 위해 일한다면 안 될 일이라도 절로 이루어진다. 이를 알면 곧 무위의 도를 터득한 셈이다. 그래서 성인은 수작을 부리지 않아도 온갖 일이 절로 되게 할 줄 안다. 내가 참으로 무사하다면 세상은 곧 나와 하나 됨을 알라고 노자는 밝히고 있다. 그러니 내 속에 있는 도를 알라〔知道〕 한다.

道德經 48

# 일손(日損)하라

**요지** 일손(日損)하라. 그러면 날마다 이익이 불어난다.

**내용** 학문을 하면 지식이 나날이 불어나고, 도를 닦으면 지식이 나날이 줄어든다. 줄이고 줄여서 무위에 이르면 인위의 지식이 없어지고 무위의 지식이 불어난다. 그러므로 천하를 취하고자 하는 자는, 항상 욕심대로 하려는 일 없이 해야지 욕심을 내서 일하면 결코 천하를 얻을 수 없다.

【원문(原文)】

爲學日益 爲道日損 損之又損 以至於無爲 無爲而無不爲矣 故 取天下者 常以無事 及其有事 不足以取天下

【해독(解讀)】

위학(爲學)은 일익(日益)하고 위도(爲道)는 일손(日損)한다. 손지(損之) 우(又) 손(損)하면 무위(無爲)에 지(至)하고 무위(無爲)하여 불위(不爲)가 무(無)하다. 그러므로 천하(天下)를 취(取)하려는 자(者)는 항상 무사(無事)로 해야지 유사(有事)로 하면 천하(天下)를 취(取)하기가 부족(不足)하다.

【담소(談笑)】

### 위학일익(爲學日益) 위도일손(爲道日損)

학문을 하면 지식이 나날이 불어나고〔爲學日益〕, 도를 닦으면 지식이 나날이 줄어든다〔爲道日損〕. 학문의 지식이란 밖에 있는 사물을 알아보는 힘〔智〕이다. 그러나 도는 그 지식을 버리라 한다. 학문을 하자면 사물에 관해 많이 듣고 많이 보아야 하지만, 도를 따르자면 그런 짓은 모두 버려야 한다. 도는 들으려 해도 들리지 않고〔希〕, 보려 해도 보이지 않고〔夷〕, 잡으려 해도 잡히지 않는〔微〕 까닭이다.

학(學)은 밖을 보라 한다. 밖에서 무엇을 보란 말인가? 온갖 사물을 보라 함이다. 그러나 도는 안을 보라 한다. 안에서 무엇을 보란 말인가? 안에 도가 있음을 확인하라 한다. 어떻게 확인하라는 것인가? 참으로 내가 무욕(無欲)하면 그 무욕한 내가 바로 도이리라. 그래서 학은 밖을 관찰(觀察)하라 하고 도는 안을 성찰(省察)하라 한다.

### 손지우손(損之又損) 이지어무위(以至於無爲) 무위이무불위의(無爲而無不爲矣)

줄이고 줄여서〔損之又損〕무위에 이르면〔以至於無爲〕인위의 지식이 없어져서 무위의 지식이 불어난다〔無爲而無不爲矣〕. 공자는 일신(日新)하라 하지만 노자는 일손(日損)하라 하고 장자는 응제왕(應帝王)하라 한다. 공자의 일신은 인능홍도(人能弘道)로 통하고 노자의 일손과 장자의 응제왕은 무위자연으로 통한다.

사람이 도를 넓힐 수 있다〔人能弘道〕고 할 때의 도는 사람이 되는 도〔人道〕이다. 뜻을 가지고 하는 일이 없어 그냥 있는 그대로이다〔無爲自然〕고 말할 때의 도는 자연이 되는 도〔天道〕이다. 그러니 일신(日新)은 날마다 새사람이 되라 함이요 일손(日損)은 날마다 자연이 되라 함이다. 여기서 하는 것이 없다는 말〔無爲〕은 곧 사람이 자연이 된다는 뜻으로 헤아릴 수 있다. 사람이 자연이 된다는 뜻이 바로 포일(抱一)이요 위일(爲一)이요 득일(得一)이리라. 이는 모든 만물이 다 하나이므로 차별하거나 분별하지 말라는 말이다. 이를 그냥 줄여 청정(淸靜)이니 허정(虛靜)이니 한다. 내가 자연이 된다고 함은, 내 목숨이나 지렁이 목숨이나 서로 다를 게 없다는 마음을 간직하면 청정하고 허정하여 내가 곧 자연이라는 말이다. 그러므로 무위는 나로 하여금 자연이 되라 함이다. 내가 자연이 된다는 것은 내가 청정하게 된다는 것이다. 내가 청정하다 함은 내가 무사(無私)해서 무욕(無欲)하게 된다 함이다. 욕(欲)이 없으면 사(私)도 없으니 안 되는 일이 없다. 이런 경지를 일러 자연이 된다고 한다. 그래서 누구나 무위하면 안 되는 일〔不爲〕이 없다.

**취천하자(取天下者) 상이무사(常以無事) 급기유사(及其有事) 부족이취천하(不足以取天下)**

그러므로〔故〕 천하를 취하고자 하는 자는〔取天下者〕 항상 욕심대로 하려는 일 없이 해야지〔常以無事〕, 욕심을 내서 일하면〔及其有事〕 천하를 결코 얻을 수 없다〔不足以取天下〕. 무사(無事)는 일 없음이 아니고 사적(私的)으로 일하지 않는다는 뜻이다. 따라서 무욕(無慾)이며 무친(無親)이며 무사(無私)요 무신(無身)이요 사기(舍己)로 통한다. 반면 유사(有事)는 일을 만들어 하는 짓이므로 유욕(有欲)으로 통한다. 예를 들어 대권은 하늘이 주는 것이지 욕심대로 되는 것이 아니다. 세상은 누구의 것도 아니므로 특정인의 욕심대로 되지 않는다. 그러므로 날마다 욕심을 줄여라〔日損〕.

날마다 욕심을 줄여 가라. 그러면 천하가 나를 반긴다. 그런 반김을 일러 일손(日損)이라 한다. 날마다 욕(欲)을 줄여 가라〔日損〕. 그래야 무위로 통하는 길이 트인다. 날마다 무위로 통하는 길을 트사는 것이 곧 위도(爲道)이다. 노자가 밝히는 위도는 무위의 길을 닦는 일이다. 그러므로 일손하라 함은 날마다 무위의 길을 떠나지 말고 자연을 따라 살라 함이다.

道德經 49

# 덕선(德善)하라

**요지** 덕선(德善)하라. 그러면 온 세상이 편안하다.

**내용** 성인에게는 변함없는 마음이 없어서 백성의 마음으로 자신의 마음을 삼는다. 선한 사람도 내가 선하게 하고 선하지 않은 사람도 내가 또한 선하게 하니 덕이 선하며, 미더운 사람도 내가 미덥게 하고 미덥지 않은 사람도 내가 또한 미덥게 하니 덕이 미덥다. 천하에 성인이 있으므로 세상을 위하여 자신의 마음을 백성의 마음과 하나 되게 한다. 모든 백성이 눈과 귀를 기울여 성인을 바라보지만 성인은 백성을 갓난애와 같게 한다.

## 【원문(原文)】

聖人無常心 以百姓之心 爲心 善者吾善之 不善者吾亦善之 德善矣 信者吾信之 不信者吾亦信之 德信矣 聖人之在天下 怵怵焉爲天下 渾其心 百姓皆注其耳目 聖人皆孩之

## 【해독(解讀)】

성인(聖人)은 상심(常心)이 무(無)하여서 백성(百姓)의 심(心)으로써 심(心)을 위(爲)하는지라 선자(善者)도 오(吾)가 선지(善之)하고 불선자(不善者)도 오(吾)가 선지(善之)하여 덕선(德善)하고, 신자(信者)도 오(吾)가 신지(信之)하고 불신자(不信者)도 오(吾)가 신지(信之)하여 덕신(德信)한다. 성인(聖人)이 천하(天下)에 재(在)하매 출출(怵怵)히 천하(天下)를 위(爲)하여 그 심(心)을 혼(渾)하므로 백성(百姓)이 개(皆)히 그 이목(耳目)을 주(注)하고 성인(聖人)은 해지(孩之)한다.

## 【담소(談笑)】

### 성인무상심(聖人無常心) 이백성지심위심(以百姓之心爲心)

성인에게는 변함없는 마음이란 없어〔聖人無常心〕, 백성의 마음으로 자신의 마음을 삼는다〔以百姓之心爲心〕. 성인(聖人)의 마음을 무상심(無常心)이라 한다. 주장하는 바〔所主〕가 없는 마음이 곧 무상심이다. 외고집과 편견, 아집과 독단 등이 상심(常心)이다. 성인은 민심(民心)만 따를 뿐 어떤 이념에 사로잡혀 마음을 묶거나 구속하지 않는다. 왜 성인은 백성의 마음[民心]을 자신의 마음으로 삼는가? 민심은 곧 천심(天心)이기 때문이다. 치우치지 않고 기울지 않으며 막히지 않는 마음을 일러 천심이라 한다. 무욕(無欲)한 마음이 곧 천심이요 민심인 셈이다.

민심은 천지를 따르기에 선(善)하지만 욕심은 사(私)에 기울어 불선(不善)으로 빠진다. 그렇다면 욕(欲)은 왜 생기는가? 욕은 치우치는[偏] 마음짓[心術] 탓으로 생기고, 기대고[倚] 우겨서[執] 옹색한[滯] 심술 탓으로 생긴다. 걸림이 없는 마음이란 곧 불편(不偏)한 마음이요 불의(不倚)한 마음이요 불집(不執)한 마음이요 불체(不滯)한 마음이다.

불가에서도 무상심(無常心)을 말한다. 삼심(三心)도 없고 이의(二意)도 없는 마음가짐을 일러 무상심이라고 한다. 삼심이란 삼세(三世 : 과거·현재·미래)에 걸린 마음가짐이고 이의란 역(逆)과 순(順)에 걸린 마음가짐이다. 말하자면 분별하려고만 하는 마음이 곧 상심(常心)이다. 성인은 이런 분별심에서 벗어나 백성의 뜻에 마음을 둘 뿐이다.

### 선자오선지(善者吾善之) 불선자오역선지(不善者吾亦善之) 덕선의(德善矣)

선한 사람도 내가 선하게 하고[善者吾善之], 선하지 않은 사람도 내가 또한 선하게 하니[不善者吾亦善之] 덕이 선하다[德善矣]. 하늘이 준 것[天之所賦]과 인간이 받은 것[人之所受]을 온전하게 하는 것을 일러 선(善)이라 한다. 하늘이 주고 인간이 받은 것을 일러 목숨이라 한다. 선한 사람도 하늘이 준 목숨이고 선하지 않은 사람도 하늘이 준 목숨이다. 그러므로 성인은 선하든 선하지 않든 구별하지 않고 모든 사람을 선하게 한다. 선이면 곧 덕이 되고 덕이면 곧 선이 된다. 그러니 덕선(德善)은 덕과 선이 같다는 말씀이다. 덕선하라. 이는 덕을 잊지 말라 함이요 선을 잊지 말라 함이다.

### 신자오신지(信者吾信之) 불신자오역신지(不信者吾亦信之) 덕신의(德信矣)

미더운 사람도 내가 미덥게 하고〔信者吾信之〕 미덥지 않은 사람도 내가 또한 미덥게 하니〔不信者吾亦信之〕 덕이 미덥다〔德信矣〕. 목숨을 소중히 하면 그 마음가짐이 듬직해진다. 돈은 사람들끼리 주고받는 것이지만, 목숨은 천지가 주고 사람이 받은 것이니 사람의 것이 아니다. 내 목숨은 천지로부터 빌린 것이지 내 것이 아니란 생각이 우리네 생명관(生命觀)이며 사생관(死生觀)이다.

목숨을 소중히 하는 사람은 미덥다. 그러나 목숨보다 돈을 소중히 하는 사람은 미덥지 못하다. 믿음직한 사람은 목숨을 해칠 사람이 아니지만 듬직하지 못한 사람은 목숨을 해칠 수 있는 사람이다. 남을 못살게 하는 일은 그 사람의 목숨을 해치는 짓이다. 목숨을 해치는 짓을 못하게 하는 것이 곧 신지(信之)이다. 덕은 목숨을 소중히 하라 함이다. 덕이란 하늘이 주는 것, 즉 소부(所賦)이고 동시에 사람이 받는 것, 즉 소수(所受)이다. 그래서 장자는 만물에 두루 통하는 것이 덕이라 했다. 만물에 두루 통하는 것을 어찌 의심하겠는가. 그러니 덕은 곧 신(信)이다.

### 성인지재천하(聖人之在天下) 출출언위천하혼기심(怵怵焉爲天下渾其心)

성인이 천하에 있으면서〔聖人之在天下〕 두려워하는 마음으로 세상을 위하여〔怵怵焉爲天下〕 자신의 마음을 백성의 마음과 하나되게 한다〔渾其心〕. 성인은 숨어서 홀로 편안하기를 바라지 않는다. 세상의 모든 사람이 다 선해야 하지만 그렇지 못하므로 성인은 천지에 송구스러워 두려운 마음을 버리지 않는다. 이런 마음가짐이 곧 현동(玄同)이다. 현동이란 분별이나 차별을 완전히 뛰어넘어 하나 됨(爲一)을 말한다. 그렇지 못할까 봐 성인은 천지(天地)에 송구스럽게 여기고 두려워한다. 이러한 성인의 모습을 노자는 출출언(怵怵焉)으로 표현하고 있다. 출출이란 표현 대신에 흡흡(歙歙)이나 첩첩(惵惵)으로 표현하기도 한다. 출이든 흡이든 첩이든 다 송구스러워 움츠러들고 두려워한다는 뜻이다.

성인이 왜 불선(不善)한 사람도 선하게 하고 불신(不信)한 사람도 믿음직하게 하는가? 천지가 인간에게 준 것(所賦)을 흠이나 탈없이 소중히 간직해야 하기 때문이다. 인간이 받은 목숨을 자연 그대로 간직하는 것이 상덕(常德) 아닌가. 성인은 상덕을 따르므로 성인의 마음을 일러 무상심(無常心)이라 한다. 무상심은 곧 백성의 마음을 따르는 마음가짐이므로 성인의 마음과 백성의 마음이 하나라고 하는 것이다. 하나 되는 것이 곧 혼(渾)이다. 무엇과 하나 된다는 말인가? 백성과 하나 되면 곧 천지와도 하나가 된다.

### 백성개주기이목(百姓皆注其耳目) 성인개해지(聖人皆孩之)

백성이 모두 눈과 귀를 기울여 성인을 바라보지만(百姓皆注其耳目) 성인은 백성을 갓난애와 같게 한다(聖人皆孩之). 성인은 말하지 않고서도 백성을 선(善)하게 하고 신(信)하게 한다. 어느 누가 갓난애를 선하지 않다 할 것이며 의심할 것인가. 갓난애로 사는 성인을 어느 누가 불신(不信)하고 불선(不善)하다 할 것인가. 그러니 성인은 온 백성을 갓난애처럼 삼을 수 있다.

성인은 갓난애로 사는 까닭에 말하지 않고서도 불선을 선이 되게 하고 불신을 신이 되게 한다. 그래서 노자는 우리에게 해지(孩之)하라 한다. 갓난애가 되라(孩之). 그러면 세상은 절로 청정(淸

靜)하고 청정(淸淨)하리라. 이제야 맑고 고요함[淸靜]이니 맑고 깨끗함[淸淨]이니 하는 말을 조금은 알아듣겠다. 천지를 두려워하며 송구스럽게 살라. 이 또한 천지에 한 점 부끄러움 없이 산다는 말이다. 성인은 누구인가? 천지에 한 점 부끄러움 없이 사는 사람이다. 왜 성인은 그러한가? 자신의 마음을 백성의 마음과 하나 되게 하는 까닭이다.

道德經 50

# 섭생(攝生)하라

**요지** 섭생(攝生)하라. 그러면 생사(生死)는 걱정 없다.

**내용** 나면 태어나는 것이고 들어가면 죽는 것이다. 사는 무리도 열 명 중에서 셋이고 죽는 무리도 열 명 중에서 셋이다. 사람이 살아서 활동하다 죽는 지경으로 가는 것도 열 명 중에서 셋이다. 도대체 무슨 까닭인가? 사는 일을 너무 중하게 여기기 때문이다. 대충 이런 이야기를 들었다. 섭생을 잘하는 사람은 육지를 가도 사나운 짐승을 만나 부딪치지 않고, 군대에 들어가 싸움터에 가도 총칼의 피해를 당하지 않으며, 뿔 달린 짐승이 덤벼드는 일도 없고, 호랑이도 발톱으로 할퀼 일이 없으며, 적군이 칼날을 들이대 해칠 일도 없다는 게다. 왜 그런가? 섭생을 잘하는 사람에게는 죽을 곳이 없기 때문이다.

【원문(原文)】

出生入死 生之徒十有三 死之徒十有三 人之生 動之死地者 亦十有三 夫何故 以其生生之厚 蓋聞 善攝生者 陸行不遇兕虎 入軍不被甲兵 兕無所投其角 虎無所措其爪 兵無所容其刃 夫何故 以其無死地

【해독(解讀)】

출(出)하여 생(生)하고 입(入)하여 사(死)하는데 생(生)의 도(徒)가 십(十) 중에 삼(三)이며, 사(死)의 도(徒)도 십(十) 중에 삼(三)이고, 인(人)의 생(生)이 동(動)하여 사지(死地)로 지(之)하는 것도 역시 십(十) 중에 삼(三)이다. 부하고(夫何故)인가? 기생(其生)을 생(生)함이 후(厚)한 까닭이다. 개문(蓋聞)하건대 섭생(攝生)을 잘하는 자는 육지(陸地)에 행(行)해도 시호(兕虎)를 불우(不遇)하고, 입군(入軍)하여도 갑병(甲兵)에 불피(不被)하므로, 시(兕)가 기각(其角)을 투(投)할 바가 무(無)하고, 호(虎)가 기조(其爪)를 조(調)할 바가 없으며, 병(兵)이 기인(其刃)을 용(容)할 바가 없다. 부하고(夫何故)인가? 기사지(其死地)가 없는 까닭이다.

【담소(談笑)】

출생입사(出生入死)
나면 태어나는 것이고 들어가면 죽는 것이다〔出生入死〕. 어디서 나오는가? 무(無)에서이다. 무에서 나오는 것을 일러 유(有)라고 한다. 유가 태어나는 것을 일러 생(生)이라 한다. 무엇이 어디로 들어가는가? 유가 무로 들어간다. 유가 무로 들어가는 것을 일러 죽는 것(死)이라 한다. 그래서 노자는 무에서 유가 태어난다〔有生於無〕고 했다. 유생어무(有生於無)는 곧 생사(生死)를 말한다. 생사는 도의 뜻이다. 만물은 도의 뜻에 따라 나고 죽는다. 사람도 만물 중에 하나일 뿐이다. 그래서 노자는 인간도 길가에 버려진 추구(芻狗)와 같다 했다. 그런데 유독 인간만 생사를 제 뜻대로 해 보려고 수작을 부린다. 그래서 생사가 천명(天命), 즉 하늘의 뜻임을 잊어버리고 사는 사람들이 많다.

### 생지도십유삼(生之徒十有三)

사는 무리도 열 사람 중에서 셋이다〔生之徒十有三〕. 열 사람 중 셋 정도가, 태어나 사는 일은 사람의 뜻이 아니라 하늘의 뜻임을 알고 산다는 말이다. 말하자면 노자는 천지를 두려워하는 무리가 3할은 된다고 본 셈이다. 이렇게 보면 노자가 인간에게 후한 점수를 준 편이다. 3할이라니 어림없다는 생각이다. 실제로는 천지를 두려워하며 사는 무리를 찾기가 어렵다. 하늘을 두려워한다는 것은 덕선(德善)의 삶이요 덕신(德信)의 삶이기 때문이다. 덕은 곧 도의 기운이다. 그 기운을 받들고 하늘을 두려워하며 사는 이를 일러 성인(聖人)이라 한다. 성인은커녕 성인의 아류가 1할만 되어도 인간 세상이 난장판이 되지는 않을 것이다.

### 사지도십유삼(死之徒十有三)

죽는 무리도 열 사람 중에서 셋이다〔死之徒十有三〕. 열 사람 중에서 셋 정도가 죽을 짓을 한다는 게다. 죽는다는 것이 사람의 뜻이 아니라 하늘의 뜻임을 모르고 제멋대로 설치다 생죽음을 당하는 인간이 3할뿐이라고 하니 역시 노자가 후하게 생각한 듯하다. 천지를 두려워하며 사는 무리가 어찌 7할이나 되겠는가. 죽음을 생각하며 하늘을 두려워하며 사는 사람을 만나기란 참으로 어렵다. 빈손으로 왔다 빈손으로 간다고 잘도 지껄이지만, 죽지 않고 영영 살겠다 억지를 부리며 벽창호 짓을 마다 않는 무리가 열이면 열이다. 그러니 죽을 짓을 마다 않는 무리가 어찌 3할뿐이겠는가 말이다.

## 인지생동지사지자(人之生動之死地者) 역십유삼(亦十有三)

사람이 살아서 활동하다 죽는 지경으로 가는 것도 열 사람 중 셋이다〔人之生動之死地者亦十有三〕. 잘살자고 하는 짓이 죽는 짓으로 통하는 줄 모르고 망동(妄動)하는 무리가 어찌 3할뿐인가. 덫이 아무리 많아도 미끼를 탐하지 않는다면 덫 속으로 들어갈 다람쥐는 없다. 그러나 미끼를 먹이로 알고 덫에 걸려들어 밤낮으로 바퀴만 굴리다 죽어 가는 다람쥐 꼴을 겪는 군상이 어찌 3할뿐이겠는가. 독약을 보약으로 착각하는 무리가 어찌 3할뿐이겠는가. 한탕 잘해서 한평생 잘먹고 살 일이 있다면 목숨을 잡히고 불구덩이라도 들어가겠다는 무리가 어찌 3할뿐이겠는가. 우리 모두 살자고 하는 일이 죽는 지경으로 통하는 줄 모르고 사는 무리가 아닌지 자문했으면 한다.

도대체 무슨 까닭인가〔夫何故〕? 이에 대해 노자는 다음과 같은 반문으로 답을 대신한다. 왜 사는 무리도 3할이고, 죽는 무리도 3할이며, 살자고 하는 짓이 죽는 지경으로 빠지는 무리도 3할인가? 이리 되는 것은 사는 일을 너무 중하게 여기는 까닭이다〔以其生生之厚〕. 본래 노자는 죽음을 중하게 여기라〔重死〕고 하는 쪽이다. 생(生)은 인간을 탐욕으로 끌고 가려고 하지만 사(死)는 인간으로 하여금 버리는 것을 깨우쳐 주기 때문에 중사(重死)하라 한 것이다. 죽지 않고 영영 살겠다고 생각하다 보니 천지를 두려워 할 줄 모르고 욕심대로만 살려고 발버둥치게 되었다. 서계(西溪) 선생은 사는 무리〔生之徒〕는 상(上)으로, 죽는 무리〔死之徒〕는 하(下)로, 사는 짓인 줄 알고 죽는 짓을 범하는 무리〔人之生動之死地者〕는 중(中)으로 매겨 놓았다. 중치는 구제할 수 있겠지만 하치는 구제할 수 없이 못난 무리라고 선생은 질타하는 것이다. 자신이 어떤 무리에 속하는지 스스로 반문해 볼 일이다.

### 선섭생자(善攝生者)

대충 이런 이야기를 들었다〔蓋聞〕. 섭생을 잘하는 사람은〔善攝生者〕육지를 가도 사나운 짐승을 만나 부딪치지 않고〔陸行不遇虎〕, 군대에 들어가 싸움터에 나가도 총칼의 피해를 당하지 않으며〔入軍不被甲兵〕, 뿔 달린 짐승이 덤벼들 일도 없고〔兕無所投其角〕, 호랑이도 발톱으로 할퀼 일이 없으며〔虎無所措其爪〕, 적군이 칼날을 들이대 해칠 일도 없다〔兵無所容其刃〕. 왜 그런가〔夫何故〕? 섭생을 잘하는 사람에게는 죽을 곳이 없는 까닭이다〔以其無死地〕.

오죽하면 노자가 위와 같은 이야기를 늘어놓겠는가? 삶과 죽음을 별개로 여기며 억척으로 발버둥치다 제 명대로 못 사는 사람들은 노자를 비웃는다. 냉소까지 짓는다. 하기야 도를 말하면 웃어넘기는 자를 일러 중인(衆人)이라 했던가. 똑똑하고 잘난 사람들치고 천지를 두려워하고 겁 없이 저 잘난 맛으로 살지 않는 자가 없다. 그러니 중인의 눈에 노자는 거지와 같다.

**道德經 51**

# 존귀(尊貴)하라

**요지** 존귀(尊貴)하라. 그러면 곧 누구나 천지(天地)가 된다.

**내용** 도가 낳아 주고 덕이 길러 주며, 물건이 되어 그 모습이 드러나고 세가 이루어진다. 이러하므로 만물은 도를 받들고 덕을 귀하게 하지 않으면 안 된다. 도를 받들고 덕을 귀하게 함은 무릇 그렇게 하라 해서가 아니라 늘 절로 그냥 그럴 뿐이다. 그래서 도가 만물을 낳아 길러 주고, 길러서 키우고, 이루게 하여 여물게 하고, 보살펴 잘 간직하게 한다. 낳아 주되 제 것으로 갖지 않고, 돌봐 주되 대가를 바라지 않으며, 길러 주고 키워 주면서도 간섭하지 않는다. 도덕의 이러함을 일러 현덕(玄德)이라 한다.

## 【원문(原文)】

道生之 德畜之 物形之 勢成之 是以 萬物莫不尊
道而貴德 道之尊 德之貴 夫莫之命而常自然 故 道
生之 德畜之 長之育之 成之熟之 養之覆之 生而不
有 爲而不恃 長而不宰 是謂玄德

## 【해독(解讀)】

도(道)가 생지(生之)하고 덕(德)이 축지(畜之)하며 물(物)이 형지(形之)하고 세(勢)가 성지(成之)한다. 시이(是以)로 만물(萬物)이 도(道)를 존(尊)하고 덕(德)을 귀(貴)히 막불(莫不)한다. 도(道)의 존(尊)과 덕(德)의 귀(貴)는 대저 명(命)하지 않아도 늘 자연(自然)이다. 고(故)로 도(道)가 생지(生之)하면 덕(德)이 축지(畜之)하고 장지(長之)하고 육지(育之)하며, 성지(成之)하고 숙지(熟之)하며, 양지(養之)하고 복지(覆之)한다. 생(生)하되 불유(不有)하고, 위(爲)하되 불시(不恃)하며, 장(長)하되 부재(不宰)한다. 이를 일러 현덕(玄德)이라 한다.

## 【담소(談笑)】

### 도생지(道生之)

도가 낳아 준다〔道生之〕. 도가 아니면 생(生)이 안 된다. 생은 도가 만물을 낳는 일이다. 도만이 만물을 낳는 짓〔生之〕을 한다. 그리고 도는 덕으로 만물과 함께한다. 도는 만물을 낳아 주되 드러내지 않는다. 그래서 도무형(道無形)이라 한다. 또 도는 결코 공치사를 하지 않는다. 노자는 이러한 도를 비유해 탁약(橐籥), 즉 풀무 같다고 했다. 그리고 생지(生之)를 풀무질에 비유해 바람을 내면 생(生)이요 바람을 들이면 사(死)라 했다. 이러한 도의 생지는 생사(生死)로 드러난다. 나를 낳아 준 도를 받들어 모셔라. 이것이 존(尊)이다.

### 덕축지(德畜之)

덕이 길러 준다〔德畜之〕. 일단 도가 낳아 주면 만물은 저마다 살아가야 한다. 살아가게 하는 것을 일러 덕의 축(畜)이라 한다. 낳았으면 길러 주어야 한다. 그래서 도덕(道德)이라 하는 것이다. 한 모금의 물, 한 줌의 흙, 한 결의 바람 등이 다 덕의 축이다. 축은 덕의 작용이다. 잘 길러 무성케 하는 것이 축지(畜之)이다. 살게 해주면서도 덕은 흔적을 남기지 않는다. 그래서 덕무적(德無迹)이라 한다. 덕 역시 공치사를 하지 않는다. 덕도 도에서 비롯했기 때문이다. 장자는 이러한 덕을 일러 만물에 두루 통하는 이치〔通倫理者〕라 했다.

### 물형지(物形之)

물건이 되어 그 모습이 드러난다〔物形之〕. 도가 낳아 주고 덕이 길러 주므로 만물은 저마다 모습을 갖추고 드러나게 되었다. 이를 무(無)에서 나왔다 한다. 즉 출생(出生)했다 하는 것이다. 출생을 일러 재도(載道)·재덕(載德)이라고도 한다. 만물은 저마다 도를 싣고〔載道〕 덕을 싣고〔載德〕 태어났다는 말이다. 어미 뱃속에서 나오는 새끼를 생각해 보라. 정자와 난자가 만나 새끼가 된 줄민 알아서는 안 된다. 염색체로 인공수정을 해 생명을 복제했다고 떠들지만, 어떤 과학자라도 염색체 그 자체를 만들 수는 없으리라. 인간은 도의 것을 빼앗아 제 것으로 할 수 없다. 다만 흙

내내는 짓을 하면서 철없이 뽐낼 뿐이다. 배추와 양배추를 교합해 쌈추를 만들었다고 건방떨지 말라. 천지가 화를 내면 물 한 방울로도 만물을 멸할 수 있는 줄 알라는 깊은 뜻이 재도(載道) · 재덕(載德) · 물형지(物形之)에 숨겨져 있다.

### 세성지(勢成之)

세가 이루어진다〔勢成之〕. 세(勢)는 무리요 불알이며 종자를 간직한 자연의 기(機)를 비유한다. 기는 틀이다. 아낙이 베틀에서 베를 짜듯 도가 만물을 낳는 생지(生之), 덕이 만물을 기르는 축지(畜之), 만물이 저마다 모습을 드러내는 형지(形之) 등을 다 세(勢)라 할 수 있다. 말하자면 도의 생지와 덕의 축지 그리고 물의 형지를 거쳐서 삼라만상이 무리를 이루게 됨을 일러 세성지(勢成之)라 하는 것이다.

### 만물막불존도이귀덕(萬物莫不尊道而貴德)

이러하므로〔是以〕 만물은 도를 받들고 덕을 귀하게 하지 않으면 안 된다〔物莫不尊道而貴德〕. 낳아 준 도를 받들고 길러 준 덕을 귀하게 하면 누구나 자연(自然)이 된다. 자연이 된다 함은 목숨을 소중히 간직할 줄 알므로 목숨을 해치는 짓을 범하지 않는다는 것이다. 속이고 훔치고 때리고 죽이는 짓들이 자연을 어기는 행패들이다. 이른바 부정과 부패, 폭력과 전쟁 등이 도를 경멸하고 덕을 천시하는 인간의 오만이다. 노자는 인간에게 소박(素樸)하고 잘난 척하지 말라〔不敢爲先〕 했다. 이는 곧 존도(尊道)하라 함이요 귀덕(貴德)하라 함이다.

### 도지존(道之尊) 덕지귀(德之貴)

도를 받들고〔道之尊〕 덕을 귀하게 함은〔德之貴〕 무릇 그렇게 하라 해서 따르는 것이 아니라 늘 절로 그냥 그럴 뿐이다〔夫莫之命而常自然〕. 도덕이 곧 만물의 부모임을 알라 함이다. 도덕이 내 부모인 줄 안다면 어느 누가 도를 무시하고 덕을 천시할 것인가. 나아가 모든 만물 중에 형제가 아닌 것이 없는 줄 안다면 사람도 지렁이도 다를 바 없는 같은 하나의 만물이요 같은 하나의 목숨임을 알 것이다. 그러나 이를 몰라 물질주의가 목숨을 넘보게 되었다. 그러므로 늘 자연이다〔常自然〕함은 곧 도덕은 존귀하다는 말이다.

### 생지축지(生之畜之) 복지(覆之)

그래서〔故〕 도가 만물을 낳아 길러 주고〔生之畜之〕, 길러서 키우고〔長之育之〕, 이루게 하여 여물게 하고〔成之熟之〕, 잘 보살펴 잘 간직하게 해준다〔覆之〕. 생지(生之)와 축지(畜之), 장지(長之)와 육지(育之), 성지(成之)와 숙지(熟之), 그리고 양지(養之)와 복지(覆之) 등이 도를 받들고〔道尊〕 덕을 귀하게 하는〔德貴〕 까닭을 상세하게 풀이한 대목이다.

생지(生之)는 낳는 일이다. 낳는 일을 화기(化機)라고도 한다. 화기를 요새는 성교(性交)라고 한다. 성교를 통해 새끼를 낳아 번식하는 것을 일러 자창(滋暢)이다. 성교를 해〔化機〕 새끼를 낳아〔滋〕 널리 퍼뜨리는 일〔暢〕이 생(生)이다. 이런 생을 풀푸질하듯 쉼 없이 하는 도를 존경하라.

축지(畜之)는 살아 있게 하는 일이다. 그 일을 음양을 안으로 품는다〔內含〕고 한다. 그래서 생존을 음양내함(陰陽內含)이라 한다. 사는 힘을 기운(氣運)이라 한다. 기는 음양을 말함이요 운은 안에 품는 짓을 말한다. 먹고 마시고 숨쉬고 싸는 것이 다 음양을 안으로 품는 짓〔內含〕, 즉 생활이 아닌가. 덕은 우리로 하여금 생활하게 한다. 그러니 덕을 귀하게 하라.

장지(長之)는 자라게 하는 일이다. 여기서 장(長)은 시간이 걸린다는 뜻으로, 길다 오래다 하는 장은 주야변화(晝夜變化)를 말한다. 봄·여름·가을·겨울이 곧 장지의 시간이다. 이를 『주역』은 원형리정(元亨利貞)으로 풀고 있다. 씨앗을 뿌려 심는 봄이 원(元)이요 무성히 자라는 여름이 형(亨)이요 열매를 맺는 가을이 이(利)요 잘 갈무리해 간직하는 겨울이 정(貞)이다. 이처럼 자라게 하는 일은 시간이 든다.

길러 내는 일[育之]은 장지와 더불어 이루어진다. 먹고 마셔서 살이 되고 뼈가 되고 피가 되는 것을 일러 윤화(潤和)라 한다. 오기(五氣)의 윤화를 육(育)이라 한다. 목(木)·화(火)·토(土)·금(金)·수(水)가 상생(相生)의 오기이다. 어떤 목숨이든 이 오기의 윤화 때문에 자라고 큰다. 오기(五氣)·오행(五行)·오덕(五德)은 다 같은 말이다. 요샛말로 하면 천지가 주는 영양소를 오기라 할 수 있다. 그래서 장지 없는 육지는 자연이 아니라 한다. 한겨울에 오이를 먹는다고 자랑하지 말라. 겨울에 먹는 오이는 자연의 오이가 아니다. 시간을 속이고 오기를 조작한 인공의 오이를 자랑하지 말라.

심신이 잘 갖추어지는 일[成之]은 숙지(熟之)로 이어지게 마련이다. 심신의 완성을 성(成)이라 하고, 정신이 온전하고 기운이 충족됨을 숙(熟)이라 한다. 성숙(成熟)했다 함은 심신이 다 철이 들었다는 말이다. 그리고 나서는 심신을 정(貞)하게 간직해야 한다. 심신을 정하게 하라 함이 곧 양지(養之)요 복지(覆之)인데, 몸과 마음을 곧게 간직하라는 것이 양지요 몸과 마음을 상처입지 않게 잘 보호하라 함이 복지이다.

### 생이불유(生而不有)

낳아 주되 제 것으로 갖지 않는다[生而不有]. 도는 우주 만물의 어미이기 때문이다. 있게 하되〔有〕갖지 않는 것〔不有〕을 일러 자연의 유(有)라 한다. 사람은 유를 욕(欲)으로 옮겨 한사코 소유하려 한다. 새끼를 열심히 길러 하늘로 날려보내는 뱁새를 보라. 뱁새는 도를 따라 제 새끼를 낳아 길렀지만 대가를 바라지 않는다. 그런데 사람은 자식에게 바라는 경우가 더러 있다. 이는 못난 짓이다. 그러나 뱁새가 사람보다 낫다고 하면 웃기는 소리 말라 할 사람이 너무도 많다.

### 위이불시(爲而不恃)

돌봐 주되 대가를 바라지 않는다〔爲而不恃〕. 이 또한 도가 우주 만물의 어미인 까닭이다. 위해 주되 대가를 바라지 않는 것이 자연의 위(爲)이다. 반면 위해 주고 대가를 바라는 것은 사람의 위이다. 그래도 여전히 자식덕 좀 보자 하는 부모가 있다면 못난 아비요 어미일 뿐이다. 돌봐 준 것을 빌미로 공치사하는 것은 인간 밖에 없다. 그런 인간을 물론 소인(小人)이라 한다.

### 장이부재(長而不宰)

길러 주고 키워 주면시도 간섭하지 않는다〔長而不宰〕. 이 역시 도가 우주 만물의 어미이기 때문이다. 이래라저래라 간섭하지 않음이 곧 무위요 자연 아닌가. 그냥 그대로 놓아 둘 뿐 간섭하고 수작하지 않음이 곧 부재(不宰)이다. 오로지 인간만 이래라저래라 하면서 저울질하고 저마다 잇속을 따져 인생을 흥정하려 한다. 명문대로 보내려고 날마다 제 자식을 들들 볶는 부모는 부재할 줄 몰라 오히려 자식을 망친다.

생이불유(生而不有), 위이불시(爲而不恃), 그리고 장이부재(長而不宰)가 곧 자연의 묘(妙)이다. 이러한 묘를, 인간이 아무리 알려 해도 알 길이 없는 도덕 즉 현덕(玄德)이라 한다. 만물 중에서 인간만 이 현덕을 팽개치려 한다. 또 천지가 마치 제 것인 양 오만하고 방자한 짓들을 마다 않는다. 그러나 노자는 천지가 인간의 것이 아니라고 말한다. 어떻게 말하고 있단 말인가? '도를 존경하고 덕을 귀하게 하라〔道尊德貴〕.' 그러나 노자를 비웃는 인간들이 너무나 많다.

道德經 52

# 수모(守母)하라

**요지** 수모(守母)하라. 그러면 한평생 탈이 없다.

**내용** 세상에는 근원이 있는데 그 근원을 천하의 어머니라 한다. 이미 그 어미를 얻었으니 우주 만물이 그 자식임을 알 수 있다. 이미 그 자식임을 알았으니 돌이켜 그 어미를 모시면 죽는 날까지 위태로울 게 없다. 입을 막고 눈과 귀를 닫으면 죽는 날까지 사서 고생할 일이 없다. 그러나 입을 열어 두고 이런저런 일들을 벌여 해 보려고 든다면 죽는 날까지 마음 편히 살 수 없다. 작은 것을 살펴보는 것을 일러 명(明)이라 하고, 부드러움을 지키는 것을 일러 강(强)이라 한다  빛을 비추어 다시 그 밝음으로 돌아가면 몸에 재앙이 일어나지 않는다. 비추어 밝게 함을 일러 습상(習常)이라 한다.

【원문(原文)】

> 天下有始 以爲天下母 旣得其母 以知其子 旣知其子 復守其母 歿身不殆 塞其兌閉其門 終身不勤 開其兌濟其事 終身不救 見小曰明 守柔曰强 用其光 復歸其明 無遺身殃 是謂習常

【해독(解讀)】

　천하(天下)에 시(始)가 있어 이로써 천하의 모(母)가 된다. 기모(其母)를 기득(旣得)하매 이로써 기자(其子)를 지(知)한다. 기자(其子)를 기지(旣知)하매 기모(其母)를 복수(復守)하면 몰신(歿身)하여 불태(不殆)한다. 기태(其兌)를 색(塞)하고 기문(其門)을 폐(閉)하면 종신(終身)토록 불근(不勤)한다. 기태(其兌)를 개(開)하고 기사(其事)를 제(濟)하면 종신(終身)토록 불구(不救)한다. 견소(見小)를 일러 명(明)이라 하고 수유(守柔)를 일러 강(强)이라 한다. 기광(其光)을 용(用)하여 기명(其明)으로 복귀(復歸)하면 신앙(身殃)을 무유(無遺)한다. 이를 일러 습상(習常)이라 한다.

【담소(談笑)】

### 천하유시(天下有始) 이위천하모(以爲天下母)

　세상에는 근원이 있는데〔天下有始〕 그 근원을 천하의 어머니라 한다〔以爲天下母〕. 시(始)는 근원을 말한다. 우주 만물을 낳은 도(道)가 바로 그 시이다. 노자는 거듭거듭 도가 어머니임을 잊지 말라고 한다. 오죽하면 그토록 절절이 거듭하겠는가. 도가 인간을 참으로 못된 청개구리 같다고 할 게다. 우리를 대신해 노자가 도 앞에서 참으로 민망해한다.

### 기득기모(旣得其母) 이지기자(以知其子)

이미 그 어미를 얻었으니[旣得其母] 우주 만물이 그 자식임을 알 수 있다[以知其]. 물론 그 어미[其母]는 도이다. 그리고 물론 그 자식[其子]은 우주 만물을 말한다. 인간을 제외한 다른 만물은 다 도를 어머니로 받들어 모시지만, 인간만 그럴 줄 모르고 무모한 짓을 마다 않는다. 무위(無爲)하라 함은 곧 도를 어머니로 모시라는 말이다.

### 복수기모(復守其母) 몰신불태(歿身不殆)

이미 그 자식임을 알았으니[旣知其子] 돌이켜 그 어미를 모시면[復守其母] 죽는 날까지 위태로울 게 없다[歿身不殆]. 이는 무슨 일이 있어도 무위(無爲)하라 함이요 무욕(無慾)하라 함이다. 무위가 곧 도를 모시는 일이요 무욕이 곧 자연을 받드는 일이기 때문이다. 돌이켜 다시금 지켜라[復守]. 이는 자신을 돌이켜보고 자신이 도의 자식임을 알고 천지에 감사하라 함이다. 그렇게만 하면 죽는 날까지 아무런 탈이 없다고 노자는 단언한다. 불태(不殆)는 위태로운 일이 없다는 말이다.

### 색기태(塞其兌) 폐기문(閉其門)

입을 막고[塞其兌] 눈과 귀를 닫으면[閉其門] 죽는 날까지 사시 고생할 일은 없다[終身不勤]. 이는 수모(守母)하는 방책이다. 태(兌)는 입[口]을 비유한 말이고 문(門)은 눈[目]과 귀[耳]를 비유한 말이다. 입을 막아라[塞兌]. 눈과 귀를 닫아라[閉門]. 결국 색태(塞兌)와 폐문(閉門)은 침묵하라는 말이다. 따지고 본다면 수모는 침묵으로 통한다. 침묵은 곧 자수(自守)로 통하는 까닭이다. 나 자신을 지키는 일[自守]이 곧 도를 지키는 일[守母]이다. 맹자도 수신(守身)하라 했다. 몸을 천지의 것으로 본 것은 노장(老莊)이나 공맹(孔孟)이나 다를 바 없다.

### 개기태(開其兌) 제기사(濟其事)

입을 열어 두고[開其兌] 이런저런 일들을 벌여 해 보려고 든다면[濟其事], 죽는 날까지 마음 편히 살 수 없다[終身不救]. 나를 구하는 것도 나요 나를 버리는 것도 나이다. 천지가 나를 구해 주는 것은 아니다. 그래서 길러 주되 간섭하지 않음을 현덕(玄德)이라 한다. 그러니 입과 눈과 귀를 닫고 내양(內養)하라 한다. 내양하라. 침묵하라. 말 한 마디로 천냥 빚을 갚는다, 오는 말이 고와야 가는 말도 곱다, 밤말은 쥐가 듣고 낮말은 새가 듣는다, 세 치 혓바닥을 조심하라…… 이런 속담들이 많다. 왜 그렇겠는가? 말이 씨가 되어 온갖 화근을 부르기 때문이다. 천지에 없는 화(禍)를 불러오는 짓이 곧 인간의 입질이다. 입조심하라. 이는 결국 침묵하라 함이다. 불가(佛家)의 조주선사(趙州禪師)도 노랑 주둥아리 닥치라고 말한 바 있다.

### 견소왈명(見小曰明) 수유왈강(守柔曰强)

작은 것을 살펴보는 것을 일러 명이라 하고[見小曰明], 부드러움을 지키는 것을 일러 강이라 한다[守柔曰强]. 견소(見小)하라. 작은 것[小]을 보라. 이는 나를 작게 보라 함이다. 무슨 까닭인가? 과욕(過欲)하지 말고 그침 없이 과욕(寡欲)하라는 것이다. 사나운 욕심[過欲]이 화근이 된다. 불행의 뿌리를 뽑으려면 욕심을 줄일[寡欲] 수 밖에 없다. 그러니 견소는 욕심을 줄이라는 말로 새겨들어도 무방하다. 욕(欲)을 줄일수록 그만큼 나는 밝아진다. 만일 욕이 모두 없어져 내가 무욕(無欲)하다면 나는 곧 대명(大明)하게 된다. 그러나 실제로는 항상 욕에 휘말려 눈이 멀어 한 치 앞을 못 보면서, 나는 크고 남은 작게 수작을 부리고 사니 앞이 캄캄해지곤 한다.

견소(見小)하면 따라서 수유(守柔)한다. 밝은 사람은 거칠 리가 없다. 욕심이 사납지 않은데 왜 거칠겠는가. 바라는 바가 없으니 부드럽다. 부러지는 무쇠를 생각해 보라. 흐르는 물보다 더 강한 것은 없다 하지 않는가. 흐르는 물보다 더 부드러운 것은 천하에 없기 때문이다. 바람 부는 것을 보라. 그 기운이 세차지만 거침없이 스쳐 가는 것은 부드러운 까닭이다. 인간도 내양(內養)할수록 그만큼 부드러워진다. 내양은 심신을 맑고 깨끗하게 한다. 그렇게 하려면 욕심을 줄여라. 무욕(無欲)은 더할 바 없이 부드럽고 과욕(過欲)은 더할 바 없이 거칠고 굳다. 우리는 어느 쪽인지 노자가 묻는다.

### 용기광(用其光) 복귀기명(復歸其明)

┚ 빛을 비추어[用其光] 다시 그 밝음으로 돌아가면[復歸其明] 몸에 재앙이 일어나지 않는다[無遺身殃]. 광(光)은 밖을 비춤이고 명(明)은 안을 비춤이다. 심덕(心德)이 그렇게 비춘다. 그러니 용(用)은 덕으로 베푼다는 뜻이 된다. 그리고 귀(歸)는 쉬지 않고 수모(守母)하여 도를 존경하고 덕을 귀하게 한다는 뜻이 된다. 어떻게 견소(見小)할까? 덕을 베풀면 저절로 된다. 어떻게 수유(守柔)할까? 이 또한 덕을 베풀면 저절로 된다. 그러므로 자기를 작게 하는 이는 자기를 낮추려 하고 자기를 부드럽게 하는 이는 자기를 앞세우지 않는다. 이러한 사람을 일러 무위의 삶을 누린다고 한다. 그러므로 용기광(用其光)의 광(光)은 도덕의 빛이요 그

빛을 일러 무위니 자연이니 하는 셈이다.
　도덕의 빛으로 항상 스스로를 밝게 함이 명(明)이다. 그러므로 광명(光明)이란 내 밖을 비추는 것이 아니라 내 안을 비춤이다. 한 순간이라도 도덕의 빛에서 떠나지 말라. 떠나면 어둠에 갇히게 된다. 스스로를 도덕의 빛으로 항상 밝게 하라. 이를 일러 습상(襲常)이라 한다. 공자는 수신(修身)해 인의(仁義)를 따라 살라 하고 노자는 습상해 무위를 따라 살라 한다. 어느 쪽이든 욕심 사나운 인간이 되지 말라는 의미는 같다.

道德經 53

# 대도(大道)를 알라

**요지** 대도(大道)를 알라. 그러면 언제 어디서든 난세(亂世)가 없다.

**내용** 나로 하여금 잠깐 동안 내 아는 바를 드러내 대도를 행하게 한다면, 오직 다음과 같은 짓들이 두렵다. 조정은 지나치게 위엄을 부리려 하고, 논밭은 심하게 잡초만 우거지며, 곡식창고는 텅텅 비어 있고, 조정에 붙어 있는 사람들의 복식은 화려해져 가며, 허리에다 예리한 칼을 차고, 먹고 마시는 짓에 염증을 내며, 돈이 많아 아무리 써도 남아돈다. 이런 짓들을 일러 도과(盜誇)라 하는데, 백성의 것을 훔쳐 히세를 부리는 짓(盜誇)들이 결코 도가 될 리 없다.

【원문(原文)】

使我介然有知 行於大道 惟施是畏 大道甚夷 而民好徑 朝甚除 田甚蕪 倉甚虛 服文采 帶利劍 厭飮食 財貨有餘 是謂盜夸 非道也哉

【해독(解讀)】

아(我)로 하여금 개연(介然)이 유지(有知)하여 대도(大道)를 행(行)하게 한다면 시외(是畏)를 유시(惟施)한다. 대도(大道)는 심이(甚夷)하지만 민(民)이 호경(好徑)하여 조(朝)는 심제(甚除)하나 전(田)은 심무(甚蕪)하고 창(倉)은 심허(甚虛)하다. 그러나 복(服)은 문채(文采)하고 대(帶)는 이검(利劍)하며 음식(飮食)을 염(厭)하고 재화(財貨)가 유여(有餘)하다. 이를 일러 도과(盜夸)라 한다. 이런 짓은 비도(非道)일 뿐이다.

【담소(談笑)】

유시시외(惟施是畏)

나로 하여금 잠깐 동안 내 아는 바를 드러내〔使我介然有知〕대도를 행하게 한다면〔行於大道〕오직 다음과 같은 것들이 두렵다〔惟施是畏〕. 여기서는 유지(有知)의 속뜻을 잘 헤아릴 필요가 있다. 즉 무지(無知)하라는 노자가 유지(有知)하겠다고 말하는 사연이 무엇인지 잘 살펴야 하는 것이다. 노자 당신이 안다고 하는 것은 무위자연(無爲自然)밖에 없다. 그러므로 여기서 유지는 노자가 무위의 정치를 해 보겠다고 하는 의미이다. 그러나 천지(天

地)가 노자로 하여금 무위를 발휘해 대도의 정치를 행하게 하더라도 두려움이 있다고 실토한다. 그 두려움이란 무엇인가? 노자는, 대도는 너무나 평이하지만〔大道甚夷〕인간은 굽은 샛길을 좋아한다〔民好徑〕고 단언한다.

대도(大道)는 무위의 길이다. 경은 지름길〔徑〕인데 샛길이라고 해도 된다. 넓고 평탄해서 걷기 쉽고 편안한 길을 이(夷)라 하고, 좁아서 걷기 힘든 길을 경(徑)이라 한다. 물론 여기서 이는 무위의 길이고 경은 인위(人爲)의 길을 말한다. 본래 이는 성인이 걷는 길이고 경은 중인이 걷는 길이라고 한다. 사람들이 한사코 인위의 길〔徑〕을 좋아하는 것이 노자를 두렵게 한다. 달리 말하자면 천지를 얕보는 사람들의 행위〔人爲〕가 노자를 두렵게 하는 것이다.

### 조심제(朝甚除) 도과(盜誇)

조정은 지나치게 위엄을 부린다〔朝甚除〕. 제(除)는 치(治)를 뜻한다. 따라서 심제(甚除)는 가혹한 다스림을 의미한다. 위풍을 세우려고 높이 쌓아올린 궁궐과 그 안에 있는 품계석(品階石) 등에서 알 수 있듯, 백성을 굶주리게 하는 정치 따위가 심제인 셈이다. 온갖 계급을 만들어 권력을 쥔 조정이 백성들을 위협한다는 말이다. 이는 백성을 무서워하는 정권을 만나기 어렵다는 말로 들어도 된다.

조정을 꾸미자면 들에서 일해야 할 사람을 불러나 노역을 시켜야 한다. 그 결과 일손이 없어 씨를 뿌리지 못하므로 논밭은 심하게 잡초만 우거지고〔田甚蕪〕, 거두어들일 것이 없으니 곡식창고는 텅텅 비고 만다〔倉甚虛〕. 말하자면 궁궐을 꾸며 몇 사람 잘살게 하자는 통에 정작 백성은 굶주림에 빠진다는 말이다.

조정에 빌붙는 무리의 복식은 화려해져만 가고〔服文采〕, 허리에다 예리한 칼을 차고〔帶利劍〕 백성을 겁주면서 호령하고, 백성은 굶주리는데 먹거리가 남아돌아 먹고 마시는 짓에 염증이 나고〔厭飮食〕, 돈이 많아 아무리 써도 남아도는〔財貨有餘〕 지경을 일러 노자는 도과(盜誇)라고 질타했다. 권력을 틀어쥐고 백성을 뜯어먹는 정권의 무리들이 도둑질을 일삼고 권력을 완력으로 둔갑해 과시하는 짓거리가 곧 도과이다. 이런 짓거리는 백성을 살리는 정치가 아니므로 도가 아니다〔非道也哉〕.

 공자는 임금을 달래 왕도(王道)를 걷게 하려고 하지만, 노자는 궁궐의 분탕질을 질타하고 제발 백성을 괴롭히고 핍박하지 말라 한다. 백성을 그냥 그대로 내버려 두어라. 그러면 천지가 백성을 알아서 살릴 터이니 이것이 곧 대도(大道)이다.

道德經 54

# 수덕(修德)하라

**요지** 수덕(修德)하라. 그러면 길흉(吉凶)을 벗어나 살 수 있다.

**내용** 잘 세워 놓은 것은 뽑히지 않고, 잘 껴안은 것은 빠져 나가지 않아 자손들이 그치지 않고 솔선해서 제사를 모신다. 이것을 몸소 닦으니 그 덕이 바로 참되고, 그렇게 가정을 잘 다스려 그 덕이 바로 넘쳐 나고, 그렇게 고을을 다스려 그 덕이 바로 오래가고, 그렇게 나라를 다스려 그 덕이 바로 풍부하며, 그렇게 천하를 다스려 그 덕이 바로 골고루 넓게 퍼진다. 그러므로 몸으로 몸을 살피고, 가정으로 가정을 살피며, 고을로 고을을 살피고, 나라로 나라를 살피며, 천하로 천하를 살핀다. 내가 어떻게 천하가 그런 줄 아는가? 이 때문이다.

【원문(原文)】

善建者 不拔 善抱者 不脫 子孫祭祀不輟 修之於身 其德乃眞 修之於家 其德乃餘 修之於鄕 其德乃長 修之於國 其德乃豊 修之於天下 其德乃普 故 以身觀身 以家觀家 以鄕觀鄕 以國觀國 以天下觀天下 吾何以知天下之然哉 以此

【해독(解讀)】

선건자(善建者)는 불발(不拔)하고 선포자(善抱者)는 불탈(不脫)하니 자손(子孫)이 제사(祭祀)를 불철(不輟)한다. 신(身)에 수지(修之)하매 그 덕(德)이 내진(乃眞)하고, 가(家)에 수(修)하매 그 덕이 이에 여(餘)하며, 향(鄕)에 수(修)하매 그 덕이 이에 장(長)하고, 국(國)에 수(修)하매 그 덕이 이에 풍(豊)하며, 천하에 수(修)하매 그 덕이 이에 보(普)한다. 고(故)로 이신(以身)으로써 신(身)을 관(觀)하고, 가(家)로써 가정을 살피며, 향(鄕)으로써 고을을 살피고, 국(國)으로써 나라를 살피며, 천하(天下)로써 세상을 살핀다. 오(吾) 하이지(何以知) 천하지연(天下之然)인가? 이차(以此)이다.

【담소(談笑)】

### 선건자불발(善建者不拔)

잘 세워 놓은 것은 뽑히지 않는다〔善建者不拔〕. 선(善)은 가장 알맞다 함이요 건(建)은 세운다는 말이다. 무엇을 잘 세워 놓는단 말인가? 심신(心身)을 잘 세워 놓는다 함이다. 심신을 어디에 세워 놓는가? 도덕(道德)에 잘 세워 둔다는 말이다. 그러면 무엇이라도 뽑지 못한다는 것이다. 무위(無爲)로 살라. 그러면 덕이 내 심신을 뽑히지 않게 한다.

### 선포자불탈(善抱者不脫)

잘 껴안은 것은 빠져 나가지 않는다〔善抱者不脫〕. 심신이 하나 됨을 포(抱)라 한다. 마음과 몸이 따로 논다면 오래갈 수가 없다. 오래가지 못하는 것이 탈(脫)이다. 몸과 마음이 하나가 되면 이 또한 대일(大一)이다. 말하자면 심신이 도에 안긴다는 말이다. 어머니의 품에 안긴 갓난애가 어머니의 품에서 어찌 벗어나려 하겠는가. 무위로 살라. 그러면 덕이 내 심신을 갈라지지 않게 한다.

### 자손제사불철(子孫祭祀不輟)

자손들이 그치지 않고 솔선해서 제사를 모신다〔子孫祭祀不輟〕. 제사(祭祀)는 중월(仲月) 열흘 전 좋은 날을 받아 몸가짐을 깨끗하게 하고 정성을 다해 상을 차려 천지 조상께 감사하는 절을 올리는 예(禮)이다. 불철(不輟)은 억지로 시켜서가 아니라 기꺼이 제사를 모신다는 말이다. 철(輟)은 원래 수레바퀴 자국이란 말이지만 강요한다는 속뜻이 스며 있다. 제사를 없애지 않고 후손이 기꺼이 지낸다 함은 도덕에 보답하는 일을 게을리 하지 않는다 함이다. 이는 도를 받들어 모시는 것〔道尊〕이고 덕을 귀하게 하는 것〔貴德〕이다. 이는 후손이 아무런 탈없이 잘살 것이라는 말로 들어도 무방하다. 덕을 닦는 일을 멈추지 않으면 후손도 따라서 덕을 본다는 말이다. 여기서 노자의 도덕관을 알 수 있다.

## 수지이신(修之以身) 기덕내보(其德乃普)

이를 몸소 닦으니〔修之以身〕 그 덕이 바로 참되고〔其德乃眞〕, 그렇게 가정을 잘 다스리니〔修之以家〕 그 덕이 바로 넘쳐 나고〔其德乃餘〕, 그렇게 고을을 다스리니〔修之以鄕〕 그 덕이 바로 더욱 오래가고〔其德乃長〕, 그렇게 나라를 다스리니〔修之以國〕 그 덕이 바로 풍부하며〔其德乃豊〕, 그렇게 천하를 다스리니〔修之以天下〕 그 덕이 바로 골고루 넓게 퍼진다〔其德乃普〕.

노자 역시 『대학(大學)』의 수신(修身)·제가(齊家)·치국(治國)·평천하(平天下)를 인정한다. 천하의 본(本)은 나라에 있고, 나라의 본은 고을에 있고, 고을의 본은 가정에 있으며, 가정의 본은 바로 나〔身〕에게 있다는 것은 노공(老孔)이 다 동의하는 바이다. 다만 공자는 덕을 인의(仁義)로 보고 덕 닦기를 바라지만 노자는 덕을 무위(無爲)로 보고 덕 닦기를 바란다. 그래서 공자는 수신(修身)하라 하고 노자는 무신(無身)하라 한다.

어떻게 무신하라 하는가? 건덕(健德)하고 포덕(抱德)하라는 것이다. 덕을 잘 세워라〔善健德〕. 그러면 뽑히지 않아 넘어지지 않는다. 이를 불발(不拔)이라 한다. 덕을 잘 껴안아라〔善抱德〕. 그러면 벗어나지 않아 어긋나지 않는다. 이를 불탈(不脫)이라 한다.

내 한 몸〔身〕이 불발하고 불탈하면 내 가정이 그렇게 되고, 내 한 가정이 불발하고 불탈하면 내 고을이 그렇게 되며, 내 고을이 불발하고 불탈하면 내 나라가 그렇게 되고, 내 나라가 불발하고 불탈하면 내 천하가 그렇게 된다. 어찌 임금에게만 천하가 있겠는가. 천지로부터 목숨을 물려받아 생사를 누리는 것이라면 무엇이든 저마다 한평생 살아갈 천하가 있다는 것이 노자의 대동(大同)이다.

수지(修之)의 지(之)를 무위로 보면 노자의 수지가 되고, 인의로 받으면 공자의 수지가 된다. 공자의 덕은 인덕(人德)이지만 노자의 덕은 천덕(天德)이다. 인덕은 호학(好學)하라 하지만 천덕은 절학(絶學)하라 한다. 여기서 노공은 서로 다른 방법으로 수지하라 한다. 공자의 수지는 배우기를 좋아하는 짓〔好學〕으로 이어지고 노자의 수지는 배우기를 그만두는 짓〔絶學〕으로 이어지기 때문이다. 노자는 호학을 의심한다. 말만 있고 행(行)이 없으면 무슨 소용이냐는 것이다. 그러니 절학하라 한다.

## 이신관신(以身觀身)

그러므로〔故〕 몸으로 몸을 살피고〔以身觀身〕, 가정으로 가정을 살피며〔以家觀家〕, 고을로 고을을 살피고〔以鄕觀鄕〕, 나라로 나라를 살피며〔以國觀國〕, 천하로 천하를 살핀다〔以天下觀天下〕. 책을 통해 자신을 살필 것 없다. 지식을 통하여 살필 것 없다. 관념을 동원해 어렵게 말을 만들 것 없다. 바로 곧장 내 몸을 내가 살피면 된다. 이것이 관신(觀身)이요 관심(觀心)이다. 오직 나만이 내 마음을 살필 수 있을 뿐 어느 누구도 내 속을 들여다볼 수 없다. 관신은 한없는 정직을 요구한다. 스스로 천덕을 닦고 있는가? 내 자신이 그러한지 스스로 검증하고 증명하라 함이다. 이것이 노자의 관신이다.

천덕(天德)을 닦으려면 관신(觀身)하라. 천덕은 만물을 하나〔一身〕로 껴안으니 의당 백성도 한 몸〔一身〕일 뿐이다. 임금의 몸만 중하다 한다면 그런 것은 천덕이 아니다. 내 몸이 귀하면 천하가 다 귀하고 내 몸이 천하면 천하가 다 천하다. 천하가 다 일신으로 동고동락(同苦同樂)한다면 그야말로 천덕의 보(普)이다. 보는 차별이 없음이요 한결같이 두루두루 통함이니 이는 곧 노자가 바라는 바이다. 그러므로 노자가 이차(以此)로써 천하를 안다고 단언한 셈이다.

이차의 차(此)는 이신관신(以身觀身)·이가관가(以家觀家)·이

향관향(以鄕觀鄕)·이국관국(以國觀國)·이천하관천하(以天下觀天下)를 묶어서 말하는 것이다. 이로써〔以此〕노자는 천하에 천덕이 골고루 널리 퍼질 수 있음을 안다고 단언한다. 치자(治者)여. 노자의 말이 허황하다 말하지 말라. 노자가 틀린 말을 하는 것이 아니라 세상 사람들이 틀린 짓을 하고 있음을 숨기지 말아야 한다. 건덕(健德)하지 않고 포덕(抱德)하지 않으면서 관신(觀身)한다고 거짓말하지만 않으면, 노자의 말이 옳다는 것을 알 수 있다.

## 道德經 55

# 함덕(含德)하라

**요지** 함덕(含德)하라. 그러면 심신(心身)이 맑고 가볍다.

**내용** 품은 덕이 두터움은 갓난애와 비유된다. 독이 있는 벌레라도 갓난애를 쏘거나 물지 않고, 사나운 짐승도 덤벼들지 않거니와 독수리 같은 사나운 새도 채이 가시 않는다. 갓난애는 뼈도 약하고 근육도 부드럽지만 꽉 쥐는 손아귀의 힘은 대단하다. 암컷과 수컷이 교미하는 것을 모르면서도 어린 성기가 꼿꼿해지는 것은 정(精)의 지극함이요, 온종일 울어 대도 목이 쉬지 않음은 화(和)의 지극함이다. 서로 어울림〔和〕을 아는 것을 상(常)이라 하고, 한결같음〔常〕을 아는 것을 명(明)이라 한다. 그러나 생(生)만을 이롭세 하려는 짓을 일러 상(祥)이라 하고, 마음이 기(氣)를 부리게 하는 짓을 일러 강(強)이라 한다. 이렇듯 사물은 성장하다가 늙어 버리는데 이는 도(道)를 부정하는 짓이다. 도를 부정하면 오래갈 수가 없다.

【원문(原文)】

含德之厚 比於赤子 毒蟲不螫 猛獸不據 攫鳥不搏
弱骨筋柔而握固 未知牝牡之合而朘作 精之至也 終
日號而不嗄 和之至也 知和曰常 知常曰明 益生曰祥
心使氣曰强 物壯則老 是謂不道 早已

【해독(解讀)】

함덕(含德)의 후(厚)는 적자(赤子)에 비(比)하니 독충(毒蟲)이 불석(不螫)하고, 맹수(猛獸)도 불거(不據)하며, 확조(攫鳥)도 불박(不搏)한다. 골(骨)이 약(弱)하고 근(筋)이 유(柔)한데도 악(握)이 고(固)하며, 빈모(牝牡)의 합(合)을 미지(未知)하는데도 최작(朘作)함은 정(精)의 지(至)이다. 종일(終日) 호(號)해도 불사(不嗄)함은 화(和)의 지(至)이다. 지화(知和)를 일러 상(常)이라 하고, 지상(知常)을 일러 명(明)이라 하며, 익생(益生)을 일러 상(祥)이라 하고, 심사기(心使氣)를 일러 강(强)이라 한다. 물(物)이 장(壯)하면 노(老)한다. 이를 일러 부도(不道)라 하는데 부도(不道)는 조이(早已)이다.

【담소(談笑)】

함덕지후(含德之厚)

품은 덕이 두터움은〔含德之厚〕 갓난애와 비유된다〔比於赤子〕. 함(咸)은 드러나지 않게 간직하는 것이고 후(厚)는 깨끗하면서도 엷지 않고 두터운 것이다. 그래서 후덕(厚德)한 사람은 덕을 드러내 자랑하지 않는다. 후덕한 마음은 맑고 깨끗해 제 자랑을 하여 남을 창피하게 만들지 않는다. 노자는 지극히 후덕한 사람을 갓난애〔赤子〕에 비유하고 있다.

### 독충불석(毒蟲不螫)

독이 있는 벌레도 쏘지 않는다〔毒蟲不螫〕. 독충도 갓난애는 독침으로 쏘지 않는다는 말이다. 갓난애에게는 해칠 마음이 없는 까닭에 벌레도 해치질 않는다. 사나운 짐승도 덤벼들지 않는다〔猛獸不據〕. 맹수라도 갓난애는 물어뜯지 않는다. 갓난애한테는 해치려는 마음이 없는 까닭에 짐승도 해치질 않는다 함이다. 독수리 같은 사나운 새도 채가지 않는다〔攫鳥不搏〕. 발톱이 날카로운 사나운 새도 갓난애는 해치지 않는다는 말이다. 갓난애는 천덕(天德) 그 자체이기 때문이다. 그런데 그런 갓난애가 자라면 점점 무섭고 사나운 존재로 표변한다. 욕심꾸러기로 표변한 인간을 제외하면 천덕을 어기는 것은 하나도 없다.

### 정지지야(精之至也) 화지지야(和之至也)

갓난애는 뼈기 약하고 근육이 부드럽지만 꽉 쥐는 힘은 대단하다〔骨弱筋柔而握固〕. 암컷과 수컷이 교미한다는 것을 모르지만 어린 성기가 꼿꼿해지는 것은〔未知牝牡之合而朘作〕 정(精)의 지극함이요〔精之至也〕, 온종일 울어 대도 목이 쉬지 않음은〔終日號而不嗄〕 화(和)의 지극함이다〔和之至也〕. 악(握)은 손아귀로 쥐는 짓을 말하고 고(固)는 쥐는 힘이 세다는 뜻이다. 빈(牝)은 암컷이고 모(牡)는 수컷이며 합(合)은 성교(性交)나 교미(交尾)를 뜻한다. 최(朘)는 갓난애의 성기를 말하고 작(作)은 꼿꼿이 선다는 뜻이다.

왜 힘없는 갓난애이지만 악력(握力)이 대단하고, 성교를 모르면서도 그 어린 성기가 꼿꼿해지는가? 갓난애는 정기(精氣)가 지극하기 때문이다. 정기란 무엇인가? 무욕(無欲)이 누리는 천지의 기운이다. 음양이 짓는 조화가 곧 천지의 정기요 원기(元氣)인 셈이다.

호(號)는 갓난애의 울음을 뜻한다. 사(嗄)는 목이 쉰다는 뜻이다. 어른은 잠깐 동안 고함쳐도 목이 쉬고 마는데 왜 갓난애는 종일 울어 대도 목이 쉬지 않을까? 갓난애의 온몸이 유약(柔弱)하여 원기(元氣)와의 어울림이 지극하기 때문이다. 이는 곧 갓난애와 자연은 하나란 말이다.

덕을 두텁게 하는 사람은 갓난애처럼 무욕(無欲)하므로 결국 천지로부터 정기를 물려받는다. 더할 바 없이 건강한 심신(心身)이 바로 그 정기를 물려받았다는 증거이다. 목숨을 누리게 하는 정기를 천덕(天德)이라고 새기면 되리라. 그러나 지금 사람들은 과학의 물질을 믿지 자연의 천덕은 믿지 않으려 한다. 그래서 노자를 비웃고 팽개친다.

### 지화왈상(知和曰常)

서로 어울림[和]을 아는 것을 상(常)이라 한다[知和曰常]. 여기서 화(和)는 화기(和氣)의 준말이다. 더할 바 없이 응하게 하는 기운이다. 화기는 지극히 유(柔)하고 지극히 순(順)하다. 그 기운을 천지에서는 음양의 정기(正氣)라 하고 내 몸에서는 곡신(谷神)의 원기라 한다. 우리 모두 천지로부터 원기를 받는다. 목숨이 있는 것치고 굶고 사는 것은 없다. 원기는 밥에 있고 똥에 있고 바람에 있다고 보면 된다. 뱃속이 편안한가? 그렇다면 뱃속이 화(和)를 누리는 셈이다. 이는 곧 원기를 잘 받은 것이다. 뱃속이 불편한가? 그렇다면 뱃속이 불화(不和)를 겪는 셈이다. 이는 곧 원기를 잘못 받은 것이다. 어느 누가 뱃속이 불편하기를 바라겠는가. 항상 마음과 몸이 편안하기를 바란다면 화기를 알라〔知和〕. 그러면 불화를 멀리하고 천지에 어긋나는 짓을 하지 않으리라. 천지에 순응하면 곧 상(常)에 이른다. 상은 곧 도이다.

### 지상왈명(知常曰明)

한결같음〔常〕을 아는 것을 명(明)이라 한다〔知常曰明〕. 여기서 상(常)은 지화(知和)이므로 도의 덕을 떠날 수 없다는 말이다. 도의 덕으로 사는 것 즉 무위(無爲)를 일러 습상(習常)이라 한다. 그러니 지화나 습상이나 다 무위로 산다 함이다. 그러기 위해서 끊임없이 관신(觀身)하라는 것이 아닌가. 나를 살펴〔觀身〕눈이 욕심에 가리지 않도록 하는 것이 곧 명(明)이다. 빼앗고 싶다 해서 뺏으면 불명(不明)이다. 불명이면 반드시 탈이 난다. 그래서 노자는 빼앗고 싶거든 먼저 주라 했고 이기고 싶거든 먼저 져 주라 했다. 이런 마음가짐이 곧 노자의 명이다. 주면 손해라고 생각 마라. 해치든 돕든 곱으로 되돌아오기 때문이다. 어떻든 되로 주고 말로 받는다. 살아가면서 이 정도만 터득해도 노자의 명을 누릴 수 있다.

### 익생왈상(益生曰祥)

생(生)만을 이롭게 하는 것이 상(祥)이다〔益生曰祥〕. 생만을 위하고 이롭게 하면 제 명대로 못살게 된다. 죽기로 하면 살아남고 살기로 하면 죽는다는 말이다. 생사가 더불어 있지 따로 떨어져 있지 않음을 알라 함이다. 남들이야 죽든 말든 나 하나 살면 그만이라 여긴다면, 나는 명대로 살지 못하고 요절이 난다. 상(祥)은 본래 길흉의 징조를 말한다. 도리에 맞으면 길하고 어긋나면 흉하다는 것이 상이다. 생사를 위해야 이치에 맞지 생만을 위해서는 어긋난다. 그러니 익생(益生)의 상은 흉한 징조이다. 그래서 익생의 상을 요(夭)라고 한다. 덫에 걸려 있는 미끼 같은 것이 익생(益生)의 상(祥)이다. 미끼를 탐하는 짓 따위가 바로 익생이다.

### 심사기왈강(心使氣曰强)

마음이 기를 쓰게 하는 것이 강이다〔心使氣曰强〕. 마음이 기를 쓰는 짓〔心使氣〕을 지(志)라고 한다. 뜻〔志〕을 정해 두고 이루고 말겠다고 용트림하는 심기(心氣)가 부드러울 리 없다. 그런 심기는 수유(守柔)하지 못하고 정신(精神)을 잃게 마련이어서 강기(剛氣)를 부린다. 강기는 정신을 잃어버리게 한다. 정신 나간 사람의 강기는 광기(狂氣)로 돌변하기 쉽다. 그러면 인간은 살벌하고 거칠어져 함덕(含德)의 묘(妙)를 상실한다.

지화(知和)와 지상(知常)은 함덕으로 통하는 관신(觀身)이며, 익생(益生)과 사기(使氣)는 함덕을 막는 망신(亡身)이다. 이런 망신을 일러 물(物)이 장(壯)하면 늙는다〔物壯則老〕고 한다. 물장(物壯)을 왜 비도(非道)라 하는가? 함덕을 잃어버리기 때문이다. 익생과 사기는 자연을 벗어나 무욕하지 못하니 천지에 어긋나는 짓을 범하므로 비도라고 하는 것이다. 도가 아니면 오래갈 수 없다〔早已〕.

道德經 56

# 현동(玄同)하라

**요지** 현동(玄同)하라. 그러면 시비와 분별을 떠날 수 있다.

**내용** 아는 사람은 말하지 않고 말하는 사람은 알지 못한다. 입을 막고 눈과 귀를 닫고, 예리한 것을 무디게 하고 어지러운 것을 갈래 지으며, 빛냄을 부드럽게 하고 티끌마저도 하나같이 함을 일러 현동(玄同)이라 한다. 그러므로 무엇을 얻었다 해서 친근하게 하지 않고, 무엇을 얻었다 해서 소원하게 하지도 않으며, 무엇을 얻었다 해서 이롭게 하지 않고, 무엇을 얻었다 해서 해롭게 하지도 않으며, 무엇을 얻었다 해서 귀하게 하지도 않고, 무엇을 얻었다 해서 천하게 하지도 않는다. 그래서 현농은 천하의 소중한 것이 된다.

【원문(原文)】

知者不言 言者不知 塞其兌 閉其門 挫其銳 解其紛 和其光 同其塵 是謂玄同 故 不可得而親 亦不可得而疏 不可得而利 亦不可得而害 不可得而貴 亦不可得而賤 故 爲天下貴

【해독(解讀)】

지자(知者)는 불언(不言)하고 언자(言者)는 부지(不知)하니, 그 태(兌)를 색(塞)하고 그 문(門)을 폐(閉)하며 그 예(銳)를 좌(挫)하고 그 분(紛)을 해(解)하며 그 광(光)을 화(和)하고 그 진(塵)을 동(同)하면 이를 현동(玄同)이라 한다. 고(故)로 득(得)해 친(親)함이 불가(不可)하고 또한 득(得)해 소(疏)함이 불가(不可)하며, 득(得)해 이(利)함이 불가(不可)하고 또한 득(得)해 해(害)함이 불가(不可)하며, 득(得)해 귀(貴)함이 불가(不可)하고 또한 득(得)해 천(賤)함이 불가(不可)하다. 그러므로 천하(天下)의 귀(貴)가 된다.

【담소(談笑)】

언자부지(言者不知)

아는 사람은 말하지 않고〔知者不言〕 말하는 사람은 모른다〔言者不知〕. 노자의 지(知)는 도와의 묵계(默契)를 말한다. 도가 심(心)이 되고 심이 도가 되어 있는데 무슨 말이 필요할 것인가. 불가의 말을 빌린다면 이심전심의 묘가 곧 노자의 지(知)인 셈이다.

도를 터득해 깨우쳐 가는 사람을 일러 지자(知者)라 한다. 말로 하면 이미 도가 아닌 줄 안다는 뜻도 된다. 안다면 말하지 말라. 말한다면 이미 말하는 그것을 모르고 있음이다. 그래서 말 잘하는 인간은 듬직하지 못하다는 욕을 먹는다.

### 색기태(塞其兌) 폐기문(閉其門)

입을 막고〔塞其兌〕 눈과 귀를 닫는다〔閉其門〕. 이는 성인(聖人), 즉 도의 덕을 깨친 자〔知者〕의 모습이다. 이미 노자는 입을 다물고 눈과 귀를 닫으면 죽는 날까지 편안하다 했다. 입을 열면 시비(是非)가 생기고 입을 다물면 시비가 없어진다. 눈과 귀를 열면 바깥 것들로 심란(心亂)하지만, 닫고 있으면 심란을 재울 수 있다. 그래서 노자는 눈과 귀를 닫고 허정(虛靜)하라 한다. 그러나 요새 사람들은 입을 열고 말해야 하고, 이목(耳目)을 집중해 바깥 것들과 교섭해야 한다고 아우성이다. 심신을 편안케 하는 허정보다 심신이 불편해도 욕망을 택하는 사람들이 어찌 노자를 좋아할 것인가? 그렇다고 노자를 비웃거나 비난하지 말라. 이는 노자가 밝히는 도의 덕을 벗어난 생사는 없기 때문이다.

### 좌기예(挫其銳) 해기분(解其紛)

예리한 것을 무디게 하고〔挫其銳〕 어지러운 것을 갈래짓는〔解其紛〕. 이 또한 성인, 즉 지자(知者)의 모습이다. 예리하고 날카로운 마음가짐을 이기려고 논쟁하고 발버둥칠 것 없다. 차라리 날카로운 지성 따위를 멀리하고 무디게 하여 부드럽고 순순한 마음가짐을 따르라. 그러면 성인의 좌기예(挫其銳)를 흉내라도 낼 수 있다. 좀 쉽게 말하면 지(智)를 닦지 말고 덕을 닦으라는 것이다. 지는 바깥 사물을 알자는 짓이고 덕은 심신을 청정하게 하는 기운이다.

덕이라야 해기분(解其紛)이 가능하다. 지는 시비(是非)가 난무하는 난장을 더욱 드세게 할 뿐 갈래를 짓지 못한다. 시(是)와 비(非)로 편가름해 승부를 내려는 지(智)를 가지고서는 분란(紛亂)을 한결같이 갈래짓지 못한다. 시비를 둘이 아니라 하나로 보는 덕이라야 분란을 잠재울 수 있다. 지자(智者)는 시비를 걸고 지자(知者)는 시비를 풀어 하나 되게 한다. 지자(智者)는 물(物)을 알고 지자(知者)는 덕을 안다. 선한 사람〔善者〕도 선하게 하고〔善之〕 불선한 사람〔不善者〕도 선하게 한다는 덕선(德善)이야말로 시비의 분란을 풀어 하나가 되게 한다.

### 화기광(和其光) 동기진(同其塵)

빛냄을 부드럽게 하고〔和其光〕 티끌도 하나같이 한다〔同其塵〕. 광(光)은 밖으로 빛내려는 것이니 과시도 되고 뽐내려는 짓도 될 수 있다. 화(和)는 그런 광을 어울림으로 이끄는 기운이다. 눈부신 것〔光〕을 눈부시지 않게 하는 기운이다. 오만을 겸허하게 하는 것이 화이다. 진(塵)은 깨끗한 것을 더럽히는 것이다. 거울에 묻은 때도 진이요 먼지나 티끌도 진이다. 즉 맑은 거울을 흐리게 만드는 것이 진이다. 마음에 묻어 때가 되고 티끌이 되는 것을 일러 공명(功名)·부귀(富貴)·출세(出世)·명성(名聲)이라 한다. 깃발을 날리려는 짓이 고개를 숙이게 하고 욕먹게 하는 경우가 얼마든지 있다. 본래 청정한 마음을 더럽히는 진을 닦아내어 부드러운 빛과 같게 한다는 것이 동기진(同其塵)이다. 믿음직한 사람〔信者〕도 믿고〔信之〕 믿지 못할 사람〔不信者〕도 믿는다는 덕신(德信)이야말로 빛나는 것〔光〕과 부끄러운 것〔塵〕을 하나 되게 하여 광을 줄이고 진을 묻어 용서할 수 있다.

색태(塞兌)·폐문(閉門)·좌예(挫銳)·해분(解紛)·화광(和光)·동진(同塵) 등이 세상과 더불어 현동(玄同)하는 묘(妙)이다.

현동의 동(同)은 성인의 동이고 부동(不同)의 동은 소인의 동이다. 현동은 위일(爲一)하고 부동은 분별(分別)한다. 성인은 천하를 하나로 보고 껴안는다. 그러나 소인은 세상을 몇으로 나누어 보고 달면 삼키고 쓰면 뱉는 짓을 한다.

공자도 말하기를 군자(君子)는 화이부동(和而不同)하고 소인은 동이불화(同而不和)한다 했다. 여기서 화(和)는 하나 되게 한다는 말이고, 동(同)은 패거리를 지어 내 편이 시(是)고 네 편이 비(非)라고 갈래짓게 한다는 말이다. 노자가 말하는 성인의 동(同)과 공자가 말하는 군자의 화(和)는 서로 통한다. 그러나 군자는 인의(仁義)로 세상을 살피고 노자는 도덕(道德)으로 세상을 살핀다. 말하자면 군자는 사람 중심으로 세상을 살피고 성인은 자연 중심으로 세상을 살핀다. 그래서 군자는 사람과 지렁이가 서로 다르다 하지만 성인은 다 같은 목숨이니 다를 바 없다고 한다.

성인은 도덕으로 사람을 보고 소인은 이해(利害)로 사람을 본다. 도덕으로 사람을 보면 차별하여 귀천을 따질 수 없다. 너와 내가 다 도의 자손인 까닭이고 그 덕에 생사를 누리는 까닭이다. 도덕으로 살펴 함께하는 것을 현동(玄同)이라 한다. 그러나 소인은 이익이 된다면 동(同)하고 손해가 된다면 부동(不同)한다. 그래서 소인은 성인을 천치나 바보라고 한다.

### 불가득이친(不可得而親) 역불가득이천(亦不可得而賤)

그러므로〔故〕 무엇을 얻었다 해서 친근(親近)하게 하지 않고〔不可得而親〕 무엇을 얻었다 해서 소원(疏遠)하게 하지도 않는다〔亦不可得而疏〕. 친소(親疎)를 따져 나누면 소인의 부동(不同)이요 친소를 하나로 본나면 성인의 동(同)이다. 가까운 사이〔親〕와 먼 사이〔疏〕를 차별해서야 어찌 세상이 하나 될 수 있을 것인가. 도덕에는 친소가 없다.

무엇을 얻었다 해서 이롭게 하지 못하고〔不可得而利〕 무엇을 얻었다 해서 해롭게 하지도 못한다〔亦不可得而害〕. 무엇을 얻었다 해서 귀하게 하지 못하고〔不可得而貴〕 무엇을 얻었다 해서 천하게 하지도 못한다〔亦不可得而賤〕. 이해(利害)를 따져 나누면 소인의 부동(不同)이요 이해를 하나로 본다면 성인의 동(同)이다. 이익과 손해를 분별해서야 어찌 세상이 하나 될 것인가. 도덕에는 이해도 없고 귀천도 없다. 그래서 천하귀(天下貴)라는 게다.

道德經 57

# 자청(自淸)하라

**요지** 자청(自淸)하라. 그러면 누구든 곧장 왕(王)이 된다.

**내용** 정(正)으로 나라를 다스리고, 기(奇)로 병(兵)을 쓰며, 무사(無事)로써 천하를 취한다. 내가 그러함을 어떻게 아느냐 하면 다음과 같은 사실 때문이다. 세상에 금지하는 것들이 많아져 백성이 더욱 가난해지고, 인간에게 권모술수가 많아져 나라가 더욱 혼미해지며, 인간에게 기교가 많아져 기묘한 물건들이 더욱 생겨나고, 법령이 더욱 창창해져도 도적이 많이 생긴다. 그래서 성인은 다음과 같이 말한다. 내가 무위하면 백성이 저절로 감화되고, 내가 무사하면 백성이 저절로 부유해지며, 내가 호정하면 백성이 저절로 바르게 되고, 내가 무욕하면 백성이 저절로 수수해지며, 내가 무정하면 백성이 저절로 깨끗해진다.

【원문(原文)】

　以正治國 以奇用兵 以無事 取天下 吾何以知其然哉 以此 天下多忌諱 而民彌貧 人多利器 國家滋昏 人多伎巧 奇物滋起 法令滋彰 盜賊多有 故 聖人云 我無爲而民自化 我無事而民自富 我好靜而民自正 我無欲而民自樸 我無情而民自淸

【해독(解讀)】

정(正)으로써 치국(治國)하고, 기(奇)로써 용병(用兵)하며, 무사(無事)로써 천하(天下)를 취(取)한다. 오(吾)가 하이(何以)해 기연(其然)을 지(知)하는가? 이차(以此)로써 안다. 천하(天下)에 기휘(忌諱)가 다(多)하매 민(民)이 미빈(彌貧)하고, 사람에게 이기(利器)가 많으매 국가(國家)가 자혼(滋昏)하며, 사람에게 기교(伎巧)가 많으매 기물(奇物)이 자기(滋起)하고, 법령(法令)이 자창(滋彰)하매 도적(盜賊)이 많아진다. 고(故)로 성인(聖人)이 말한다. 아(我)가 무위(無爲)하니 민(民)이 자화(自化)하고, 아(我)가 무사(無事)하니 백성이 자부(自富)하며, 아(我)가 호정(好靜)하니 백성이 자정(自正)하며, 아(我)가 무욕(無欲)하니 백성이 자박(自樸)하고, 아(我)가 무정(無情)하니 백성이 자청(自淸)한다.

【담소(談笑)】

### 이정치국(以正治國) 이기용병(以奇用兵)

정(正)으로 나라를 다스리고〔以正治國〕, 기(奇)로 병(兵)을 쓴다[以奇用兵]. 정(正)은 늘 갖추고 있어야 되는 것을 말한다. 정은 정도(正道)를 뜻한다. 기(奇)는 한때 돌발한 변고(變故) 따위를 말한다. 전쟁 같은 사변이 기이다. 나라를 정도(正道)로 다스려라. 이를 일러 치국(治國)이라 한다. 그 정도를 노자는 도덕(道德)이라 하고 공자는 인의(仁義)라고 한다. 그러니 노자의 치국은 도덕으로써 하는 것이고 공자의 치국은 인의로써 하는 것이다. 도덕이니 인의니 하여 말은 서로 다르지만 그 마음가짐은 다를 바 없다. 왜냐하면 도덕의 치국이든 인의의 치국이든 다 백성을 소중히 하고 백성의 뜻을 천덕(天德)으로 받들어 따라야 한다는 데 일치하기 때문이다.

힘으로 백성을 짓눌러 나라를 다스리는 짓은 치국이 아니다. 그런 짓은 난국(亂國)일 뿐이다. 그러므로 치국에는 용병(用兵)이 없다. 용병은 군대를 동원하는 것이요, 힘겨루기로 이기려는 전쟁에나 부득이 쓸 뿐이다. 그러니 군사혁명으로 나라를 다스린 군부(軍府) 따위는, 정도를 어겼으니 치국이 아니라 난국의 무리들이다.

### 이무사취천하(以無事取天下)

무사(無事)로써 천하를 취한다[以無事取天下]. 세상을 뺏자면 온갖 꾀를 다해 도모하지 않으면 안 된다. 세상을 뜻대로 요리하겠다는 생각을 내면 나라를 다스리는 정치는 폭군의 앞잡이가 되기 마련이다. 무사(無事)는 무사(無私)와 동한다. 사(私)는 나를 이롭게 하고 너를 해롭게 하려는 속셈이다. 그 사 없이 일하는 것이 곧 무위(無爲)이다. 무사(無事)·무사(無私)·무위(無爲)·무욕(無欲)은 다 같은 길이다. 말하자면 정도(正道)이다. 무사(無事)로써 천하를 얻는 것은 결국 정도로써 천하를 얻는 것이다.

### 법령자창(法令滋彰) 도적다유(盜賊多有)

내가 어떻게 그러함을 아느냐〔吾何以知其然哉〕하면 다음과 같은 사실들 때문이다. 세상에 금지하는 것들이 많아져 백성은 더욱 가난해지고〔天下多忌諱而民彌貧〕, 인간에게 권모술수(權謀術數)가 많아져 나라가 더욱 혼미하고〔人多利器而國家滋昏〕, 인간에게 기교가 많아져 기묘한 물건들이 더욱 생겨나고〔人多伎巧而奇物滋起〕, 법령이 더욱 창창해져도 도적은 많이 생긴다〔法令滋彰盜賊多有〕.

기휘(忌諱)는 백성이 싫어하고 미워하는 악법 따위를 말한다. 그것은 백성을 못살게 구는 것들이다. 폭군과 간신들의 횡포를 당하면서 어찌 백성이 잘살겠는가.

이기(利器)는 여기서 권모와 술수 같은 짓거리를 말한다. 정도(正道)로 나라를 다스린다면 권모 따위가 왜 필요하겠는가. 어느 한쪽만 이익을 챙기려 들면 저절로 권모술수가 기승을 부리게 되고, 그른 짓이 바른 짓을 내치는 꼴이 빚어진다. 그러면 세상은 갈피를 못 잡고 혼미해지니, 여기서 자혼(滋昏)의 자(滋)는 더욱 많다(多)는 뜻이다.

기교(伎巧)는 여기서 지모(智謀)를 말한다. 기(伎)는 능(能)을 뜻하고 교(巧)는 지(智)를 뜻한다. 덕이 아니라 아는 것을 밑천 삼아 재주를 부리는 짓거리가 곧 기교이다. 이러한 기교를 앞세우면 기묘한 것들이 생겨나서 사람을 현혹시킨다. 그러면 세상은 난장처럼 시끄러워진다.

법령(法令)은 여기서 형법 따위를 말한다. 법이 있으면 그 법을 피해 가는 속임수를 찾아내는 무리가 생긴다. 그런 무리를 도적(盜賊)이라 한다. 도(盜)는 물건을 훔치는 짓이요 적(賊)은 사람을 해치는 짓이다. 백성을 못살게 하는 놈은 모두 적이다. 이런 도적들은 법망을 피해 백성을 노략질하며 법령을 비웃는다.

기휘(忌諱)·이기(利器)·기교(伎巧)·법령(法令) 등은 치국의 방책이 아니라고 노자는 밝힌다. 이것들은 백성의 뜻이 아니라 폭군의 뜻이요 간신배나 모리배의 뜻일 뿐이어서 성인이 멀리하는 것이다.

### 아무위이민자화(我無爲而民自化)

그래서〔故〕 성인은 다음과 같이 말한다〔聖人云〕. 내가 무위하면 백성이 저절로 감화되고〔我無爲而民自化〕, 내가 무사하면 백성이 저절로 부유해지며〔我無事而民自富〕, 내가 호정하면 백성이 저절로 바르게 되고〔我好靜而民自正〕, 내가 무욕하면 백성이 저절로 수수해지며〔我無欲而民自樸〕, 내가 무정하면 백성이 저절로 깨끗해진다〔我無情而民自淸〕.

무위(無爲)는 여기서 백성의 뜻과 원에 따라 다스린다는 말이다. 백성의 뜻대로 치국하면 백성은 저절로 다스림을 따라 정도(正道)로 산다는 것이 곧 민자화(民自化)이다.

무사(無事)는 백성의 뜻에 어긋나는 짓을 하지 않는 것이다. 백성이 원하는 일만 하면 무사이다. 무위하면 절로 무사이게 마련이다. 백성이 원하는 일만 추진하는데 왜 백성이 꾀를 내고 빈둥거릴 것인가. 저마다 부지런히 할 일을 찾아 할 터이니 부유하게 된다는 것이 곧 민자부(民自富)이다.

호정(好靜)은 시비·분별·차별 따위를 사라지게 하고 만물을 하나 되게 한다. 그러한 마음가짐이 곧 정(靜)이다. 왜 고요할 정(靜)인가? 시비가 사라지니 고요함이요 번뇌가 없어지니 고요함이다. 이런 고요를 일러 허심(虛心)이라 한다. 허심에는 선악(善惡)이 따로 없다. 호정이 곧 허심이다. 허심하면 저절로 정도를 가게 된다는 것이 민자정(民自正)이다.

무욕(無欲)은 욕(欲)이 없음이다. 욕이란 사심(私心)을 내는 짓이다. 나를 이롭게 하고 남을 해롭게 하는 것이 사심(私心)이다. 그래서 사심은 곧 사심(邪心)이라는 것이다. 백성을 이롭게 하는 마음이 곧 치자(治者)의 무욕이다. 치자가 무욕하면 백성도 따라서 수수하고 검소하여 꾸미거나 속일 줄 모르는 것이 곧 민자박(民自樸)이다.

무정(無情)은 사정(私情)이 없음이다. 고운 놈 미운 놈 편을 갈라 편애하는 짓이 곧 사사로운 정이다. 공평치 못하면 강한 자가 약한 자를 짓밟게 마련이다. 무정은 정이 없음이 아니라 다만 사(私)가 없음이다. 무정은 무사(無私)이며 나아가 무사(無邪)이다. 사적(私的)인 것이 더러운 이유는 나를 이롭게 하고 남을 해치는 까닭이다. 다스림에서 사사로운 정이 없어지면 백성은 저절로 깨끗해진다는 것이 민자청(民自淸)이다.

민자화(民自化)는 무위의 다스림이고, 민자부(民自富)는 무사의 다스림이며, 민자정(民自正)은 호정의 다스림이고, 민자박(民自樸)은 무욕의 다스림이며, 민자청(民自淸)은 무정의 다스림이다. 무위(無爲)·무사(無事)·호정(好靜)·무욕(無欲)·무정(無情) 등은 성인의 치국(治國)이고, 기휘(忌諱)·이기(利器)·기교(伎巧)·법령(法令) 따위는 난국(亂國)의 화근이다. 그러니 난국을 없애자면 무엇보다 먼저 나부터 나를 스스로 깨끗한 마음가짐으로 다스려야 한다. 그러므로 노자는 우리들에게 자청(自淸)하라 한 것이다.

道德經 58

# 불요(不耀)하라

**요지** 불요(不耀)하라. 그러면 온 세상이 부드럽고 넉넉하다.

**내용** 다스림이 어수룩하면 백성은 순박해지고, 다스림이 깐깐하면 백성은 기가 꺾인다. 화(禍)는 복(福)이 기대는 곳이고, 복은 화가 숨어 있는 곳이다. 복의 끝과 화의 끝을 어느 누가 알 것인가? 복은 복이고 화는 화라고 나눌 수 있는 규칙은 없다. 바른 것이 다시 그른 것이 되고, 좋은 것이 다시 못된 것이 됨을 사람들은 모른다. 그런 어리석음이 날로 고집스러워져 사라지질 않는다. 이래서 성인은 방정하되 남을 해롭게 하지 않고, 맑고 깨끗하되 남을 아프게 하지 않으며, 곧되 남을 난처하게 하지 않고, 밝되 남을 눈부시게 하지 않는다.

【원문(原文)】

其政悶悶 其民淳淳 其政察察 其民缺缺 禍兮福所倚 福兮禍所伏 孰知其極 其無正耶 正復爲倚 善復爲妖 人之迷也 其日固久矣 是以 聖人方而不割 廉而不劌 直而不肆 光而不耀

【해독(解讀)】

그 정(政)이 민민(悶悶)하매 그 민(民)이 순순(淳淳)하고 그 정(政)이 찰찰(察察)하매 그 민(民)이 결결(缺缺)하다. 화(禍)란 복(福)의 소의(所倚)이고 복(福)이란 화(禍)의 소복(所伏)이다. 그 극(極)을 숙지(孰知)할까? 그 무정야(無正耶)이다. 정(正)은 다시 위기(爲奇)이고 선(善)은 다시 위요(爲妖)이어서 인간의 미(迷)이다. 그 기간은 고(固)하고 구(久)하다. 시이(是以)로 성인(聖人)은 방(方)하되 불할(不割)하고, 염(廉)하되 불귀(不劌)하며, 직(直)이되 불사(不肆)하고. 광(光)이되 불요(不耀)한다.

【담소(談笑)】

기정민민(其政悶悶)

다스림이 어수룩하면〔其政悶悶〕 백성은 순박해지고〔其民淳淳〕, 다스림이 깐깐하면〔其政察察〕 백성은 기가 꺾인다〔其民缺缺〕.

정치가 좀 어수룩한 데가 있어야 백성의 마음도 어수룩해져 거짓을 모르고 눈치를 안 본다. 잔꾀나 잔재주를 부리지 않아도 되므로 저절로 사람들이 순박해진다. 그렇지 않고 빈틈없이 법령을 만들어 백성을 감시하면 백성은 감추고 숨기는 짓을 하면서 불안해한다. 그러니 어수룩한 정치가 겉보기로는 잘못하는 것 같지만 잘 다스리는 것이고, 꼼꼼한 정치가 겉보기로는 잘하는 것 같지만 잘못 다스리는 것이다.

### 화혜복소의(禍兮福所倚)

화(禍)는 복(福)이 기대는 곳이고〔禍兮福所倚〕, 복은 화가 숨어 있는 곳〔福兮所伏〕이다. 복의 끝과 화의 끝을 어느 누가 알 것인가〔孰知其極〕? 복은 복이고 화는 화라고 나눌 수 있는 일정한 규칙은 없다〔其無正耶〕. 욕(辱)되게 하거나 흉해서 해를 보는 짓이 모두 화이다. 선하고 길하여 기쁨을 누리는 것〔慶〕이 복이다. 복은 행복이요 화는 불행이지만, 이런 행복과 불행이 따로따로 일어나는 것이 아니라 서로 맞물려 있음을 알라.

시비(是非) · 선악(善惡) · 호오(好惡)가 딱 갈라져 있다고 생각하는가? 그렇게 생각한다면 호사다마(好事多魔)니 전화위복(轉禍爲福)이니 새옹지마(塞翁之馬)니 하는 말들을 떠올려 볼 일이다. 오늘 웃음이 내일 울음이 될 줄 안다면 그만큼 사람은 철이 들게 마련이다. 또 철든 사람은 성인의 말씀을 받들며 살아가게 마련이다. 화를 당해 뉘우치면 오히려 그 화가 복이 되고, 복을 받았다고 오만하면 오히려 그 복이 화로 돌변할 줄 안다면 성인의 말씀을 알아챈 것이다. 그러니 행복하다 해서 우쭐할 것 없고 불행하다 해서 기죽을 것 없다.

### 정복위기(正復爲奇) 선복위요(善復爲妖)

바른 것이 다시 그른 것이 되고〔正復爲奇〕, 좋은 것이 다시 못된 것이 됨〔善復爲妖〕을 사람들은 모른다〔人之迷也〕. 그런 어리석음이 날로 고집스러워 사라지질 않는다〔其日固久矣〕. 정(正)은 바르고 맞아 당연한 것이고 기(奇)는 그르고 어긋나 이상한 것이다. 바른 짓을 일러 정행(正行)이라 하고 어긋난 짓을 일러 기행(奇行)이라 한다. 당연한 것[正]만을 고집하다 보면 이상해지는 법이고 이상한 것[奇]을 버리면 당연해지는 법이다. 이처럼 정과 기 역시 서로 왕래한다.

선(善)은 착해서 옳은 것이고 요(妖)는 악해서 몹쓸 것이다. 선이 곧 요이고 요가 곧 선이란 말은 아니다. 선만을 지나치게 고집하면 선이다가 요로 둔갑해 버린다. 요를 뉘우치면 곧장 선으로 돌아서고 선이라 해서 지나치면 요가 된다는 것이다. 이처럼 선과 악은 서로 왕래한다.

그러나 사람들은 정(正)은 정대로 기(奇)는 기대로 분별하려 하고, 선(善)은 선이고 요(妖)는 요라고 분별하고 편갈라 시비를 걸어 끝장[極]을 보자고 덤빈다. 분별할 수 없는 줄을 몰라 무모한 짓을 마다 않으니 미(迷)라고 하는 것이다. 어리석음[迷]을 버리면 곧 깨우침[悟]이다. 이는 불가의 말씀과도 같다. 만사(萬事)가 무정(無正)한 줄 알라. 무정이란 정오(正誤)를 나누어 별개로 보지 말라 함이다. 그래서 무정하면 곧 무애(無碍)라고 한다. 맞다[正] 틀리다[誤] 하는 시비를 떠나 걸림 없는 것[無碍]이야말로 성인이 바라는 바이다. 그러나 사람들이 만사가 무정(無正)함을 깨우치려 하지 않으니 그 어리석음이 고집스러워 오래간다.

### 방이불할(方而不割) 광이불요(光而不耀)

이래서[是以] 성인은 방정하되 남을 해롭게 하지 않고[聖人方而不割], 맑고 깨끗하되 남을 아프게 하지 않으며[廉而不劌], 곧되 남을 난처하게 하지 않고[直而不肆], 밝되 남을 눈부시게 하지 않는다[光而不耀].

방(方)은 마음가짐이 분명함이다. 할(割)은 칼질해 각뜨듯이 해치려는 짓[害]이다. 불할(不割)은 칼질해 각을 만들지 않는다 함이다. 성인은 마음가짐이 분명하면서도 편가르기를 하지 않는다. 성인은 모난 것[方]과 둥근 것[圓]을 어우르려 하지 서로 배척하지 않는다. 성인이 인간만사를 잘 다스리는 것[善政]은 그 마음가짐이 분명하되 모나지 않기 때문이니 이 또한 무정(無正)이리라.

염(廉)은 마음가짐이 맑고 깨끗해 탐욕(貪欲)이 없음이다. 귀(劌)는 칼로 베어 상처를 내듯이 마음을 아프게 하는 짓[傷]이다. 불귀(不劌)는 무참하게 마음을 상하게 하는 짓을 하지 않음이다. 성인의 마음은 더할 바 없이 청렴하지만 그것을 과시하지는 않는다. 청렴하다고 자랑한다면 상처받을 인간들이 세상에는 너무나 많은 까닭이다. 이 또한 성인의 선정(善政)이다.

직(直)은 일을 바르게 하고 올바른 이치를 잃지 않음이다. 사(肆)는 방자해서 함부로 말해 상대를 난감(難堪)하게 하는 짓이다. 불사(不肆)는 방자한 짓을 범하지 않음이다. 정직을 드러내어 방자하다면 이 또한 지나침이다. 정직할수록 세상을 겸허하게 바라보라. 이 또한 성인의 선정이다.

광(光)은 빛나서 밝아짐이다. 요(耀)는 밖으로 빛나서 번쩍이며 눈부시게 하는 짓이다. 불요(不耀)는 눈부시게 빛나지 않음이다. 따지고 보면 불사(不肆)와 불요는 다를 바 없이 겸손하고 겸허함을 말한다. 소인은 남에게 과시하려 하고 대인은 빛나는 것일수록 속으로 잠기게 한다. 이니 화기광(和其光)이라 하지 않았던가. 거들먹거리지 말라. 성인보다 더 만고에 빛날 사람이 어디 있겠는가. 그러나 성인은 드러나기를 원치 않는다. 이 또한 성인의 선정이다.

사람을 잘 다스리면 따라서 세상도 잘 다스려진다. 세상을 맑게 하는 것도 사람이요 더럽게 하는 것도 사람이다. 그래서 성인은 백성의 뜻을 살펴 다스리려 한다. 이를 일러 선정(善政)이라 한다. 선정은 곧 덕치(德治)란 말이다. 그러므로 선정의 깊은 뜻은 이러한 셈이다. 마음가짐이 분명하되 편가르지 말라〔方而不割〕, 마음가짐이 청렴하되 아프게 하지 말라〔廉而不劌〕, 정직하되 방자하지 말라〔直而不肆〕, 그리고 밝게 하되 눈부시게 하지 말라〔光而不耀〕. 이제 성인을 왜 받들고 모셔야 하는지 알 수 있을 것이다.

道德經 59

# 적덕(積德)하라

**요지** 적덕(積德)하라. 그러면 항상 넉넉해 후련하다.

**내용** 사람을 다스리고 하늘을 섬기는 것을 비유하는 데 농사짓기보다 더 나은 것이 없다. 무릇 농사짓기는 서슴없이 자연에 복종함을 말하고, 자연에 복종하는 것이야말로 거듭해 덕을 쌓는 것이다. 거듭해서 덕을 쌓으면 극복하지 못할 것이 없고, 극복하지 못할 것이 없으면 극단을 모르며, 극단을 모르면 나라를 보존할 수 있고, 도(道)가 있는 나라는 오래갈 수 있다. 이를 일러 뿌리가 깊고 열매꼭지가 단단하다고 하기도 하며, 오래도록 사라지지 않는 도라고도 한다.

【원문(原文)】

　　治人事天 莫若嗇 夫唯嗇 是謂早復 早復謂之重積德 重積德則無不克 無不克則莫知其極 可以有國 有國之母 可以長久 是謂深根固蔕 長生久視之道

【해독(解讀)】

인(人)을 치(治)하고 천(天)을 사(事)함이 막약색(莫若嗇)이다. 부유색(夫唯嗇)을 일러 조복(早復)이라 하고 조복(早復)을 일러 중(重) 적덕(積德)이라 한다. 거듭해 적덕(積德)한즉 불극(不克)함이 무(無)하고 불극(不克)함이 없으니 그 극(極)을 막지(莫知)한다. 그 극(極)을 알 수 없다면 유국(有國)할 수 있으며 유국(有國)의 모(母)는 장구(長久)할 수 있으므로 이것을 일러 심근(深根) 고체(固蔕)라 하고 장생(長生) 구시(久視)의 도(道)라 한다.

【담소(談笑)】

치인사천(治人事天)

　사람을 다스리고 하늘을 섬기는 데는〔治人事天〕농사짓기를 들어 비유하는 것보다 더 나은 것이 없다〔莫若嗇〕. 노자가 말하는 치인(治人)의 치(治)는 법치(法治)의 치가 아니다. 노자의 치는 무위(無爲)의 치인 까닭이다. 무위의 치는 무엇인가? 사천(事天)을 스스로 하게 만드는 것으로 이때 사천이란 자연을 받들어 따르는 것을 말한다.

　노자는 사람을 다스리는 치(治)가 자연을 받드는 사(事)로 이어지는 이치를 색(嗇)을 들어 비유하고 있다. 색은 검소하고 소박한 농부를 말한다. 하늘과 땅이 하라는 대로 따르며 땀흘려 곡식을 심고 길러 거두어들여 낱알 하나까지 소중히 여기는 농부의 삶이 곧 치인(治人)의 치(治)를 말해 주고 사천(事天)의 사(事)를 말해 준다는 것이다. 음식을 남기고 버리기를 서슴없이 하는 우리는 노자의 치인과 사천을 비웃으며 사는 셈이다.

### 조복위지중적덕(早復謂之重積德)

무릇 농사짓기는 서슴없이 자연에 복종함을 말하고[夫唯嗇是謂早服], 자연에 복종하는 것이야말로 거듭해 덕을 쌓는다 함이다[早復謂之重積德]. 농사는 천지에 맡겨야지 억지로 해서는 안 된다. 욕심을 부리면 농사는 더욱 어려워진다. 물론 요새는 농사를 인공으로 짓기 때문에 노자의 말을 낡았다 여길지도 모르겠다. 그러나 아무리 인공재배라 한들 땅 없이 물 없이 바람 없이 농사지을 수 없음을 새겨둘 일이다.

조복(早服)은 서슴없이 복종한다는 말이다. 도는 자연을 따른다[道法自然]고 말할 때 법(法)은 곧 복종(服從)을 뜻한다. 허정(虛靜)·무심(無心)·허심(虛心)·무욕(無欲)·무위(無爲)·무정(無情)·무정(無正)·무사(無事) 등의 말이 모두 다 자연에 복종한다는 뜻이다. 자연에 복종하면 그 복종이 바로 덕이다. 그러니 자연을 따르지 않으면 안 되는 색(嗇)보다 더 덕을 쌓는 일은 없다. 살벌한 도시에서 덕을 쌓으며 살기는 어렵다. 우리 모두 부덕(不德)하기만 하여 몸둘 바를 모르며 사는 게다.

### 중적덕즉무불극(重積德則無不克) 장생구시지도(長生久視之道)

거듭해서 덕을 쌓으면 극복하지 못할 것이 없고[重積德則無不克], 극복하지 못할 것이 없으면 극단을 모르며[無不克則莫知其

極〕, 극단을 모르면 나라를 보존할 수 있고〔莫知其極可以有國〕, 나라에 도가 있으면 오래갈 수 있다〔有國之母可以長久〕. 이를 일러 뿌리가 깊고 열매의 꼭지가 단단하다 하며〔是謂深根固蔕〕 오래도록 사라지지 않는 도라고 하는 것이다〔長生久視之道〕.

극(極)은 승(勝)이다. 무불극(無不克)은 질 수 없음이다. 백전백승이 곧 무불극이다. 덕이 이긴다 함은 힘으로 겨루어 이긴다는 말이 아니다. 선(善)하므로 악(惡)을 물리치고 정(正)하므로 사(邪)를 물리치고 진실하므로 거짓을 물리친다는 것뿐이다. 덕은 기를 써서 이기는 것이 아니라 저절로 이기는 것이다. 그래서 흔히 말하기를 덕불고(德不孤)라 하지 않는가. 원수가 없고 벗이 많아 외롭지 않으니 덕이 질 리 없음이다.

덕을 쌓으면 덤벼서 이겨 낼 자가 없다. 덤빌 일이 없어지면 싸울 일이 없어진다. 싸울 일이 없는데 시비 걸 생각을 할 리가 없다. 이렇게 되면 세상은 절로 평안해진다. 평안한 세상을 누리는 백성이 패를 갈라 극단으로 치달을 리 없다. 그러므로 이기지 못할 것이 없으면 극단을 모른다〔無不克則莫知極〕고 하는 것이다. 세상이 난세(亂世)로 들끓는 것은 덕을 쌓은 이가 없다는 증거이다. 나도 부덕(不德)하고 너도 부덕하니 신경질만 내는 꼴이다. 노자를 마주 보기가 정말로 부끄럽다.

덕을 쌓아 세상이 평안하면 나라가 된다. 되는 나라에는 나라를 있게 하는 모(母)가 있다. 모는 도(道)를 말한다. 도를 나타내는 모는 나무의 깊은 뿌리〔深根〕로 비유되고 열매의 튼튼한 꼭지〔固蔕〕로 비유된다.

뿌리가 깊은 나무는 넘어지지 않고 튼튼한 꼭지의 열매는 빠지거나 떨어지지 않는다. 이처럼 나라에 도가 있으려면 치자(治者)들부터 먼저 덕을 쌓아야 한다는 것이 노자의 치세관(治世觀)이다. 정치한다는 사람들이여! 노자가 말하는 치자인지 스스로 자문해 보았으면 얼마나 좋을까 싶다. 적덕(積德)하는 치자가 있다면 얼마나 좋겠는가.

道德經
● 적덕하라

道德經 60

# 불상(不傷)하라

**요지** 불상(不傷)하라. 그러면 천하에 아픔이 없다.

**내용** 큰 나라를 다스리는 것은 작은 생선으로 국을 끓이는 일과 같다. 도(道)로써 세상에 임하면 귀신도 영험을 부리지 않는다. 그 땅의 기운이 영험치 않아서가 아니라 그 하늘의 기운이 백성을 아프지 않게 하기 때문이다. 또 그 하늘의 기운만 백성을 아프지 않게 하는 것이 아니라 성인도 따라 백성을 아프지 않게 한다. 무릇 오로지 둘이 서로 아프지 않게 하므로 덕이 서로서로 돌아온다.

【원문(原文)】

治大國 若烹小鮮 以道莅天下 其鬼不神 非其鬼不神 其神不傷民 非其神不傷民 聖人亦不傷民 夫惟兩不相傷 故 德交歸焉

【해독(解讀)】

대국(大國)을 치(治)하는 데도 소선(小鮮)을 팽(烹)함과 같이 할 것이다. 도(道)로써 천하(天下)에 이(莅)하면 그 귀(鬼)가 신(神)치 못한다. 그 귀(鬼)가 신(神)치 않음이 아니라 그 신(神)이 민(民)을 불상(不傷)하며 그 신(神)이 민(民)을 불상(不傷)함이 아니라 성인(聖人) 또한 민(民)을 불상(不傷)한다. 대저 오직 양(兩)이 서로 불상(不傷)한다. 고(故)로 덕(德)이 교귀(交歸)한다.

【담소(談笑)】

치대국(治大國) 약팽소선(若烹小鮮)

큰 나라를 다스리는 것〔治大國〕은 작은 생선으로 국을 끓이는 일과 같다〔若烹小鮮〕. 힘이나 법만 믿고 거칠게 나라를 다스리지 말라 함이다 선정(善政)하라 함이다. 부드러운 정치가 선정이요 거칠고 사나우며 모진 정치를 학정(虐政)이라 한다. 제발 학정하지 말라는 것이다.

고래만한 나라일지라도 멸치만한 나라이듯 다스려라. 대구로 생선국을 끓이자면 칼질을 함부로 해도 국거리를 망칠 리 없다. 그러나 멸치로 국을 끓이려면 칼질 대신 부드럽게 손질해야 국거리를 망치지 않는다. 폭군은 나라를 칼질하고 성인은 나라를 품에 안는다.

### 이도리천하(以道莅天下) 기귀불신(其鬼不神)

도로써 세상에 임하면〔以道莅天下〕 귀신도 영험을 부리지 않는다〔其鬼不神〕. 도로써 세상에 임하는 것은 무위(無爲)로 세상에 임한다는 말이다. 무위로 세상에 임하면 당연히 무욕(無欲)으로 세상을 다스릴 수 있게 된다. 치자(治者)가 무욕하면 백성이 아플 리 없다. 그러니 귀신도 노할 리 없어 재앙을 내리지 않는다는 것이다.

천지는 귀신이요 귀신은 음양이란 두 기운이다. 즉 천지의 뜻을 일러 귀신이라 한 것이다. 땅의 기운을 일러 귀(鬼)라 하고 하늘의 기운을 일러 신(神)이라 한다. 인간이 천지에 어긋난 짓을 범하면 그 인간은 천벌을 받는다. 천벌이란 무엇인가? 땅의 기운인 귀와 하늘의 기운인 신이 함께 인간에게 재앙을 내린다는 말이다. 도에 따라 세상을 마주하면 그런 재앙을 받을 리 없다는 말이 곧 기귀불신(其鬼不神)이다.

### 비기귀불신(非其鬼不神) 기신불상민(其神不傷民)

그 땅의 기운이 영험치 않다는 것이 아니라〔非其鬼不神〕 그 하늘의 기운이 백성을 아프게 하지 않는 것이다〔其神不傷民〕. 도로써 세상을 다스리면 백성은 귀신의 재앙을 모른다. 왜 그러하단 말인가? 치자(治者)가 무위와 무욕으로 정치를 하는 까닭이다. 치자가 백성을 편안하게 하면 그것이 곧 도로써 세상에 임함〔以道莅天下〕이다.

조선시대 서계(西溪) 선생은 치국(治國)의 요지가 물요(勿擾)함에 있다고 했다. 어지럽히지 말라〔勿擾〕. 이는 천지에 어긋나는 짓을 하지 말라는 것이다. 천지에 어긋난 짓을 일러 탐욕(貪欲)이라 한다. 치자의 탐욕은 곧 백성을 아프게 한다. 백성이 아프면 천지가 아픈 것과 같다. 백성이 곧 천지인 까닭이다. 백성이 편안하면 천지도 편안하고 백성이 아파하면 천지도 아파한다. 그러므로 천벌은 바로 백성에게서 나온다. 이처럼 백성이 천지라는 치세(治世)야말로 절대의 민주정치가 아닌가. 노자의 정치관은 철저하게 백성이 곧 천지라는 등식(等式)에서 성립된다.

### 성인역불상민(聖人亦不傷民)

그 하늘의 기운만 백성을 아프지 않게 함이 아니라〔非其神不傷民〕 성인도 따라 백성을 아프지 않게 한다〔聖人亦不傷民〕. 땅의 기운이 불신(不神)하므로 하늘의 기운도 불상민(不傷民)한다는 말이요 나아가 귀신이 불상민하니 성인 역시 천지의 기운, 즉 귀신을 따라 백성을 아프게 하지 않는다〔不傷民〕는 것이다. 치자(治者)여, 권력만 믿고 세상을 어지럽게 하지 말라. 치자여, 백성을 무서워하라. 그러면 저절로 불상민의 치세가 이루어져 천하가 편안해진다. 그러므로 정치하는 사람은 무슨 일이 있어도 물요(勿擾)하라. 그렇지 않으면 백성이 천지를 내신해 천벌을 내린다. 자유당 말기 이기붕 일가의 몰락을 생각해 보라. 그러면 불상민의 참뜻을 알리라.

### 부유양불상상(夫惟兩不相傷) 덕교귀언(德交歸焉)

무릇 오로지 둘이 서로 아프지 않게 하므로〔夫惟兩不相傷〕 덕이 서로서로 돌아온다〔德交歸焉〕. 여기서 둘〔兩〕은 천지와 인(人)이라 해도 될 것이고 천지와 성인이라 해도 되리라. 서로 아프지 않게 한다〔不相傷〕 함은 인간이 천지와의 어울림을 잃지 않는다는 것이다. 본래 더할 바 없이 무욕(無欲)한 것을 일러 천지와 어울리는 것이라 하니 인간이 무욕하면 인간도 편안하고 세상도 편안하다 함이다. 그러므로 태평성대를 노자는 덕교귀(德交歸)라고 말한 셈이다. 치자가 무욕하면 태평성대는 저절로 온다. 이를 무위의 치세라 하고, 그런 정치를 위해 노자는 간명하게 백성을 아프게 하지 말라〔不傷民〕고 했다. 긴 말 할 것이 없다. 말이 길면 거짓이기 쉽다. 정치를 하려거든 불상민(不傷民)만 잊지 말라.

道德經 61

# 위하(爲下)하라

**요지** 위하(爲下)하라. 그러면 언제 어디서나 벗을 얻는다.

**내용** 큰 나라는 강의 하류와 같아 여러 작은 나라들이 서로 만나는 곳이며, 그 나라들의 어머니와 같다. 암컷은 항상 고요함으로써 수컷을 이기고, 고요함 즉 음양의 어울림[靜]으로 검손하여 수컷을 거느린다. 큰 나라가 스스로를 낮추어 작은 나라를 대하면 작은 나라를 얻고, 작은 나라가 스스로를 낮추어 큰 나라를 대하면 큰 나라를 얻는다. 그러니 큰 나라도 스스로 낮춤으로써 얻고 작은 나라도 스스로 낮추어 얻는다. 큰 나라는 천하의 모든 사람들을 잘살게 하기만을 바라고, 작은 나라는 큰 나라에 인재를 보내어 봉사하기만을 바란다. 그러면 양자가 모두 바라는 바를 얻는다. 그러므로 큰 것일수록 마땅히 검손해야 한다.

【원문(原文)】

大國者下流 天下之交 天下之牝 牝常以靜勝牡 以靜爲下 故 大國以下小國 則取小國 小國以下大國 則取大國 故 或下以取 或下而取 大國不過欲兼蓄人 小國不過欲入事人 夫兩者 各得其所欲 故 大者宜爲下

【해독(解讀)】

대국(大國)이란 하류(下流)라 천하(天下)의 교(交)이고 천하(天下)의 빈(牝)이다. 빈(牝)은 항상 이정(以靜)으로써 모(牡)를 승(勝)하며 정(靜)으로써 위하(爲下)한다. 고(故)로 대국(大國)이 소국(小國)에 하(下)하면 소국(小國)을 취(取)하고, 소국(小國)이 대국(大國)에 하(下)하면 대국(大國)을 취(取)한다. 그러므로 혹(或) 하(下)하여 취(取)하고 혹(或) 하(下)하여 취(取)한다. 대국(大國)은 인(人)을 겸축(兼蓄)하고자 함에 불과(不過)한 것이고 소국(小國)은 인(人)에게 입사(入事)하고자 함에 불과(不過)한 것이다. 대저 양자(兩者)가 각각(各各) 소욕(所欲)을 득(得)한지라 대자(大者)가 마땅히 하(下)가 되어야 한다.

【담소(談笑)】

빈상이정승모(牝常以靜勝牡) 이정위하(以靜爲下)

큰 나라는 강의 하류와 같아〔大國者下流〕여러 작은 나라들이 서로 만나는 곳이고〔天下之交〕, 여러 작은 나라의 어머니와 같다

〔天下之牝〕. 암컷은 항상 고요함으로써 수컷을 이기고〔牝常以靜勝牡〕, 고요함 즉 음양의 어울림〔靜〕으로 겸손하여 수컷들을 거느린다〔以靜爲下〕.

세상에는 큰 나라도 있고 작은 나라도 있다. 큰 나라는 여러 강이 바다를 만나는 하류(下流)와 같아야 한다. 바다는 강물을 골라 들이지 않는다. 이 강물 저 강물을 가리지 않고 받아들여 품에 안는다. 이처럼 큰 나라는 작은 나라를 받아들여야 한다. 제가 크다고 작은 것을 하대하지 말라 함이다.

큰 나라는 암컷과 같다. 사자를 보라. 수컷은 홀로 있지만 암컷은 항상 무리를 이끈다. 이처럼 큰 나라는 암컷같이 작은 나라를 돌보아 함께 천하를 이루어야 한다는 것이다. 큰 나라는 거칠게 힘자랑하는 수컷을 항상 이정(以靜)으로써 제압해야 한다. 정(靜)이란 음양의 어울림〔陰陽之和〕이다. 부드럽고 약한 암컷이 거칠고 힘센 수컷을 거느린다는 말이다. 그것이 왜 가능한가? 암컷은 음양의 어울림을 본받아 기꺼이 아래를 택하는 까닭이다. 큰 나라는 이러한 암컷과 같아야 한다. 그러나 어디 그런가. 강대국이라면 힘을 앞세워 군림하려고 할 뿐 어머니 같기를 결코 원하지 않는다.

### 혹하이취(或下以取) 혹하이취(或下而取)

큰 나라가 스스로를 낮추어 작은 나라를 대하면〔大國以下小國〕 작은 나라를 얻고〔則取小國〕, 작은 나라가 스스로를 낮추어 큰 나라를 대하면〔小國以下大國〕 큰 나라를 얻는다〔則取大國〕. 그러니〔故〕 큰 나라도 스스로 낮춤으로써 얻고〔或下以取〕 작은 나라도 스스로를 낮춤으로써 얻는다〔或下而取〕.

큰 것이라 해서 작은 것을 짓밟으면, 그 작은 것은 작다는 이유만으로 짓밟히지 않으려 한다. 지렁이도 밟으면 꿈틀하지 않는

가. 큰 것이 작은 것을 돌본다 하여 업신여기면 작은 것을 잃게 된다. 그래서 침하(侵下)하면 환(患)이요 오상(傲上)하면 우(憂)라고 한다. 침하는 위가 아래를 업신여기는 짓이요 오상은 아래가 위를 업신여기는 짓이다. 하여튼 업신여기는 짓 따위는 다 방자하므로 우환(憂患)일 수밖에 없다. 근심걱정을 떠나고 싶은가? 그렇다면 위하(爲下)하면 된다. 위하는 겸허하라 함이요 겸손하라 함이다.

### 대자의위하(大者宜爲下)

큰 나라는 천하의 모든 사람들을 잘살게 하기만을 바라고〔大國不過欲兼蓄人〕 작은 나라는 큰 나라에 인재를 보내 봉사하기만을 바란다〔小國不過欲入事人〕. 그러면 양자는 다 바라는 바를 얻는다〔夫兩者各得其所欲〕. 그러므로〔故〕 큰 것일수록 마땅히 겸손해야 한다〔大者宜爲下〕.

코끼리가 제일 무서워하는 것이 생쥐라고 한다. 생쥐란 놈이 코끼리의 귓속으로 들어가 그 살을 파먹기 시작하면 덩치 큰 코끼리도 어찌할 수 없다는 게다. 크다고 작은 것을 업신여기면 생쥐에게 속살을 파먹히는 코끼리꼴이 되기 십상이다. 백성을 잘살게 하려고 무욕(無欲)으로 천하를 다스리면 백성은 나라를 어미로 생각하리라. 새끼를 해치는 어미가 없듯이 어미를 해치는 새끼도 없다. 어미든 새끼든 다 고요한 마음가짐〔靜〕으로 임하는 까닭이다. 이미 노자는 앞에서 도로써 천하에 임하라〔以道莅天下〕고 하지 않았던가. 겸손하라는 위하(爲下)야말로 곧 자연을 따라 살라는 것이다. 그러면 인생에서 질 리 없다. 인생에서 승리하고 싶은가? 그렇다면 항상 위하하길 바란다.

道德經 62

# 도오(道奧)를 알라

**요지** 도오(道奧)를 알라. 그러면 도(道) 아닌 것이 없음을 안다.

**내용** 도(道)라는 것은 만물마다 그 속에 들어 있는 주인이므로, 선한 사람에게는 보물이요 못된 사람이라도 간직하고 있는 것이다. 신인의 말은 온 사람이 알 수 있게 하고 선인의 행동은 온 사람을 모을 수 있게 하므로, 사람이 불선(不善)하다 해서 어찌 도를 버리는 일이 있겠는가? 그러므로 임금을 세우고 대신을 두어 비록 한 아름의 보물을 내걸고 마차를 끌고 다니면서 선인을 찾는다 한들, 가만히 앉아서 도를 진행하는 것만 못하다. 옛날부터 이 도를 귀하게 여긴 까닭은 무엇인가? 날마다 구하지 않아도 얻고, 죄가 있어도 용서해 주는 까닭이 아니겠는가. 이런 까닭에 도는 천하에서 귀한 것이다.

## 【원문(原文)】

道者 萬物之奧 善人之寶 不善人之所保 美言可以市 尊行可以加人 人之不善 何棄之有 故 立天子 置三公 雖有拱璧以先駟馬 不如坐進此道 古之所以貴此道者 何 不日求以得 有罪以免耶 故 爲天下貴

## 【해독(解讀)】

도자(道者)는 만물(萬物)의 오(奧)이므로 선인(善人)의 보(寶)이고 불선인(不善人)의 소보(所保)이다. 미언(美言)은 가이(可以) 시(市)하고 존행(尊行)은 가이(可以) 가인(加人)함이니 어찌 기지(棄之)가 유(有)할 것인가. 고(故)로 천자(天子)를 입(立)하고 삼공(三公)을 치(置)하여 비록 공벽(拱璧)으로써 사마(駟馬)에 선(先)해도 좌(坐)하여 차도(此道)를 진(進)하는 것만 불여(不如)하다. 고(古)로써 차도(此道)를 귀(貴)히 한 바는 하(何)일까? 일(日)마다 불구(不求)해도 득(得)하고 유죄(有罪)를 면(免)한다는 말이 아니랴. 그러므로 천하(天下)의 귀(貴)가 된다.

## 【담소(談笑)】

### 도자(道者) 만물지보(萬物之寶)

도라는 것은〔道者〕 만물마다 그 속에 들어 있는 주인이므로〔萬物之奧〕, 선한 사람에게는 보물이며〔善人之寶〕 못된 사람이라도 간직하고 있는 것이다〔不善人之所保〕. 오(奧)는 깊은 속〔深〕이다. 만물은 그 속에 들어 있으면서 생멸(生滅)한다. 그래서 도를 주인이라 하고 만물을 객(客)이라 했다. 장자가 말하기를 천지는 여관이요 만물은 나그네라 했다. 여관의 주인을 일러 도자(道者)라고 한 셈이다.

그러나 사람들은 도 안에서 사는 줄을 모른다. 도의 품에 들어가 살다가 그 품에서 죽지만 사람은 그런 줄 모른다. 이러한 모름을 일러 또한 오(奧)라고 한다. 들어도 듣지 못하고 보아도 보지 못하고 잡아도 잡지 못하는 것이 오(奧)이다. 그래서 날마다 활용하면서도 모르고 영향을 받으면서도 모른다. 한 순간도 떠날 수 없음이 도이니 묘(妙)하고 오(奧)하다. 밥 먹고 물 마시고 똥오줌 누면서 숨을 쉬어야 사는 것이 아닌가. 이러한 일이 도의 오요 묘란 말이다.

선인(善人)은 누구인가? 도를 따라 사는 사람이다. 나라는 본성이 곧 도이며 내가 누리는 마음(心)이 곧 오(奧)임을 선인은 안다. 그래서 도를 따라 산다. 허정(虛靜)하다 함이 그러함이요 무욕(無欲)하다 함이 그러함이다. 오늘 당신이 단 한 시간만이라도 욕심 없이 살았다면 그 시간 동안만은 당신도 선인으로 살았다 할 수 있다. 그렇다고 성인이 된 것은 아니다. 성인은 죽는 날까지 줄곧 무욕으로 사는 까닭이다.

불선인(不善人)은 누구인가? 도를 잊고 사는 자이다. 나라는 본성이 곧 도임을 모르며, 내가 누리는 마음 심(心)이 곧 오(奧)임을 불선인은 모른다. 그러나 다만 모를 뿐, 불선인에게 도가 없는 것은 아니다 간직한 것[所保]이 도인 줄 모르고 살 뿐이다. 이러한 삶을 일러 유욕(有欲)으로 산다고 말한다. 무욕으로 살면 선인이요 유욕으로 살면 불선인이다. 도를 따라 살면 무욕의 삶이요 도를 버리고 살면 유욕의 삶이다. 그러니 불선인이라도 욕(欲)을 버리고 무욕으로 살면 바로 선인이 된다.

### 미언가이시(美言可以市) 존행가이가인(尊行可以加人)

선인의 말은 온 사람이 알 수 있게 하고〔美言可以市〕선인의 행동은 온 사람을 모을 수 있게 하므로〔尊行可以加人〕, 사람이 불선하다 해서〔人之不善〕어찌 도를 버리는 일이 있겠는가〔何棄之有〕? 그러므로〔故〕임금을 세우고〔立天子〕대신을 두어〔置三公〕비록 한 아름의 보물을 내걸고 마차를 끌고 다니면서 선인을 찾는다 한들〔雖有拱璧以先駟馬〕가만히 앉아서 이 도를 진행하는 것만 못하다〔不如坐進此道〕.

선인(善人)은 무욕으로 살므로 선인의 말은 모든 사람에게 다 좋은 말이다. 도에 어긋남이 없는 말이라면 덕선(德善)의 말이며 덕신(德信)의 말일 뿐이다. 그러니 세상에 널리 퍼져 많은 사람들이 들어 둘수록 좋다. 그러나 미언(美言)은 침묵처럼 흐르니 내 마음이 무욕하다면 바로 선인의 말을 들음이니라. 그러니 선인을 찾아 나설 이유가 없다.

선인은 무위로 살므로 도를 받들며 행한다. 이를 존행(尊行)이라 한다. 이 또한 도에 어긋남이 없는 행(行)이다. 덕이 선임〔德善〕을 실천하는 행이 곧 존행이고 덕이 믿음임〔德信〕을 실천하는 행이 곧 존행이다. 그러나 존행은 항상 잠행(潛行)하므로 겉으로 드러나지 않으니 내 마음이 무위하다면 바로 선인의 존행을 따름이니라. 그러니 선인을 찾아나서겠노라 부산떨 이유가 없다. 임금을 내세우고 높은 벼슬을 내걸고 많은 보물로 녹을 주고 수레를 타고 오도록 한다 해서 좋아할 선인은 없다는 것이다. 요샛말로 하자면, 아무리 개런티를 많이 준다 해도 돈 보고 나설 선인은 없다는 게다. 무위하고 무욕한 선인이 어찌 황금마차를 타겠는가. 노자의 선인은 성인을 말한다. 어느 세상에 그러한 성인이 있었던가. 그러나 없을수록 미언(美言)을 널리 방송할 일이요 존행(尊行)을 널리 보도할 일이 아닌가. 인간이 탐할수록 인간에게 그리하지 말라 해야지 우리 모두 탐하자고 말할 수는 없는 일이 아닌가.

### 불일구이득(不日求以得) 유죄이면야(有罪以免耶)

옛날부터 이 도를 귀하게 여긴 까닭은 무엇인가〔古之所以貴此道者何〕? 날마다 구하지 않아도 얻고〔不日求以得〕죄가 있어도 용서해 주는 까닭이 아니겠는가〔有罪以免耶〕. 이런 까닭에 도는 천하에 귀한 것이 된다〔故爲天下貴〕. 세상에 선인은 없고 불선인만 있다 해서 하늘이 없어지고 땅이 없어지는 것은 아니다. 천지를 있게 하는 것도 도덕이요 천지를 없어지게 하는 것도 도덕이다. 다만 인간들이 도덕을 몰라라 하면서 천지에서 방자하게 행동할 뿐이다. 이런 인간을 천지가 살려 두고 있음은 도덕이 만물의 어머니인 까닭이다. 미운 짓 한다고 자식을 버리는 부모가 없듯이 말이다.

이것이 바로 도덕임을 알고 말해야 도를 구할 수 있는 것은 아니다. 알든 모르든 도는 나를 안고 있다. 이를 일러 도오(道奧)라 한다. 도는 선인만 안아 주고 불선인이라 하여 팽개치지 않는다. 도는 현빈(玄牝)으로서 만물을 포일(抱一)한다 하지 않았는가. 천덕(天德)을 내리는 어머니가 현빈이요 만물을 하나같이 다 안는 것이 포일 아닌가. 그러니 도는 유죄(有罪)라 해서 뿌리치지 않는다. 면죄(免罪)하여 사는 날까지 살게 한다. 그러니 도덕이야말로 누구에게나 귀(貴)가 아닌가. 그러나 인간이 한사코 귀한 것을 천(賤)하다 하니 인간이란 군상은 점점 미쳐 가는 중이다. 청개구리처럼 홍수가 나고서야 어머니를 찾은들 무슨 소용이 있겠는가. 홍수가 나기 전에 노자는 세발 선인의 미언(美言)과 존행(尊行)을 따라 살라 한다.

道德經 63

# 무난(無難)하라

**요지** 무난(無難)하라. 그러면 어렵다고 안 될 일이란 없다.

**내용** 욕심내지 않고 자연스럽게 하고, 욕심내지 않고 자연스럽게 일하며, 욕심내지 않고 자연스럽게 맛을 낸다. 큼과 작음, 많음과 적음 따위로 짓는 원(怨)을 덕으로써 갚는다. 쉬운 것에서부터 어려움을 도모하고, 미세한 것에서부터 큰 것이 되게 한다. 천하에 어려운 일도 반드시 쉬운 일에서 이루어지고, 천하에 큰 일도 반드시 사소한 일에서 이루어진다. 이러하므로 성인은 끝끝내 큰 일을 한다고 말하지 않는다. 그래서 성인은 큰 일을 이룰 수 있다. 대체로 가벼이 승낙하는 것은 반드시 믿음직스러움이 적고, 매우 쉽다는 것은 반드시 매우 어려운 것이 된다. 이러하므로 성인은 오히려 쉬운 것을 어렵다고 여긴다. 그래서 끝끝내 성인에게 어려움이란 없다.

## 【원문(原文)】

爲無爲 事無事 味無味 大小小多 報怨以德 圖難
於其易 爲大於其細 天下難事 必作於易 天下大事
必作於細 是以 聖人終不爲大 故 能成其大 夫輕諾
必寡信 多易必多難 是以 聖人猶難之 故 終無難

## 【해독(解讀)】

무위(無爲)를 위(爲)하며, 무사(無事)를 사(事)하고, 무미(無味)를 미(味)하여 대소(大小)와 다소(多少)에 원(怨)을 덕(德)으로써 보(報)한다. 난(難)을 그 이(易)에서 도(圖)하고, 대(大)를 그 세(細)에서 위(爲)하므로 천하(天下)의 난사(難事)가 필(必)히 이(易)에서 작(作)하고, 천하(天下)의 대사(大事)가 반드시 세(細)에 일어난다. 시이(是以)로 성인(聖人)은 끝내 불위대(不爲大)한다. 고(故)로 성인은 능(能)히 대(大)를 성(成)한다. 대저 경락(輕諾)함은 반드시 신(信)이 과(寡)하고 다이(多易)함은 반드시 다난(多難)하다. 이로써 성인은 유난지(猶難之)하니 무난(無難)하다.

## 【담소(談笑)】

### 위무위(爲無爲) 미무미(味無味)

욕심내지 않고 자연스럽게 하고〔爲無爲〕, 욕심내지 않고 자연스럽게 일하며〔事無事〕, 욕심내지 않고 자연스럽게 맛을 낸다〔味無味〕. 도리에 따라 하는 것이 곧 무위(無爲)이다. 그렇지 않고 명리(名利)를 따르는 짓을 일러 인위(人爲)라 한다. 명성과 이득보다 더 사나운 욕심은 없다. 그래서 명리는 탐욕의 미끼라고 한다. 욕심대로 해서 되는 일은 없다. 이것만 알고 살아도 턱없는 인간은 안 된다. 천하의 만물과 우리 모두가 다 같이 함께 사는 사실을 일러 도리라 한다. 그 도리를 따라 살라.

무사(無事)도 무위이다. 무사라 해서 일이 없다는 것은 아니다. 하는 일마다 잘 되면 그런 것이 바로 무사이다. 그러나 일마다 잘 안 되거나 비비 꼬여 탈이 나는 경우가 허다하다. 이런 경우는 왜 생기는가? 사(私)가 끼여들어 그렇게 되는 것이다. 사란 것은 나는 유리하게 하고 너는 불리하게 하려는 수작을 말한다. 이러한 사를 속셈으로 일을 하니 될 리가 없다. 사정(私情) 없이 일하라. 그러면 무사(無事)하다. 무사는 안 되는 일이 없다 함이다. 사정 없는 마음가짐이 덕이다. 덕으로 일하면 일마다 잘 된다. 이 얼마나 무사(無事)한가.

무미(無味)도 무위이다. 무미라 해서 맛이 없다는 것은 아니다. 소인은 커피 같은 취미나 홍차 같은 취향을 가지고서 호들갑떨기를 좋아한다. 그러나 성인의 취향은 맹물처럼 유별나지가 않다. 남달리 하려고 수선떨거나 남달리 보이려고 유난떨지 않는 것이 곧 삶의 무미이다. 물맛 같은 취향이라면 바로 무위의 취향이다. 꿀맛이라 하지만 그 뒷맛이 쓴 것은 욕심이 스민 탓으로 뒤끝이 틀어지기 쉽다. 한결같은 맛, 한결같아 흔적을 남기지 않는 취향이야말로 무미이다. 호들갑을 떠는 인간은 무미를 몰라 인생을 수선스럽게 산다.

### 대소다소(大小多少) 보원이덕(報怨以德)

큼과 작음, 많음과 적음〔大小多少〕 따위로 말미암아 얻는 원(怨)을 덕으로써 갚는다〔報怨以德〕. 쉬운 것에서부터 어려움을 도모하고〔圖難於其易〕 미세한 것에서부터 큰 것이 되게 한다〔爲大於其細〕. 천하에 어려운 일도〔天下難事〕 반드시 쉬운 일에서 이루어지고〔必作於易〕, 천하에 큰 일도〔天下大事〕 반드시 사소한 일에서 이루어진다〔必作於細〕. 이러하므로〔是以〕 성인은 끝끝내 큰 일을 한다 하지 않는다〔聖人終不爲大〕. 그래서〔故〕 성인은 큰 일을 이룰 수 있다〔能成其大〕.

 덕을 쌓아야지 원(怨)을 사서는 안 된다. 나 하나 좋게 하자고 남의 속을 아프게 하거나 섭섭하게 만들어 원망을 사지 말라 함이다. 인생에서는 대소(大小)와 다소(多少)로 말미암아 원이 생긴다. 남의 밥에 있는 콩이 커 보이고 남의 손에 쥔 것이 더 많아 보인다 하지 않는가.

 대소와 다소는 손익(損益)으로 갈려 변덕스럽기 짝이 없다. 좋은 것이면 내가 대(大)와 다(多)를 취하고 소(小)와 소(少)를 너에게 넘기니, 네가 나에게 원을 품는다. 나쁜 것이면 소(小)와 소(少)를 네가 취하고 대(大)와 다(多)를 나에게 넘기니, 나는 너에게 원을 품는다. 이처럼 원이란 것은 나〔我〕를 중심으로 하거나 욕심을 낼 때 생기는 상심(傷心)이다.

 부덕하면 남이 마음을 아프게 하고 후덕하면 남의 마음을 편안케 한다. 좋은 것을 두고 나누어야 할 때 큰 것을 너에게 주고 작을 것을 내가 차지한다면 너는 나에게 고맙다 하지 섭섭하다 하지 않으리라. 그러나 반대로 한다면 너는 나에게 섭섭한 마음을 품으리라. 그러니 네가 품을 수 있는 섭섭함을 내가 넉(德)으로 보답하도록 하자. 내가 좀 손해를 보면 덕으로 갚는 것이고, 내가 앞서서 양보하고 사양하면 그 또한 원망을 덕으로 갚는 셈이다.

 어려운 일일수록 쉬엄쉬엄 해야 된다. 어려운 일처럼 처리도 어렵게 한다면 될 일도 안 된다. 일을 어렵게 한다는 것은 무슨 말인가? 오해 사지 말아야 할 것에 오해를 사고, 의심하지 않을 것을 의심받게 하면 쉬운 일이라도 어렵게 된다. 어려움이란 서로가 막혀서 생기는 것이다. 그래서 막히면 어렵고 통하면 쉽다 한다. 이처럼 난이(難易)란 통하게 하느냐 못하게 하느냐에 달린 것이다. 성인은 무위해 무욕하므로 무애(無碍)하다. 걸림 없이 통한다〔無碍〕. 못 풀 것이란 없다. 그래서 성인은 쉽게 어려움을 도모할 수 있는 것이다.

천릿길도 한 걸음부터 시작하는 것이고, 일단 시작하면 반은 간 셈이다. 이런 속담이 바로 노자가 말한 위대어기세(爲大於其細)를 터득하게 한다. 옹달샘의 작은 물이 흘러서 강물이 되는 이치를 생각해 보면 알리라. 이미 노자는 큰 나라를 다스릴 때 작은 생선으로 국을 끓이듯 하라 했다. 큰 것만 신경쓴답시고 대충대충 하다 보면 큰 일을 못한다. 반대로 온 마음을 써서 성실하게 해 가면 큰 일을 이룬다. 그래서 노자가 온종일 오는 소나기는 없다 했고, 성큼성큼 걸어 멀리 가는 사람 없다 했다. 건방떨지 말라 함이다. 소인은 건방지고 성인은 신중하다는 것이다.

성인은 천하의 어려운 일을 반드시 쉽게 풀어서 이루어 내고, 천하의 큰 일도 반드시 세세한 일에서부터 풀어 내 이룬다는 것이다. 그렇다고 자신이 큰 일을 했노라 떠벌리며 공치사하지 않는다. 그래서 성인은 어려움 없이 쉽게 큰 일을 이루어 낼 수 있다고 노자는 단언한다. 노자의 말을 믿고 따르더라도 우리에게 탈이 날 일은 없다. 왜냐하면 노자야말로 성인의 반열에 이미 올라 있는 까닭이다.

### 부경락필과신(夫輕諾必寡信) 종무난(終無難)

대체로 가벼이 승낙하는 것은 반드시 믿음직스러움이 적고〔夫輕諾必寡信〕, 매우 쉽다고 하는 것은 반드시 매우 어려운 것이 된다〔多易必多難〕. 이러하므로〔是以〕 성인은 오히려 쉬운 것을 어렵다고 여긴다〔聖人猶難之〕. 그래서〔故〕 끝끝내 성인에게 어려움이란 없다〔終無難〕.

  약속을 잘 지키는 사람은 아예 약속을 하지 않는다. 약속을 지키기가 매우 어렵다는 사실을 아는 까닭이다. 이런 사실을 알고서야 함부로 쉽사리 약속할 리 없다. 세상일이란 쉽지 않음을 알기 때문에 사소한 일이라도 경솔히 허락하거나 수락하지 않는다. 소인의 세상에서는 어떤 일이든 뜻대로 될 리 없다.

  소인은 근신(謹愼)할 줄 모른다. 근(謹)은 말을 삼가 엄하게 하라 함이요 신(愼)은 마음가짐을 삼가 엄하게 하라 함이다. 입이 가벼워 탈을 내니까 세 치 혀가 탈이고 한번 뱉은 말은 주워담을 수 없는 것이다. 다이(多易)란 경솔히 생각하고 엄벙덤벙 대충대충 마음을 쓰는 버릇에서 나온다. 그러면 아주 쉬운 일도 어렵게 된다. 될 일이 안 되게 비틀어지는 꼴이야말로 다난(多難)이다. 쉬울수록 근신함 또한 성인의 불위대(不爲大)이다. 그러니 성인에게는 어떤 경우에도 어려울 것이 없다.

道德經 64

# 보물(輔物)하라

**요지** 보물(輔物)하라. 그러면 그게 바로 욕심을 비우는 일이다.

**내용** 편안함은 지키기 쉽고, 시작하지 않은 일은 처리하기 쉬우며, 연약한 것은 끊기 쉽고, 잘디잔 것은 흩어지기 쉽다. 그러니 있기 전에 처리하고, 어지러워지기 전에 다스린다. 아름드리 나무도 털 끝만한 씨앗에서 생기고, 구층 높은 집터도 한 삽의 흙에서부터 돋우어지고, 천릿길도 한 걸음부터 시작한다. 해 보려는 자는 실패하고, 붙들어 쥐려는 자는 잃는다. 이러므로 성인은 억지로 하는 짓을 좋아하지 않는다. 성인은 매달리지도 않고 패할 리도 없다. 그러므로 성인은 잃을 게 없다. 그런데 인간이 하는 일은 늘 성공을 거두려는 마음 때문에 실패하고 만다. 처음처럼 끝내 마음을 다하면 일을 망칠 리 없는데 말이다. 이러하므로 성인은 욕심내지 않기를 바라고, 벌기 어려운 돈을 가볍게 여기고, 배우려 하지 않기를 배우며, 사람들의 지나친 바를 순리로 되돌리게 하고, 만물의 자연을 돕게 하여 감히 욕심내는 짓을 하지 않는다.

【원문(原文)】

其安易持 其未兆易謀 其脆易判 其微易散 爲之於未有 治之於未亂 合抱之木生於毫末 九層之臺起於累土 千里之行始於足下 爲者敗之 執者失之 是以聖人無爲 故 無失 民之從事 常於幾成而敗之 愼終如始 則無敗事 是以 聖人欲不欲 不貴難得之貨 學不學 復衆人之所過 以輔萬物之自然 而不敢爲

【해독(解讀)】

그 안(安)은 지(持)하기 이(易)이고 그 미조(未兆)는 모(謀)하기 이(易)이며 그 취(脆)는 판(判)하기 이(易)이고 그 미(微)는 산(散)하기 이(易)이니, 미유(未有)에 위(爲)하고 미란(未亂)에 치(治)한다. 합포(合抱)의 목(木)은 호말(毫末)에서 생(生)하고, 구층(九層)의 대(臺)는 누토(累土)에서 기(起)하며, 천리(千里)의 행(行)도 족하(足下)에서 시(始)한다. 위자(爲者)는 패지(敗之)하고 집자(執者)는 실지(失之)한다. 이로써(是以) 성인(聖人)은 무위(無爲)하는 고(故)로 무패(無敗)하고 무집(無執)한 고(故)로 무실(無失)하지만 민(民)의 종사(從事)는 늘 기성(幾成)에서 패(敗)하는데, 종(終)을 신(愼)함이 시(始)와 같이하면 패사(敗事)란 없다. 이로써 성인(聖人)은 불욕(不欲)을 욕(欲)하고, 난득(難得)의 화(貨)를 불귀(不貴)하며, 불학(不學)을 학(學)하여 중인(衆人)의 소과(所過)를 복(復)하여 만물(萬物)의 자연(自然)을 보(輔)하여 불감위(不敢爲)한다.

【담소(談笑)】

천리지행시어족하(千里之行始於足下)

편안함은 지키기 쉽고〔其安易持〕, 시작하지 않은 일은 처리하기 쉬우며〔其未兆易謀〕, 연약한 것은 끊기가 쉽고〔其脆易判〕, 잘디잔 것은 흩어지기 쉽다〔其微易散〕. 그러니 있기 전에 처리하고〔謂之於未有〕 어지러워지기 전에 다스리며〔治之於未亂〕, 아름드리 나무도 털끝만한 씨앗에서 생기고〔合抱之木生於毫末〕, 아홉층 높은 집터도 한 삽의 흙으로부터 돋우어지고〔九層之臺起於累土〕, 천릿길도 한 걸음부터 시작한다〔千里之行始於足下〕.

편안한 시절이면 무엇을 지키기 쉽단 말인가? 심신(心身)을 지키기 쉽다 함이다. 시절이 편안하면 마음이 절로 허정(虛靜)해지는 까닭이다. 허정은 욕(欲)이 없다는 것이다. 시대가 불안하면 이목(耳目)이 날카로워지고 입이 거칠어지며 생각하는 것이 모질어지게 마련이다. 또 갖가지 욕(欲)이 꿈틀거려 마음이 불편하다. 그러나 세상이 안정되면 따라서 심신도 덕을 지키기 쉽다. 밤새 안녕하신가? 만일 꿈자리가 시끄럽다면 난세라 마음이 편할 리 없다는 말이다.

호미로 막을 일을 내버려 두면 가래로도 못 막을 지경을 당하게 된다. 미조(未兆)는 아직 일이 벌어지기 전을 말한다. 미리미리 살피면 처리하기가 어렵지 않으리라. 모(謀)는 처리한다는 말이다. 욕(欲)을 처리하자면 그 싹이 트기 전이라야 쉽다. 싹트기 전 같은 것이 미조이다. 욕의 미조를 놓치면 결국 그것에 발목을 잡혀 수렁에 빠지는 꼴을 당하기 쉽다.

취(脆)는 연약함을 말한다. 풀줄기도 거세지면 쉽게 꺾이질 않는다. 결단을 내릴 것이라면 빠를수록 좋다. 여기서 판(判)은 단(斷), 즉 단안(斷案)을 내린다는 의미이다. 불씨를 다루기는 쉬워도 한번 치솟기 시작한 불길은 잡기 어렵다. 욕의 불씨를 잡아야지 사납게 타오르는 불길은 잡기 어렵다. 욕이라면 취(脆)할 때 꺾어 버려라.

가루는 불면 날아가 버린다. 그러나 가루를 반죽하면 엉겨 붙어 떼려 해도 떨어지지 않는다. 그대로 두면 가루인 것을 물로 반죽하여 굳히면 잔 것들도 덩어리가 되어 흩어지질 않는다. 잔 것을 키워 화를 만들게 하는 것 또한 욕이다. 욕은 가루처럼 작을 때 날려 버리기 쉽다. 그러니 욕심은 미미할 때 날려 버려라. 그러면 욕심부리다 욕(辱)을 볼 리 없다.

이미 노자는 앞장에서 위대어기세(爲大於其細)라 했다. 작은 것이 커지고 적은 것이 많아진다는 이치를 알라 함이다. 성인의 위대(爲大)에서 대(大)는 덕을 말하지만, 소인의 위대(爲大)에서 대(大)는 욕(欲)이라는 것을 잊지 말라는 것이다. 그런데 왜 노자는 이어서 지키기 쉽고[易持], 처리하기 쉽고[易謀], 결단내기 쉽고[易判], 날려 버리기 쉽다[易散]는 말을 하는 것인가? 성인은 어려운 것을 쉽게 할 줄 알지만 소인은 그러하지 못함을 밝혀 두려는 것이 아닌가 싶어 더욱 절절하게 들린다.

미유(未有). 이는 어떤 일이 벌어지기 전이다. 일을 만드는 짓을 인위(人爲)니 작위(作爲)니 일컫는다. 일단 일이 나면 하려는 뜻[志]이 생긴다. 뜻이 생기면 욕(欲)이 꿈틀거린다. 그러니 일을 벌이기 전에 꿈틀거릴 욕(欲)을 잘 처치하라[爲之於未有]. 진실로 강한 사람은 이 말을 새겨들을 것이다.

미란(未亂). 이는 어지러워지기 전을 말하는데, 미유(未有)와 크게 다르지 않다. 일 내는 짓거리는 이것저것 어지럽히기 마련이다. 바빠시 정신 없이 산다고 말하지 않는가. 정신 나간 짓거리를 하지 말자면 일을 벌이지 말아야 한다. 그러니 미유(未有)와 미란(未亂)은 같은 말이다. 둘 다 허정함을 빼앗기기 전에 움트는 욕(欲)을 처리하고〔爲之〕 다스리라는〔治之〕 말이다. 그러면 성인을 따라 삶을 도모할 수 있다는 것이다.

사소하다고 무시하지 말라. 처음부터 큰 것은 없다. 작은 것이 커지는 법이고 큰 것이 작아지는 법이다. 이를 일러 흥망(興亡)이니 성쇠(盛衰)니 말하는 것 아닌가. 반복(反復)하지 않는 것은 도밖에 없다. 아름드리 나무를 크다 하나 그 씨앗은 작다. 궁궐의 터를 다진 흙이 많다 하나 한 삽의 적은 흙에서 이루어지고, 천릿길이 멀다 하나 우선 한 걸음부터 시작하는 법이다. 그러니 큰 것만 바라지 말고 작은 것을 소중히 하라는 것이다. 그러면 욕(欲)이 빚어 내는 탈을 다스리고 잘라 버리고 날려 버릴 수 있는 일이다.

### 신종여시즉무패사(愼終如始則無敗事)

해 보려고 하는 자는 실패하고〔爲者敗之〕 붙들어 쥐는 자는 잃는다〔執者失之〕. 이러니〔是以〕 성인은 억지스런 짓을 하지 않는다〔聖人無爲〕. 그러니〔故〕 패할 리 없고 붙들며 매달리지 않는다〔無敗無執〕. 그러므로 성인은 잃을 게 없다〔故無失〕. 그런데 인간이 하는 일은〔民之從事〕 늘 성공을 거두려는 지음〔成〕에 실패하고 만다〔常於幾成而敗之〕. 처음처럼 끝내 마음을 다하면 일을 망칠 리 없다〔愼終如始則無敗事〕.

위자(爲者)는 일을 내고 벌여 뜻대로 해 보려는 사람이다. 그런데 뜻이란 게 욕(欲)의 꼬임에 걸려들기 십상이어서 잘 되어 가다가도 끝내 실패하고 만다. 그래서 늘 성공하려다 말고 실패한다〔常於幾成而敗之〕는 것이다. 왜 이러한가? 욕 탓이다.

집자(執者)는 억지를 부리고 옹고집으로 버티는 사람이다. 주둥이에 고깃덩이를 물고 다리를 건너던 개가 물고 있던 고깃덩이를 물에 빠뜨리고 마는 이야기를 알리라. 양 백 마리를 채우자고 양 한 마리 가진 놈한테 달라고 했다가 그날 밤 아흔 아홉 마리 양을 잃었다는 이야기를 들었을 것이다. 고집을 부리다 꽉 막히면 숨통이 끊어진다. 그러니 무상(無常)하라. 무주(無主)하라. 이런 말은 다 고집을 부리거나 하나라고 주장하지 말라 함이다. 무상을 버리고 무주를 모르는 자가 바로 집자(執者)이다.

하는 일마다 성공하고 싶은가? 그렇다면 차라리 일을 하지 말라. 허욕(虛欲)이 끼여들어 있는 까닭이니 그만두라. 일마다 성실을 다할 것인가? 그렇다면 일을 시작하되, 항상 처음 시작하는 것으로 근신(謹愼)할 일이다. 그러나 소인은 근신을 비웃으며 일을 벌이고 성인은 근신하므로 일을 줄인다. 그래서 성인은 실패할 리 없지만 소인은 성공하려다 실패하고 만다. 노자가 마치 나를 두고 하는 말 같아 내가 부끄럽고 더럽게 느껴질 뿐이다. 세심(洗心)하라는 말이 들린다.

### 욕불욕(欲不欲) 학불학(學不學) 불감위(不敢爲)

이러하므로〔是以〕 성인은 욕심내지 않기를 바라고〔聖人欲不欲〕, 벌기 어려운 돈을 가볍게 여기고〔不貴難得之貨〕, 배우려고 하지 않기를 배우며〔學不學〕, 중인들의 지나친 바를 순리로 되돌리게 하고〔復衆人之所過〕, 만물의 자연을 돕게 하여〔以輔萬物之自然〕 감히 욕심내는 짓을 하지 않는다〔而不敢爲〕.

욕불욕(欲不欲)을 욕무위(欲無爲)로 바꾸면 성인이 바라는 바가 되고, 욕탐욕(欲貪欲)으로 바꾸면 소인이 바라는 바가 된다. 욕(欲)은 무엇인가를 바라는 것이다. 대인은 덕(德)을 바라고 소인은 이(利)를 바란다 하지 않는가. 그래서 소인은 쓰면 뱉고 달면 삼키는 짓을 한다.

불귀(不貴)는 가볍게 본다는 말이다. 성인은 억척 같은 돈벌이를 모른다. 성인은 천사(天食)를 따를 뿐이다. 천지가 먹여 주는 것을 일러 천사(天食)라 한다. 천지가 주는 먹거리로 만족하고 걸림 없이 사는 것을 일러 천방(天放)이라 한다. 성인은 천사로 천방하는 주인인데 돈 앞에 안절부절 못할 리 없는 것이다. 다만 소인만이 돈 앞에서 사족을 못 쓰고 꿀단지를 본 생쥐처럼 굴 뿐이다.

불학(不學)은 재주 따위를 배우지 않는다 함이다. 영악한 유식(有識)보다 수수한 무식(無識)이 더 자연에 가깝다 한다. 글 깨나 안답시고 백성을 등치고 간 내먹는 탐관(貪官)은 무식해서 그런 것이 아니라 유식하기 때문에 그런 못할 짓을 하는 것이다. 왜 노자가 불학을 말하는지 알리라. 머리 좋다는 자들이 사기치고 부정과 부패를 일삼는 꼬락서니는 어느 날에나 사라질까. 그렇다고 성인은 절망하지 않는다. 왜냐하면 불욕(不欲)하고 불귀(不貴)하며 불학(不學)하는 성인의 덕으로써 우리네 소과(所過)를 돌려놓기〔復衆人之所過〕 때문이다. 소과는 지나침이다. 지나침은 부자연(不自然)이다. 자연을 어겨 어긋난 짓이 지나침〔所過〕이다.

성인은 인간의 지나침을 돌려 놓는다. 어떻게 돌려 놓는가? 보만물지자연(輔萬物之自然)이 바로 그 답이다. 보(輔)는 모시고 받들며 돕는 것이다. 인간들이 범하는 부자연인 소과를 자연을 받들어 돕는 쪽〔輔〕으로 되돌려 놓는다〔復〕 함은 장자의 반이상천(反以相天)인 셈이다. 그러므로 돌이켜 하늘을 돕는다〔反以相天〕와 복중인지소과(復衆人之所過)는 같은 의미이다.

불감위(不敢爲)라는 말이 견소포박(見素抱樸)을 다시 떠올리게 한다. 어긋난 짓을 감히 하지 않는다〔不敢爲〕 함은 꾸밈없음을 살펴〔見素〕 수수함을 잃지 않는다〔抱樸〕는 것이다. 욕심내지 말라. 그렇게 하면 무위서 무슨 일에서나 질 리 없고 무엇 하나 잃을 리 없다는 말을 알지만 행하지 않으니, 노자를 비웃을 게 아니라 우리가 못난 것이다.

**道德經 65**

# 대순(大順)하라

**요지** 대순(大順)하라. 그러면 세상이 궁(窮)할 리 없다.

**내용** 옛날에 도로써 잘 다스리던 사람은 백성을 똑똑하게 한 것이 아니라 오히려 어리석게 했다. 백성을 다스리기 어려운 이유는 백성에게 지식이 많아서이다. 그러므로 지(智)로써 나라를 다스리는 것은 나라를 훔치는 것이고, 지로써 나라를 다스리지 않음은 나라를 행복하게 하는 것이다. 이 두 가지를 아는 것이 또한 천하의 본보기이다. 이 본보기를 능히 아는 것을 일러 신비로운 덕이라 한다. 신비로운 덕은 깊고 멀어 만물과 더불어 되돌아온다. 이긴 뒤에야 마침내 크나큰 순리에 이르게 된다.

【원문(原文)】

　　古之善爲道者 非以明民 將以愚之 民之難治 以其智多 故 以智治國 國之賊 不以智治國 國之福 知此兩者 亦楷式 能知楷式 是謂玄德 玄德深矣遠矣 與物反矣 然後乃至於大順

【해독(解讀)】

고지(古之)에 선위도자(善爲道者)는 민(民)을 명(明)하게 함이 아니라 우(愚)하게 하려 했다. 민(民)의 난치(難治)는 그 지(智)가 다(多)한 때문이다. 고(故)로 지(智)로써 치국(治國)함은 국(國)의 적(賊)이고 지(智)로써 치국(治國)하지 않음은 나라의 복(福)이다. 이 양자(兩者)를 지(知)하면 또한 해식(楷式)이다. 해식(楷式)을 능지(能知)하면 이를 현덕(玄德)이라 한다. 현덕(玄德)은 심(深)하고 원(遠)한지라 물(物)로 여(與)하여 반(反)함이다. 연후(然後)에야 마침내 대순(大順)에 지(至)한다.

【담소(談笑)】

민지난치(民之難治) 이기지다(以其智多)

옛날에 도로써 잘 다스리는 사람〔古之善爲道者〕은 백성을 똑똑하게 하는 것이 아니라〔非以明民〕 어리석게 하려 했다〔將以愚之〕. 백성을 다스리기 어려운 것〔民之難治〕은 백성에게 지식이 많은 까닭이다〔以其智多〕.

다스림이 어수룩하면〔其政悶悶〕 백성은 순박하고〔其民淳淳〕,

다스림이 꼼꼼하면[其政察察] 백성은 풀이 죽는다[其民缺缺]는 노자의 말을 이미 앞에서 들은 바 있다. 모르면 약이고 알면 탈이라는 말처럼, 총명하면 할수록 잊어야 할 것은 잊지 않고, 잊지 말아야 할 것은 잊어버리는 짓을 범하기 쉽다. 장자는 이러한 짓을 일러 성망(誠忘)이라고 했다. 똑똑한 바보들이 얼마나 많은가. 아는 것이 많아도 정직하지 못하고 성실하지 못한 백성을 명민(明民)이라고 보면 된다. 이런 명민을 다스리기는 참으로 어렵다. 영리해서 속여먹는 짓을 밥 먹듯이 하는 까닭이다. 이는 열 명이서 도둑 하나 못 잡는 꼴이다.

그러므로 도로써 잘 다스리는 사람은 백성을 어리석게 한다. 장자는 우고도(愚故道)라고 했다. 이는 어리석음[愚]이 도라는 말이다. 불욕(不欲)하면 우요, 불학(不學)하면 우요, 무집(無執)하면 우요, 무위(無爲)하면 우이다. 이렇게 우(愚)하도록 백성을 다스린다는 것이지, 치자들이 부려먹기 쉽게 하자고 우민(愚民)하자는 것이 아니다.

지다(智多)이면 왜 난치(難治)인가? 지(智)는 바깥 것을 안다는 말이다. 이러한 지 쪽으로만 치우치다 보면 인간은 내양(內養)히기가 싫어져서 자신을 살펴 후덕하기를 게을리한다. 성찰(省察)한 다음 관찰(觀察)하라 하지 않던가. 불가(佛家)에서는 고감이(顧鑑咦)라고도 한다. 밖을 내다보기 전에 철저하게 안, 즉 자기부터 살펴보라 함이다. 자기를 돌이켜보라. 이것이 성찰이요 고감이다. 그런 다음 자신이 추하고 너럽서는 숨기지 말고 크게 소리질러 알려라. 서슴없이 자신을 고발하라는 것이 이(咦)이다.

똑똑한 사람은 숨기려 들지 드러내기를 싫어한다. 부끄러워하기를 겁내는 까닭이다. 그러나 어리석은 사람은 잘못을 부끄러워할 줄 알아 드러내 뉘우친다. 왜 정직한 사람을 일러 어리석다 하는지 알리라. 도로써 잘 다스리는 사람은 우리를 모두 어리석게 하여 정직하고 후덕하게 한다.

### 현덕심의원의(玄德深矣遠矣) 여물반의(與物反矣)

그러므로〔故〕 지로써 나라를 다스리는 것〔以智治國〕은 나라를 훔치는 일이고〔國之賊〕, 지로써 나라를 다스리지 않음은〔不以智治國〕 나라를 행복하게 하는 일이다〔國之福〕. 이 두 가지를 아는 것이〔知此兩者〕 또한 천하의 본보기이다〔亦楷式〕. 이 본보기를 능히 아는 것〔能知楷式〕을 일러 신비로운 덕이라 한다〔是謂玄德〕. 신비로운 덕은 깊고 멀어〔玄德深矣遠矣〕 만물과 더불어 되돌아온다〔與物反矣〕. 이런 뒤에야〔然後〕 마침내 크나큰 순리에 이른다〔乃至於大順〕.

우리가 몰라서 부정부패의 늪에서 허우적대는가? 결코 아니다. 서로 속여먹는 술수를 너무 많이 알아서이다. 잔재주나 잔꾀는 똑똑하고 영리한 놈이나 부리는 것이지 어리석은 사람은 본래 그런 짓거리를 모른다.

악화(惡貨)가 양화(良貨)를 내쫓는 것은 다 지(智)만 가지고 다스리기 때문이다. 온갖 법령들이 다 지의 산물이다. 그런데 법을 알면 법을 피할 줄도 알게 된다. 그러므로 국지적(國之賊)은 법을 알면서도 법을 피해 사람을 해치는 무리의 소굴로 나라가 둔갑한다는 말이 된다.

역적(逆賊)의 소굴에서 나라를 구하는 일은 곧 불이지치국(不以智治國)이라고 노자는 설파한다. 그러나 항상 똑똑한 놈들이 칼자루를 잡고 어리석은 자들로 하여금 칼날을 잡도록 수를 부린다. 그래서 『장자(莊子)』에 나오는 광접여(狂接輿)는 "공자여 가라 숨어살리라" 하고 고함치면서 춤을 추어야 했으리라.

지(智)로써 다스리면 나라가 백성에게 적(賊)이 되고, 부지(不智)로써 나라를 다스리면 나라가 백성에게 복(福)이 됨을 아는가? 이를 알고 있다면 나라를 올바로 다스리는데 천하의 본보기가 되는 해식(楷式)이다.

어떤 본보기〔楷式〕란 말인가? 이지치국(以智治國)으로써가 아니라 불이지치국(不以智治國)으로 다스리는 성인의 치도(治道)를 두고 노자는 천하의 해식이라 하였다. 노자는 왜 그 해식을 일러 현덕(玄德)이라 했을까? 백성을 해치는 짓이 아니라 백성을 행복하게 하는 다스림이므로 현덕이라 한 것이다. 현덕은 대덕(大德)이요 상덕(常德)이요 무위(無爲)이다. 만물을 두루 이롭게 하여 편안하게 하는 것이 곧 덕이므로 그 앞에다 현(玄)이니 대(大)니 상(常)이니 하고 덧붙였을 뿐이다. 노자가 도를 형용하는 말로 자주 쓰는 낱말이 현(玄)이요 대(大)요 상(常)이요 무(無)이다. 그러니 현덕이란 도덕의 별칭이라 보아도 된다.

그러나 지금은 용지(用智)로써만 다스리려 하지 불용지(不用智)라면 턱없는 짓이라며 팽개쳐 버린다. 용지는 소인배들이 다스리는 짓이고 불용지는 성인의 치도인 까닭에 그런 것이다. 노자는 불용지로 다스리는 성인이어야 나라가 백성에게 복이 된다고 단언한다. 이런 노자를 두고 입으로는 대단하다 하고 속으로는 헛소리한다고 비웃는다. 소인배의 눈에 성인이 보인다면 돼지의 눈에도 부처가 보일 것이다. 함부로 노자를 비웃지 말라. 본래 소인배란 장자가 말한 성망(誠忘)에 걸려들어 하늘이 무서운 줄 모르는 졸개들이 아닌가.

백성뿐 아니라 만물을 두루 행복하게 하는 현덕이니 그것을 깊다 해야 할 것이고 멀다 해야 할 것이다. 깊어서 물밑까지 들어가 볼 수 없고 멀어서 다가가 볼 수 없는 덕이니, 신비롭고〔玄〕 크나 크고〔大〕 한결같이 변함없다〔常〕. 그러니 현덕은 어느 누구의 것이 아니다. 도라는 것은 만물의 오(奧)라고 하지 않는가. 만물치고 도를 떠나 있는 것이 하나도 없다는 것이 오 아닌가. 그러므로 현덕은 만물과 더불어 돌아온다〔與物反矣〕.

　서계(西溪) 선생은 여물반의(與物反矣)를 장여만물(將與萬物)로 복반어박(復反於樸)이라고 풀었다. 자연으로 되돌아가는 것〔復反於樸〕이 곧 현덕이라는 것이다. 그러니 현덕은 곧 견소포박(見素抱樸)과 다름 아니다. 검소하고 꾸미지 않고 겸손하게 사랑하면서 산다는 것〔見素抱樸〕이 곧 현덕인 셈이다. 이러한 현덕을 알기만 할 것이 아니라 생활에서 실천해야 대순(大順)에 이른다고 노자가 단언한다. 대순하라. 이는 곧 무위자연(無爲自然)하라 함이다. 이를 좀더 쉽게 말하자면, 좀 안다고 건방떨지 말고 수수하고 꾸밈없는 마음가짐으로 살라는 말이다. 순리(順理)대로만 살라.

道德經 66

# 왕자(王者)가 되라

**요지** 왕자(王者)가 되라. 그러면 걸림 없이 자유롭다.

**내용** 강과 바다가 온 골짜기의 왕이 되는 것은 아래로 흘러내리기를 잘하기 때문이다. 따라서 능히 온 골짜기의 왕이 되는 것이다. 이러하므로 성인은 백성의 위에 있고자 하면 반드시 말을 낮추고, 백성 앞에 나서고자 하면 반드시 몸을 뒤로 물린다. 이러하므로 성인은 위에 있어도 백성이 그를 중하다 여기지 않고, 앞에 나서 있어도 백성이 그를 해롭다고 여기지 않는다. 이래서 천하는 기꺼이 성인을 추대하여 싫어하지 않으니 다투지 않는 것이다. 그러므로 세상 어느 누구도 성인과 다툴 수가 없다.

【원문(原文)】

江海所以能爲百谷王者 以其善下之 故 能爲百谷王 是以 聖人欲上民 必以言下之 欲先民 必以身後之 是以 聖人處上而民不重 處前而民不害 是以 天下樂推而不厭 以其不爭 故 天下莫能與之爭

【해독(解讀)】

강해(江海)가 능(能)히 백곡(百谷)의 왕(王)이 되는 바는 선(善)하지(下之)하는 고(故)로 능(能)히 백곡(百谷)의 왕(王)이 된다. 시이(是以)로써 성인(聖人)은 민(民)에 상(上)하고자 하면 필(必)히 언(言)으로써 하(下)하고, 민(民)에 선(先)하고자 하면 반드시 신(身)으로써 후(後)한다. 이로써 성인(聖人)은 상(上)에 처(處)하되 민(民)이 부중(不重)하고, 전(前)에 처(處)하되 민(民)이 불해(不害)한다. 이로써 천하(天下)가 낙추(樂推)하여 불염(不厭)이어서 부쟁(不爭)한다. 고(故)로 천하(天下)가 능(能)히 여지쟁(與之爭)하지 못한다.

【담소(談笑)】

욕선민(欲先民) 필이신후지(必以身後之)

강과 바다가 온 골짜기의 왕이 되는 것은〔江海所以百谷王者〕 아래로 흘러내리기를 잘하는 까닭이다〔以其善下之〕. 그래서〔故〕 강과 바다는 온 골짜기의 왕이 될 수 있다〔能爲百谷王〕. 이러하므로 성인은 백성의 위에 있고자 하면〔聖人欲上民〕 반드시 말을 낮추고〔必以言下之〕, 백성 앞에 나서고자 하면〔欲先民〕 반드시 몸을 뒤로 물린다〔必以身後之〕.

개울은 위에서 흐르고 냇물은 그보다 아래서 흐른다. 그래서 냇물은 개울보다 크다. 냇물은 위에서 흐르고 강물은 그보다 아래서 흐른다. 그래서 강물은 냇물보다 크다. 강물은 위에서 흘러내리고 바다는 아래서 강물을 받아들인다. 그래서 바다는 강보다 크다. 큰 것이 되고 작은 것이 되는 이치가 이와 같다. 그러므로 큰 것이 아래에 있고 작은 것이 위에 있으면 큰 것이 작은 것의 왕(王)이 된다. 성인은 이러한 이치를 안다.

욕상민(欲上民)은 백성 위에 있고 싶어한다는 말이다. 성인이 왜 그리하고자 한단 말인가? 백성 위에 군림하는 것이 아니라 백성의 복(福)이 되고 싶어서이다. 성인은 누구인가? 대순(大順)의 치자(治者)이다. 이미 앞에서 성인은 불이지치국(不以智治國)으로 다스린다 했다. 성인의 다스림은 백성의 어머니가 되고자 함이니 권력을 모른다는 말로 새기면 된다. 그러므로 성인은 호령하지 않는다. 성인은 백성의 어머니로서 다스리니 그 말이 항상 부드럽다. 그래서 이언하지(以言下之)라 한다. 하지(下之)는 수유(守柔)를 떠올리면 되리라. 부드러움을 잃지 말고 지켜라〔守柔〕.

욕선민(欲先民)은 앞서서 백성을 이끌고 싶어한다는 말이다. 성인이 왜 그리하고자 한단 말인가? 이 역시 백성의 복이 되고 싶어서이다. 어미는 제 몸을 새끼들 맨 뒤에다 두고 보살피며 키운다. 성인은 백성의 어머니로서 다스리니 그 몸 을 항상 뒤에 둔다. 본래 신자리 마른자리 가려서 키우는 어머니가 아닌가. 그래서 이신후지(以身後之)라 한다. 후지(後之)는 현빈(玄牝)을 떠올리면 되리라. 현덕을 베푸는 임컷〔玄牝〕이 되고자 성인이 백성 앞에 나설 뿐이지 앞장서서 통솔하자고 선민(先民)하는 것이 아니다. 성인은 양떼가 무서워하는 것이 양을 모는 개라는 것을 안다.

**이기부쟁(以其不爭) 막능여지쟁(莫能與之爭)**

　이러하므로〔是以〕 성인이 위에 있어도 백성은 그를 중하다 여기지 않고〔聖人處上而不重〕, 앞에 나서더라도 백성은 그를 해롭다고 여기지 않는다〔處前而民不害〕. 이러하므로〔是以〕 천하는 기꺼이 성인을 추대하여 싫어하지 않고〔天下樂推而不厭〕 다투지 않는다〔以其不爭〕. 그러므로〔故〕 세상 사람들이 성인과 다툴 수가 없다〔莫能與之爭〕.

　높고 낮음을 서로 잊고 귀천을 서로 잊는 것을 일러 성인이 백성의 위에 있다〔處上〕고 한다. 서로 하나 되게 하는 것〔爲一〕이 성인의 처상(處上)이다. 나는 높고 너는 낮으니 시키는 대로 복종하라고 한다면 그것은 소인배의 처상이다. 소인배의 처상은 백성 위에 군림하지만 성인의 처상은 백성과 더불어 동고동락(同苦同樂)한다. 그러므로 성인이 백성 위에 있어도 백성은 부중(不重)하는 것이다. 왜 그러한가? 권력이 두려워 범하지 못하고 법령이 무서워 어기지 못하는 것이 곧 중(重)이다. 우리는 중하게 다루어 엄중히 처벌하겠다는 말을 날마다 듣고 산다. 그러나 성인이 현덕으로 세상을 다스린다면 두려워할 것도 없고 무서워할 것도 없다는 것이다. 그러니 성인이 다스리면〔處上〕 백성이 부중한다는 것이다.

　처전(處前)은 앞장서서 모범을 보인다는 말이다. 솔선수범(率先垂範)이 곧 처전이다. 못하면 다 같이 못하고, 한다면 다 같이 한다는 원칙을 지킨다면 그것이 틈새 없는 처전이다. 법 앞에 평등하다는 말이 곧 처전인 것이다. 그러나 실제는 어디 그런가. 법이란 것이 고무줄 같아 법을 이용하는 놈도 있고 법 때문에 설움을 당하는 약자도 많다. 성인의 처전은 동고동락의 모범을 보이는 것이지만, 소인배의 처전이란 편애(偏愛)를 숨기고 앞장서려는 짓이기 쉽다. 그러므로 성인이 앞장서면〔處前〕 백성이 불해(不

害)한다는 것이다. 왜 그런 것인가? 소위 백성을 다스린다는 정책이 오히려 백성의 생활을 훼방하고 법령을 내려 백성의 일을 불리하게 하는 짓거리를 일러 민(民)의 해(害)라고 한다. 소인배가 처전하면 백성은 날마다 해를 입는다. 그러나 성인이 처전하면 온 백성은 어미품에 있는 것과 같아 해를 입을 리 없다. 그러니 성인이 앞장서서 모범을 보이면 백성이 불해(不害)한다는 것이다.

이러할지니 왜 천하가 성인을 추대하지 않겠는가. 진실로 성인이 있다면 무투표로써 임금으로 모셔도 되고 종신 대통령으로 추대해도 된다. 성인이 있다면 어느 세상이 그를 즐겁게 추대하지 않겠는가. 어느 세상이 성인을 추대해 놓고 염증을 내고 싫다 할 것인가. 제 어미를 싫다 하는 새끼는 없는 법이다. 성인은 누구인가? 성인은 백성을 품에 안는 어머니와 같다. 이러한 성인을 배척할 세상이 있겠는가? 없다. 이런 성인과 시시비비를 따져 보자며 다투려고 덤비는 세상이 있겠는가? 없다.

성인이 처상(處上)하면 백성이 부중(不重)하고, 성인이 처전(處前)하면 백성이 불해(不害)하여 온 천하가 부쟁(不爭)한다는 것이 노자가 밝힌 무위의 치세이며 현덕의 치도이다. 노자는 세상만사를 등지고 짐승과 더불어 산 속에 숨어 살자고 말하지 않는다. 한 무리를 이루어 나라를 세웠다면 상하와 귀천을 따지지 말고 다 같이 하나 되어 동고동락하며 살자는 것이 노자가 밝히는 무위의 치세인 것이다. 이보다 더 백성이 바라는 정치가 어디 있겠는가.

노자가 밝히는 도덕정치는 진정 절대의 민주정치일 뿐이니, 치자(治者)여 노자를 비웃지 말고 두려워할 일이요 노자를 팽개치지 말고 가까이할 일이다. 치자여 노자를 진정 선생으로 받들면 어떤 선거에서든 떨어질 리 없으리라.

道德經 67

# 삼보(三寶)를 알라

**요지** 삼보(三寶)를 알라. 그러면 누구나 천하를 얻는다.

**내용** 세상 사람들이 모두 말하기를 내 도가 크기는 하지만 이지러져 보인다는 것이다. 오로지 내가 말하는 도가 크기 때문에 이지러져 보이는 것 같다. 만일 이지러짐 없이 오래간다면 그런 것은 이미 작은 것이다. 나에게 세 가지 보물이 있어 그것을 지키고 간직하노라. 그 하나가 사랑함이요, 그 둘이 아낌이요, 그 셋이 섣불리 나서지 않는 것이다. 대체로 사랑하는 까닭에 용감할 수 있고, 아끼는 까닭에 넉넉할 수 있으며, 섣불리 천하에 나서지 않는 까닭에 오히려 남들 앞에서 어른 노릇을 할 수 있다. 그런데 지금처럼 사랑함을 버리고 용감해지려 하고, 검소함을 버리고 넉넉해지려 하며, 뒤로 물러나기를 버리고 앞서려고만 한다면 살아남지 못하리라. 대지 사랑으로써 싸우면 이기고 사랑으로써 지키면 흔들림이 없으므로, 하늘이 도와 사랑으로써 지켜 주리라.

## 【원문(原文)】

　　天下皆謂我道大 似不肖 夫唯大 故 似不肖 若肖 久矣 其細也夫 我有三寶 持而保之 一曰慈 二曰儉 三曰不敢爲天下先 夫慈故能勇 儉故能廣 不敢爲天下先故能成器長 今捨其慈且勇 捨其儉且廣 捨其後此先 死矣 夫慈以戰則勝 以守則固 天將求之 以慈衛之

## 【해독(解讀)】

천하(天下)가 개(皆) 아(我)를 이르되 도(道)가 대(大)하여 사불초(似不肖)하다 한다. 부유(夫唯) 대(大)하여 고(故)로 불초(不肖)한 듯함이니 약초(若肖)할진대 구(久)이라 그 세(細)한 것이여. 아(我)에 삼보(三寶)가 유(有)하여 지(持)하고 보지(保之)하노라. 일왈(一曰) 자(慈)이고 이왈(二曰) 검(儉)이며 삼왈(三曰) 천하(天下)에 불감위선(不敢爲先)함이다. 대저 자(慈)한 고(故)로 능용(能勇)하고, 검(檢)한 고(故)로 능광(能廣)하며, 천하(天下)에 불감위선(不敢爲先)하는 고(故)로 능(能)히 기장(器長)을 성(成)하거늘 이제 그 자(慈)를 사(捨)하고서도 용(勇)하고, 그 검(儉)을 버리고 또 광(廣)하며, 그 후(後)를 버리고 또 선(先)하니 사(死)하리라. 대저 자(慈)로써 전(戰)하면 승(勝)하고 수(守)하면 고(固)하므로 천(天)이 장차 구(求)하여 자(慈)로써 위(衛)하리라.

### 【담소(談笑)】

### 천하개위아도대(天下皆謂我道大) 사불초(似不肖)

세상 사람들이 모두 말하기를 내 도가 크기는 하지만〔天下皆謂我道大〕모자라 보인다고 한다〔似不肖〕. 오로지 도라는 것이 크기 때문에 이지러져 보이는 것 같다〔夫唯大故似不肖〕. 만일 이지러짐 없이 오래간다면〔若肖久矣〕그것은 이미 작은 것이다〔其細也夫〕.

여기서 아(我)는 물론 노자이다. 노자가 말하는 도(道)는 크지만 모자란 데가 있다고 세상 사람들이 입방아를 찧고 있다는 말이다. 도는 알 수 없을 정도로 커서 닮은꼴이 없으므로 불초(不肖)한다는 이치를 세상 사람들이 몰라서 그렇게 말하는 것을 이미 노자는 알고 있다는 말로 이해해도 되리라. 노자가 우리와 시비를 하겠는가? 결코 아니다. 차라리 노자는 져 주고 말 것이다.

불초(不肖)는 닮지 못해 모자란다는 겸손의 말이다. 큰 것은 똑똑한 척하지 않는다 함이다. 대범(大凡)하다는 말이 있지 않은가. 커서 범(凡)하다는 말을 떠올리면 왜 커서 불초해 보이는지 그 깊은 뜻을 헤아릴 수 있으리라. 대범은 곧 소박(素樸)으로 통한다. 소박은 곧 자연이요, 도가 자연을 본받는다고 노자는 이미 밝혔다. 도는 소박해서 모자라 보일 뿐이다. 그래서 노자가 우리에게 약졸(若拙)이나 수졸(守拙)을 새겨 보라고 한 것이다. 어린애 같은 짓을 일러 졸(拙)이라 한다. 모자라 보인다〔似不肖〕는 말을 갓난애 같다는 노자의 말로 바꾸어 들어도 무방하다.

온전하여 오래간다면〔若肖久矣〕그것은 이미 작은 것이다〔其細也夫〕. 이는 불초를 다시금 더 밝히려는 뜻이다. 초(肖)는 상(像)이니 닮는다는 것이다. 눈으로 보아야 닮고 입으로 말고 귀로 들어야 닮을 터인데, 도는 보려 해도 보이질 않아 이(夷)라 하고, 들으려 해도 들리질 않아 희(希)라 하고, 잡으려 해도 잡히질 않아 미(微)라 하지 않는가. 그처럼 이하며 희하며 미한 도는 이미 불초한 것이다.

닮을 수 있게 하는 것은 이미 작은 것〔細〕이다. 작은 것이란 보이는 것이고 들리는 것이고 잡히는 것이다. 작은 것이란 물질이라고 보아도 된다. 그러니 원소보다 작은 것은 물론이요 빛마저도 이미 물질이요 소리마저도 이미 물질이다. 그러나 도는 현(玄)하고 오(奧)할 뿐이다. 모든 물질 속에 숨어 있지만, 이(夷)하고 희(希)하고 미(微)하므로 오하다 하고 현하다 한 셈이다. 그러므로 도에게는 닮아 따라 할 대상이 없다. 다만 우주 삼라만상이 도를 닮아 따라 하는 것일 뿐이다.

### 아유삼보(我有三寶)

나에게 세 가지 보물이 있노라〔我有三寶〕. 그것을 지키고 간직하노라〔持以保之〕. 그 하나가 사랑함이요〔一曰慈〕, 그 둘이 아낌이요〔二曰儉〕, 그 셋이 감히 천하에 나서지 않는 것이다〔三曰不敢天下爲先〕. 대체로 사랑하는 까닭에 용감할 수 있고〔夫慈故能勇〕, 아끼는 까닭에 넉넉할 수 있으며〔儉故能廣〕, 섣불리 천하에 나서지 않는 까닭에〔不敢爲天下先故〕 오히려 남들 앞에서 어른 노릇을 할 수 있다는 것이다〔能成器長〕.

『노자』에서 노자가 딱 한 번 도도하리만큼 자기 자랑을 숨기지 않는 대목이다. 여기서 노자는 아유삼보(我有三寶)라며 터놓고 서슴없이 자기를 자랑한다. 참으로 놀라운 사선이다. 마음씨를 낮추고〔下之〕 몸가짐을 뒤로 하며〔後之〕 천하에 겸허하고 겸손한 노자가 당신 자랑을 터놓고 한다. 그런데 왜 하나도 거슬리지 않을까? 우리가 한사코 팽개치려는 보물을, 당신만 잘 간직하고 그 보물대로 사는 까닭이다. 누가 당신께 준 보물인가? 물론 도가 물려준 보물이다.

도가 노자에게만 삼보(三寶)를 주었단 말인가? 아니다. 만물 중 어느 하나 그 보물을 물려받지 않은 게 없다. 다만 인간이란 존재만이 그 보물을 팽개쳐 두고 살려고 할 뿐, 온갖 다른 목숨들은 도에게서 물려받은 보물대로 산다. 인간이란 무리 중에서 노자 당신이 삼보대로 사는 화신(化身)인 까닭에, 당당히 자신을 내놓고 자찬한들 털끝만큼도 허물이 될 리 없는 것이다.

자(慈)는 애(愛)보다 그 정도가 훨씬 더하다. 어미와 새끼를 잇는 기운이 곧 자이다. 어미는 제 새끼에게 그 기운을 남김없이 쏟는다. 새끼를 구하려는 어미를 총칼로도 어찌지 못한다. 그러면서도 어미는 새끼를 거두는 데 아무런 전제나 조건을 달지 않고 몸을 던진다. 새끼 키우는 뱁새를 생각해 보라. 그러면 자(慈)야말로 천하의 용기임을 알리라. 참으로 어미사랑[慈]은 천지에 가득한 목숨을 살리는 기운이다. 목숨을 살리는 기운이야말로 대도(大道)의 용(勇)이다.

검(儉)은 결코 인(吝)이 아니다. 검소한 사람은 이웃을 살피고 인색한 사람은 이웃을 모른다. 검(儉)은 수수하므로 아쉽거나 옹색할 리 없다. 검은 항상 만족하므로 마음이 넉넉하다. 그러나 인색한 사람은 저밖에 모른다. 인(吝)은 제 잇속만 챙기면 그뿐 남의 사정을 몰라 마음이 모질다. 인은 좁고 검은 넓다.

검소하면 왜 넓단 말인가? 검소하면 마음이 넉넉해 만족할 줄 알기 때문이다. 이미 노자는 지족(知足)하면 부자라고 했다. 검고능광(儉故能廣)에서 광(廣)은 공자의 말로 한다면 이순(耳順)의 버금이다. 남을 믿고 남의 말을 그대로 들어 남의 뜻대로 응해 준다는 것이 광이고 이순이다. 인색한 인간은 항상 남을 의심하므로 마음가짐이 좁고[狹] 검소한 사람은 남을 믿음으로 마음가짐이 넓다[廣]. 옛말에 천하의 눈을 내 눈으로 하면 못 볼 것이 없고 천하의 귀를 내 귀로 하면 들을 것이 없으며 천하의 입을 내

입으로 하면 못할 말이 없다고 했다. 검소하여 넉넉한 마음이란 천하의 눈으로 보고 천하의 귀로 듣고 천하의 입으로 말하는 마음이다. 그러니 검소하면 마음씀이 넓고〔廣〕 인색하면 마음씀이 좁다〔狹〕. 너는 어느 쪽이냐고 노자는 묻는다.

위선(爲先)은 일하는 데 겁 없이 나서기를 좋아하는 짓이다. 남보다 자기가 더 낫다고 과시하려는 소인배가 하는 짓이다. 이런 사람은 항상 일전불사를 마다하지 않는다. 내가 이기고 상대가 져야 된다는 사람은 항상 모난 돌처럼 굴러다닌다. 그런데 모난 돌은 정을 맞고 쪼개지는 법이다. 따돌림을 당하고 버림받는 사람은 어디서든 어른 노릇을 못한다. 그래서 세상에는 장(長)한 그릇이 아주 귀한 것이다.

감히 앞서서 나서지 않는다〔不敢爲先〕. 물러나 뒷바라지하는 사람은 항상 크다. 할 일을 분명히 하는 날마다 없어서는 안 되는 것을 일러 기(器)라고 한다. 어디 밥상에 놓여 있는 그릇만 기이랴. 밥을 먹게 하는 것이면 다 기인 것이다. 그 중에서 손보다 더한 기, 입이나 목구멍보다 더한 기가 오장육부(五臟六腑) 장기(臟器)가 아닌가. 노자 당신은 세상에 앞서지 않아 세상의 오장육부 같은 그릇이 된다고 서슴없이 자랑한다. 간도 되고 위도 되고 창자도 되는 기야말로 장하지 않는가.

장한 것 치고 오장육부 만한 것이 어디 있겠는가. 노자 당신이 세상에서 오장육부 같은 기장(器長)이라고 자찬한다 해도 과찬이란 생각이 조금도 들지 않으니 이렇듯 노자를 찬양하고 싶을 뿐이다. 기장을 그대로 풀면 기(器)가 장(長)하다는 뜻이다. 기는 그릇이라 해도 될 것이고 물건이라 해도 된다. 대인을 두고 큰 그릇〔大器〕이라 한다. 장은 크고〔大〕 늘 한결같아〔常〕, 오래가고〔久〕 착하고〔善〕 넉넉하며〔優〕 많아서〔多〕 맏이〔孟〕로서 다스린다〔度〕. 어른 노릇을 할 수 있음을 일러 장(長)이라 하는 것이다.

앞서지 않고 천하의 어른 노릇을 할 수 있다는 노자이기 때문에 그를 두고 어느 누구도 오만방자하다고 말하지 못하리라.

### 금사기자차용(今捨其慈且勇) 사기후차선(捨其後且先)

그런데 지금은 사랑함을 버리고 용감해지려 하고〔今捨其慈且勇〕, 검소함을 버리고 넉넉해지려 하며〔捨其儉以廣〕, 뒤로 물러나기를 버리고 앞서려고만 한다면〔捨其後且先〕 살아남지 못하리라〔死矣〕.

사랑하지 않는 기운은 살기(殺氣)로 통한다. 목숨을 죽이려는 기운은 아무리 용감해도 용기(勇氣)가 아닌 만용(蠻勇)일 뿐이다. 부자(不慈)의 용(勇)은 살생(殺生)하려는 광기에 불과하다. 살기등등한 세상을 보라. 시기와 시샘, 사기와 모략, 음해와 협박, 폭력과 살인 등이 자(慈)를 버린 다음에 빚어지는 더러운 짓들이다. 그러니 지금 세상은 무섭다.

검소하지 않고 넉넉하게 살려는 짓은 곧 낭비로 통하기 쉽다. 쓰레기 처리를 두고 골치를 앓는 현실을 보라. 그러면 검(儉)을 버리고 풍덩풍덩하게 살려는 인간이 얼마나 허영에 들뜬 무리인지 알 것이다. 물이 썩어 물고기가 떼죽음을 당하고 땅이 썩어 초목이 시들어 가는 사실 앞에서도 인간은 맹랑하기만 하다. 허세와 허영, 허풍과 과소비 등이 검을 버리고 평평 쓰려는 짓거리이다. 쓰레기를 버리는 동물은 인간밖에 없다. 정말로 인간 자체가 쓰레기가 되어 가는 중이다.

뒤로 물러날 줄 모르고 앞으로만 나아가려 한다면, 결국 한 발짝도 앞으로 나아가지 못하는 줄만 알아도 그리 험하게 되지는 않으리라. 빛인 줄 알고 불길 속으로 뛰어드는 하루살이를 보라. 빛이면 다 빛인가. 살려 주는 빛도 있고 죽여 버리는 빛도 있다. 인생도 그러하다. 출세와 명성, 재물 등을 지나치게 탐하면 그것이 결국은 자신을 죽이는 빛이 되고 만다. 성공하고 싶은가? 그렇다면 그 전에 실패를 알라 했다. 빼앗고 싶은가? 그렇다면 그 전에 먼저 주라 했다. 그러니 나아가고 싶거든 먼저 물러설 줄 알아야 한다. 그만두지 못하고 죽어도 고라 하며 노름하는 놈치고 제 집 지키며 사는 놈 없다. 그런 자는 살아 있다 해도 죽은 몸이다.

### 부자이전즉승(夫慈以戰則勝) 이자위지(以慈衛之)

대저 사랑으로써 싸우면 이기고〔夫慈以戰則勝〕 사랑으로써 지키면 흔들림이 없으므로〔以守則固〕, 하늘이 도와〔天將救之〕 사랑으로써 지켜 주리라〔以慈衛之〕. 하늘이 돕는 자를 일러 성인(聖人)이라 한다. 성인은 자(慈)로써 세상을 구하지 권(權)으로 세상을 다스리지 않는다. 인간의 역사가 왜 흥하다 망하기를 되풀이하는가? 한 번도 성인으로 하여금 이 세상을 다스리게 맡겨 두지 않는 까닭이다. 힘을 앞세운 소인배들이 패거리를 지어 성화를 부리면, 백성은 으레 그러려니 하고 굴종하며 목숨을 구걸한다. 그러나 힘으로 이기면 힘 때문에 진다. 이에 반해 성인은 사랑의 힘으로 구하려 하므로 망할 리 없다. 사랑의 힘을 일러 현덕(玄德)이라 하지 않는가. 당신은 후덕한가? 그렇다면 당신은 성인의 마을로 들어가 살 수 있다.

검소하지 않고 풍족하기를 바라는 욕심은 밑 빠진 독에 물 붓는 짓에 불과하다. 항상 쪼들리며 옹색하게 사는 사람은 자신이 허영에 빠져 있는 줄 모르고 세상을 향해 투덜거린다. 누워서 허공에 침을 뱉으면 그게 어디로 떨어질 것인가? 그러나 물건을 아끼고 남의 뜻을 소중히 하려는 검소(儉素)함은 어떤 경우이든 허물어질 리 없다.

스스로 돕는 자는 하늘이 돕는다 한다. 함부로 멋대로 사는 인간은 스스로 자신을 버린다. 그래서 맹자도 구하면 찾고 버리면 잃는다 했다. 하늘은 사랑하고 검소한 사람을 돕는다고 노자가 단언한다. 하늘이 돕고〔天將救之〕 사랑으로써 보호한다〔以慈衛之〕. 구지(救之)와 위지(衛之)의 지(之)는 누구인가? 성인이어도 되고, 사랑하며 검소하게 사는 사람이어도 무방할 것이다.

道德經 68

# 배천(配天)을 알라

**요지** 배천(配天)을 알라. 그러면 천하에 적(敵)이란 없다.

**내용** 제대로 훌륭한 장수가 된 사람은 힘으로 협박하지 않는다. 제대로 잘 싸우는 사람은 성내지 않는다. 적과 싸워 잘 이기는 사람은 더불어 다투지 않는다. 사람을 잘 쓰는 사람은 아랫자리를 취한다. 이를 일러 다투지 않는 덕이라 하고, 이를 일러 사람을 쓰는 힘이라 하기도 하며, 이를 일러 자연과 합일(合一)되는 것이라 했다. 이런 등등을 일러 옛날부터 극치라 했다.

【원문(原文)】

善爲士者不武 善戰者不怒 善勝者不與 善用人者謂之下 是謂不爭之德 是謂用人之德 是謂配天 古之極

【해독(解讀)】

선위사자(善爲士者)는 불무(不武)하고, 선전자(善戰者)는 불노(不怒)하며, 적(敵)을 선승(善勝)하는 자(者)는 불여(不與)하고, 인(人)을 선용(善用)하는 자(者)는 위지하(爲之下)한다. 이를 일러 부쟁(不爭)의 덕(德)이라 이르고, 이를 일러 용인(用人)의 역(力)이라 이르며, 이를 일러 배천(配天)이라 이르니 고(古)의 극(極)이다.

【담소(談笑)】

선위사자불무(善爲士者不武)

제대로 훌륭한 장수가 된 사람은 힘으로 협박하지 않는다〔善爲士者不武〕. 여기서 선(善)은 최회(最會)의 뜻이다. 잘하거나 잘 들어맞거나 하면 최회라 한다. 사(士)는 장사(將士)이다. 장사는 삼군(三軍)의 모범이 되는 자를 말한다. 무(武)는 위용(威勇)이다. 위용이 드러나면 힘을 과시해 겁주는 짓이 된다. 힘자랑이 위(威)요 힘쓰기가 용(勇)이다. 힘을 자랑하며 겁주기로 힘쓰는 장수 따위는 잔인한 무장(武將)일 뿐 결코 장사는 못 된다. 덕은 힘을 드러내지 않으므로 불위(不威)하며 힘으로 겁주지 않으므로 불용(不勇)한다. 장사라 함은 위세를 접고 용맹을 속으로 간직한 덕장(德將)인 셈이다.

### 선전자불노(善戰者不怒)

제대로 잘 싸우는 사람은 성내지 않는다〔善戰者不怒〕. 전(戰)은 적과 싸워 적을 굴복(屈服)시키는 짓이다. 적을 굴복시키자면 먼저 아군을 굴복시킬 수 있는 덕이 있어야 한다. 후덕한 사람은 과묵하고 신중해 노하지 않는다. 성내면 사람이 급해지고 급하면 경솔해진다. 그 결과 적을 얕보고 덤벼들어 패하고 만다. 선전자(善戰者)는 결코 적을 얕보지 않는다.

### 선승적자불여(善勝敵者不與)

적과 싸워 잘 이기는 사람은 적과 겨루지 않는다〔善勝敵者不與〕. 잘 이기는 장수는 노하지 않으므로 적을 얕볼 리 없다. 적을 신중하게 다루어 그 허점을 찾아내 이기는 것이다. 불여(不與)의 여(與)는 과시(誇示)의 시(示)이다. 너울너울하게 이것저것 다 보여 주는 것이 여이고 돋보이려고 하는 것도 여이다. 적과 싸워 잘 이기는 장수는 적에게 허세나 약점 따위를 드러내지 않는다. 선승자(善勝者)는 과시하지 않는다.

### 선용인자위지하(善用人者爲之下)

사람을 잘 쓰는 사람은 아랫자리를 취한다〔善用人者爲之下〕. 사람을 제대로 잘 부리자면 건방지고 방자해서는 안 된다. 머슴을 종으로 취급하면 농사를 망친다 하지 않는가. 풍년을 원하거든 머슴을 상전으로 모시라고 하는 말이 있다. 이는 사람을 쓰는 사람이 먼저 아래가 되라 함이다. 노자가 이미 말로는 하지(下之)하고 몸으로는 후지(後之)하라 했다. 장사라고 건방을 떨면 병사가 제대로 잘 싸워줄 리 만무하다. 그러면 천하의 장수라도 패장(牌將)이 되고 만다.

### 시위부쟁지덕(是謂不爭之德)

이를 일러 다투지 않는 덕이라 한다〔是謂不爭之德〕. 시위(是謂)의 시(是)를 불무(不武)로 보면 된다. 불무는 곧 부쟁(不爭)이 덕이라는 말이다. 위용을 과시하지 않는 것은 곧 힘겨루기를 하지 않음이다. 그러므로 불무는 부쟁의 덕이다.

이를 일러 사람을 쓰는 힘이라 한다〔是謂用人之力〕. 여기서 시(是)는 불노(不怒)로 보면 된다. 불노는 곧 용인(用人)의 힘을 말한다. 억지로 시켜서 되는 일은 없다. 스스로 하도록 만드는 마음 씀이야말로 사람을 감복시킨다. 그러자면 신경질 내지 말 것이며 무참하게 하지 말 것이며 함부로 명령하지 말라 함이다. 불노는 곧 신중(愼重)이다.

### 시위배천(是謂配天)

이를 일러 자연과 합일(合一)되는 것이라 한다〔是謂配天〕. 여기서 시(是)는 위지하(爲之下)로 보면 된다. 상전이라고 상전 노릇하지 말라 함이다. 상대를 존중하라 함이다. 나는 위이고 너는 아래이니 나는 귀하고 너는 천하다는 식으로 대하지 말라 함이다. 자기를 낮출 줄 알아야 함께 손잡고 험한 일을 해내는 것이지 제 콧대만 세우려 들면 욕질만 당하는 법이다. 위지하(爲之下)는 스스로 겸허하라 함이다. 그러면 하늘도 내 편이다.

### 고지극(古之極)

옛날부터 극치라 했다〔古之極〕. 무엇이 극치란 말인가? 부쟁의 덕〔不爭之德〕이 그 극치란 말이고, 용인의 힘〔用人之力〕이 그 극치란 말이며, 자연과 한 짝이 되는 것〔配天〕이 그 극치란 말이다. 그러므로 다투지 않으려면 위용을 부리지 않고〔不武〕, 경솔하게 성내지 않고〔不怒〕, 너울너울 드러내지 않고〔不與〕, 아래가 되라〔爲之下〕. 사람을 쓰려면 역시 불무(不武)하고, 불노(不怒)하며, 불여(不與)하여 아래가 되라.

道德經 69

# 경적(輕敵) 말라

**요지** 경적(輕敵) 말라. 그러면 전쟁이 나지 않는다.

**내용** 병가(兵家)에 다음과 같은 말이 있다. '나는 감히 주(主)가 되지 않고 객(客)이 되며, 감히 한 치라도 나아가지 않고 한 자나 물러나 버린다. 이를 일러 무리 없이 행한다는 것이고, 완력을 쓰지 않고서도 물리친다는 것이며, 적과 싸움 없이 나아간다는 것이고, 무기를 쓰지 않아도 된다는 것이다.' 적을 가벼이 여기는 짓보다 더 큰 화는 없으니 그렇게 하면 내 보물을 잃어버리기 쉽다. 그러므로 군사를 일으켜 서로 무력을 가하려고 하는 데에서는 살생을 슬퍼하는 자가 이긴다.

【원문(原文)】

用兵有言 吾不敢爲主而客 不敢進寸而退尺 是謂行無行 攘無臂 扔無敵 執無兵 禍莫大於輕敵 輕敵則幾喪吾寶 故 抗兵相加 哀者勝矣

【해독(解讀)】

용병(用兵)에 언(言)이 있다. 오(吾)는 불감(不敢) 위주(爲主)하고 위객(爲客)하며, 불감(不敢) 진촌(進寸)하고 퇴척(退尺)한다. 이를 일러 무행(無行)을 행(行)함이라 하고, 무비(無臂)를 양(攘)함이라 하며, 무적(無敵)을 잉(扔)함이라 하고, 무병(無兵)을 집(執)함이라 한다. 경적(輕敵)보다 더 큰 화(禍)는 없으니 경적(輕敵)하는 즉(則) 오(吾)의 보(寶)를 기상(幾喪)한다. 고(故)로 항병(抗兵)함은 상가(相加)해 애자(哀者)가 승(勝)한다.

【담소(談笑)】

### 잉무적(扔無敵) 집무병(執無兵)

병가(兵家)에 다음 같은 말이 있다〔用兵有言〕. '나는 감히 주(主)가 되지 않고 객(客)이 되고〔吾不敢爲主而爲客〕, 감히 한 치라도 나아가지 않고 한 자나 물러나 버린다〔不敢進寸而退尺〕. 이를 일러 행동하는 것 없이 행동한다 하고〔是謂行無行〕, 완력을 쓰지 않고서 불리친다 하며〔攘無臂〕, 적과 싸움 없이 나아간다 하고〔扔無敵〕, 무기를 쓰지 않아도 된다고 한다〔執無兵〕.'

용병(用兵)은 병(兵)을 쓴다는 말이다. 병은 전쟁을 수행하는

데 필요한 온갖 무기류를 말한다. 사람을 병(兵)이라 할 때는 이미 사람이 아니라 사람을 죽일 수 있는 무기란 말이다.

나는 감히 주가 되지 않고 객이 된다〔吾不敢爲主而爲客〕. 위주(爲主)와 위객(爲客)을 잘 새겨 둘 필요가 있다. 전법(戰法)에는 진퇴(進退)가 있다. 지혜와 용기를 앞세워 용병함이 진(進)이며, 겸손과 자중을 앞세워 용병함이 퇴(退)이다. 여기서 위주의 주(主)를 진(進)으로 새기면 되고 위객의 객(客)을 퇴(退)로 보면 된다. 전쟁에서 진만 고집하면 패망하기 쉬운 법. 오히려 퇴로써 전쟁을 이긴다면 그보다 더 좋은 전쟁은 없을 게다. 성인이 전쟁을 수행하면 퇴로써 전승한다. 그래서 한 치도 나아가지 않고 한 자나 물러난다〔不敢進寸而退尺〕고 하는 것이다.

이를 일러 행동하는 것 없이 행동한다 한다.〔是謂行無行〕. 무행(無行)은 행(行)이 없다는 말이다. 무슨 행이 없단 말인가? 인위(人爲)의 행, 탐욕(貪欲)의 행, 과시(誇示)의 행 등 도리에 어긋난 행이 없다 함이다. 이는 목숨을 살리기 위해 용병하는 것이지 살생하려고 용병하지 않는다 함이다. 목숨을 죽이는 짓은 도리에 어긋나지만, 목숨을 살리는 짓은 도리에 맞는다. 도리에 맞는 짓을 일러 무위(無爲)라 한다. 그러므로 행무행(行無行)은 무위로 용병한다 함이다.

완력(腕力)을 쓰지 않고서 물리친다는 것이다〔攘無臂〕. 힘으로 사람을 물리치는 짓이 양(攘)이다. 무비(無臂)의 비(臂)는 팔이다. 팔을 쓰지 않고서는 무기를 사용할 수 없다. 그러니 여기서 팔을 쓰지 않는다〔無臂〕 함은 결국 총칼 따위를 쓰지 않는다는 것이다. 무기를 쓰지 않고 적을 물리치는 힘은 무엇인가? 그것을 천덕(天德)이라 하거나 상덕(常德)이라 하거나 현덕(玄德)이라 하는 것이다. 그러므로 양무비(攘無臂) 역시 무위의 용병이다.

적과 싸움 없이 나아간다는 것이다〔扔無敵〕. 잉(扔)은 취(就)이다. 무적(無敵)으로 나아가고 무적으로 좇는다는 것은 살생으로 적을 굴복시키는 쪽이 아니라 도리에 어긋남을 설득해 덕으로써 적을 감복시키는 쪽을 택한다는 것이다. 싸우지 않고 이기는 싸움이 곧 군자의 싸움이 아닌가. 소인배나 치고 받고 피 흘리며 싸울 뿐이다. 덕에는 적이 없다〔德無敵〕. 그러므로 역시 잉무적(扔無敵)도 무위의 용병이다.

온갖 무기를 쓰지 않는다는 것이다〔執無兵〕. 무병(無兵)은 병이 없음이다. 어떠한 무기도 없음이 곧 무병이다. 그러니 집무병(執無兵)은 어떠한 무기도 손에 잡지 않는다는 것이다. 무기를 버리고 도덕을 잡는 것이 곧 집무병이다. 도덕이야말로 전쟁을 없애는 용병인 셈이다. 그러므로 무병이야말로 무위의 용병이다.

### 화막대어경적(禍莫大於輕敵)

적을 가벼이 여기는 짓보다 더 큰 화는 없으니〔禍莫大於輕敵〕 적을 가볍게 보면 내 보물을 잃어버리기 쉽다〔輕敵則幾喪吾寶〕. 그러므로〔故〕 군사를 일으켜 서로 무력을 가하려고 하는 데서는〔抗兵相加〕 (살생을) 슬퍼하는 자가 이긴다〔哀者勝矣〕. 적을 가벼이 여기는 짓보다 더 큰 화는 없다〔禍莫大於輕敵〕. 여기서 경적(輕敵)의 적(敵)은 무엇인가? 살생하려는 것이면 모두 적이다. 목숨을 해치려는 것이면 다 적이다. 어찌 적군만 적이랴. 부정부패도 적이요 도적(盜賊)도 적이요 환경오염도 적이다. 하여튼 못 살게 하는 것이면 다 적이다. 우리를 못 살게 하는 것〔敵〕을 가볍게 여기지 말라. 적을 가볍게 다루면 우리가 살 수 없다. 살 수 없는 화(禍)보다 더 큰 화는 없다.

적을 가볍게 보면 내 보물을 잃어버리기 쉽다〔輕敵則幾喪吾寶〕. 이는 병가(兵家)의 말이 아니라 노자의 말이다. 그러니 오보(吾寶)는 노자의 보물을 말한다. 노자 당신은 삼보(三寶)라 하여 자

(慈)·검(儉)·불감위선(不敢爲先)을 이미 밝혔다. 이제 여기서 적의 진면목이 드러난다. 자(慈)를 부정(否定)하면 적이다. 증오가 바로 자의 적이다. 검(儉)을 부정하면 적이다. 낭비와 사치가 모두 검의 적이다. 불감위선을 부정하면 적이다. 오만과 허세, 과시 등이 불감위선의 적이다.

그러므로〔故〕 군사를 일으켜 무력을 더하려는 데서는〔抗兵相加〕 (살생을) 슬퍼하는 자가 이긴다〔哀者勝矣〕. 여기서 항(抗)은 거(擧)이다. 군비경쟁 같은 짓거리가 바로 항병(抗兵)이다. 상가(相加)는 군비경쟁을 서로 더한다는 말이다. 그런데 여기서 애자(哀者)는 누구인가? 무력으로 살생함을 슬퍼하는 사람이다. 살생을 기뻐하는 자는 반드시 망한다. 사랑을 마다하고 미움을 짓는 자는 반드시 망한다. 검소하기를 마다하고 낭비와 사치로 놀아나는 자는 반드시 망한다. 오만방자하여 불손한 자는 반드시 망한다. 그러므로 승리하려면 용병(用兵)의 병(兵)을 살생이 아니라 양생(養生)하는 삼보(三寶)로 활용해야 하리라. 그래서 이 장(章)을 현용(玄用)의 장이라 일컫기도 한다.

道德經 70

# 회옥(懷玉)하라

**요지**  회옥(懷玉)하라. 그러면 삶이 날로 후덕(厚德)하다.

**내용**  내가 하는 말은 매우 쉽고, 행하기도 아주 쉽다. 그런데 천하가 능히 알지 못하고, 능히 행하지 못한다. 말에는 근원적인 것이 있고, 일에는 근본적인 것이 있다. 오로지 나에게는 무지(無知)밖에 없다. 이래서 세상은 나를 알지 못한다. 나를 알아보는 사람이 매우 적다면 그만큼 나라고 하는 것은 귀한 셈이다. 이러하므로 성인은 몸에 갈옷을 걸치고 가슴에 옥을 품는다.

## 【원문(原文)】

吾言 甚易知 甚易行 天下莫能知 莫能行 言有宗 事有君 夫惟無知 是以 不我知 知我者 希則貴矣 是以 聖人被褐懷玉

## 【해독(解讀)】

오언(吾言)은 심이지(甚易知)하고, 심이행(甚易行)하다. 천하(天下)가 막능지(莫能知)하고 막능행(莫能行)한다. 언(言)에는 종(宗)이 있고 사(事)에는 군(君)이 있거늘 부유(夫惟) 무지(無知)한지라, 시이(是以)로 아(我)를 부지(不知)해서 아(我)를 지(知)하는 자가 희(希)하여 아(我)가 귀(貴)함이다. 이러하므로 성인(聖人)은 갈(褐)을 피(被)하고 옥(玉)을 회(懷)한다.

## 【담소(談笑)】

### 오언심이지(吾言甚易知) 심이행(甚易行)

내가 하는 말은 알기에 몹시 쉽고〔吾言甚易知〕, 행하기도 매우 쉽다〔甚易行〕. 그런데 천하가 능히 알지 못하고〔天下莫能知〕, 능히 행하지 못한다〔莫能行〕. 내가 하는 말은 알아듣기 너무 쉽고〔吾言甚易知〕, 행하기도 너무 쉽다〔甚易行〕. 여기서 오(吾)는 노자이니 오언(吾言)의 언(言)은 노자가 하는 말이다. 노자가 하는 말을 한 마디로 묶는다면 무어라 할까? 무위(無爲). 이 한 마디가 안성맞춤이리라. 물론 도덕이라 해도 될 것이요, 자연이라 해도 될 것이요, 견소포박(見素抱樸)이라 해도 되리라.

무위란 말이 왜 알기 쉽단 말인가? 욕(欲)만 버리면 알 수 있는 까닭이다. 무위가 왜 행하기 쉽단 말인가? 이 또한 욕을 버리면 행할 수 있는 까닭이다. 무심(無心)하라. 허심(虛心)하라. 허정(虛靜)하라. 위일(爲一)하라. 이런저런 갖가지 말들이 다 무욕(無欲)하라 함인 줄은 안다. 노자 당신은 너무너무 쉽다 하지만, 당신 같은 성인이나 무욕하기가 쉽지 우리네 소인배에게는 가장 어려운 것이 곧 무욕이다.

그러므로 노자가 아무리 한탄해도 여전히 그 말을 천하가 능히 알지 못하고〔天下莫能知〕, 능히 행하지 못한다〔莫能行〕는 말이다. 그러나 노자의 말을 듣고 부끄러워하며 뉘우치는 사람이 간혹 있기는 있을 터이니 무위하라는 호소가 메아리치지 않는 것은 아니다. 다만 사람들이 무(無)는 몰라라 하면서 유(有)만 알려고 덤비는 탓이다.

### 언유종(言有宗) 사유군(事有君)

말에는 근원적인 것이 있고〔言有宗〕, 일에는 근본적인 것이 있다〔事有君〕. 오로지 나에게는 무지(無知)밖에 없다〔夫惟無知〕. 이래서 세상은 나를 알지 못한다〔不我知〕. 말은 본시(本始)가 있다〔言有宗〕. 뜻이 없는 말은 없다. 허튼 말을 하면 헛소리 말라며 욕하는 것은 말이 본래의 뜻을 버렸기 때문이다. 뜻이 있으면 그 뜻을 내도록 만든 근원이 있다. 근원을 종(宗)이라 한다. 무슨 말이냐고 물을 때에는 말을 한 뜻의 근본이 무엇인가를 묻는 것이다. 말의 근본을 모르면 말을 알아듣지 못해 말이 어렵게 된다. 『노자』에서 노자가 한 말들의 종을 무엇으로 삼으면 될까? 도덕·무위·자연이 그 종을 이룬다. 또는 도(道)·덕(德)·무(無) 이 세 마디라 해도 무방하다.

일에는 근본이 있다〔事有君〕. 온갖 일들이 다 따로따로 있거나 일어나는 것처럼 보이지만 실은 그렇지 않다. 일마다 겹치고 얽혀서 일어나게 마련이다. 그래서 만사(萬事)라 하는 것이다. 만사가 제멋대로 흩어지지 않고 서로 통하도록 하는 것을 군(君)이라 한다. 그래서 만사에는 선후(先後)가 있다. 앞서 할 일을 뒤에 하면 탈이 나고 뒤에 할 일을 앞서 하면 될 일도 안 된다. 군이란 만사의 헌법이란 말과 같다.

 오로지 무지한지라〔夫惟無知〕 이로써〔是以〕 나를 알지 못한다〔不我知〕. 무지(無知)는 앎이 없음이다. 그렇다면 무엇에 관한 앎이 없다 함인가? 노자가 말하는 종(宗)과 노자가 권하는 군(君)을 사람들이 몰라서 매우 쉬운 그 말을 알아듣지 못하고 그 일을 알지 못한다는 것이다. 그러므로 불아지(不我知)의 아(我)를 노자 자신이 아니라 노자 당신이 한 말과 권하는 일로 이해하면 된다. 그러므로 나를 알지 못한다〔不我知〕는 말은 노자 당신이 한 말과 권하는 일을 사람들이 알지 못한다는 말씀으로 새길 수 있다. 우리 모두 무(無)라는 것만 알면 노자가 『노자』라는 책에 숨겨 놓은 것들을 쉽사리 알아낼 수 있을 것이다. 하지만 무를 알기란 매우 어렵다. 무를 알자면 맨 먼저 욕(欲)을 모두 버려야 하는 까닭이다. 하여튼 도·덕·무는 노자의 금고를 여는 비밀번호임에 틀림없다.

### 성인피갈회옥(聖人被褐懷玉)

 나를 알아보는 사람이 매우 적다면 그만큼 나라고 하는 것은 귀한 셈이다〔知我者希則貴矣〕. 이러하므로〔是以〕 성인은 몸에 갈옷을 걸치고 가슴에 옥을 품는다〔聖人被褐懷玉〕. 지아자(知我者)는 노자의 말을 알아듣는 사람이다. 노자의 말을 알아듣는 사람의 수가 왜 적을까? 무(無)를 알고 터득해야 하는 까닭이다. 무라는 말의 종(宗)을 알고 군(君)을 알아야 하므로, 노자를 알아듣는 사람의 수는 있으나마나 할 정도라는 뜻이 곧 희(希)이다. 희하므로 오히려 노자의 말과 일은 귀중하다.

　이제 노자가 받드는 성인이 누구인지 알겠다. 도를 깨우치고 덕을 깨우쳐 무를 터득한 당사자가 곧 성인이다. 성인은 갈옷을 걸치고 마음 속에 옥(玉)을 품는다. 피갈(被褐)이란 견소(見素)이며 포박(抱樸)이다. 달리 말하자면 피갈은 자연을 따라 산다는 말이요 무위로 산다는 말이다. 마음에 간직함이 회(懷)이다. 여기서 옥(玉)이란 도덕·무위·자연이라 해도 되리라. 그러니 회옥(懷玉)의 옥은 할복장옥(割腹藏玉)의 옥이 아니다. 회옥의 옥은 무욕이지만 장옥(藏玉)의 옥은 탐욕일 뿐이다. 이 세상에 배를 갈라[割腹] 값비싼 보물을 감추고[藏玉] 살려다 자기를 죽이는 탐욕의 무리는 가을날 떨어지는 가랑잎만큼이나 많다. 나도 그런 가랑잎 중 하나려니 싶어져 민망할 뿐이다.

道德經 71

# 불병(不病)하라

**요지** 불병(不病)하라. 그러면 알아서 생기는 탈은 없다.

**내용** 알면서 알지 못하는 듯이 함은 상(上)이고, 알지 못하면서 아는 듯이 함은 병(病)이다. 대체로 오로지 병을 병으로 여긴다면 이는 병이 아니다. 성인이 병들지 않음은 병을 병으로 여기기 때문이다. 이러니 병들지 않는다.

【원문(原文)】

知不知上 不知知病 夫唯病病 是以不病 聖人之不病也 以其病病 是以不病

【해독(解讀)】

지(知)하되 부지(不知)함은 상(上)이고, 부지(不知)하되 지(知)함은 병(病)이다. 대체로 병(病)을 오로지 병(病)으로 여김으로써 병(病)이 아니다. 성인(聖人)의 불병(不病)은 그 병(病)을 병(病)으로 여기는 까닭에 병(病)이 아니다.

【담소(談笑)】

### 지부지상(知不知上) 부지지병(不知知病)

알면서 알지 못하는 듯이 함은 상이고〔知不知上〕, 알지 못하면서 아는 듯이 함은 병이다〔不知知病〕. 대체로 오로지 병을 병으로 여긴다면〔夫唯病病〕 이는 이미 병이 아니다〔是以不病〕.

지(知)를 일러 보조(普照)니 원명(圓明)이니 한다. 즉 골고루 다 비추어 보는 것〔普照〕과 치우침 없이 두루두루 밝히는 것〔圓明〕 둘 다 아는 것〔知〕을 뜻한다. 안다는 것은 걸림 없이 투명하게 통(通)함이다. 그래서 알면 통하고 모르면 막힌다. 보조나 원명은 맑고 투명해 걸릴 것도 없고 막힐 것도 없는 것이라 무엇보다 정직을 요구한다. 공자도 알면 안다 하고 모르면 모른다 하는 것이 지(知)라 했다. 그러므로 정직하게 관심(觀心)하면 알아서 탈이 되는 병을 면할 수 있다. 모르면서 아는 척하면 거짓부리가 된다. 이는 남을 속이기 전에 자기를 속이는 것이므로 자기가 자기를 도둑질한 셈이다. 도둑질하면서 자신이 도둑질하는지 모르는 것보다 더한 병은 없다.

### 성인지불병야(聖人之不病也) 이기병병(以其病病)

성인이 병들지 않음은〔聖人之不病也〕 병을 병으로 여기기 때문이다〔以其病病〕. 이리하여 병들지 않는다〔是以不病〕. 범인(凡人)은 몸에 든 병은 알면서 마음에 든 병은 모른다. 손톱 밑이 아픈 것은 당장 알면서도 심장이 곪는 것은 모른다. 그러나 성인은 몸에 든 병은 모를지라도 마음에 든 병은 당장에 안다. 손톱 밑 아픔은 몰라도 심장의 아픔은 당장 안다. 이러한 성인의 모습을 장자는 달어정(達於情)이라 했다. 여기서 정(情)은 참모습을 말한다. 정에 통달한 자가 곧 성인이다. 공자 역시 참모습을 직(直)이라 말했다. 그러니 정직을 떠난 지(知)는 없다. 거짓 하나 없이 내 마음이 맑고 깨끗해야 앎〔知〕이 참모습〔情〕을 띤다. 참이어야 병이 아니다.

道德經 72

# 외위(畏威)하라

**요지** 외위(畏威)하라. 그러면 온 세상이 조용하고 편하다.

**내용** 백성이 죄를 두려워하지 않으면 커다란 죄로 이어지니 처신을 좁게 하지 말고 삶을 싫어하지 말아야 한다. 대저 오로지 버리지 않는지라 이리하여 버리지 않는다. 이로써 성인은 자신을 알면서도 자신을 드러내지 않으며 자기를 소중히 하면서도 스스로를 귀하게 하지 않는다. 그러므로 자기를 드러내며 귀하게 하기를 버리고, 자기를 살펴 알고 자기를 소중히 하기를 취한다.

【원문(原文)】

民不畏威 則大威至 無狹其所居 無厭其所生 夫唯不厭 是以不厭 是以聖人自知不自見 自愛不自貴 故去彼取此

【해독(解讀)】

민(民)이 위(威)를 외(畏)하지 않으면 대위(大威)가 지(至)하는지라 기거(其居)하는 바(所)를 협(狹)하게 말 것이며, 기생(其生)하는 바를 염(厭)하지 말 것이다. 대체로 오직 염(厭)치 않으므로 염(厭)하지 않는다. 시이(是以)로 성인(聖人)은 자지(自知)하나 자현(自見)치 않고 자애(自愛)하되 자귀(自貴)치 않는다. 고(故)로 피(彼)를 버리고 차(此)를 취(取)한다.

【담소(談笑)】

민불외위즉대위지(民不畏威則大威至)

백성이 죄를 두려워하지 않으면 커다란 죄로 이어지므로〔民不畏威則大威至〕 처신을 좁게 하지 말며〔無狹其所居〕 삶을 싫어하지 말아야 한다〔無厭其所生〕. 대저 오로지 버리지 않는지라〔夫唯不厭〕 이리하여 버리지 않는다〔是以不厭〕.

위(威)는 여기서 죄를 뜻하니 대위(大威)는 대죄(大罪)이다. 죄는 사람이 해야 할 바를 어기는 짓이고 대죄는 하늘이 하라는 바를 어기는 짓이다. 바늘도둑이 소도둑 된다는 속담을 생각해 보라. 사람을 속여먹는 짓을 두려워하지 않으면 이내 간이 커져 사람 죽이는 짓도 마다하지 않는 것이 죄를 짓는 인간들이다. 그러므로 작은 죄라도 두려워하고 무서워하지 않으면 결국 사람 잡는 큰 죄를 짓게 된다. 전란(戰亂)이야말로 대죄이다. 대죄는 천벌을 받는다.

   소기거(所其居)는 처신(處身)하는 바를 말한다. 처신은 마음을 둔다는 말이다. 마음 두기를 좁게 하지 말라 함이 무협(無狹)이다. 코 앞만 보고 멀리 보지 못하는 마음가짐을 일러 협심(狹心)이라 한다. 저만 알고 남은 몰라라 하는 마음가짐이 곧 소인배의 협심이다. 협심은 천(賤)을 싫어하고 귀(貴)를 좋아한다. 쓰면 뱉고 달면 삼킨다 하지 않는가. 그러나 성인은 귀천을 따지지 않는다. 성인은 쓰든 달든 한결같이 대한다. 그러니 귀천만 가리지 않아도 죄를 범하지 않을 수 있다.

   소기생(所其生)은 생존하는 바를 말한다. 염(厭)은 기(棄)이다. 버린다는 것이 염기(厭棄)이다. 자살하는 짓이 곧 생을 염하는 짓이다. 목숨을 버리는 짓보다 더 큰 대죄는 없다. 게으르고 삼갈 줄 모르거나 탐욕에 사로잡혀 애를 끓이는 짓이 곧 삶을 버리는 짓이다. 잘살자고 하는 짓이 죽는 짓이 되는 경우가 바로 염소생(厭所生)이다. 그러니 빈부만 가리지 않아도 목숨을 버리는 죄를 범하지 않을 수 있다.

   불염(不厭)은 버리지 않는다 함이다. 가난한 삶이어도 삶을 버리지 않고 부유한 삶이어도 삶을 버리지 않는다 함이 여기서의 불염이다. 삶이 가난하다 하여 도둑질을 하면 삶을 버리는 셈이고, 삶이 부유하다 하여 낭비와 만용에 빠진다면 그 또한 삶을 버리는 꼴이다. 삶이 어떤 지경이든 그 삶을 소중히 하여 목숨을 버리지 않으면 목숨을 물려준 부모의 은혜를 갚는다.

**성인자지부자현(聖人自知不自見) 자애부자귀(自愛不自貴)**

이로써〔是以〕 성인은 자신을 알면서도 자신을 드러내지 않으며〔聖人自知不自見〕 자기를 소중히 하면서도 스스로를 귀하게 하지 않는다〔自愛不自貴〕. 그러므로〔故〕 자기를 드러내고〔自見〕 자기를 귀하게 하기〔自貴〕를 버리고 자기를 살펴 알고〔自知〕 자기를 소중히 하기〔自愛〕를 취한다〔去彼取此〕.

자기를 알라 함이 자지(自知)이다. 그러면 부끄러워할 줄 알게 된다. 이럴 줄 알면 뉘우칠 줄도 안다. 뉘우칠 줄 아는 사람은 삼가고 신중하다. 겸허하고 수수한 사람은 제 자랑을 하지 않는다. 제 자랑하고 과시하며 남을 얕잡아 보고 허세부리는 꼬락서니를 일러 자현(自見)이라 한다. 잘 익은 이삭은 고개를 숙인다. 뉘우칠 일이 없기를 바란다면 삼가 겸손하라. 이것이 부자현(不自見)에 숨어 있는 뜻이다.

자기를 소중히 하라 함이 자애(自愛)이다. 건방떨지 말라, 자중(自重)하라. 함부로 까불지 말라. 그러면 누가 나를 흉하고 험하게 할 것인가. 잘난 척하고 뽐내다가 욕먹고 멸시받는 것이야말로 자기를 망치는 일이다. 남이 나를 소중히 할 수 있는 게 아니다. 스스로 자신을 잘 간수해야 남이 나를 소중히 대해 주는 법이다. 목에 힘주는 인간, 억지로라도 대접을 받아 보려고 하는 인간은 왕자병이나 공주병에 걸린 얼간이들이다. 얼마나 너절하고 추한가. 남이 나를 귀하게 해야지 내가 나를 귀하다고 하면 조롱거리밖에 되지 않는다. 대접받고 싶은가? 그렇다면 먼저 대접해 주어야 한다. 이것이 부자귀(不自貴)에 숨어 있는 뜻이다.

道德經 73

# 천망(天網)을 알라

**요지** 천망(天網)을 알라. 그러면 모나지 않을 것이다.

**내용** 성급한 일에 용감하면 죽고, 과감치 않은 일에 용감하면 산다. 이 두 가지 태도는 이롭기도 하고 해롭기도 하여 세상 사람이 다 싫어하는 바이지만 어느 누가 그런 까닭을 알까. 이러하므로 성인도 이를 알기 어려운 것 같다. 하늘의 도는 다투지 않고서도 잘 이기고, 말하지 않고서도 저절로 응하며, 불러 대지 않아도 저절로 오고, 가만히 있어도 일을 잘 해낸다. 하늘의 그물코는 크고 넓어 성글지만 놓치는 것은 하나도 없다.

【원문(原文)】

勇於敢則殺 勇於不敢則活 此兩者 或利或害 天下所惡 孰知其故 是以聖人猶難之 天之道 不爭而善勝 不言而自應 不召而自來 繟然而善謀 天網恢恢 疎而不失

【해독(解讀)】

감(敢)해서 용(勇)한 즉(則) 살(殺)하고 불감(不敢)해서 용(勇)한 즉(則) 활(活)한다. 차(此) 양자(兩者)는 혹리(或利)하고 혹해(或害)하여 천하(天下)가 소오(所惡)하거늘 기고(其故)를 숙지(孰知)할까. 시이(是以)로 성인(聖人)은 유난지(猶難之)한다. 천(天)의 도(道)는 부쟁(不爭)해도 선승(善勝)하고 불언(不言)해도 자응(自應)하고 불소(不召)해도 자래(自來)하며 천연(繟然)해도 선모(善謀)한다. 천망(天網)은 회회(恢恢)하여 소(疎)해도 불실(不失)한다.

【담소(談笑)】

**용어감즉살(勇於敢則殺) 용어불감즉활(勇於不敢則活)**
 성급한 일에 용감하면 죽고〔勇於敢則殺〕, 과감치 않은 일에 용감하면 산다〔勇於不敢則活〕. 이 두 가지 태도는 이롭기도 하고 해롭기도 하여〔此兩者或利或害〕 세상 사람이 다 싫어하는 바이지만〔天下所惡〕 어느 누가 그런 까닭을 알까〔孰知其故〕. 이러하므로〔是以〕 성인도 이를 알기 어려운 것 같다〔聖人猶難之〕.

용감(勇敢)하다. 이는 서슴없이 앞선다는 말이다. 어떤 일을 당하여 한쪽만 알고 여러 다른 쪽을 무시해 버리려는 마음가짐이 감(敢)이다. 하나만 알고 둘은 몰라 서슴없이 하려는 마음가짐이 감이다. 그러나 모든 일에는 선악(善惡)과 안위(安危)가 있게 마련이다.

의(義)라 해서 다 의는 아니다. 군자의 의는 선(善)이고 안(安)이지만, 깡패나 도둑 따위의 의는 악(惡)이요 위(危)라고 할 수 있다. 군자는 남을 먼저 생각한다. 이런 마음가짐을 일러 착하다 하고 어질다 하고 바르다 한다. 소인은 저만 생각하고 남은 몰라라 한다. 이런 마음가짐을 일러 악하다 하고 모질다 하고 틀리다 한다. 그래서 군자가 용감하면 선하고 소인이 용감하면 악하다는 것이다.

안위와 선악을 따져 보고 난 다음의 마음가짐이 불감(不敢)이다. 선하면 서슴없이 앞서고 악하면 서슴없이 물러나 팽개치는 마음가짐이 불감이다. 과감치 않은 일은 사려 깊게 따져 본 뒤에 행하는 일이다. 선악을 따져 선하면 과감하게 앞장선다. 이는 노자가 보물로 치는 불감위선(不敢爲先)이다. 경솔하게 앞장서지 않고 사려 깊게 따져 본 다음 물러날 일이면 물러나고 앞장설 일이면 앞장선다는 말이다. 그러나 이런 까닭을 어느 누가 알까? 왜 노자가 이런 물음을 던지는가? 아마도 세상에 군자는 없고 소인배만 득실거리기 때문이 아니겠는가. 그러므로 성인도 감(敢)이냐 불감(不敢)이냐를 밝혀 용(勇)하기 어려워한다.

### 천망회회(天網恢恢) 소이불실(疎而不失)

하늘의 도는〔天之道〕다투지 않고서도 잘 이기고〔不爭而善勝〕말하지 않고서도 저절로 응하며〔不言而自應〕불러 대지 않아도 저절로 오고〔不召而自來〕가만히 있어도 일을 잘 해낸다〔繟然而善

謀]. 하늘의 그물은 그물코가 크고 넓지만[天網恢恢] 하나도 놓치질 않는다[疎而不失].

다투지 않는다[不爭]. 이러면 무위(無爲)이다. 이기려고 다툰다. 이러면 유위(有爲)이다. 시비를 가리자고 말을 걸지 않는다[不言]. 이러면 무위이다. 시비를 따져 가리자고 말을 건다. 이러면 유위이다. 내 편 네 편을 가르지 않는다[不召]. 이러면 무위이다. 편을 갈라 모이기도 하고 헤어지기도 한다. 이러면 유위이다. 천(天)이란 무엇인가? 무위를 행하는 것을 천이라 한다[無爲爲之爲天]고 장자는 말했다. 이는 소원(所願)하는 바가 따로 없다는 말이다.

소원하는 바가 없으면 걸릴 바가 없다. 걸릴 바가 없으면 자유롭다. 그저 마냥 즐겁고 자유롭다는 것이 곧 무위이다. 이런 무위를 일러 천(天)이라 한다. 천연(繟然)이야말로 무위의 모습이다. 원하는 것이 하나도 없는 그대로의 모습이 천연이다. 바라는 바가 없다 함은 욕심이 없다 함이다. 욕심 없이 일하는데 안 될 일이 없고 하는 일마다 잘 되기 마련이다. 선모(善謀)란 욕심이 없어 하는 일마다 잘 된다는 말이다.

그러나 인(人)은 소원하는 바가 너무나 많다는 말도 된다. 소원하는 것들이 많으니 마음이 편할 수 없다. 이리 걸리고 저리 걸리다 보니 마음이 헷갈린다. 그래서 시비가 일고 불편하고 불안한 마음이 엄습한다. 마음을 불편하게 하는 것을 일러 유위라 한다. 이런 유위를 일러 인(人)이라 한다. 자유가 무위이고 천(天)이다. 부자유는 유위이고 인이다.

천망(天網). 하늘의 그물이란 말이다. 하늘을 그물로 비유한 셈이다. 여기서 하늘이란 목숨을 내는 도라고 여기면 된다. 도의 모습을 들어 허(虛)라고도 한다. 허라는 그물 속에 온 우주가 들어 있다고 상상해 보라. 두보(杜甫)는 일월(日月)을 일러 조롱(鳥籠)

속에 든 새라고 했는데, 어쩌면 노자의 천망(天網)이란 말에서 얻어 낸 시상일지도 모를 일이다.

　천망이 넉넉히 넓어[恢恢] 성글다[疎]. 허(虛)를 상상하면 천망의 이미지를 짐작할 수 있다. 노자는 천망(天網)이라 했고 장자는 천방(天放)이라 했다. 허는 우주가 있는 집인데, 그 집에는 내외(內外)·상하(上下)·좌우(左右)·시간(時間)이 없다. 그러니 허는 우리가 말하는 공간이 아니라 우주 삼라만상을 낳은 도의 모습인 셈이다.

　천지(天地)라고 할 때의 지(地)는 우리가 사는 땅덩이로 보아도 될 것이다. 그러나 천(天)은 우리 머리 위의 허공을 뜻하는 것이 아니라 도의 다른 말로 해석해야 한다. 노자는 그 도를 천이니 현빈(玄牝)이니 탁약(槖籥)이니 대상(大象)이니 등등 여러 가지로 비유하였다. 천망 역시 도를 비유한 말인데 무엇이든 이런 천망을 벗어나 있을 것은 없다.

　천망의 그물코가 비록 성글지만 잃는 것이 없다고 함은 결국 무위를 말하는 셈이다. 다툴 일이 있는가? 다투면 유위에 걸린 셈이고 다툼을 버리면 무위를 행한 셈이다. 이처럼 부쟁(不爭)·불언(不言)·불소(不召)등이 다 천언(繟然)함이다. 천연은 무위를 말한다. 회회(恢恢)하고 소(疎)하나 잃지 않는다[不失] 함은 천망이라는 무위의 이미지이다.

道德經 74

# 사살(司殺)을 알라

**요지** 사살(司殺)을 알라. 그러면 하늘이 벌하는 이치를 안다.

**내용** 백성이 항상 죽음을 두려워하지 않거늘 죽인다고 하여 어찌 그들을 두렵게 하겠는가. 만일 백성들로 하여금 항상 죽음을 두려워하도록 못된 짓을 일삼는 자가 있다면 나는 그런 자를 잡아다 죽일 수 있다. 그러나 누가 감히 그런 짓을 하겠는가? 항상 죽이는 일을 맡아서 하는 자가 있어 그 일을 할 것이다. 그러나 죽이는 일을 맡아 하는 자를 대신하여 죽이면, 이런 짓은 마치 목수를 대신하여 나무를 베는 일과 같다. 대개 목수를 대신하여 나무를 베는 짓을 하는 자치고 제 손을 다치지 않는 자가 없다.

【원문(原文)】

民常不畏死 奈何以死懼之 若使人常畏死 而爲奇
者 吾得執而殺之 孰敢 常有司殺者殺 而代司殺者殺
是謂代大匠斲者 夫代大匠斲者 希有不傷其手矣

【해독(解讀)】

민(民)이 항상 사(死)를 외(畏)하지 않거늘 어찌 사(死)로써 민을 구(懼)하게 하겠는가. 만일 인(人)으로 하여금 항상 사(死)를 외(畏)하게 하여 기(奇)를 하는 자(者)라면 내가 득집(得執)해 살(殺)할진대 누가 감(敢)히 하리요. 항상 사살자(司殺者)가 있어 살(殺)하리라. 사살자(司殺者)를 대(代)하여 살(殺)하면 이를 대장(大匠)을 대(代)하여 착(斲)함이라고 이르는지라 대장(大匠)을 대신해 착(斲)하는 자는 그 수(手)를 상(傷)하게 하지 않는 이가 희(希)하다.

【담소(談笑)】

민상불외사(民常不畏死)

백성이 항상 죽음을 두려워하지 않거늘〔民常不畏死〕 죽인다고 하여 백성을 어찌 두렵게 하겠는가〔奈何而思懼之〕. 만일 백성들로 하여금 항상 죽음을 두려워하도록 못된 짓을 일삼는 자가 있다면〔若使人畏死而爲奇者〕, 나는 그런 자를 잡아다 죽일 수 있다〔吾得執而殺之〕. 그러나 누가 감히 그런 짓을 하겠는가〔孰敢〕?

민(民)은 백성을 말한다. 백성은 다양한 인간 군상을 말한다.

착한 사람도 있고 악한 사람도 있는 것이 인간 군상이다. 그러나 백성은 선량하기를 바라지 폭군처럼 포악하기를 바라지 않는다. 그렇지만 학정(虐政)이 지나치면 백성도 분노하게 마련이다. 분노한 백성은 노도(怒濤)와 같아 악을 두려워하지 않게 된다. 죽기를 작정하면 무엇이 무섭겠는가.

죽인다고 협박하는 짓보다 더 괴상한 짓은 없다. 칼을 든 놈은 칼로 망하는 법이다. 그러므로 칼 든 놈을 벌하자고 나도 칼을 쓴다면 나 또한 칼로 망하게 마련이다. 그래서 노자는 못된 놈을 잡아서 죽일 수는 있겠지만, 그러면 노자 또한 살인자가 되는 셈이니 감히 하지 못할 짓이라고 말한다. 감히 어느 누가 사람을 죽이는 짓을 한단 말인가? 그렇게는 못하리라는 준엄한 뜻이 숙감(孰敢)이란 말 속에 숨어 있다. 또한 폭군은 천벌을 받게 마련이라는 뜻이 숙감이란 말 속에 감추어져 있다.

### 상유사살자살(常有司殺者殺)

항상 죽이는 일을 맡아 하는 자가 있어 죽이는 일을 할 것이다 〔常有司殺者殺〕. 그러나 죽이는 일을 맡아 하는 자를 대신하여 죽이면〔而代司殺者殺〕 이런 짓은 마치 목수를 대신하여 나무를 베는 짓과 같다〔是謂代大匠斲〕. 대개 목수를 대신하여 나무를 베는 짓을 하는 자치고〔夫代大匠斲者〕 제 손을 다치지 않는 자가 없다〔希有不傷其手矣〕.

죽음을 두려워하지 않는 자를 죽인다고 해서 형정(刑政)이 바로잡히는 것은 아니다. 폭군일수록 하늘을 팔며 목을 베어〔誅〕 벌하겠다고 백성을 두렵게 한다. 그런 폭군은 제 명대로 못 산다. 하늘이 할 일을 인간이 범하면 명대로 못 산다는 것이 곧 천벌(天罰)이다.

목숨대로 살다가 삶을 마감하는 죽음은 사(死)이지 살(殺)이 아니다. 인간이 생을 사로 처리할 수는 없다. 생이 사이고 사가 생인 생사상통(生死相通)은 인간이 할 수 없는 일이다. 생사를 왜 대사(大事)라 하는가? 천(天)만 할 수 있기 때문이다. 하늘 천(天)을 도라고 보면 무방하다.

생사를 주고 빼앗는 일〔生死與奪〕은 사람이 할 수 있는 일이 아니다. 오직 하늘만이 할 수 있다. 이런 까닭을 노자는 목수를 빌려 설명하고 있는 셈이다. 목수를 대신해 나무를 자르다 보면 제 손에 든 연장으로 인해 제 손을 상하게 된다는 노자의 비유를 잘 새겨들어라. 그런즉 인간이 인간의 목숨을 자를 수 없음을 알 수 있다. 이를 보건대 이미 노자는 사형제도의 폐지를 주장했던 셈이다. 죽이는 짓을 맡아 하는 자〔司殺者〕는 오로지 조물주밖에 없다. 사살자(司殺者)는 곧 사생자(司生者)이다. 노자도 여래(如來)처럼 살생하지 말라 했다. 하늘이 목숨을 준 것을 일러 생(生)이라 하고 하늘이 목숨을 거두어 가는 것을 일러 사(死)라 하는 것이 노자의 생사관이다. 사람의 입장에서는 생사가 둘이지만, 도의 입장에서는 생사가 하나다. 이제 생사여탈(生死與奪)의 여탈(與奪)이 왜 여일(如一)한지 알 만하다.

## 道德經 75

# 귀생(貴生)하라

**요지** 귀생(貴生)하라. 그러면 삶이 당당하고 의젓해진다.

**내용** 백성이 굶주리는 것은 지배층이 거두어들이는 세금이 과하기 때문이다. 이로써 백성이 굶주린다. 또 백성을 다스리기 어려운 것은 지배자가 억지를 부리기 때문이다. 이로써 백성을 다스리기 어렵다. 백성이 사(死)를 가볍게 여기는 것은 생(生)을 구하려는 데에만 후하기 때문이다. 이로써 사를 가볍게 여기는 것이다. 대체로 오직 삶으로써 무위(無爲)를 행하는 자는 생을 귀하게 하니 현명하다.

## 【원문(原文)】

民之飢以其上食稅之多 是以飢 民之難治以其上
之有爲 是以難治 民之輕死 以其求生之厚 是以輕死
夫唯無以生爲者 是賢於貴生

## 【해독(解讀)】

민(民)의 기(飢)는 기상(其上)의 식세(食稅)가 다(多)하기 때문이다. 시이(是以)로써 기(飢)한 것이다. 민(民)의 난치(難治)는 기상(其上)의 유위(有爲) 때문이다. 이로써 난치(難治)인 것이다. 민(民)이 사(死)를 경(輕)하게 여기는 것은 구생(求生)이 후(厚)하기 때문이다. 이로써 경사(輕死)인 것이다. 대체로 오로지 이생(以生)으로 무위(無爲)의 자(者)는 귀생(貴生)에 현(賢)하다.

## 【담소(談笑)】

### 민지기이기상식세다(民之飢以其上食稅多)

백성이 굶주리는 것은 지배층이 거두어들이는 세금이 과하기 때문이다〔民之飢以其上食稅多〕. 이로써 백성이 굶주린다〔是以飢〕. 여기서 민(民)은 지배를 받는 백성이고, 상(上)은 지배하는 쪽이다. 혈세(血稅) 탓으로 백성은 굶주린다. 지배층이 저만 잘먹고 잘입고 잘살자고 백성을 후려 피땀을 흘리게 하는 짓이 혈세이다. 식세지다(食稅之多)는 곧 혈세 따위를 말한다. 『주역』은 아래〔下〕에서 덜어내 위〔上〕에 보태는 짓을 일러 비(否)라 한다. 착취하는 짓도 비이다. 백성을 굶주리게 하면 하늘이 노하는 법이다.

그러므로 백성의 굶주림은 그 벌로 임금이 마시게 될 사약(賜藥)과 같다.

### 민지난치이기상지유위(民之難治以其上之有爲)

백성을 다스리기 어려운 것은 지배자가 억지를 부리기 때문이다〔民之難治以其上之有爲〕. 이로써 백성을 다스리기 어렵다〔是以難治〕. 지배자가 원하는 바에 따라 백성을 궁지로 몰면 백성은 힘이 부쳐 꾀를 부리다 결국 지배층을 속이게 된다. 지배층은 백성을 의심하고 백성은 지배층을 의심한다. 그렇듯 상하가 서로 막혀 뜻이 통할 수 없게 된다. 통하지 않고서는 상(上)이 하(下)를 다스리기 어렵다. 정치를 불신하는 세상을 난세(亂世)라 한다. 난세란 곧 백성을 다스리기 어려운 시대를 말한다. 난세로 이끄는 난치가 왜 생겨나는가? 치자가 과(過)한 짓을 범하는 까닭이다. 그 과함을 일러 유위(有爲)라 한다.

### 민지경사이기구생지후(民之輕死以其求生之厚)

백성이 사를 가볍게 여기는 것은 생을 구하려는 데만 후하기 때문이다〔民之輕死以其求生之厚〕. 이로써 사를 가볍게 여기는 것이다〔是以輕死〕.

생(生)만을 생각하여 영영 살 것처럼 생각하고 행동하면 이 또한 과하다 한다. 생만을 노리다 보면 남이야 어찌 되든 나만 살아나면 그만이라는 생각에 사로잡혀 모질며 고약해지고 만다. 이러다 보면 살자는 일이 곧 죽을 게 뻔한 일로 줄달음치게 된다. 잘 살자고 하던 일이 흉하게 어그러지는 꼴을 우리는 자주 본다. 생만을 노리다 험하게 죽는 꼴이야말로 사(死)를 가볍게 본 결과이다. 삶이 귀하듯 죽음도 귀한 줄 모르면 죽음은 저절로 험하고 흉해진다.

**무이생위자(無以生爲者) 시현어귀생(是賢於貴生)**

  대체로 오직 삶으로써 무위를 행하는 자는 생을 귀하게 하니 현명한 것이다〔夫唯無以生爲者是賢於貴生〕. 백성이나 지배층이나 생(生)이 귀하듯 사(死) 역시 귀하다는 이치를 터득하면, 세상이 어찌 난세(亂世)와 난치(難治)의 멍에를 쓰겠는가. 저마다 욕심이 과해 억지를 부리니 세상이 흉하고 험하게 되는 것이다.

  욕심을 버리면 저절로 원하는 바가 없어진다. 원하는 바가 없어지면 과할 이유가 없다. 과하지 않으면 억지를 부릴 이유가 없다. 순리대로 사는 것이 무위의 삶 아닌가. 내 욕심대로 살려고 발버둥치면 유위로 사는 셈이나, 욕심을 버리고 살면 절로 삶이 귀하게 된다. 귀생(貴生)은 귀신(貴身)과 같다. 몸을 귀하게 하면 절로 삶이 귀해진다. 억지를 부리다 감옥을 가면 몸도 천하게 되고 삶도 천해진다. 이는 다 나만 잘살면 된다는 욕심 탓이다. 그래서 자후(自厚)를 멀리하고 귀인(貴人)하라 했다.

  자후(自厚)란 스스로를 높이려는 어리석은 짓이다. 남을 높여라〔貴人〕. 그러면 남들이 저절로 나를 높여 준다. 나를 대접해 달라고 하는 그 순간 바로 나는 너절해지고 만다. 이 얼마나 어리석은가. 그러나 남을 대접할 줄 아는 이는 현명하다. 저절로 자신을 귀하게 하기 때문이다. 검소한 사람은 남에게 후하고 인색한 사람은 자신에게 후하다. 그래서 검소한 사람은 귀하고 인색한 사람은 천하다 하지 않는가. 이처럼 현명한 사람은 자신의 삶을 스스로 낮추어 귀하게 한다〔貴生〕.

道德經 76

# 유약(柔弱)하라

**요지** 유약(柔弱)하라. 그러면 어디서나 생기(生氣)가 넘친다.

**내용** 인간의 삶은 부드럽고 연약하나 인간의 죽음은 굳고 강하다. 초목의 삶은 부드럽고 나약하나 만물과 초목의 죽음은 야위고 말라 뻣뻣하다. 그러므로 굳고 강한 것은 죽음의 무리이고 부드럽고 연약한 것은 삶의 무리이다. 이렇듯 군사가 강하기만 하면 이기지 못하고, 나무가 강하기만 하면 부러진다. 굳고 강하면 죽고 부드럽고 약하면 산다.

【원문(原文)】

人之生也柔弱 其死也堅强 草木之生也弱脆 其死也枯槁 故 堅强者死之徒 柔弱者生之徒 是以强兵則不勝 木强則共 堅强居下 柔弱居上

【해독(解讀)】

인(人)이 생(生)하매 유약(柔弱)하고 기사(其死)하매 견강(堅强)하고 초목(草木)이 생(生)하매 유취(柔脆)하며 기사(其死)하매 고고(枯槁)하다. 그러므로 견강(堅强)이란 사(死)의 도(徒)이고 유약(柔弱)이란 생(生)의 도(徒)이다. 시이(是以)로 강병(强兵)이면 불승(不勝)하고 목강(木强)하면 공(共)한다. 견강(堅强)은 거하(居下)하고 유약(柔弱)은 거상(居上)한다.

【담소(談笑)】

견강자사지도(堅强者死之徒) 유약자생지도(柔弱者生之徒)

인간의 삶은 부드럽고 연약하며〔人之生柔弱〕 인간의 죽음은 굳고 강하다〔其死堅强〕. 초목의 삶은 부드럽고 나약하며〔草木之生柔脆〕 만물과 초목의 죽음은 야위고 말라 뻣뻣하다〔其死也枯槁〕. 그러므로 굳고 강한 것은 죽음의 무리이고〔堅强者死之徒〕 부드럽고 연약한 것은 삶의 무리이다〔柔弱者生之徒〕.

유약(柔弱)은 본래 봄과 여름의 기(氣)를 말한다. 봄과 여름의 기를 생기(生氣)라 한다. 생기는 싱싱하게 살게 하는 기운이다. 부드러운 살결을 보라. 조금만 딱딱한 것에 스쳐도 상처를 입는다. 거칠고 굳고 단단한 흙을 헤치고 올라오는 새순을 보라. 얼마나 연약하고 부드러운가. 목숨이 있는 것이면 이처럼 그 삶이 부드럽고 연약하다.

견강(堅强)은 가을과 겨울의 기(氣)를 말한다. 봄과 여름이 삶이라면 가을과 겨울은 죽음에 해당한다. 연약하고 부드럽던 잎새가 거칠고 딱딱하게 낙엽이 된 것을 보라. 낙엽은 무성하던 잎새의 주검이다. 부드럽고 따뜻하던 살결이 죽음을 맞아 딱딱하고 싸늘하게 굳은 주검이 된 것을 보라. 메말라 죽어 버린 고목과 다를 바 없다. 목숨이 떠난 것이면 이처럼 그 죽음은 굳고 딱딱하다. 그러니 연약하면 죽고 굳세고 강해야 살 수 있다고 착각하지 말라. 왜냐하면 삶은 본래 유약하고 죽음은 본래 강강(强剛)하기 때문이다.

### 견강거하(堅强居下) 유약거상(柔弱居上)

이로써〔是以〕 군사가 강하기만 하면 이기지 못하고〔兵强則不勝〕 나무가 강하기만 하면 부러진다〔木强則共〕. 굳고 강하면 죽고〔堅强居下〕 부드럽고 약하면 산다〔柔弱居上〕. 무쇠는 단단해서 강하다. 물은 부드러워 약하다. 그러나 강한 탓으로 무쇠는 부러지지만 물은 부드럽기 때문에 부러지거나 조각나지 않는다. 강하기만을 바라는 군사는 무쇠와 같아, 강해야 할 때는 강하고 약해야 할 때는 약할 줄 아는 군사를 만나면 패하고 만다. 강풍은 큰 나뭇등걸은 뿌리째 뽑을 수 있어도 가늘고 약한 버들가지는 자르지 못한다.

목강즉공(木强則共)의 공(共)은 여기서 공(拱)으로 통한다. 즉 두 손으로 분질러 버리는 모습을 생각하면 된다. 거하(居下)는 아래에 있음이니 땅 속에 묻혔다는 뜻이고, 거상(居上)은 위에 있음이니 땅 위에 있다는 뜻이다. 그러니 거하는 죽었다는 말이고 거상은 살아 있다는 말이다. 그러나 굳고 세면 죽고, 부드럽고 약하면 산다는 노자의 말을 알아들을 수 있는 사람이 몇이나 될까? 저마다 강하기만을 바라고 약하기를 꺼리는 세상에서 노자의 말은 항상 우리네 성망(誠忘)을 일깨워 준다. 성망은 장자가 한 말로, 잊어야 하는 것은 잊지 않고 잊어서는 안 되는 것은 잊어버리는 것을 말한다. 참으로 우리는 성망의 무리들이다. 그래서 살자고 하는 게 도리어 우리를 죽음으로 내몰고 마는 경우도 마다하지 않는다. 평화를 위해 전쟁을 한다는 말을 거침없이 하는 게 인간이다. 이 얼마나 어처구니없는 일인가.

 노자는 우리네 뒤통수를 치며 미련한 착각에서 깨어나라고 한다. 마치 선사(禪師)가 정신 나간 놈을 방망이로 이마를 때려 혼내듯이, 노자도 우리네 정수리를 내리쳐 정신을 차리게 한다. 따지고 보면 선사가 깨우치라고 하는 심(心)이나 노자가 말하는 도(道)는 닮은 데가 많다. 심은 불이(不二)라 하고 도는 위일(爲一)이라 하니 말은 다르나 의미는 같은 길이다. 둘로 갈라 분별하고 차별해 귀천이니 존비니 시비니 싸움질을 일삼기 때문에, 인간은 강은 택하고 약은 버리려 한다. 강해야만 사는 줄 알고 그저 강해지려고만 발버둥친다. 사실은 그렇게 발버둥치면 칠수록 죽음의 늪으로 가는 줄을 인간은 모른다. 이 얼마나 어처구니없는 일인가.

道德經 77

# 현현(見賢) 말라

**요지** 현현(見賢) 말라. 그러면 항상 자연스럽다.

**내용** 천도(天道)는 활을 메우는 것과 같다. 활을 메울 때는 높은 데를 내리누르고 낮은 데를 치켜올리며 긴 쪽을 줄이고 짧은 쪽을 끌어당긴다. 천도는 남는 것을 덜어내 부족한 것을 보충한다. 사람의 도는 그렇지 않고 부족한 것에서 덜어내 남는 것에다 바친다. 어느 누가 남는 것으로 천하를 받들어 모실까? 오로지 도를 깨친 자일 뿐이다. 이로써 성인은 위해 주되 기대하지 않고, 훌륭한 일을 이루어도 연연하지 않으며 현명함을 드러내려고 하지 않는다.

## 【원문(原文)】

　　天之道 其猶張弓乎 高者抑之 下者擧之 有餘者損之 不足者與之 天之道 損有餘 補不足 人之道則不然 損不足以奉有餘 孰能以有餘奉天下 唯有道者 是以 聖人爲而不恃 功成而不處 不欲見賢

## 【해독(解讀)】

천지도(天之道)는 장궁(張弓)과 유(猶)하다. 고자(高者)를 억지(抑之)하고 하자(下者)를 거지(擧之)하며, 유여자(有餘者)를 손지(損之)하고 부족자(不足者)를 여지(與之)한다. 천지도(天之道)는 유여(有餘)를 손(損)하여 부족(不足)을 보(補)하지만 인지도(人之道)라면 불연(不然)이어서 부족(不足)을 손(損)하여 유여(有餘)를 봉(奉)하려 한다. 숙(孰)이 능(能)히 유여(有餘)로써 천하(天下)를 봉(奉)할까? 오직 유도자(有道者)이다. 시이(是以)로 성인(聖人)은 위(爲)하되 불시(不恃)하고 공성(功成)하되 불처(不處)하며 현현(見賢)을 불욕(不欲)한다.

## 【담소(談笑)】

### 천지도기유장궁호(天之道其猶張弓乎)

천도(天道)는 활을 메우는 것과 같구나〔天之道其猶張弓乎〕. 활을 메울 때는 높은 데를 내리누르고〔高者抑之〕 낮은 데를 치켜올리며〔下者擧之〕, 긴 쪽을 줄이고〔有餘者損之〕 짧은 쪽을 끌어당긴다〔不足者與之〕. 천도는 남는 것을 덜어내 부족한 것을 보충한다

〔天之道損有餘而補不足〕. 활은 어느 한쪽으로 힘이 기울게 해서는 안 된다. 살을 날려 적중하게 하려면 활줄이 힘을 모아 주어야 하기 때문이다. 활줄이 평평하도록 활을 메워야 살을 날리는 힘도 평평하게 된다. 노자는 이러한 활을 비유해 하늘의 도〔天道〕를 말하고 있다.

천도는 한쪽으로 기울거나 치우치거나 처지는 짓을 허락하지 않는다. 높고 낮음이 그대로 있으면 불평(不平)이다. 천(天)은 불평을 평(平)이 되게 한다. 하늘은 평하게 하지만 인간은 불평하게 한다. 중용(中庸)이니 시중(時中)이니 중도(中道)니 중관(中觀)이니 적중(的中)이니 하는 어려운 말들이 모두 평을 말한다. 평은 고루 알맞다는 말이다. 편애(偏愛)하는가? 그렇다면 불평이다. 치우치는가? 이 또한 불평이다. 처지는가? 이 역시 불평이다. 천도는 차별하지 않는다. 귀천(貴賤)을 따지고 존비(尊卑)를 따지는 짓은 인간이 범하는 불평(不平)일 뿐이다.

천도는 평할 뿐이다. 고하(高下)든 상하(上下)든 평하게 한다. 위를 내리눌러 낮춘다. 이를 억지(抑之)라 한다. 그리고 아래를 들어올려 높인다. 이를 거지(擧之)라 한다. 유여자(猶如者)는 남는 것이고 부족자(不足者)는 모자라는 것이다. 남으면 덜어내는 것이 손지(損之)요 모자라면 보태는 것이 여지(與之)이다. 남든 모자라든 그대로 주면 불평(不平)이다. 그러나 남는 것을 덜어내 모자란 것을 보태 주면 불평은 평이 된다. 천도는 모든 것을 평하게 한다. 그러므로 억지와 거지가 공평해야 하고 손지와 여지가 또한 공평해야 한다. 공평하다 함은 곧 무사(無私)하다 함이다. 무사한가? 그렇다면 당신은 천도를 걷고 있는 셈이다.

### 손부족이봉유여(損不足以奉有餘)

사람의 도는 그렇지 않고〔人之道則不然〕 부족한 것에서 덜어내 남는 것에 바친다〔損不足以奉有餘〕. 어느 누가 남는 것으로 천하를 받들어 모시는가〔孰能以有餘奉天下〕? 오로지 도를 깨친 자일 뿐이다〔唯有道者〕. 이로써〔是以〕 성인은 위해 주되 기대하지 않고〔聖人爲而不恃〕 훌륭한 일을 이루어도 연연하지 않으며〔功成而不處〕 현명함을 드러내려고 하지도 않는다〔不欲見賢〕.

천도(天道)는 평하고 인도(人道)는 불평하다. 인간은 한사코 평(平)을 버린다. 그래서 넘치고 모자라며 치우치고 기운다. 말하자면 인간은 억지(抑之)와 거지(擧之)를 하나 되게 못하고 손지(損之)와 여지(與之)를 하나 되게 못하는 것이다. 그래서 편애하고 차별하며, 귀천과 존비를 따져 치우치고 외곬으로 흐른다. 폭군(暴君)과 학정(虐政), 전쟁(戰爭)과 살육(殺戮) 등이 다 인도의 불평이 빚어 내는 것들이다.

손부족이봉유여(損不足以奉有餘). 부족한 것〔不足〕에서 덜어낸다〔損〕 하니 이 얼마나 치우치는 짓인가. 부족한 쪽에서 빼앗아다가 풍족한 쪽에 바치는〔奉有餘〕 것이니 치우친다 하는 게다. 있는 놈이 없는 놈을 등쳐 먹는 짓은 오직 인간만 할 줄 안다. 착취하고 착취당하는 인간이 있으니 피를 흘리고 다투며 목숨을 거는 일이 생긴다. 불평을 일삼는 무리를 일러 소인배라 한다. 소인배 탓으로 생긴 부익부(富益富) 빈익빈(貧益貧)의 불평이 세상을 난세로 몰아간다. 부자는 더욱 부자가 되고 가난뱅이는 더욱 가난해지는 불평보다 더한 것은 없다.

누가 남는 것을 덜어내 세상에 이바지하는가? 오로지 천도를 따르는 사람이다. 그를 일러 성인이라고 노자는 단언한다. 여기서 남는 것을 덜어낸다 함은 빼앗는 짓을 하지 않는다 함이다. 남의 것을 빼앗지 않고 내 것을 아껴 남기는 것이 유여(有餘)가 아닌가. 남는 것을 덜어내기 위해서 반드시 부자가 되어야 하는 것은 아니다. 부자가 더 무섭고 인색하다는 말은 인색하게 굴어서 부자가 된다는 말이다.

베풀어라〔爲〕. 그러면서도 대가를 바라지 않으면 성인답다. 베풀었다 하여 대가를 바라는 짓은 소인배가 하는 짓이다. 위선(僞善)이란 곧 소인배의 속셈이다.

공치사를 하면 소인배요 연연하지 않으면 성인을 닮는다. 연연하지 않는다〔不處〕. 그러면 의젓하다. 그러나 업적을 빙자해서 제 몫을 챙긴다면, 도적들이 훔친 것을 나누는 것과 다를 게 없다. 소인배는 되로 주고 말로 받아 제 몫을 챙기려고 혈안이다. 그래서 소인배를 더럽고 추하다 하는 것이다.

현명함을 드러내려 하지 않는다. 이는 성인이 아니고서는 못하는 일이다. 왼손이 하는 일을 오른손이 모르게 하라 하지만 소인은 절대로 그렇게는 못한다. 자신을 과시하지 않으면 좀이 쑤셔 못 견디는 것이 소인배 아닌가. 소인배는 저마다 제 자랑을 해야 하므로 서로 어울리지 못하고 시샘하며 눈치를 보고 노리는 짓거리를 마다 않는다. 현(賢)을 드러내지 말라〔不見賢〕. 그러면 곧장 당신도 성인이다.

이미 노자는 부자현(不自見)·부자시(不自是)·부자벌(不自伐)·부자긍(不自矜) 등이 성인의 품질(稟質)임을 밝혔다. 이러한 품질들을 한 마디로 말하면 불현현(不見賢)이다. 자기가 현명하다고 제 자랑하는 사람은 전혀 현명하지 못한 얼간이에 불과하다.

잘난 척하지 않는다〔不自見〕. 그러면 성인답다. 자기만 옳다 하지 않는다〔不自是〕. 그러면 성인답다. 제 자랑하지 않는다〔不自伐〕. 그러면 성인답다. 건방떨지 않는다〔自矜〕. 그러면 성인답다. 이제 성인이 걷는 천도(天道)가 어떤 길인지 새길 만하고 소인이 걷는 인도(人道)가 얼마나 옹색한지 알 만하다.

道德經 78

# 정언(正言)을 알라

**요지** 정언(正言)을 알라. 그러면 패배(敗北)란 없다.

**내용** 세상에서 물보다 더 부드럽고 약한 것은 없다. 그렇지만 견고하고 강한 것을 물리치는 데 물보다 더 나은 것은 없다. 그러므로 성인은 이렇게 말한다. '한 나라의 치욕을 받아들이는 자를 일러 나라의 군주라 하고, 한 나라의 불행을 받아들이는 자를 일러 세상의 임금이라고 한다.' 그래서 정당하고 바른말이 틀리는 말처럼 들린다.

【원문(原文)】

天下柔弱莫過於水 而攻牽强者 莫之能勝 其無以易之 故 柔勝剛 弱勝强 天下莫不知 天下莫能行 故聖人云受國之垢 是謂社稷主 受國之不祥 是謂天下王 正言若反

【해독(解讀)】

천하(天下)의 유약(柔弱)이 수(水)보다 더한 것이 없다. 그런데도 견강(堅强)한 것을 공(攻)하여 능(能)히 견강(堅强)을 승(勝)할 수 있는 것으로 수(水)를 대신할 것이 없다. 고(故)로 유(柔)가 강(剛)을 승(勝)하고 약(弱)이 강(强)을 승(勝)함을 천하(天下)가 막부지(莫不知)하면서도 천하가 막능행(莫能行)한다. 고(故)로 성인(聖人)이 운(云)하되 국(國)의 구(垢)를 수(受)함을 일러 사직(社稷)의 주(主)라 하고 국(國)의 불상(不祥)을 수(受)함을 일러 천하(天下)의 왕(王)이라 하니 정언(正言)은 약반(若反)이다.

【담소(談笑)】

### 천하유약막과어수(天下柔弱莫過於水)

세상에서 물보다 더 부드럽고 약한 것은 없다〔天下柔弱莫過於水〕. 그러함에도 견고하고 강한 것을 물리치는 것에 물보다 더 나은 것은 없다〔而攻堅强者莫之能勝〕. 그렇게 하는 것에 물을 대신할 만한 것이라곤 없다〔其無以易之〕.

노자가 유약(柔弱)과 견강(堅强)을 비교하려고 하는 것은 아니다. 세상 사람들(衆人)이 비교하기를 좋아하면서 견강이 유약을 이긴다고 확신하고 주장하는데, 다만 그러한 확신과 주장이 착각임을 깨우치기 바랄 뿐이다. 장자도 같은 생각이어서 태산은 작고 가을 하늘에 날리는 깃털은 크다고 했다. 상식을 뒤집고 나면 미처 몰랐던 이치를 발견하게 된다.

천도(天道)는 무엇이든 비교하지 않는다. 모든 것은 자연이라 스스로 그냥 있을 뿐이다. 이것과 저것을 비교해서 차별하고 귀천을 따지거나 승패를 따지는 짓은 인간이나 할 뿐이다. 그러므로 부드럽고 연약한 것(柔弱)이 단단하고 강한 것(堅强)을 이긴다는 노자의 말은, 우리네 착각을 버리라는 말이지 천도가 유약과 견강을 승패로 따져 분별한다는 의미는 아니다. 자연에는 차별이 없으므로 승패도 없고 귀천도 없고 선악도 없다. 잔잔한 물은 좋다 하고 성난 홍수는 싫다 하는 것은 인간의 짓일 뿐, 자연은 좋은 물 나쁜 물로 나누지 않는다. 다시 말하지만 노자는 차별하고 분별하여 이기면 좋고 지면 나쁘다고 확신하는 인간의 편견을 뒤집고 싶어할 뿐이다.

### 유승강(柔勝剛) 약승강(弱勝强)

그러므로(故) 부드러운 것이 단단한 것을 이기고(柔勝剛) 약한 것이 강한 것을 이긴다(弱勝强)는 것을 세상 사람들이 모를 리 없지만(天下莫不知) 실천을 하시 못한다(天下莫能行). 생(生)은 유약하고 사(死)는 견강하다는 말을 기억할 것이다. 사람은 누구나 생을 좋아하고 사를 싫어한다. 동시에 사람은 누구나 이기는 것(勝)을 좋아하고 지는 것(敗)을 싫어한다. 사람은 누구나 살기를 바라지 죽기를 바라지 않는다. 그러니 사람은 저마다 삶이 죽음을 이긴다(生勝死)고 확신하면서도 유약이 견강을 이긴다고 하면 틀렸다고 하는 게다. 견강(堅强)이 죽음이란 것을 모르고 그저 삶인 줄로 알고 발버둥친다. 그래서 살자고 한 일이 죽는 일이 되는 경우가 인간사에 허다하다.

  노자는 생(生)을 유약하다 하고 사(死)를 견강하다 하지만, 사람들은 사를 무시해 버리고 생만은 견강해야 한다고 집착한다. 그래서 물처럼 유약하기를 바라지 않고 무쇠처럼 견강하기만을 고집하다 깨지고 부서지는 것이다. 강한 것이 약한 것을 이긴다 믿는 것이 곧 인위(人爲)라는 인간의 억지이다.

  무위(無爲)가 물 같다면 인위는 무쇠 같다. 물방울이 바위를 뚫어 구멍을 낸다는 사실을 누구나 다 알 것이다. 그러나 인간은 유약한 물방울이 되기를 마다하고 한사코 견강한 바위가 되기를 바란다. 그래서 노자는 세상 사람들이 이치를 알면서도 실제로는 그것을 행하지 않는다고 꼬집는다. 이러한 노자의 지적을 부정하며 당당히 맞설 사람은 없다.

### 정언약반(正言若反)

  그러므로〔故〕 성인은 이렇게 말한다〔聖人云〕. '한 나라의 치욕을 받아들이는 자를 일러 나라의 군주라 하고〔受國之垢是謂社稷主〕 한 나라의 불행을 받아들이는 자를 일러 세상의 임금이라고 한다〔受國之不祥是謂天下王〕.' 그래서 정당하고 바른말이 틀리는 말처럼 들린다〔正言若反〕.

  구(垢)는 추하고 더러운 것을 말한다. 불효와 패륜(悖倫), 부정과 부패, 사기와 절도, 강간과 치사(致死) 등 이 모든 사악한 짓들이 다 나라를 더럽고 추하게 한다. 나라를 더럽게 하고 추하게 하는 온갖 부덕(不德)을 피하지 않고 자기의 몫으로 받아들여야 임금도 되고 대통령도 된다. 나라가 잘못된다 해서 그것을 백성의 탓으로 돌리는 치자(治者)는 천하에 못난 사람이다. 임금의 자리는 허물을 뒤집어쓰는 자리임을 잊지 말라 함이 노자의 정언(正言)이다.

道德經 79

# 무친(無親)하라

**요지** 무친(無親)하라. 그러면 누구나 후덕(厚德)하다.

**내용** 크나큰 원한을 화해한다 해도 그 앙금은 반드시 남게 마련인데 어찌 좋게 잘 되었다고 하겠는가. 이로써 성인은 빚 받을 문서를 갖고서도 빚진 사람에게 갚으라고 독촉하지 않는다. 그러므로 덕을 베풀면 서로의 마음이 저절로 맞춰지고 덕을 베풀지 않으면 서로의 마음이 억지로 맞춰진다. 천도(天道)는 사사로움이 없는지라 항상 선한 사람의 편이 된다.

## 【원문(原文)】

和大怨 必有餘怨 安可以爲善 是以聖人執左契 而不責於人 故 有德司契 無德司徹 天道無親 常與善人

## 【해독(解讀)】

대원(大怨)을 화(和)하면 필유(必有) 여원(餘怨)하는데 어찌 가이(可以) 위선(爲善)이겠나. 시이(是以)로 성인(聖人)은 좌계(左契)를 집(執)하되 인(人)에게 불책(不責)한다. 고(故)로 유덕(有德)은 사계(司契)하고 무덕(無德)은 사철(司徹)한다. 천도(天道)는 무친(無親)이라 항상 선인(善人)을 여(與)한다.

## 【담소(談笑)】

### 화대원필유여원(和大怨必有餘怨)

크나큰 원한을 화해한다 해도 그 앙금은 반드시 남게 마련인데〔和大怨必有餘怨〕어찌 좋게 잘 되었다고 하겠는가〔安可以爲善〕. 이미 원(怨)을 냈다면 마음에 서로 상처를 입힌 셈이다. 곧 인위(人爲)의 상처를 입었다는 밀이나. 남의 마음에 상처를 내면 남도 내 마음에 상처를 내려 한다. 이런 앙갚음이 곧 원(怨)이다. 상처를 내면 비록 상처가 완전히 낫는다 해도 흉터는 남는다. 그 흉터가 곧 잊지 못하는 아픔, 즉 여원(餘怨)이다. 여원은 한(恨)이 되게 마련이다.

대원(大怨)은 마음을 몹시 아프게 하여 큰 상처를 낸다. 큰 상처는 그만큼 큰 흉터를 남긴다. 원(怨)이 남긴 상처의 흔적을 일러 한(恨)이라 한다. 그래서 무슨 일이 있어도 원을 짓지 말라는 게다. 마음에 상처를 내는 짓[怨]을 범하면 아무리 그 원을 푼다 한들 흉터가 남고 만다. 말하자면 원이 한이 되어 잊자 하면서도 그 아픔을 잊지 못하게 되는 것이 인간의 원한이 숨기고 있는 욕(欲)이다.

욕이란 바라는 바[所願]가 아닌가. 서로 원하는 대로 되지 않는다 하여 아옹다옹하다가 원을 짓는다. 그래서 소원이 크면 클수록 원도 쌓여 크게 된다. 쌓인 원은 한으로 맺힌다. 이런 원한을 짓지 않으려면 오로지 한 길밖에 없다. 그 길을 일러 무위(無爲)라 한다. 원한 없이 살고 싶은가? 그렇다면 무위로 살아야 한다. 노자가 이렇게 말한 이치를 다 알지만 실행하지 못하니 부끄러울 뿐이다.

### 성인집좌계(聖人執左契) 이불책어인(而不責於人)

이로써[是以] 성인은 빚 받을 문서를 갖고서도 빚진 사람에게 갚으라고 독촉하지 않는다[聖人執左契而不責於人].

물론 성인이 돈놀이하는 빚쟁이일 리 없다. 베풀되 뒤를 바라지 않으니 성인은 갚으란 말을 모른다. 베풀기만 할 뿐 대가를 바라지 않는다. 그래서 진정한 자유인을 일러 성인이라 한다. 성인이 좌계를 지니고 있다[聖人執左契]고 한 말은 단지 비유일 뿐이다. 돈을 빌려 준 사람이 갖는 문서를 좌계(左契)라 하고 빌려 간 사람이 갖는 문서를 우계(右契)라 한다. 종이가 없었던 시절, 대나무 조각에 채무관계를 쓴 다음 두 쪽으로 갈라 왼쪽[左契]은 채권자가 갖고 오른쪽[右契]은 채무자가 간직했다고 한다. 세상 사람들이 성인에게서 덕을 빌렸다 치면, 성인이 좌계를 간직한다는 비유는 참으로 안성맞춤이다.

성인은 자신이 후덕할 뿐 남에게 후덕하게 대하라고 강요하지 않는다. 자기를 드러내지 않고〔不自見〕, 자기가 옳다 하지 않으며〔不自是〕, 잘난 척하지 않는〔不自伐〕 사람이 곧 성인이다. 그래서 성인은 좋은 일을 베풀고서도 그것에 연연하지 않는다고 하지 않았던가.

### 유덕사계(有德司契) 무덕사철(無德司徹)

그러므로 덕을 베풀면 서로의 마음이 저절로 맞춰지고〔有德司契〕 덕을 베풀지 않으면 서로의 마음이 억지로 맞춰진다〔無德司徹〕. 유덕(有德)은 덕을 베푸는 마음가짐을 말한다. 후덕한 사람의 마음가짐이 곧 유덕인 셈이다. 무덕(無德)은 덕을 베풀지 않는 마음가짐이다. 부덕(不德)한 사람의 마음가짐 따위가 무덕인 셈이다. 성인은 항상 후덕하지만 소인은 부덕하면서 후덕한 것처럼 수작을 부린다.

유덕은 성인을 말하고 무덕은 소인배를 말한다. 소인배는 욕심이 있어서 이래라저래라 요구하지만, 성인은 욕심이 없으므로 그렇듯 요구하지 않는다. 성인은 무욕하므로 사람들로 하여금 저절로 변화하게 한다. 성인을 본받아 사람들은 후덕하게 스스로 변한다. 이를 자화(自化)라 한다. 자화를 노자의 말로 하면 무신(無身)이요 공자의 말로 하면 수신(修身)이며, 맹자의 말로 하면 수신(守身)이고 장자의 말로 하면 무기(無己)일러라. 소인배는 제 탐욕에 가려 자화하지 못한다. 그래서 서로 만나면 원을 쌓고 한을 맺는다.

성인은 사계(司契)한다. 이를 사계를 베푼다는 말로 새겨도 무방하다. 물론 사계란 계(契)를 맡는다〔司〕는 말이다. 계는 합(合)이고 사는 주(主)이다. 합을 주로 함이 곧 사계이다. 즉 마음을 서로 합해 하나 되게 한다는 말이다. 그러니 사계는 서로의 마음이 저절로 응하는 것이다. 서로 응하는데 무슨 원이 있겠는가. 베풀되 대가를 바라지 않는데 무슨 억울함이 있겠는가. 그러니 후덕하면 서로 마음을 감출 것이 없다.

소인은 사철(司徹)한다. 사철은 강요한다는 말로 새겨도 무방하다. 철(徹)은 철(轍)과 같다. 수레가 굴러가면 그 바퀴가 길바닥에 자국을 남긴다. 그 자국을 일러 철(轍)이라 하고, 길바닥이 수레바퀴에 눌려 억지로 난 자국을 일러 철(徹)이라 한다. 바퀴가 길바닥을 눌러 억지로 난 자국이 철(徹)인 셈이다. 이런 자국을 남기지 않고서는 수레가 나아갈 수 없다. 그래서 철(徹)은 통(通)이라 한다. 수레를 끌고 가는 사람은 빚쟁이로, 수레바퀴에 짓눌리는 길바닥은 빚을 갚아야 할 사람이라고 상상해 보라. 그러면 사철이란 말이 빚 갚으라고 강요하는 모습임을 알 수 있다. 원금에 턱없는 이자를 붙여 모두 갚으라고 강요하는 빚쟁이야말로 소인배를 잘 비유한 말이다.

유덕한가? 그렇다면 당신은 남에게 베풀 증서〔契〕만을 가진 셈이다. 무덕한가? 그렇다면 당신은 남에게 요구할 증서〔徹〕만을 가진 꼴이다. 악덕 사채업자란 말이 있다. 덕을 부정하고 무시하며 비웃고 냉소하는 짓거리가 악덕이다. 무덕을 넘어 악덕으로 치닫는 소인배를 격파하고자 노자가 천도를 절규했구나 싶다.

### 천도무친(天道無親) 상여선인(常與善人)

천도는 사사로움이 없는지라〔天道無親〕 항상 선한 사람의 편이 된다〔常與善人〕. 천도(天道)는 자연의 이치이다. 그 이치를 그냥 하늘이라고도 한다. 하늘이 무섭지 않느냐고 할 때 그 하늘이 곧 천도이다.

무신(無身)하라. 이는 무친(無親)하라 함이다. 무기(無己)하라. 이 또한 무친하라 함이다. 무친을 어렵게 생각할 것 없다. 팔이 안으로 굽는다며 자기는 이롭게 하고 남은 해롭게 하는 짓을 말라 함이 곧 무친이다. 공평하면 곧 무친이다. 무친이면 무사(無私)하다. 사(私)는 나를 이롭게 하고 남을 해롭게 하는 마음가짐이다. 사에 얽매이면 악인이 되고 만다. 그러나 사를 떠나 공평하여 남을 이롭게 하면 누구나 선인이 된다. 천도는 악인을 벌하고 선인의 편이 된다. 그러나 사람들은 천도를 모른 척한다. 하늘이 무서운 줄 알면서도 하늘을 노하게 하는 마음가짐을 버리지 못한다. 노자가 아무리 사욕(私欲)만 버리면 누구나 성인이 된다는 자연의 길〔天道〕을 설파해도 인간은 들은 척도 않으니 어쩔 수 없는 것이 인간인 모양이다.

道德經 80

# 불사(不徙)하라

**요지** 불사(不徙)하라. 그러면 고향이 따로 없다.

**내용** 작은 나라의 적은 백성에게 온갖 도구가 있게 하되 쓰지 않게 하고, 백성으로 하여금 죽음을 중하게 여기도록 하여 멀리 이사가 지 않게 하니 비록 배와 수레가 있어도 그것들을 타는 바가 없고, 비록 군대와 무기가 있어도 그것들을 배치하는 바가 없다. 백성으로 하여금 다시 자연으로 돌아가 살게 하고, 자연이 주는 음식을 달게 먹도록 하며, 자연이 주는 옷을 아름답게 입도록 하고, 자연이 주는 거처로 편안히 있도록 하며 자연의 풍속을 즐기게 한다. 그리하여 이웃나라와 서로 마주 보아 닭 우는 소리 개 짖는 소리가 들려도 백성은 늙어 죽을 때까지 서로 왔다갔다하지 않는다.

【원문(原文)】

> 小國寡民使有什伯之器而不用 使民重死以不遠徙
> 雖有舟車 無所乘之 雖有甲兵 無所陳之 使民複結繩
> 而用之 甘其食 安其居 樂其俗 隣國相望 鷄犬之音
> 相聞 民至老死 不相往來

【해독(解讀)】

소국(小國)의 과민(寡民)에게 십백(什伯)의 기(器)가 유(有)하게 하되 불용(不用)하게 하고, 민(民)으로 하여금 사(死)를 중(重)하게 하여 불원사(不遠徙)하게 하며, 주거(舟車)가 수유(雖有)해도 소승지(所乘之)가 무(無)하며, 갑병(甲兵)이 수유(雖有)해도 소진지(所陳之)가 무(無)하고, 민(民)으로 하여금 승(繩)을 복결(復結)하게 하여 용지(用之)하게 하고, 기식(其食)을 감(甘)하게 하며, 기복(其服)을 미(美)하게 하고, 기거(其居)를 안(安)하게 하며, 기속(其俗)을 낙(樂)하게 하여서 인국(隣國)이 상망(相望)하여 계견(鷄犬)의 음(音)이 상문하지만, 민(民)은 노사(老死)에 지(至)할 때까지 불상왕래(不相往來)한다.

【담소(談笑)】

**소국과민사유십백지기(小國寡民使有什伯之器) 이불용(而不用)**

작은 나라 적은 백성에게 온갖 도구가 있게 하되 쓰지 않게 하고〔小國寡民使有什伯之器而不用〕, 백성으로 하여금 죽음을 중하게 여기게 하여 멀리 이사가지 않게 하니〔使民重死而不遠徙〕, 비록 배와 수레가 있어도 그것들을 타는 바가 없고〔雖有舟車無所乘之〕, 비록 군대와 무기가 있어도 그것들을 배치하는 바가 없다〔雖有甲兵無所陣之〕.

나라가 작고 국민이 적으면 안정을 이루기 쉽다. 그렇다고 욕심을 한껏 부려 허세를 부리고 낭비하며 산다면 작은 나라 적은 국민이라 할지라도 안정은 쉽게 깨지고 만다. 그래서 온갖 도구가 갖추어져 있다 해도 이리저리 쓰지 않도록 하는 것이다. 쓰고 싶은 욕망이 없다면 온갖 도구가 갖추어져 있다 한들 없는 것이나 마찬가지이다. 십백(什伯)의 십(什)은 십(十)과 같고 백(伯)은 백(百)과 같으니 온갖 것들, 즉 다양하다는 말로 이해하면 된다. 문명의 이기(利器)가 많을수록 몸은 편할지 모르지만 마음은 불편해지기 마련이다. 마음 편히 살고 싶은가? 그러하다면 검박(儉樸)하게 살라.

죽음을 가볍게 여기면 인간은 잔인하고 모질어진다. 목숨을 내놓으면 겁날 게 없기 때문이다. 중사(重死)하라. 이는 죽음을 무겁게 여기면 삶이 절로 소중해진다는 말이다. 검소함과 소박함이 삶을 소중하게 한다. 사치와 허세, 낭비는 결국 삶을 천하게 하고 만다. 삶을 천하게 하면 죽음도 험하고 흉해지기 마련이다. 삶을 험하게 하는 짓을 일러 경사(輕死)라 한다. 그래서 죽음을 가볍게 여기지 말라 하는 것이다.

좀 살자고 이리저리 이사를 밥 먹듯이 하는 사람이 많다. 그것뿐이랴. 아예 멀리 이민을 택하는 사람도 많다. 그러나 멀리 이사를 가서 힘들게 겨우겨우 사는 사람들이 많고, 심지어는 타향살이에 지쳐 명대로 못 살고 험하게 죽는 경우도 있다. 이는 다 죽음을 가볍게 여긴 탓이라고 보아도 된다. 정든 고향이라 하지 않는가. 비록 가난할지언정 마음 편하게 느껴지는 것이 낯익은 산천이요 인심이다. 그러니 멀리 이사갈 것 없이 태어난 곳에서 마음 편히 살아라. 그러면 이리저리 떠돌아다닐 것 없고 다툴 일 없고 군대와 무기로 힘을 과시할 이유도 없다. 한 고을을 한 나라로 삼고 마음 편하게 살면 그만이다. 대국을 만들어 보자고 군대를 동원해 백성의 목숨을 가벼이 버리는 군왕이야말로 천도(天道)를 어기는 놈이다.

### 사민복결승(使民復結繩) 이용지(而用之)

백성으로 하여금 다시 자연으로 돌아가 살게 하고〔使民復結繩而用之〕, 자연이 주는 음식을 달게 먹도록 하며〔甘其食〕, 자연이 주는 옷으로 아름답게 하고〔美其服〕, 자연이 주는 삶의 터에서 편안하도록 하며〔安其居〕, 자연의 풍속을 즐기게 하니〔樂其俗〕, 이웃나라와 서로 마주 보아〔隣國相望〕 닭 우는 소리 개 짖는 소리가 들려도〔鷄犬之音相聞〕 백성은 죽을 때까지 서로 왔다갔다하지 않는다〔民至老死不相往來〕.

노자가 살았던 시대는 이미 문화와 문명이 인간의 삶을 이끌던 시대였다. 그러나 문자를 만들어 온갖 문물제도를 이루었으면서도, 백성은 안정을 얻지 못하고 난세 속에서 학정에 시달리며 살았다. 노자는 이런 참담한 세상을 인위의 탓이라고 확신했다. 그래서 다시금 자연으로 돌아가 자연이 하라는 대로 살자고 절규했다. 복결승(復結繩). 다시 결승한다〔復結繩〕. 이 말에는 다시 자연으로 돌아가 살자는 속뜻이 서려 있다. 결승(結繩)의 승(繩)은 새끼줄 같은 것으로, 문자가 없었던 때에는 새끼줄 같은 줄로 매듭을 묶어 서로 약속하는 뜻이 있었다. 그러나 노자의 결승에는 무위(無爲)의 정치를 한다는 속뜻이 새겨 있다고 보아도 되고 검소한 삶을 통하여 검박한 세상을 이룩한다는 속뜻이 서려 있다고 보아도 된다.

그러니 노자가 말하는 결승은 무위(無爲)의 삶을 즐기라는 말이다. 어떻게 즐긴단 말인가? 자연이 주는 음식을 맛있게 먹어라〔甘其食〕. 인스턴트 식품에 홀리지 말라. 그러면 무위의 삶을 즐긴다. 자연이 주는 옷을 아름답게 하라〔美其服〕. 인조섬유에 놀아나지 말라. 그러면 무위의 삶을 즐긴다. 자연이 마련해 준 거처를 편안케 하라〔安其居〕. 환경을 오염시키지 말라. 그러면 무위의 삶을 즐긴다. 자연스럽게 사는 방식을 즐겨라. 온갖 이벤트를 만들어 삶을 흥행으로 이끌지 말라. 그러면 무위의 삶을 즐긴다. 이렇게 무위의 삶을 즐기다 보면 이리저리 관광하면서 견문을 넓힌다고 호들갑떨지 않아도 된다. 이런 노자의 결승(結繩)은 인간에 의해서 산산조각이 나고 말았다. 그러함에도 왜 노자의 말씀을 곰곰이 들으면 가슴을 치게 되는 것일까? 노자의 말씀이 참으로 절실하게 들리기 때문이다.

道德經 81

# 부적(不積)하라

**요지** 부적(不積)하라. 그러면 누구나 베풀 수 있다.

**내용** 미더운 말은 멋지게 꾸미려 들지 않고 멋지게 꾸민 말은 미덥지 않다. 착한 사람은 변명하지 않고 변명하는 사람은 솔직하지 못하다. 참으로 아는 사람은 널리 알지 못하고 널리 아는 사람은 제대로 알지 못한다. 성인은 쌓아 두지 않고 남을 위해 이미 베풂으로써 자기에게는 더욱더 많이 있게 되고, 이미 남에게 줌으로써 자기에게는 더욱더 많아진다. 하늘의 도는 이롭게 할 뿐 해치지 않으며, 성인의 도는 위해 주되 다투지 않는다.

## 【원문(原文)】

信言不美 美言不信 善者不辯 辯者不善 知者不博 博者不知 聖人不積 旣以爲人 己愈有 旣以與人 己愈多 天之道 利而不害 聖人之道 爲而不爭

## 【해독(解讀)】

신언(信言)은 불미(不美)하고 미언(美言)은 불신(不信)하며, 선자(善者)는 불변(不辯)하고 변자(辯者)는 불선(不善)하며, 지자(知者)는 불박(不博)하고 박자(博者)는 부지(不知)한다. 성인(聖人)은 부적(不積)하여 기이위인(旣以爲人)하는데도 기유유(己愈有)하고, 기이여인(旣以與人)하는데도 기유다(己愈多)이다. 천도(天道)는 이이불해(利而不害)하고 성인(聖人)의 도(道)는 위이부쟁(爲而不爭)한다.

## 【담소(談笑)】

### 신언불미(信言不美) 미언불신(美言不信)

미더운 말은 멋지게 꾸미려 들지 않고〔信言不美〕 멋지게 꾸민 말은 미덥지 않다〔美言不信〕. 신언(信言)은 말하는 이의 마음 속과 같은 말이다. 겉 다르고 속 다른 말은 거짓말이다. 거짓말은 남을 속이기 전에 먼저 자신을 속인다. 속이려면 무엇인가를 숨겨야 하고, 숨기려면 꾸며야 한다. 그래서 거짓말은 멋을 부린다.

속일 것도 없고 숨길 것도 없는 말은 곧 참말이다. 참말은 서로 마음을 주고받는다. 서로 마음을 주고받을 때에는 덧칠해 말을 멋지게 꾸밀 필요가 없다. 참말은 입술의 미소로 족하고 한 번의 눈웃음이면 그만이다. 그러나 거짓말은 말꼬리를 물고 번쩍거리며 갖은 아양을 부린다.

### 선자불변(善者不辯) 변자불선(辯者不善)

착한 사람은 변명하지 않고〔善者不辯〕변명하는 사람은 솔직하지 못하다〔辯者不善〕. 선자(善者)는 남을 좋게 해주려는 사람이다. 남을 돕고 베풀려는 마음가짐으로 세상에 임하는 사람을 일러 선인(善人)이라 한다. 착하고 어진 사람이 무슨 변명을 하겠는가? 변명이란, 자기가 잘했을 뿐 잘못이 없음을 밝히려는 말장난에 불과하다. 어떤 일을 내가 잘했느냐 못했느냐에 대해서 내 자신보다 더 잘 아는 사람은 없다. 솔직하면 그만이지 혹을 붙여 긁어 부스럼을 만들 필요가 어디 있단 말인가. 변명을 일삼는 사람은 스스로를 너절하게 만든다. 그래서 변명을 일삼는 사람은 변절(變節)을 무서워하지 않는다. 변절은 시(是)를 비(非)로 바꾸기도 하고, 옳음〔正〕을 그름〔邪〕으로 바꾸기도 하는 마음이다. 거짓말쟁이는 정직하다는 말을 입에 달고 다니지만 세 치 헛비닥 덧으로 이내 들통나고 만다.

### 지자불박(知者不博) 박자부지(博者不知)

참으로 아는 사람은 널리 알지 못하고〔知者不博〕널리 아는 사람은 제대로 알지 못한다〔博者不知〕. 노자가 말하는 지자(知者)는 유식한 사람이 아니라 참으로 아는 사람, 즉 진지자(眞知者)를 의미한다. 진지(眞知)란 걸림 없이 알아보고 스스로 살펴 깨우쳐 막힘이 없는 앎이다. 그래서 진지는 널리 살피거나 멀리 내다보지 않고서도 훤하게 안다는 말이다. 무엇을 안다는 말인가? 바로 제 자신을 안다는 말이다. 그러므로 지자, 즉 진지자는 자신을 살펴 아는 자를 말한다. 내가 내 자신을 알아보는데 천하를 돌아다니면서 견물(見物)할 필요가 어디 있겠는가.

박자(博者)는 이것저것 널리 많이 알지만 명각(明覺)은 등한히 하는 자를 말한다. 자신을 살피고 밝혀 깨우치는 일〔明覺〕을 멀리하고 사물의 지식만 추구하려는 사람인 것이다. 요새로 친다면 이른바 박사(博士)인 셈인데, 한편으로는 유식하고 또 한편으로는 무식한 사람이 바로 박사이다. 그는 사물에 관한 지성만 앞세우고 덕성 따위는 아랑곳하지 않는다. 그래서 노자는 이르기를, 무엇인가를 많이 안다고 하는 박자는 알지 못한다〔博者不知〕고 했다. 박자가 무엇을 모른단 말인가? 덕을 모른다는 말이다. 오만한 박자는 많다. 그러나 겸손한 박자는 없으니 덕을 모르고 콧대만 높이려 든 까닭이다.

### 기유유(己愈有) 기유다(己愈多)

성인은 쌓아 두지 않고〔聖人不積〕 남을 위해 이미 베풀어 줌으로써〔既以爲人〕 자기에게는 더욱더 있게 되고〔己愈有〕, 이미 남에게 줌으로써〔既以與人〕 자기에게는 더욱더 많아지게 된다〔己愈多〕.

부적(不積)은 쌓아 두지 않는다는 말이다. 적(積)이란 남과 다투게 될 때 물리쳐 이길 수 있도록 자신을 위하여 미리 마련해 두는 것을 말한다. 그러나 성인에게 무슨 장물(臟物)이 있겠는가. 항상 열어 놓고 있으므로 성인은 자기의 마음을 금고로 삼지 않는다. 성인에게는 금고랄 것이 없다. 자물쇠를 달아 둘 것이 없으니 열쇠나 비밀번호 따위가 아무 소용이 없다. 성인의 마음은 걸림 없고 막힘 없이 누구든 차별하지 않고 끌어안으며 베풀고 돕고 사랑한다. 그래서 성인은 부적한다. 무엇이든 남 모르게 숨겨 두지 않으며 한없이 덕을 베푼다는 말이다.

기유유(己愈有). 기(己)는 성인 자신을 말한다. 유유(愈有)는 더욱더 나아질 게〔愈〕 있다〔有〕는 말이다. 무엇이 더욱더 나아진다는 것인가? 덕을 말함이니 성인은 날마다 더욱더 후덕(厚德)해진다는 말이다. 성인은 이미 덕으로 남을 위하니 더욱더 나아지게끔 덕이 쌓이고〔己愈有〕 그 덕을 남에게 베풂으로써 더욱더 나아지게끔 많아진다〔己愈多〕. 노자의 이 말은 공자의 일신(日新) 일신(日新) 우일신(又日新)을 떠올리게 한다. 요샛말로 하자면 날마다 덕을 업그레이드하면서 살라 함이다.

### 이이불해(利而不害) 위이부쟁(爲而不爭)

하늘의 도는 이롭게 할 뿐 해치지 않으며〔天之道利而不害〕 성인의 도는 위해 주되 다투지 않는다〔聖人之道爲而不爭〕.

천도(天道) 즉 자연은 편애를 하지 않는다. 이미 노자는 천도를 일러 무친(無親)이라 했고 포일(抱一)이니 대일(大一)이니 위일(爲一)이라 말했다. 천도는 만물을 하나로 보고 이롭게 하지 귀천과 우열을 따져 미운 놈 고운 놈을 가리지 않는다. 자연의 이치는 두루 한결같이 이롭게 할 뿐 해롭게 하지 않는다. 인간이라 해서 유별나다고 생각하면 안 된다. 그래서 노자는 인간을 일러 추구(芻狗)라 했다. 길가에 버려진 것〔芻狗〕에 불과한 인간이 왜 오만스럽게 방정을 떤단 말인가. 이러한 자연의 이치를 알기 때문에 성인은 하늘의 길〔天道〕을 따라 위하고 베풀어 주되 다투지 않는 게다. 어느 날에나 우리 소인배가 성인의 부름에 메아리로 답할 수 있을까? 노자는 절망하고 있다.

### 편하게 만나는 도덕경 노자

글쓴이 | 윤재근
펴낸이 | 유재영
펴낸곳 | 동학사

1판 1쇄 | 2001년 4월 20일
1판 11쇄 | 2019년 9월 30일

출판등록 | 1987년 11월 27일 제10-149

주소 | 04083 서울 마포구 토정로 53(합정동)
전화 | 324-6130, 324-6131 · 팩스 | 324-6135
E-메일 | dhsbook@hanmail.net
홈페이지 | www.donghaksa.co.kr
www.green-home.co.kr

ⓒ 윤재근, 2001

ISBN 89-7190-079-2 03150
* 저자와의 협의에 의해 인지를 생략합니다.
* 파본 등의 이유로 반송이 필요할 경우에는 구매처에서 교환하시고,
출판사 교환이 필요할 경우에는 위의 주소로 반송 사유를 적어 도서와 함께 보내주세요.